弘治湖广岳州府志

［明］刘玑　刘袭　等　纂修
谭远辉　校注
津市市文物局　编

岳麓書社·长沙

弘治湖广岳州府志编委会

岳州府志序

岳於湖南幅幀廣生聚蕃物產饒風俗美山有天岳大雲之雄水有洞庭雲夢之大人物多嵬磊秀發冠倫魁而聯芳聚者時有之盛哉郡也吾

湖山神祠圖

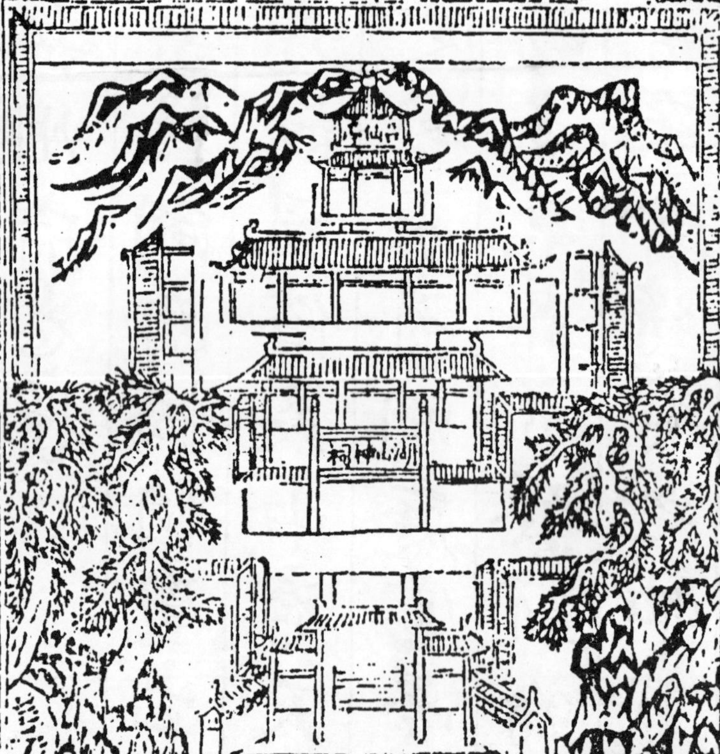

湖廣岳州府志

湖廣岳州府儒學教授歐寧劉璣編次

湖廣岳州府澧州學正南豐劉龔同編

前四川安岳縣知縣巴陵顏公輔校正

湖廣岳州府慈利學教諭新建余琳同校

目録

沿革志　疆域志府州縣總圖一

星野志　形勝志

徭役志

里役〇**里老** 每廂里設置里長一名甲首十名催辦錢粮勾攝公事老人一名以剖詞訟本縣共里長五十一名廂長一名老人五十三名甲首各[illegible]不等

雇役〇**弓兵** 本府五名〇每名月出銀一兩 **齋夫** 〇本縣學六名〇每名出銀同弓兵 **膳夫** 本縣學二名〇每名出銀二十五兩五錢 **庫子** 岳陽馬驛鹿角水驛臨江馬驛各一十三名〇俱各出柴薪之類以應公差往來而所出無害數也

力役〇**皂隸** 本府二十二名本縣一十二名 **弓兵** 本縣直堂三十名典史聽二名臨湘城陵磯巡檢司四名 **驛司** 計二十三鋪名鋪驛司不等共二十六名

序言

地方志是研究地方史及本土文化的珍贵史料，发掘濒临失传的古代方志并公诸于世，使更多人能一睹养在深闺的地方志的芳容，则是一件刻不容缓的事情。现存的澧州方志都是明清两朝所修，已出版的澧州专志有明嘉靖《澧州志》、万历《澧纪》及清同治《直隶澧州志》。未出版的清代澧州方志还有康熙《续修澧志》、乾隆《直隶澧州志林》及道光《续修澧州志林》。但三部志书的内容都基本保存在同治《直隶澧州志》中。另终明一朝澧州都属岳州府所辖，至清雍正七年(1729)为直隶州止。因而，明及清初的《岳州府志》中也含有澧州内容，有弘治《湖广岳州府志》、隆庆《岳州府志》、万历《岳州府志》和康熙《岳州府志》，其中弘治《湖广岳州府志》(以下简称“本《志》”)最为重要。明代方志存世量相对较多，但以嘉靖和万历间所修居多，湖南现存弘治以前府、州、县志仅有五部，本《志》乃其中之一。

本《志》和隆庆《岳州府志》都先后经天一阁影印出版过。其中隆庆《岳州府志》存世量较大，许多单位和个人都有收藏。而本《志》虽也曾出版过，但存世量却很少。以其中收录诗文为例：天一阁于1990年影印本《志》，而这之后编辑的两部大型诗文总集《全元文》和《全元诗》却对本《志》中许多稀见的诗文阙录。据统计两书阙录本《志》中元代诗文共20篇(首)。《全元文》和《全元诗》如此浩大的工程和如此庞大的编辑阵容竟然都没有人见到本《志》的影印本，可见其印数非常有限。还有本《志》中一些宋代诗文也不见于《全宋文》和《全宋诗》。另外，本《志》中有些明代诗文在个人别集中也未收录，如张元祯所作《序》及《岳州府学记》即不见于《东白张先生文集》；郑纪《翟家湖桥记》也不见于《东园文集》；商辂《通和桥记》也不为《商辂集》收录；黎淳《容城十咏》及《容城十咏图序》在《黎文僖公集》中均阙载。也就是说本《志》是许多珍贵的古代文学作品的唯一载体。

明代岳州府辖一州（澧州）七县（巴陵、临湘、平江、华容、安乡、石门、慈利），本《志》共分十卷，其中岳州府两卷，余所属州、县各一卷，卷首有衙署及重要风物图，正文则分门别类纪述各郡邑事实。正如张元祯《序》中所称："凡统内疆域、城郭、山川、风物之详，贡赋、户口、廨宇、祠庙与诸制度之概，名贤、达士、孝子、节妇之始终，前修、来哲、骚人、墨客之纪述、题咏，一展阅焉。不出户庭，举粲然在目。"

应该说本《志》是已知现存最早的体例相对完备的岳州志书。志中保存了一些不见于其他文献和方志的内容，而且表述修志当时的事实较别书要准确，因而其史料价值弥足珍贵。然而不可否认，本志原刻及影印本都存在一些缺陷，有工作疏忽，也有技术局限。从考稽、编写、誊抄、雕版及至刊印错漏叠加，以致移花接木、鲁鱼亥豕之谬无处不在。而天一阁影印本，也因在照相过程中致许多页面原刻装订线边上的文字变形，窄成一条线，以致无法辨识。原刻也有许多地方墨迹漫漶，还有内容窜花、缺页以及史传失实等问题。如不加以校注，一般人可能很难读通，或者沿袭讹误。但是以何种方式校注则存在一个理论方法问题。

校注固然包括对古籍中的生僻字、不合乎现代口语的词语以及书中所涉及的历史人物、事件等用白话文加以翻译、注释。但有的人却对这种校注方法低俗化了。本《志》原则上不对单字单词注义，只对有疑义、歧义、谬误以及涉及引文和用典出处的地方加以考释，具体方法详"凡例"。对本《志》中所涉及的人与事等都尽可能找到原出处及可信度较高的相关史料、出土文献、遗存等加以核对、佐证和考稽，去伪存真，匡谬析疑。当然，由于对有些方面的情况了解的程度有限，如对今岳阳市、张家界市的地形地貌以及地名、疆界划分等情况不是很熟悉，而短期内又不可能去实地踏勘、走访一遍，致使志中可能存在的这方面的谬误无法察觉。另外还有一些仅见于本《志》或暂时尚未查找到可靠出处的载述、诗文等也未能对其正确性进行甄辨。再有就是志中普遍存在的如职官任职先后次序的随意措置，政区四至里程的明显失实等问题，非三言两语所能厘清，故不一一辨析。毋庸讳言，由于校注者水平所限，校注中肯定会有一些偏颇乃至谬误，祈望方家斥正。

谭远辉

2017 年 1 月 24 日于长沙才子佳苑寓所

凡　例

1. 本书所采用版本为1990年上海书店影印本，为《天一阁藏明代方志选刊续编》丛书之一。原书版框高227毫米，宽155毫米；影印本则缩印为32开精装本，与嘉靖《茶陵州志》合为一册。校注本只录《岳州府志》部分。

2. 本书对原书进行断句、标点、校释，简体横排。校注理念是以考证为主，因本书非通俗读物，其所面对的读者多为具有一定文化层次的人士，故原则上不对单字单词注义，只对有疑义、歧义或错误的地方加以考释。

3. 校注内容采用脚注方式，但某些较简略的注释则随文加注。因原刻中也时有注文，需以括号体现，如"左洞庭，右彭蠡(《史记》)"。故本次校注中的随文注释概以楷体小字加括号体现。如"疏韵出林峦"("峦"讹作"蛮")。又书中常有省称的古文献书名，也随文注全名，如"《史》记(《史》指《宋史》)，真宗时公为翰林学士"，绝不能误作"《史记》"。但紧承前文全名之省则无须注，如《中州吊古录》紧接着省作《录》。某些特定的省称则不注，如通常情况下，《诗》、《书》即为今名《诗经》和《尚书》，故不注。

4. 书中朝代纪年均注明公元纪年，注法同上。如"元和五年(810)"；以干支纪年的除注明公元年份外，还注明本代的数字年份，如"成化癸卯(十九年，1483)"；有的没有具体纪年，只有"明年"或"越十年"等，但前文有具体年份可依，则同时注明朝代纪年和公元纪年，如"越明年庚寅(嘉靖九年，1530)"。干支纪日则依据陈垣所著《二十史朔闰表》对应出数字日期，如：嘉靖九年“二月己卯(十八日)”。只有大致年代范围的不注，如“永乐间”、“成化初”等。

5. 校注采用现代规范简化字，异体字原则上也均予统一为规范字，但对个别有特殊意义的异体字则予以保留，如：“蝘虹堤”之“蝘”，其他书中多作“偃”，但两字本义有明显差异，故仍从旧。通假字亦仍其旧。

6. 原影印本有的地方有空缺或夺文或别本多出之字，经查对相关出处以方括号补出，如“中有泛舟[人]，兴尽迷归[路]”；“[每]洞庭涨溢则渺茫无际”。有的地方有夺文，但能据上下文度出所夺之字，也以方括号补出，如“至南京[水路]二千四百里，陆路二千一百九十五里”。有些承前省略容易造成误读，则将省略文字以方括号补出，如“二十二、[二十]三都”。

7. 本《志》与其他文献对照，个别字、句有差异，如非明显错误，校注者不予取舍，而将异文以小字加括号标注于后，如“一径绕(或“逗”)霜林，朱栏俯(或“绕”)碧岑”；“湖光与天远(或“云山千万叠”)，直欲泛灵槎(或“底处上仙槎”)”。有些人名也有异文，同此处理。如“陈瑄(或“宣”)”、“叶(或“华”，繁体“葉”、“華”形近)谘”等。一字对应一字，不能对应者则以注释方式体现，如“摅发清蕴也(“也”或作“而已”)哉”。还有一字数异者则以顿号分别标出，如“日落(或“晚”、“暖”)江南春”。

8. 原刻有些地方墨迹太浓，致使字迹无法辨识，又不能据上下文度出，也查不到有相同内容的文献，则不予擅拟，而以“□”空置，一字一“□”。原刻中有些内容曾用墨涂掉，本书也仍其旧，在相应位置填“■”，一字一“■”。卷六诗文中有两处整页或大段都模糊不清，只有其中少数字可以辨识，也没有相同内容的文献可藉以参考，则相关部分不录。但可以找到相同内容的文献，则将其录入并加以说明。

9. 对原刻中系年、人名等错误径予改正，并在括号内加以考辨，如“施幼敏(原作“施幼凤”,本卷“名宦志”和隆庆《府志》均作施幼敏)”。对可以确认的讹字径予改正并指出,如“靖康(讹作“应”,繁体“應”与“康”形近)初致仕归”;对尚不完全肯定的错误则不改原文而加“应为”、“或为”等说明,如“从祀贤人俱(应为“及”之讹)木主、爵、里、名氏俱详府”;“宋至和初迁于北(或为“此”之讹)”。

10. 诗文中连续多篇作者为同一人者原书署为“前人”,现一律标出姓名;如同一篇题下系列篇章则分别注明“其一”、“其二”等。文类中作者或系朝代或不系,排列时代或有规律或无规律,经查验后一律注明朝代;诗类分类按朝代排列,只在朝代变化的第一人注明朝代,尚有规律可循,故仍其旧;但第一人也未注朝代者,则加上朝代,明代则从原志署为“国朝”。实在不明确者则予说明。

11. 本书体例不完全依照原刻体例,标题按分级大小统一体例,顶格与否也依现代行文排版惯例及规范重新调整。原刻有些地方体例不一,如第一、二卷在卷首未标卷次,现悉予加上。个别地方数字的表示方法也不一致,如卷八“户口志”中数字或用大写“捌千陆百玖拾柒”等,现全部统一为通用写法“八千六百九十七”等。凡有此类问题的都同此。

12. 有些志项只有名目没有内容,后注明“详州、县”或“详府”的尚保留,多项连续的则合并,注明“俱详州、县”或“俱详府”。未注明“详州、县”或“详府”者为空目,不予保留。还有如“俸给志,详职官志”等,则是相同内容而异目,也不予保留。

13. 本书诗文凡编入总集或个人别集的概与之核对,并标明其出处,对其中异文和舛误加以注明和纠正,其他部分也酌情核对原始文献。

14. 常引文献书名使用简称:隆庆《岳州府志》简作隆庆《府志》;嘉靖《湖广图经志书》简作《图经》;嘉靖《澧州志》简作《澧州志》;万历《澧纪》简作《澧纪》;景泰《寰宇通志》简作《寰宇通志》;

天顺《大明一统志》简作《一统志》;《资治通鉴》简作《通鉴》;《摛藻堂四库全书荟要》简作《四库荟要》。而引用较少的文献或书名则不用简称。

其他方面悉遵现代出版规范及体例。

目　录

岳州府志序(原序) …………………………… 张元祯(1)
原目录 ………………………………………………… (1)
卷之一　本府附岳州卫指挥使司 ……………………… (1)
沿革志 ………………………………………………… (1)
疆域志 ………………………………………………… (2)
星野志 ………………………………………………… (3)
形胜志 ………………………………………………… (3)
风俗志 ………………………………………………… (4)
城池志 ………………………………………………… (4)
隅厢志 ………………………………………………… (4)
公署志 ………………………………………………… (7)
学校志附社学 ………………………………………… (9)
坛壝志附城隍庙、旗纛庙 ……………………………… (12)
山川志 ………………………………………………… (12)
户口志 ………………………………………………… (15)
贡赋志 ………………………………………………… (15)
屯田志 ………………………………………………… (18)
仓库志 ………………………………………………… (19)
驿铺志 ………………………………………………… (19)
津梁志 ………………………………………………… (20)
武备志 ………………………………………………… (21)

职官志附岳州卫 …………………………………………………… (22)
名宦志……………………………………………………………… (25)
流寓志……………………………………………………………… (28)
科甲志附岁贡 ……………………………………………………… (28)
人物志附隐逸 ……………………………………………………… (33)
贞烈志……………………………………………………………… (33)
宫室志……………………………………………………………… (34)
祠庙志……………………………………………………………… (35)
陵墓志……………………………………………………………… (37)
古迹志……………………………………………………………… (37)
景致志……………………………………………………………… (39)
方外志……………………………………………………………… (39)
祥异志……………………………………………………………… (40)
制命志(残缺) ……………………………………………………… (41)
卷之二　本府……………………………………………………… (43)
纪述志……………………………………………………………… (43)
题咏志……………………………………………………………… (89)
杂志 ……………………………………………………………… (122)
卷之三　巴陵县 ………………………………………………… (129)
沿革志 …………………………………………………………… (129)
邑名志 …………………………………………………………… (129)
乡都志 …………………………………………………………… (130)
职官志 …………………………………………………………… (130)
公署志 …………………………………………………………… (130)
学校志附社学 ……………………………………………………… (131)
坛壝志 …………………………………………………………… (132)
山川志 …………………………………………………………… (132)
村市志 …………………………………………………………… (136)

陂堰志 ……………………………………………… (136)
户口志 ……………………………………………… (138)
徭役志 ……………………………………………… (138)
物产志 ……………………………………………… (140)
贡赋志 ……………………………………………… (141)
屯田志 ……………………………………………… (143)
仓库志附养济院 ……………………………………… (143)
驿铺志 ……………………………………………… (144)
关隘志 ……………………………………………… (144)
津梁志 ……………………………………………… (145)
宦迹志 ……………………………………………… (145)
名宦志 ……………………………………………… (146)
科甲志附岁贡 ………………………………………… (147)
人物志附隐逸 ………………………………………… (149)
贞烈志 ……………………………………………… (150)
戚畹志 ……………………………………………… (151)
祠庙志 ……………………………………………… (151)
陵墓志 ……………………………………………… (152)
古迹志 ……………………………………………… (152)
寺观志 ……………………………………………… (153)
方外志 ……………………………………………… (154)
纪述志 ……………………………………………… (154)
题咏志 ……………………………………………… (159)
杂志 ………………………………………………… (159)
卷之四　临湘县 ………………………………………… (161)
沿革志 ……………………………………………… (161)
邑名志 ……………………………………………… (162)
疆域志 ……………………………………………… (162)

形胜志 …………………………………………………………（162）
风俗志 …………………………………………………………（162）
城池志 …………………………………………………………（163）
隅厢志 …………………………………………………………（163）
乡都志 …………………………………………………………（163）
职官志 …………………………………………………………（164）
公署志 …………………………………………………………（164）
学校志附社学 …………………………………………………（165）
坛壝志附城隍庙 ………………………………………………（166）
山川志 …………………………………………………………（166）
村市志 …………………………………………………………（169）
陂堰志 …………………………………………………………（169）
户口志 …………………………………………………………（170）
徭役志 …………………………………………………………（170）
物产志 …………………………………………………………（171）
贡赋志 …………………………………………………………（171）
屯田志 …………………………………………………………（173）
仓库志附养济院 ………………………………………………（173）
驿铺志 …………………………………………………………（174）
关隘志 …………………………………………………………（175）
津梁志 …………………………………………………………（175）
武备志 …………………………………………………………（176）
宦迹志 …………………………………………………………（176）
名宦志 …………………………………………………………（176）
流寓志 …………………………………………………………（177）
科甲志附岁贡 …………………………………………………（177）
人物志 …………………………………………………………（179）
孝行志 …………………………………………………………（179）

宫室志 …………………………………………………………（180）
祠庙志 …………………………………………………………（180）
古迹志 …………………………………………………………（180）
景致志 …………………………………………………………（180）
寺观志 …………………………………………………………（181）
纪述志 …………………………………………………………（182）
题咏志 …………………………………………………………（183）
卷之五　平江县 ……………………………………………（185）
沿革志 …………………………………………………………（185）
邑名志 …………………………………………………………（186）
疆域志 …………………………………………………………（186）
形胜志 …………………………………………………………（186）
风俗志 …………………………………………………………（187）
隅厢志 …………………………………………………………（187）
乡都志 …………………………………………………………（188）
职官志 …………………………………………………………（188）
公署志 …………………………………………………………（189）
学校志附社学 ……………………………………………………（190）
坛壝志附城隍庙 …………………………………………………（190）
山川志 …………………………………………………………（191）
村市志 …………………………………………………………（193）
陂堰志 …………………………………………………………（194）
户口志 …………………………………………………………（195）
徭役志 …………………………………………………………（196）
物产志 …………………………………………………………（197）
贡赋志 …………………………………………………………（197）
仓库志附养济院 …………………………………………………（198）
驿铺志 …………………………………………………………（199）

关隘志 …………………………………………… (200)
津梁志 …………………………………………… (200)
武备志 …………………………………………… (201)
宦迹志 …………………………………………… (201)
名宦志 …………………………………………… (202)
科甲志 …………………………………………… (203)
人物志 …………………………………………… (206)
孝行志 …………………………………………… (208)
贞烈志 …………………………………………… (208)
祠庙志 …………………………………………… (209)
古迹志 …………………………………………… (209)
景致志 …………………………………………… (210)
寺观志 …………………………………………… (211)
纪述志 …………………………………………… (211)
题咏志 …………………………………………… (222)
杂志 ……………………………………………… (224)
卷之六　华容县 ………………………………… (225)
沿革志 …………………………………………… (225)
邑名志 …………………………………………… (225)
疆域志 …………………………………………… (226)
形胜志 …………………………………………… (226)
风俗志 …………………………………………… (226)
城池志 …………………………………………… (227)
隅厢志 …………………………………………… (227)
乡都志 …………………………………………… (228)
职官志 …………………………………………… (228)
公署志 …………………………………………… (228)
学校志附社学 …………………………………… (230)

坛壝志附城隍庙……(230)
山川志……(231)
村市志……(233)
陂堰志……(234)
户口志……(235)
徭役志……(235)
物产志……(236)
贡赋志……(237)
屯田志……(238)
仓库志附养济院……(238)
驿铺志……(239)
关隘志……(239)
津梁志……(240)
武备志……(241)
宦迹志……(241)
名宦志……(242)
流寓志……(243)
科甲志附岁贡……(243)
人物志附隐逸……(245)
孝行志……(246)
贞烈志……(246)
祠庙志……(247)
陵墓志……(248)
古迹志……(248)
景致志……(249)
寺观志……(250)
方外志……(251)
纪述志……(251)

题咏志 …………………………………………………………… (256)
杂志 ……………………………………………………………… (261)
卷之七　澧州附澧州守御千户所 ………………………………… (266)
沿革志 …………………………………………………………… (266)
州名志 …………………………………………………………… (267)
疆域志 …………………………………………………………… (267)
形胜志 …………………………………………………………… (268)
风俗志 …………………………………………………………… (268)
城池志 …………………………………………………………… (269)
隅厢志 …………………………………………………………… (269)
乡都志 …………………………………………………………… (269)
藩封志 …………………………………………………………… (270)
职官志 …………………………………………………………… (270)
公署志 …………………………………………………………… (271)
学校志附社学、书院 ……………………………………………… (272)
坛壝志附城隍、旗纛庙 …………………………………………… (273)
山川志 …………………………………………………………… (274)
村市志 …………………………………………………………… (276)
陂堰志 …………………………………………………………… (276)
户口志 …………………………………………………………… (277)
徭役志 …………………………………………………………… (277)
物产志 …………………………………………………………… (278)
贡赋志 …………………………………………………………… (278)
屯田志 …………………………………………………………… (280)
仓库志附养济院…………………………………………………… (280)
驿铺志 …………………………………………………………… (281)
关隘志 …………………………………………………………… (282)
津梁志 …………………………………………………………… (282)

武备志 …………………………………………………………（283）
宦迹志附守御千户所 ……………………………………………（283）
名宦志 …………………………………………………………（285）
流寓志 …………………………………………………………（287）
科甲志 …………………………………………………………（287）
人物志附隐逸 ……………………………………………………（290）
贞烈志 …………………………………………………………（292）
宫室志 …………………………………………………………（292）
祠庙志 …………………………………………………………（292）
陵墓志 …………………………………………………………（293）
古迹志 …………………………………………………………（294）
景致志 …………………………………………………………（295）
寺观志 …………………………………………………………（295）
纪述志 …………………………………………………………（296）
题咏志 …………………………………………………………（308）
杂志 ……………………………………………………………（311）
卷之八　安乡县 ………………………………………………（314）
沿革志 …………………………………………………………（314）
邑名志 …………………………………………………………（315）
疆域志 …………………………………………………………（315）
形胜志 …………………………………………………………（315）
风俗志 …………………………………………………………（315）
城池志 …………………………………………………………（316）
隅厢志 …………………………………………………………（316）
乡都志 …………………………………………………………（316）
职官志 …………………………………………………………（317）
公署志 …………………………………………………………（317）
学校志附社学、读书堂 ……………………………………………（318）

坛壝志附城隍庙……（319）
山川志……（320）
村市志……（322）
陂堰志……（322）
户口志……（324）
徭役志……（324）
物产志……（325）
贡赋志……（325）
仓库志附养济院……（327）
驿铺志……（327）
津梁志……（328）
武备志……（329）
宦迹志……（329）
名宦志……（330）
流寓志……（331）
科甲志……（331）
人物志附隐逸……（333）
贞烈志……（334）
宫室志……（335）
祠庙志……（335）
陵墓志……（335）
古迹志……（336）
景致志……（336）
寺观志……（337）
纪述志……（337）
题咏志……（340）
杂志……（341）
卷之九　石门县……（346）

沿革志 ………………………………………………………… (346)
邑名志 ………………………………………………………… (347)
疆域志 ………………………………………………………… (347)
形胜志 ………………………………………………………… (347)
风俗志 ………………………………………………………… (347)
城池志 ………………………………………………………… (348)
隅厢志 ………………………………………………………… (348)
乡都志 ………………………………………………………… (348)
职官志 ………………………………………………………… (349)
公署志 ………………………………………………………… (349)
学校志附社学 …………………………………………………… (350)
坛壝志附城隍庙 ………………………………………………… (350)
山川志 ………………………………………………………… (351)
村市志 ………………………………………………………… (353)
陂堰志 ………………………………………………………… (353)
户口志 ………………………………………………………… (353)
徭役志 ………………………………………………………… (354)
物产志 ………………………………………………………… (355)
贡赋志 ………………………………………………………… (355)
仓库志附养济院 ………………………………………………… (357)
驿铺志 ………………………………………………………… (357)
关隘志 ………………………………………………………… (357)
津梁志 ………………………………………………………… (357)
武备志 ………………………………………………………… (359)
宦迹志 ………………………………………………………… (359)
名宦志 ………………………………………………………… (360)
科甲志附岁贡 …………………………………………………… (360)
人物志 ………………………………………………………… (361)

孝行志 …………………………………………………… (361)
祠庙志 …………………………………………………… (362)
古迹志 …………………………………………………… (362)
景致志 …………………………………………………… (362)
寺观志 …………………………………………………… (363)
纪述志 …………………………………………………… (364)
卷之十　慈利县附永定、九溪二卫指挥使司，大庸、安福、麻寮、添平四守御千户所，桑植安抚司 …………………………………………………… (369)
沿革志 …………………………………………………… (369)
邑名志 …………………………………………………… (370)
疆域志 …………………………………………………… (371)
形胜志 …………………………………………………… (371)
风俗志 …………………………………………………… (371)
城池志 …………………………………………………… (371)
隅厢志 …………………………………………………… (372)
坊都志 …………………………………………………… (373)
职官志 …………………………………………………… (374)
公署志 …………………………………………………… (375)
学校志附社学、书院，并永定、九溪二卫学 ………………… (377)
坛壝志附城隍庙、旗纛庙 …………………………………… (378)
山川志 …………………………………………………… (378)
陂堰志 …………………………………………………… (382)
户口志 …………………………………………………… (383)
徭役志 …………………………………………………… (383)
物产志 …………………………………………………… (384)
贡赋志 …………………………………………………… (385)
仓库志附养济院 …………………………………………… (386)
驿铺志 …………………………………………………… (387)

关隘志 …………………………………………………………（388）
津梁志 …………………………………………………………（389）
武备志 …………………………………………………………（390）
宦迹志 …………………………………………………………（390）
名宦志 …………………………………………………………（393）
流寓志 …………………………………………………………（393）
科甲志附岁贡 ……………………………………………………（394）
人物志附隐逸 ……………………………………………………（396）
孝行志 …………………………………………………………（397）
贞烈志 …………………………………………………………（397）
祠庙志 …………………………………………………………（398）
陵墓志 …………………………………………………………（398）
古迹志 …………………………………………………………（399）
景致志 …………………………………………………………（399）
寺观志 …………………………………………………………（400）
祥异志 …………………………………………………………（400）
纪述志 …………………………………………………………（401）
题咏志 …………………………………………………………（407）
杂志 ……………………………………………………………（415）
岳州府志后序 …………………………………………… 周瑛（418）
弘治《岳州府志》终稿时间考 …………………………… 谭远辉（420）
主要参考书目 …………………………………………………（423）
后记 ……………………………………………………………（433）

岳州府志序[1]（原序）

岳于湖南幅员广、生聚繁、物产饶、风俗美。山有天岳、大云之雄，水有洞庭、云梦之大。人物多嵬磊秀发，冠伦魁而联芳采者时有之。壮哉，郡也！吾弋阳李侯文明，由大司寇副郎擢守于兹，输其康济之蕴，敷其光大之施。孰枯嘘之，孰涸濡之，孰垢涤之，孰蠹剔之，孰梗锄之？既湖山数千里地，政以大和，乃兴万人之利，堤城陵之阻。变槎居为市聚，化荻壤为腴田。工凡数十万，民不知糜其一粒。乃新教化之区，斥其未弘而端其未整，规模轩豁，气象崇严。革前千百载之故制，成后千百载之伟观。工亦累十数万，官不至费其一钱。乃修郡居，乃恢旧贯，回者直之，湫者辟之，旷者密之。俭不涉于陋，华不流于侈，平直洞达，堂堂乎称其为邦君之署。工虽不至于累万，然民亦唯见其成，而一力弗与也。才大者举事，盖自绰有余裕如是。

侯政务多暇，一日，索《府志》于掌故者莫得，慨惟志资于治道甚大。唐宣宗尝命纂天下风土为处分语，大中之治是以隆；汉萧何收秦图籍，具知天下阨塞、户口多寡，佐命之功是以大。夫英君贤相尚皆汲汲乎是，矧膺郡邑，寄民事尤亲，而志独可少哉？则手条事目，采之所属。而属教官刘玑辈论次之，厘为十卷，缮写成。凡统内疆域、城郭、山川、风物之详，贡赋、户口、廨宇、祠庙与诸制度之概，名贤、达士、孝子、节妇之始终，前修、来哲、骚人、墨客之纪述、题咏，一展阅焉。不出户庭，举粲然

①此序《东白张先生文集》阙载。《图经》有节文。

在目。侯深善之，以为无志于治则已，使少有志，是可以省，可以鉴，可以忻，可以戚，可以惧。民物故登也而耗焉，风化故淳也而染焉，人才故昌也而替焉，前政故良也而莫继焉。励其淑而革其慝，惩其逸而作其惰，政由是不罔，政由是不苛，政由是不秽，其为治道，益岂浅浅也？亟命寿之于梓，而特遣其弟子张鹏、方宾来速吾序。夫天下之事皆吾职，分内事皆吾性，分内事未达欤，当一一理会之。非彼为即我为，非蚤为即莫为，奚宜令一之不知及达焉？小之则一州一邑，大之则一郡一藩，又大之而天下。当其事即当为其事，当为而不知为是曰盲，当为而不能为是曰懦，能为而不亟为是曰慢，亟为而不尽为是曰怠。盲与懦毋庸议，已而慢焉怠焉，亦岂真知吾职分性分内事者哉。李侯治岳民，事之当为，既一一循其后先缓急之序为之。至此志尤惓惓修葺之，恐后味其言又非知道者不能吐，侯之负挟可知矣。唯有如是负挟，乃有如是作用，有如是作用，于乎而但可守一郡也夫。

大明弘治元年岁在戊申（1488）正月既望（十六日），赐进士出身、翰林院国史编修南昌张元祯序。

原目录

沿革志　疆域志（府、州、县总图一）　星野志　形胜志
风俗志　城池志　隅厢志　公署志　学校志　坛壝志　山川志
村市志　陂堰志　户口志　徭役志　物产志　贡赋志　屯田志
仓库志　驿铺志　关隘志　津梁志　武备志　职官志　名宦志
流寓志　科甲志　人物志　戚畹志　宫室志　祠庙志　陵墓志
古迹志　景致志　寺观志　方外志　祥异志　制命志　纪述志
题咏志　杂志①

第一卷　本府　　第二卷　本府
第三卷　巴陵县　　第四卷　临湘县
第五卷　平江县　　第六卷　华容县
第七卷　澧州　　第八卷　安乡县
第九卷　石门县　　第十卷　慈利县

①此目录中内容及排列次序并不完全与文中吻合，或缺其中几项，或名目略有差异，或目录中有而正文中无，或正文中有而目录中无。有的同一类项分为两端，而有的两个类项又并为一端；有的名目同而内容异，有的名目异又内容同。此属编纂欠规范的问题，不属实质性错误。凡此种种，正文中不予一一指出。

湖广岳州府志卷之一

本府附岳州卫指挥使司

沿革志

唐虞，《禹贡》在九州，为荆州之域。三代为荆楚地。春秋为麇子国。战国属楚罗国。秦属长沙郡①。汉因之②，以为要扼地，置戍镇之。

三国吴，为重镇，尝使鲁肃屯兵于此，号巴丘城。晋永康初，始立巴陵县，置建昌郡，寻复省入长沙。刘宋元嘉间，始置巴陵郡，属湘州。南齐为巴陵国。梁复为郡，兼置巴州。

隋初平陈，郡废，改巴州曰岳州，治巴陵县。大业初改为罗州，寻复为巴陵郡。

唐初［平］萧铣，复置巴州。武德中改为岳州，属江南西道。天宝初复为巴陵郡，乾元初复曰岳州。③ 五代时，先属武安（讹作“安武”）军节度使马殷，隶湖南。后入南唐，又为武平军节

①在里耶秦简中只有洞庭郡和苍梧郡，没有长沙郡。

②《汉书地理志汇释》第484页：“长沙国，秦郡，高帝五年为国。……先谦曰：《续志》，后汉为长沙郡。属同。”因而长沙在秦为郡，前汉为国，后汉复为郡。至于秦郡名是否为“长沙”，则没有出土文献证实，“苍梧郡”是否治长沙尚也不能确定。

③《旧唐书·地理三》：“巴陵，汉下隽县，属长沙郡。吴置巴陵县。晋置建昌郡，隋改为巴州，炀帝改为巴陵郡。武德置岳州，皆置巴陵县。”《两唐书地理志汇释》：“‘隋’字当作‘梁’”；“‘置’当是‘理’或‘治’之误。”

度周行逢所并，隶朗州。[①]

宋初隶荆湖北路。治平间置岳州军，领巴陵、临湘、平江、华容、沅江五县，元丰间又以鄂之通城来属。宣和初置岳阳军节度使，绍兴间改纯州，未几复为岳州。其后以沅江隔重湖，割隶鼎州，又复以通城还鄂，实存巴陵、临湘、华容、平江四县。

元置岳州路总管府，领录事司一，巴陵、临湘、华容、平江县四。元贞初升平江为州，仍隶岳州路。

国朝置岳州府，罢录事司，领一州三县。洪武二年（1369）改平江为县（《明史·地理志五》谓"洪武三年"），复于府治东置岳州卫。洪武九年（1376）又改岳州，省巴陵县，仍领临湘、华容、平江三县。洪武十四年（1381）改岳州府，复设巴陵、临湘、华容、平江四县。洪武二十九年（1396）以常德府所属澧州并石门、慈利、安乡隶府[②]。今统州一县七，卫统左、右、中、前、后五千户所。

疆域志

东至武昌府通城县界二百里，西至辰州府沅江县界八百二十五里，[③] 南至长沙府湘阴县界一百二十里，北至荆州府监利县界三十里。东西广一千二十五里，南北袤一百五十里。

东北到武昌府蒲圻县二百四十里，东南到江西南昌府宁县四

---

①此条记载有误。武安军节度使为五代时潭州（今长沙）所设军额。马殷为楚王，据湖南，镇长沙。《旧五代史·梁书三》："开平元年（907）四月辛未（二十五日），武安军节度使马殷进封楚王。"马殷的楚王为五代初后梁所封，而南唐为五代时小朝廷，迟至后晋天福二年（937）才立国，都金陵（今南京），此时楚归后晋，与南唐无涉。这句话应源自《岳阳风土记》："至南唐遂为周行逢所有，隶武平军节度。"

②《明太祖实录》卷二五一："洪武三十年（1397）三月己未（初七日），以常德府澧州隶岳州府。"

③辰州府治沅陵，而沅江属常德府所辖。沅江紧邻岳境，没有那么远。而辰州府又跨越常德府，作为四至没有道理。

百八十里[①]，西南到常德府沅江县八百（或为“十”之讹）里，西北到荆州府公安县二百一十里，西到桑植安抚司一千二百四十里。[②]

星野志

保章氏辨九州之地，所封封域皆有分星以观妖祥。岳州府之分野，天文翼轸在巳，鹑火之次。

形胜志

左洞庭，右彭蠡（《史记》）。囊山带江（《唐史》：囊山带江，据百越、巴、蜀、荆、襄之会）[③]。倚连冈，面长江（唐戎昱《澧州新城颂》：“倚连冈以起伏，面长江以演漾”）。沅、湘、衡、岳接其前，汉、沔、荆、岘带其后（宋《澧州郡守题名记》）。兼有江湖之胜（《岳阳志》：“四渎长江为长，五湖洞庭为最，江湖之胜，巴陵兼有之”）。巴陵胜状，在洞庭一湖（宋范仲淹《岳阳楼记》）。兰江前陈，仙洲外蔽（《澧州图经》：“州宅有彭阜耸其西，[关] 山列其东；兰江前陈，仙洲外蔽，所谓神仙窟宅也”）。人间绝境（宋潘斐《君山记》：“山因赭，后翠胜赭先，山清水秀，人间绝境”）；吴楚名区（元虞集《乾明寺记》：“岳阳为吴楚东南名区”）。荆、潭、黔、蜀四会之冲（宋欧阳修《偃虹堤记》），四通八达之地（旧《志》：“东接江右，西通巴蜀，南达蕃广，北距

---

①《明史·地理志四》：“宁州，（南昌）府西。元分宁县，为宁州治。洪武初，改县为宁县，省州入焉。弘治十六年，升县为州。”

②文中路程距离的起点并不统一，有的以府治为起点，有的又以所辖县为起点，而且其里程也多有不实。后文中也有此类问题，一般情况下不再指出。

③本句出自《通鉴·唐纪》，而非《唐史》。原文为：“鄂岳地囊山带江，处百越、巴、蜀、荆、汉之会。”

大江，水陆要冲，四通八达之地”）。襟三藩，带六郡，控制千余里（本朝学士李东阳《赠郡守李镜序》）。

风俗志

人性悍直，士尚行义。士知义而好文，俗信巫而尚鬼。居山野者力耕桑，近水滨者业网罟。俗尚淳朴，不事华靡（俱旧《志》）。

城池志

城 创始未详。三国吴使鲁肃增筑屯兵，号巴丘城，历代悉因其旧。国朝洪武四年（1371），开拓旧址修筑。二十五年（1392），指挥音亮重加甃砌。周围一千四百九十八丈，九里六百三十步，高三丈六尺有奇，雉堞一千三百六十有六，高四尺。窝铺三十五座。旧为门者六，永乐间因昌江门不利属邑平江，废之。今为门者五：东曰朝阳，西曰岳阳，西之右曰下水，南曰南薰门，北曰拱极门。各有月城，东、南门外各为吊桥者一。

池 西、南滨湖，东、北凿池，周围八百二十五丈有奇，深二丈，阔二十五丈。

隅厢志

东隅 布政分司前街：承宣坊，弘治元年（1488）重修。

卫前街：威武坊，初名“武定”，指挥卜马翔立，成化丙午（二十二年，1486）指挥刘缨等重修。

朝阳门内街、外街。

府学前街：泮宫坊，知府李镜重立；文奎坊、文璧坊，俱知府李镜创立。

南隅 府前长街：解元坊，为杨纯立。状元坊，为黎淳重立。进士坊，为历科邓廷瓒、方升、谢纲、柳应辰[1]，杨一清、余顺、黎民表、李庭（或“廷”）芳立。丛桂坊，为历科举人柳大纶、范淮、颜禄寿、何鉴、彭凯、雷颐、李庭芳、卢岳、晏玺、周贵、谢枢、颜颐寿、邹泰立，四坊俱成化丁未（二十三年，1487）知府李镜命工斫石为之，扁（通“匾”）皆皇明宗室衡阳王书。森桂坊，弘治庚戌（三年，1490）知府李镜等为举人何本贵、方宾、文贤立。

土门长街：澄清坊、肃政坊，成化丁未（二十三年，1487）重修。豸绣坊，为御史谢纲立。进士坊，为柳应辰立。擢秀坊，为举人杨缨立。奎章坊，为举人杨纲立。进士第坊，正德间为胥文相立。大司寇坊，嘉靖间为刑部尚书颜颐寿立。大冢宰坊，嘉靖间为南京吏部尚书颜颐寿立。大司徒坊，嘉靖间为南京户部尚书颜颐寿立。大中丞坊，嘉靖间为督察院都御史颜颐寿立。大宗伯坊，嘉靖间为南京礼部尚书颜颐寿立。大廷尉坊，嘉靖间为大理寺少卿颜颐寿立。都宪坊，弘治间为都察院左都御史柳应辰立。

南门长街：迎恩坊、文英坊，为举人方焘立。

县前 县城隍庙前街：仁和坊、永庆坊，钟英坊，为举人孙缙立。阛阓坊，知县施裕重建，更名“明德”。世科画锦坊，为举人黄元吉、黄瓒父子立。

穆家塘街：桥梓魁英坊，知府李镜为柳玠、柳应辰重立。进士坊，为邓廷瓒立。攀桂世科坊，为举人易昭、易谦叔侄立。云锦坊，为举人陈汝霖（卷三“科甲志”作“程汝霖”，隆庆《府志》同）立。崇教坊，先名“三教”，以在县学及乾明寺、玉清观街口，故名。知府吴节更今名，尊圣教也。冲霄坊，为举人潘玉立。

---

①北宋中叶有鼎州人柳应辰，曾任道州知州、永州通判。巴陵柳应辰乃明代中叶人，登成化五年进士。详本卷“科甲志”。

街河口街：天香坊，为举人杨总（本卷“科甲志”及隆庆《府志》均作“杨璁”）立。文奎坊，为举人黄钥立。解元坊，为方升立。圣旨坊，系税课司。仙径坊，今废。画锦坊，为主事杨升立。

五通庙前街：联坊、桂山、腾蛟、起凤坊，为举人颜公忠、公辅，颜禄寿、颐寿立。金榜题名坊，知府李镜为颜颐寿立。

县学前街：泮宫坊、进士坊，为谢纲立，俱成化丁未（二十三年，1487）知县滕卓重修。儒林坊。

大塔前街：文魁坊，为举人易海立。俊秀坊，为锦衣经历屈俊立。

全家巷街：步武坊、桂林坊，为举人雷钠、雷复立。重应、奎光坊，为举人范瑛、范淮父子立。誉髦坊、联璧坊，为举人范洁、范淳兄弟立。腾霄坊，为举人吴芳立。文英坊，为举人屈俊立。登瀛坊，为举人罗拱宿立。

慈氏寺前街：片玉坊，为举人龚冕立。

小塔前街：奎映坊，为举人谢纲、谢枢父子立。登云坊，为举人晏玺立。易魁坊，为举人李昊立。

白鹤寺前街：湖山神祠坊，在湖山神祠前百步许，弘治元年（1488）知府李镜斫石为之。

诸师（隆庆《府志》作“猪市”）巷街、仙径坊街、君山门街、界寺（隆庆《府志》作“字”）湾街、新街、安济桥街、东门仓街、杨柳巷街、梅师桥街、鄢家冲街。

西隅　下水西门内解元坊，为刘大夏立。外街。

岳阳门外街：岳阳胜概坊。

北隅　府城隍庙前街、北门长街、广丰仓后街、岳阳马驿前街：折桂坊，为举人高淳立。永济堤坊，在府治北十五里城陵矶，成化丁未（二十三年，1487），知府李镜斫石为之，详“津梁志”。进士坊，为方庭（或“廷”）玉立。步武、双桂、聚奎坊，为举人方宗穆、宗樾（本卷“科甲志”及隆庆《府志》均作“方樾”）、方焘、方蒸（本卷“科甲志”及隆庆《府志》均作“方烝”）立。俱巴陵县永宁乡八都。经元坊，为举人彭凯立。进士坊，为李庭芳立。俱巴陵县永宁乡二十都。奎章解元坊，为举人杨（讹作“易”）纲、杨纯立。在巴陵县延寿乡十六都。常伯坊，正德间为太常卿杨一清立。布德安民坊，在府治左右，知府李锐立。牧爱坊，在府治前。

公署志

布政分司，在府治东南。正统初知府易善建，成化间知府戴浚重修。正厅、后堂各三间，穿堂一间，仪门、前门、厨房各三间，东、西厢房各六间。

都察院，旧在府治左，前知府易善奏改于府治东南。知府吴节重修。佥事修建前开拓道路①。正堂、后堂各三间，穿堂一间，东、西厢房六间，仪门、头门各三间。都御史吴琛有《巡行记》。

荆南道，旧本府清军厅。嘉靖元年（1522）巡抚都御史吴（吴琛?）改建②，正厅、后堂各三间，穿堂一间，东、西厢房各三间，仪门、头门各三间。

江防道，嘉靖七年（1528），佥事陆釴行本府，知府萧晚委巴陵县知县朱屏建立。

府治，在巴山西北，莫详创始。国朝洪武初重建。正统初知府易善撤正厅、后厅、穿门、后乐堂、经历司、照磨所及六房之旧而新之，制度颇备。景泰间知府何友重建谯楼。成化间知府吴

---

①此处应有夺文。据隆庆《府志·建置考》：“察院……成化吴节修，嘉靖七年韩士英再修。”下“江防道”有“嘉靖七年，佥事陆釴行本府”，因而此处“佥事”后应夺“陆釴”等文。

②“巡抚都御史吴”只能是吴琛，但吴琛是成化七年（1471）到的岳州，而嘉靖元年（1522）与之相隔了52年，“巡抚都御史吴”与“嘉靖元年”显然不可能联系在一起。应是其中之一有误。

节重建仪门、架阁库，凡厅堂廨舍亦加修葺。成化戊戌（十四年，1478），知府戴浚创申明、旌善二亭于前门左右，建承发、照磨二房于露台东西。虽累增置而犹未甚备。成化乙巳（二十一年，1485），知府李镜因后乐堂地势卑隘，偏在西隅，及厅堂，谯楼率多朽坏，台墀草蔓，垣墉茨覆。况官道从谯楼下直入东西通冲，逼近府门，司狱司在谯楼外，总铺顾乃在内，永储库在仪门左，俱就倾圮，观瞻不足，防范匪便。取土平基，构木凿石，重建后乐堂、政道于谯楼外，楼下设门，壮以石鼓，以杜直入。创狱于谯楼内西，移司狱官典廨宇于谯楼内东，徙总铺于狱之旧址，建库于经历司左隅。六房暨库之南与仪门左右建屋数楹，通二十三间以为制。文卷、会钱粮处、隶卒，收官马之所测候亭、止马台易之以石。其余廨宇，斜者正之，坏者葺之，阙者补之。梁栋上下俱饰丹雘，堂屏内外悉砌砖石。环筑高垣，咸覆陶瓦，制度大备，规模宏远，功成而民若不知焉。正厅、后堂各五间，穿堂三间，后乐堂、正门各五间，东西厢房各一间，屏门三间，仪门九间，中门、土地祠各一所，石日晷台、时辰亭各一所，谯楼一座九间，吏房等六房共一十八间，承发科三间，榜房一十二间，府公廨各一所，吏舍三十二间，照刷房、隶卒房、厩房共一十八间。后正厅圮毁，嘉靖四年（1525），知府韩士英、通判侯维藩重建。嘉靖七年（1528）十月，知府萧晚创建边粮通判廨，并重建照磨、知事廨各一座。戒石亭一座，经历司、照磨所各三间，照磨吏典三间，俱嘉靖四年（1525）知府韩士英重建。架阁库六间，永储库五间，会计房五间。司狱司，在谯楼外东。官廨、直宿房各一间，男狱房二连各六间，女狱房一间。嘉靖八年（1529）本府知府萧晚于申明亭后建立监房二间。申明亭、旌善亭各三间，在谯楼内东。

惠民药局，在布政分司前，知府戴浚建。

府馆，在察院左，嘉靖七年（1528）知府萧晚同通判刘琉建立。

兑粮所，在七里山之北，城陵矶之南，永济堤之中也。旧无，弘治元年（1488），知府李镜以荆岳诸卫、所运粮官军递年与本府并长、衡二府所属州、县官民交兑京粮，于上司率委本府佐贰官监之。岁令纳户用竹木芦席编棚为寓，每晚或风雨无所止，往返惟艰，乃谋诸通判吴佐等于堤东筑土，方七丈，高七尺。出帑藏羡余，建官厅五间，东、西厢各一间，仪门三间，周围缭以高垣，可谓官民两便矣。弘治庚戌（三年，1490），本府置公用桌、椅各四张。

税课司，在街河口街，知府戴浚重建厅三间，门一间。

广丰仓，详“仓库志”。

城陵矶递运所，详“驿铺志”。

府馆，在十二总。嘉靖九年（1530）知府萧晚同推官张钟建立。

阴阳学、医学，俱在土门街西。各厅三间，门一间。

僧纲司，在乾明寺。

道纪司，在玉清观。

临湘批验茶引所，在城陵矶，今革。

卫治，在府治东南，洪武初指挥音亮建立。正统间指挥柴旺重建正厅。成化间指挥柴皞、刘缨重建。仪门、正厅、后堂各五间，穿堂一间，仪门七间，东、西司房十间。经历司五间。镇抚司正厅三间，正门一间。狱房一所。

左、右、中、前、后千户所，正厅、正门各三间。

军器局、马厩，俱详“武备志”。

学校志 附社学

府学，在府治东南隅，创始莫详。宋治平初知府赵尚之兴复备，戴崇安、胡致堂记。元因之。国朝洪武二十九年（1396）重建明伦堂。正统三年（1438）知府易善重修，更建四斋八号房。成化庚寅（六年，1470）知府吴节重建戟门、棂星门、两庑、明伦、会膳二堂、内号房、儒学坊。及于西斋（讹作“齐”）后鬻镇抚陈洪地，广、袤各二十五丈，并屋为公廨。江西提学副使、华亭夏寅记之①。成化庚子（十六年，1480），知府戴浚重修两庑并内号房。以吴所鬻地为射圃，分其廨宇，于南、北为观德亭，为神厨。虽屡更置而规模犹未整，况学门、棂星门岁久倾颓，殿堂、门庑、斋号之类率多损坏。成化乙巳（二十一年，1485），知府李镜于右（讹作“古”）以洗牲池一方易指挥杨玺地，横五丈，长三十六丈，以正其规模；左以价鬻军人吴永富地，横一十五丈，长二十丈，以补其间缺。内整露台丹墀，外平道路等级，斫石为棂星门，为栏干，为儒学门。棂星门下增筑露台一座，广九丈，袤三丈三尺（讹作简体“尽”），高五尺。前树以柏，各砌以砖石，辟以木栏，宫墙高筑，护以竹篁。仍用万工负土补培（讹作“倍”）城外低洼地，前砌砖墙，长三十丈，厚三尺，高丈有六尺，以屏城墙之背。左右建文奎、文璧二坊，以占山水之秀。二坊之北各建亭一所，以为师生迎候之地。内号左右各建房五间，以为生徒具膳之所。学校广植松竹，以蔽北风，环筑高垣，以别儒俗。其余殿堂门庑之类，靡不修葺，遍砌砖石，门各丹雘，视旧制可谓整饬。翰林院编修、南昌张元祯记。学四至：东北至指挥柴皞、百户姚本、军人吴永富地；西南至指挥杨玺、百户张雄及莲花池街；东南至城脚；西北至莲花池及千户刘勋、指挥韩镇墙。

文庙，旧殿圮毁，都察院御史秦金檄知府黄巽鼎建，提学张

---

①夏寅曾于弘治间通判岳州府。夏寅《记》曰：“岳州吴侯行验，成化三年（1467），以户部郎中来为守。侯治务惇本，思先鼎新学校，养贤敷教，以移易其风俗。……自成化三年（1467）冬至十年（1474）秋，凡八年而始成。礼殿、讲堂、门庑、斋舍，以至仓库、庖湢、神像、祭器，靡不更新。”此处谓“成化庚寅（六年，1470）”，乃取其中也。详卷二夏寅《学记》。

邦奇记。殿庭五间，东庑七间，西庑七间，戟门七间，棂星门三座，成化乙巳（二十一年，1485），知府李镜重建。神厨、宰牲房、祭器库、瘗坎一所，洗牲池一方在学前右。

学，明伦堂五间。四斋：东二，曰进德，曰存诚；西二，曰修业，曰兴贤。六间。儒学坊一座。成化乙巳（二十一年，1485），知府李镜斫石重建会膳堂五间，东西号房八间，内号房四十六间，东西厨房各五间，迎候亭二所各三间，学舍一所，射圃二所，一在学右，一在东门，观德亭各三间，教官公廨五所。莲花池在学西坡下，广五十丈，袤百余丈。西抵官街，南抵镇抚程纲地，东抵本学山，北抵黄土坡。旧为师生游息之所，今生员张鹏、陈仁居十之一，余俱为军民所侵矣。

书籍，《孝顺事实》二本，永乐十八年（1420）颁降；《为善阴骘》五本，永乐十七年（1419）颁降；《五伦书》六十二本，正统十二年（1447）颁降；《易经》一十二本，《书经》一十本，《诗经》一十二本，《春秋》一十八本，《礼记》一十八本，《性理大全》三十本，《四书大全》二十本，《表式》二本，《行移体式》一本，俱永乐十三年（1415）颁降；《湖广通志》十本；《射志》一本。

卧碑一通，元加封圣号诏碑一通，庙碑一通，新生洲碑二通，学记碑二通，文俱详“纪述志”。

社学，旧无。成化乙巳（二十一年，1485），知府李镜领提学副使薛纲命于塔前街创建。官厅、学堂各二间，东西耳房、学门各一间。前后甃石，周围筑垣。衡阳王书扁。置教读一名，以训蒙士。射圃亭，知府韩士英建。敬一亭，嘉靖九年（1530），奉勘合建于明伦堂后，列树圣制。敬一箴及视、听、言、动四箴碑刻五道于中。启圣祠，嘉靖九年（1530），奉勘合建于文庙之东北，祀先师之父，而四配之父亦配享焉。

坛壝志　附城隍庙、旗纛庙

社稷坛，在城北一里。神位砖台一座，壝门四座，外门一座，神厨、库房各三间，斋宿正房前后六间，东、西房各三间。

风云雷雨山川坛，在城南二里。台、壝、厨、库房俱同前。

郡厉坛，在城北一里。旧地偏窄而西向，年父坛垣圮尽，知府沈奎易民田以正坛场，鼎新修建。坐山面北，益以牌坊，与李公祠、名宦祠并列于官道之十。

城隍庙，在府治北百步。成化庚子（十六年，1480），知府戴浚重建。山西右参政姑苏祝颢记。嘉靖八年（1529），知府萧晚创建西边官房三间，门楼、厨房、厢房齐备。

旗纛庙，在卫厅后，成化初，指挥杨纲重建。祝文，俱详“制命志”①。

山川志

山　附岩、洞类。

巴丘山，在府治东南，一名巴蛇冢，即羿所屠者。吴使鲁肃以万人屯巴丘即此。

天岳山，在府东北境一百二十里，高一千八百丈，周回一百八十里，为岳阳之锁。相传神禹治水尝至此山。按《方舆胜览》云“一名幕阜”是也。俗以郡城南五显庙为天岳山，窃恐未然。盖其处略似山形，以郡称岳阳证之，说亦欠通，况旧《志》所书未及之欤。

君山，在府治西南一十五里洞庭湖中。一名洞庭山，状如螺

①本卷中“制命志”已残缺，后各县卷中也均有“详府制命志”，又均不可详。

髻。《山海经》云："洞庭［之］山，帝尧（或"之"）二女居之。"《史记》：秦始皇南游浮江至湘山，遇大风，几不能渡，因问：湘君何神？博士对曰：尧女舜妃。始皇怒，命使伐湘山树，赭其山（所引非《史记》原文）。又宋岳飞讨杨幺伐君山木为巨筏，塞诸港汊，即此山也。山有寺名崇胜，有轩辕台、柳毅井、传书亭、飞升亭。道书以为第十一福地①，古今诗文，具载"题咏"（即本卷"题咏志"）。

响山，在君山上，一名鸣山，履之锵然有声。

酒香山，在君山上。《湘州记》：上有美酒，饮者即为仙。汉武帝遣栾巴来求，果得酒。未进，东方朔窃饮，帝怒，欲杀之。对曰：酒有验，苟杀臣亦不死，臣死酒亦无验，遂赦之。② 土俗云每春时往往闻酒香，寻之莫见其处。

川　附洲、矶类

洞庭湖，在府治西南。《山海经》云：洞庭乃沅澧之交，潇湘之渊，九江之口。③《禹贡》："九江孔殷。"注云："即今之洞庭也。"沅、渐、元、辰、叙、酉、澧、资、湘九水皆合于此，故名九江。九江之水，沅、资、湘最大，皆自南而入荆江，自北而过洞庭潴，其间名为五潴。《战国策》云"秦与荆战，大破之，取洞庭五潴"是也。每岁六、七月间，岷、峨雪消，水暴涨，自荆江逆入洞庭，清流为之改色，实东南之巨浸也。

青草湖，一名巴丘湖。北连洞庭，南接潇湘，东纳汨罗之水。每夏秋水泛，与洞庭通为一湖，冬春水涸，则此湖先干，青草生焉（讹作繁体"爲"）。唐张志和《渔歌》（或《渔父歌》）："青草湖中月

①唐杜光庭：《洞天福地岳渎名山记》七十二福地第十一："君山，在岳州青草湖中。"《道藏》第 11 册第 55 页。

②为宋庾仲雍所撰《湘州记》，所引非原文。见陈运溶辑《麓山精舍丛书》第 93 页。

③《山海经·中山经》原文为："又东南一百二十里曰洞庭之山。……澧、沅之风，交潇、湘之渊，是在九江之间。"

正圆，巴陵渔户棹歌还（或“连”）。”杜甫诗：“洞庭犹在目，青草续为名。”

赤沙湖，在洞庭西。水泛与洞庭为一，涸则惟见赤沙。旧《记》云：洞庭南连青草，西亘赤沙，七八百里，又谓之三湖①。

云梦湖，在府治西。与洞庭、青草二湖相连，洞庭在北，青草在南，云梦在西，合为一湖。孟浩然诗“气蒸云梦泽，波撼岳阳城”即此。

新生洲鼍鹤滩，在鲟鱼嘴下。旧隶府学，赋其岁入，以供春秋二祭，余以养士，记见“纪述志”。

金沙洲，在洞庭湖中，与鹿角对峙。一名龙堆，延袤数里。杜甫诗“龙堆拥（或“隐”）白沙”即此。又名金沙堆，宋张孝祥有赋，葛长庚诗：“惟有金沙堆下水，东西南北任风吹。”②

柳毅井，在君山。俗传：毅，唐中宗时下第归，至泾阳，见一妇人牧羊。曰：“妾洞庭君小女，嫁泾川次子为婢，所毁黜至此，敢寄尺牍。洞庭之阴有大橘树，击树三当有应者。”毅如其言，有武夫揭水引入至灵虚殿，取书以进。洞庭君泣曰：“此老夫之辜，使孺弱罹害。”顷之，有赤龙飞去，俄红妆拥（或“俄拥红妆”，应是）一人回，即寄书女也。宴毅碧云宫，洞庭君弟钱唐曰：“泾阳婺妇敢托高义为亲。”毅不敢当，辞而去。后再娶卢氏，貌美，曰：“予即洞庭君女，泾上之辱，君能救之，兹奉闺房，永以为好。”遂与同归洞庭。

官井，二，在府治甬道左右，一在卫前，一在学右莲花池。

---

①“《记》”应是《太平寰宇记》，卷一一三《岳州》曰：“有青草、洞庭、巴丘三湖在焉。”《岳阳风土记》亦有引述，但均无赤沙湖，也无“南连”“西亘”之谓。应是编者发挥。

②此诗隆庆《府志》、《全宋诗》均系作者为白玉蟾。全诗为：“樯乌啼罢纸灰飞，神去神来人不知。惟有金沙堆下水，东西南北任风吹。”《全宋诗》中无葛长庚诗。张孝祥《金沙堆赋》见《全宋文》卷五六九一。

白鼍井，在城北门外。

（村市志、陂堰志，俱详州、县）

户口志

户 永乐至天顺，除华容未详。洪武间六万八千九百四十三；永乐间五万一千一十八；宣德间四万四千六十一；正统间四万二千二百四十；景泰间四万九百四十七；天顺间四万四百三十三；成化间四万一千六百八十五。民一万五百二十五；军一万一千八百一十八；贴军六千三百六十二；儒一；医二十八；匠一千六百七十八；僧一百一十三；道一百六；隘丁一千七百三；铺司兵四十四；力士校尉一十九；厨役二；杂役四千一百一十四。内除澧州各色户未详。

口 宣德至天顺，除华容未详。洪武间三十四万六百五十八；永乐间三十四万七千四百二十九；宣德间二十万五千二百四十九；正统间二十万八千七百七十八；景泰间二十一万二千三百九十二；天顺间二十二万一千六百二十九；成化间二十六万四百五十七。男子成丁一十万一千七百五十九，不成丁三万一千三百一十；妇女大八万六百三十二，小一万四千五百七十九。内除澧州男、妇未详。

（徭役志、物产志，俱详州、县）

贡赋志

贡 茶芽：一十六斤，出临湘县。

野味：活麂四只，折钞二百贯。活獐一十只，折钞五百二十八贯。活雁二百二十二只，折钞四千九百八十三贯五百文。活野鸡二十六只，折钞二百一十二贯。活天鹅五只，三只折钞一百八十贯，二只贡本色。活鸧四只，折钞一百贯二十文。活鹁鸠二十四只，折钞二十四贯。

赋 田地山塘：宣德至天顺，夏税麦，宣德、景泰、天顺俱除华容；税丝织绢，洪武除澧州、平江、慈利；永乐除澧州、平江；宣德、景泰、天顺除澧州、华容；秋粮，宣德、景泰、天顺除华容俱未详。洪武间官民共二万三千四百六十四顷七十七亩二分四厘六毫一丝二忽，夏税大小麦共二千二百一石四斗九升四勺，税桑丝共五千九百四十七斤八十二两七分八厘二毫，织京库绢二千一百五十匹二丈四十一分五厘，［南］京库绢二百七十七匹六丈四寸五厘，秋粮米共二十五万六千七百三十九石八斗七升二勺。永乐间官民共一万九千七百五十八顷三亩九分五厘六毫八丝二忽，夏税大小麦共一千九百五十八石三斗一升五合八勺，税桑丝共五千八百八十二斤九十三两二钱四分七厘六毫，织京库绢一千七百一十四匹七丈四尺六厘六毫，南京库绢二百三十八匹七丈一尺二寸五分五厘，秋粮米一十八万二千九百一石九斗八升七合七勺。宣德间官民共一万三千八百七十七顷四十五亩六分三厘二毫九丝六忽，夏税大小麦共一千六百三十二石一合六勺八抄，税桑丝共五千八百二十斤四十七两八钱五分一厘三毫，织京库绢一千九百一十五匹九丈一尺一寸一分一厘六毫，南京库绢六百七十八匹六丈九尺九分五厘，秋粮米共一十五万七千八百八石九斗四升一合七勺八抄。正统间官民共一万五千九百六十四顷八十五亩二分四厘三毫九丝五忽，夏税大小麦共一千八百九十六石一斗九升三合八勺八抄，税桑丝共七千六百三十八斤三十九两一钱一分七厘九毫，织京库绢二千三百八十四匹三丈九尺五寸四分六厘六毫，南京库绢七百匹七尺五寸，秋粮米共一十八万一千六百三十三石七斗九升一合九勺三抄。景泰间官民共一万六千一百五顷五十一亩五厘八毫九丝二忽，夏税大小麦共一千六百二十二石一斗四升三合八勺四抄，税桑丝共七千二百八十斤六十三两二钱六分六厘二毫，织京库绢一千九百二十三匹三丈七寸九分八厘一毫，南京库绢六百七十八匹七丈二寸三分五厘，秋粮米共一十五万六千五百四十六石三斗三升三合九勺一抄。天顺间官民共一万六千七百二十九顷七十五亩二分一厘三毫一丝七忽，夏税大小麦共一千六百三十二石九斗六升八合一勺四抄，税桑丝共五千九百四十一斤八十二两七钱三厘八毫，织京库绢一千九百四十匹一尺二寸三厘二毫五丝，南京库绢六百七十八匹七丈八寸八分五厘，秋粮米共一十五万一千九百四十六石八斗九升八合五勺六抄。成化间官民共一万八千四百二十四顷一十九亩二分五厘一毫四丝六忽，夏税大小麦共一千九百二十石九斗八合五勺四抄，税桑丝共四千一百三十六斤五十五两五钱九分七厘二毫，织京库绢二千四百六十一匹二丈三尺五寸六分六厘五毫，秋粮米共一十八万三千三百七十一石三升三合二勺四抄。

段（通“缎”）：岁造深青、丹矾红、黑墨绿三色共三百二十匹，闰月增造三十八匹。

户口食盐：官吏民二万五千九百七十一员名，户男妇大八万九千八百七十九口。共岁收食盐米钞五十八万七千六百四贯五百文。该盐五十八万七千六十四斤八两。

课程：一州七县岁办酒醋油榨纸课，铸泻水磨茶引椒株没官，货地没官。桑租桐株、漆株、棕株、茶株、桃、梅、李树，窑税地租，黄连商税没官。地税契本门摊渔课宝钞，干鱼、莲藕、菱角比附新增、加增认办，共计钞二十万四千四百六十五贯一百九十五文。

鱼油：共四万四千九百二十四斤一十两九钱三分，折黄麻九千九百斤二两一钱二分，折熟铁一万五千六百九十三斤七两，折钞一千五百六十贯五百三十九文。

鱼鳔：共一千三百九十七斤四两五钱二分，抵斤折鱼线胶七百一十三斤四两八钱二分，折钞一百六十三贯九百五十八文。

翎毛：共四十一万二千五十一根，折熟铁八千六百六十七斤八两二钱五分，折钞六千七十一贯六百五十文。

皮张：岁办麂皮共一千四张，獐皮八十张，虎皮一十二张，杂皮一千三百五张。

弓箭弦条：额造弓一百张，弦五百条，箭三万二千五百枝。

军需：本府关与岳州、偏桥、永定三卫军器物料，每卫岁支瓜铁一万九百二十斤，生铁一千二百八斤，生铜三斤，牛角三百二十只，牛筋一百四十一斤六两四钱，翎毛一万四千四百根，生漆二百六十五斤一十二两八钱，桐油六十五斤，清油四斤九两六钱，黄蜡九两六钱，银朱一十九斤一十四两四钱，金箔一千二百八十个，水银五斤，锡五十斤，青绵布一百九十二丈，苎布一百六丈八尺，白绵布二百八十四丈，生绢三十五丈二尺，生丝一十九斤一十四两四钱，青丝线六两四钱，丝绵六两四钱，水胶三十八斤，鱼鳔一百二十七斤一十一两二钱，水粉五斤，松香四十斤。

澧州守御千户所军器物料，岁支瓜铁二千七百三十斤，生铁三百二斤，生铜一十二两，牛角八十只，牛筋三十五斤九两六钱，翎毛三千六百根，生漆六十六斤七两二钱，桐油一十六斤四两，清油一斤二两四钱，黄蜡二两四钱，银朱四斤一十五两六钱，金箔三百二十个，水银一斤四两，锡一十二斤八两，青绵布四十八丈，白绵布九十六丈，苎布二十六丈七尺，生绢八丈八尺，生丝四斤一十五两六钱，青丝钱一两六钱，丝绵一两六钱，鱼鳔三十四斤六两八钱，水胶九斤八两，水粉一斤四两，松香一十斤。

屯田志

田　岳州卫：在屯旗军四千一百二十三名，共领种巴陵、临湘、华容、平江、湘阴水田四百六十三顷一百二十七亩。

子粒 共五千五百六十九石八斗。

巴陵：水田四十七顷，子粒五百六十四石。

华容：水田二百四十一顷二十亩，子粒二千八百九十三石八斗。

临湘：水田一百六十顷五十七亩，子粒一千九百二十六石。

平江：水田四顷五十亩，子粒五十四石。

长沙府湘阴县：水田一十一顷，子粒一百三十二石。

仓库志

仓 广丰仓，在府治后。成化四年（1468）知府吴节重修。十四年（1478）知府戴浚拓地增创一廒。二十二年（1486），知府李镜建廒九间，官厅一所，中门一座。周围缭以高垣，覆以陶瓦，视昔严密。正厅三间，正门三间，中门一间，大廒六连共五十四间。

库 永储库、架阁库，详“公署志”

［驿］铺志

城陵矶递运所，在府北一十五里。成化间重建。二十三年（1487）知府李镜出公帑羡余，命夫使陈纪重加修理，规制严整。正厅五间，后堂三间，正门三间，仪门三间，左右厢房五间，余详州。

总铺，旧在府治谯楼内。成化乙巳（二十一年，1485），知府李镜徙置楼外司狱司旧基。正厅三间，邮亭一座，正门一间，左右房六间，榜房四间。铺司一名，驿司二名，铺兵一十一名。一十二时辰轮子一个，红绰屑一座并牌额，铺历二本，夹板一副，铃攀一副，缨枪一副，油绢三尺，软绢包袱一条，笠帽蓑衣各一件，红闷棍一条，回历一本。本府至湖广布政司陆路四百八十里，水路四百九十里；南京陆路二千一百一十五里，水路二千二百二十五里；京师陆路四千三百七十九里，水路五千六百七十里。余详州、县志。

津梁志

蝘虹堤，见“古迹志”。

白荆堤，在府治东一十五里。一名堤头渡，一名紫荆堤。

通和桥，旧名岳阳，一名望仙，一名紫荆，在白荆堤中。成化八年（1472）巡抚都御史吴琛命知府吴节重修。完砌洞三，增土高堤，坚固弘壮。国朝学士商辂、副使夏寅有记。

永济堤、永济闸，旧无。

永济桥，旧名翟家。

广通桥，旧名白石，俱在府治之北，城陵矶之南。成化间知府戴浚构木为梁，郎中黄颐（或作“熙”）、检讨郑纪（讹作“经”）记。[①] 二十年（1484），知府李镜募工筑土为堤，凿石为桥，引水为闸，更今名。岳人甚德之，自开郡以来未之有也。因号其堤为“李公堤”，桥为“李公桥”，闸为“李公闸”云。国朝学士李东阳为记。去后，民立李公祠以祀之。后堤因累年湖水漱啮，阴雨泥泞，行道龃龉。嘉靖九年（1530），知府萧晚委经历牛润随处修补，中实以沙，旁益以柳，行者益便之。

①“黄颐”，后文卷二“纪述志”中所录《白石湖桥记》署国朝南京吏部郎中黄熙撰。《明实录》、《明史》中“黄颐”、“黄熙”皆不见，只《明宪宗实录》卷四一中有“南京吏部郎中黄霖”，不知孰是。“郑纪”讹作“郑经”。《明宪宗实录》卷二八八：“成化二十三年（1487）三月壬戌（二十二日），升翰林院编修敖山、检讨郑纪、湖广按察司佥事沈钟俱为按察司副使。山，江西；纪，浙江；钟，原任。”后文卷二“纪述志”中所录《翟家湖桥记》亦署“国朝翰林检讨郑纪撰”。

重修通和桥，近因累年湖波冲击，前桥圮毁，夏秋水涨，至以船渡，公私艰阻。嘉靖十年（1531），知府萧晚同通判许选重修。垒石为址，中为三窦，翼以护栏，视旧坚完，可以经久。郡人黄昭道为记。

大江渡，在岳阳驿前，西通荆襄、澧州路。

武备志

军器局，在岳州卫左。正厅二间，前门一间，营缮房五间。岁造军器，盔一百六十顶，青布铁响甲一百六十副，撒袋一百六十副，长枪一百六十根，团牌八十面，腰刀一百六十把，弦三百六十条，弓一百六十张，箭四千八百枝，铳箭一千六百枝，共计七千七百六十件。管造指挥一员，千户一员，百户一员，局匠六十名。

教场，一所，在府城北门外半里许。演武亭三间，旗台一座。管操指挥一员，五所千户五员，百户五员，操备舍余三百六十二名。靖州两班守备官一员，旗军一百四十九名。桂阳三班守备官一员，旗军四十六名。漕运京粮指挥二员，五所官九员，旗军四千八百八名，余丁一百二十六名。浅船六十只。本卫原额旗运计五千一百七十四名。嘉靖九年（1530），本府知府萧晚于演武亭左建立。

马厩，一所，在南门内西。前后厅房各二间，左右厩房六间，官马四十六匹，马军四十六名。成化间都御史吴琛建立。

职官志 附岳州卫

前代，唐 刺史：张说①。

宋 知府②：杨畋、郑民瞻（讹作“郑瞻”，详本卷“名宦志”）、滕宗谅、张汝明、范宗（或“淙”）、黄泳、赵汝归（或“岿”）③、赵尚之、李曾伯、孟珙④。

元 总管：赵文焕。

国朝 知府：唐庸、杨谨行、柴［车］、娄进、赵［辅］⑤、朱俨、易善、何友、毛祥、吴节、戴浚、李镜、施恕、张纲、张举、张金、刘焕、卢瀚、江昌、庞璁、黄巽、李锐、王俨、韩士（或“仕”）英。

元 同知：撒德美（讹作“美”）实⑥、寇元德。

国朝 同知：皇甫（讹作“浦”）从龙、徐和、马驯（或“训”）、

---

①本志考述历代守官太过粗疏，唐代刺史仅列张说一人。以下所列职官除简略外，还有人名不全，次序颠倒等谬误，因这类问题太多，不拟一一指出。

②宋代岳州为军事州，而且是下州，其守官称“知军州事”，简称“知州”，非“知府”。《宋史·地理四》：“岳州，下，巴陵郡，岳阳军节度。本军事州。宣和元年（1119）赐军额。建炎间，岳、鄂二州各带沿江管内安抚司公事。绍兴二十五年（1155），改州曰纯，改军曰华容；三十一年（1161），复旧。”

③“赵汝归”或作“赵汝岿”。《永乐大典》卷一四六二七《吏部条法》：“淳祐十一年（1251）七月□日，都省札子：权知岳州兼尚书省提督分司财用赵汝岿状。”《永乐大典》卷七二四〇“清心堂，《岳阳志》：‘赵侯汝岿所建，在新治设厅之西。’”本志卷二“纪述志”及《全宋文》卷七八五七李曾伯撰《重建岳阳楼记》曰：“越明年（淳祐十一年，1251）九月，郡侯浚仪赵汝归书来。”又汝归为宋末知州，在孟珙之后。隆庆《府志·秩官年表上》又系赵汝归为淳祐中澧州知州，可能有误。

④职官人名除极少外，其任职先后排列也时序颠倒混乱，非三言两语所能辨清，故不在本书中一一指出。

⑤查隆庆《府志》，弘治前岳州知府中姓赵者只有赵辅，但赵辅在杨谨行之前，为洪武时任，可能系本志误置。

⑥本卷“纪述志”孔渝撰《新生洲复地记》及隆庆《府志·秩官年表》均作“撒德美实”。

殷瓒、高衡、陈睛（或"情"）、陈瑄（或"宣"）、牛谅、赵贤、胡升、欧阳荣、周钦、谭纶、施德、陈嘉表、闾铠、浦应祥、张经。

宋 通判：石光、董时敏[①]。

元 治中：脱列。府判：忻都沙。

国朝 通判：王鉴、包公贵、卢翊、吴震、林文秸、吴荣、徐宁、闻人著、周钝、丘昂、胡挺、赵成、易观、林容、刘恺、刘瑛（或"英"）、黎瑾、陈□、陆瑾、唐镛、周凤、凌文献、李充嗣、吴佐、高齐南、陈升、夏寅、陈谟、苏仲、刘荣、王睿、张信、刘珵、刘宠、林凤、李德明、陶琰（隆庆《府志》系于同知）、王佐、庄润（或"闰"）、华忠、侯维藩、封杰。

宋 推官：萧定基。

元 推官：李炳、周禧、韩汝楫、刘璧。

国朝 推官：杨俊、胡肃、周英、李威、李达、徐礼、詹云汉、胡宁、章维浙（应为"章惟"之讹）[②]、鲁铎、庞璁、王禄、王朝臣、褚嵩、王爵。

元 教授：朱立夫、冯（讹作"马"）庭（或"廷"）玉[③]、王有恒（讹作"怛"）、孙昌翁。学录：吴酉孙、王政。学正：杨元范、杨寿（隆庆《府志》系于学录）。直学：耿琳（或"霖"）。

国朝 教授：李应祖、文孟贵、金贵、何继儒、尹纶、高崧[④]、苏恕、王琏（或"涟"）。

训导：冷融、邵诚、李晟、叶（或"华"，繁体"葉、華"形近）谘、徐让、雷琦、邹泰、张士安、陈嘉猷、张信、萧祚、吴振、

---

①隆庆《府志·秩官年表》列为"推判官"。

②本卷"纪述志"李东阳撰《永济堤记》及"题咏志"多处均作"章惟"，而此处及隆庆《府志·秩官年表下》只见"章维浙"，可能系后者沿袭前者之误。

③本卷"纪述志"孔渝撰《新生洲复地记》作"冯庭玉"；隆庆《府志》"职官年表"作"冯廷玉"。"马庭玉"误。

④隆庆《府志·秩官年表下》在高崧与苏恕间还有刘玑，而刘玑是弘治《府志》的主修，竟然连自己的名字也漏列，真是匪夷所思。

虞廷、张景、赵善、洪文奎、雷豫、吴迪、张浩、裴銮、杨景辉、符信、唐时、周生[①]、王侨、叶（或“华”）继本、张钦、刘琳、包相、陈轨、刘璋、关忠、周震、姚睿、王裕（或“俗”）、王伋、李文英（或“焕”）、方肃、刘瑞、赵翱、沈麒、万廷琏。

卫官，指挥使：音亮，□□□□人。洪武初创建卫治，甃城凿池，抚绥军士。

刘玉，直隶和州人。正统初从征麓川、湖、贵等处有功，复战死于绞峒。事闻，升其子宁都指挥佥事。

朱缨，直隶扬州人。永乐间从征交阯，被虏，执节不屈。寻征广西，以功升都指挥佥事。

房昂，顺天保安州人。成化间随征白崖塘等处，生擒贼党，功升都指挥佥事。

柴皞，直隶吴县人。成化间漕运总兵官都御史，以干济勤能荐升都指挥佥事。子奎，袭替。弘治十四年（1501），以武靖功升都指挥佥事。

刘缨、朱辅。

指挥同知：卜马翔，直隶顺天人。骁勇有胆略，由官舍历功升。

刘震，直隶乐亭人。成化间流贼掠洞庭，与卜马翔同殒于敌。

季敏，直隶和州人。成化间从征荆襄、八寨等处，累功历升。

张瓘，直隶滁州人。成化间从征荆襄有功，历升。

郑勋、郝升、刘海、谢勇。

指挥佥事：刘钺，顺天大兴人。正统间从征靖州，奋勇追贼，遂殒。

赵琮，直隶吴县人。正统、景泰间从征麓川、香炉山等处有

---

①本卷“纪述志”张元祯《岳州府学记》（注者拟）中有“训导符君信、卢君执中、唐君时、周君生”，此处卢执中漏列。

功升。

蒋琛，直隶六合县人。天顺间从征桃溪寨等处有功升。

陈勋，直隶寿州人。成化间进剿白崖塘，攻克美梭寨有功升。

韩璟（或“景”），直隶徐州人。成化间攻克白崖塘等处有功升。

刘泽、蒋冕、杨玺、张□、韩镇。

名宦志

三国 周瑜，吴时中护军。尝从孙策定豫章，还镇巴丘。后大破曹操军于赤壁。归江陵，道经巴丘卒。

鲁肃，吴武校尉，镇巴丘，增筑郡城，威恩并行。

晋 陶侃，杜弢之乱，其将王贡诱五溪蛮向武昌，侃使郑攀夜趋巴陵，大破之。贡走湘城，势屈降侃。后都督八州军事，移镇巴陵，绥怀有道，荆楚人心甚得之。

唐 张说，神龙初由宰相出为本州刺史①。说为文属思精庄，既谪本州，而诗益凄惋，人谓得江山之助云。

柳公绰，元和间岳鄂观察使。时方讨吴元济，公绰选兵六（或“五”）千，属李聪（或“听”，繁体“聽、聰”形近）而厚抚兵士家，故所向有功②。

宋 杨畋，庆历初知本州军事。湖南猺人劫掠州县，畋募才

①《唐刺史考全编》卷一六五，张说任岳州刺史系于开元四年（716）至开元五年（717）。引《太平寰宇记拾遗》卷一岳州巴陵县：“岳阳楼，唐开元四年（716）张说自中书令为岳州刺史，常与才士登此，有诗百余篇，列于楼壁。”《岳阳风土记》略同。《册府元龟》卷一七二：“（开元）六年（718）二月……岳州刺史燕国公张说为荆州大都督府长史。”按开元五年（717）已为荆州长史，《册府元龟》误。本志谓“神龙初”更误。

②《旧唐书·列传第一百十五》：“柳公绰，（元和）八年（813），移为鄂州刺史、鄂岳观察使。九年（814），吴元济据蔡州叛，王师讨伐。诏公绰以鄂岳兵五千隶安州刺史李听，率赴行营。十一年（816），入为给事中。”

勇讨击，遂平六洞，徙知太平州。岁余，贼复肆，乃授畋兵马钤辖，贼闻其至，皆逾岭遁去。

滕宗谅，庆历间知本州。建学育才，文章、政事郡人传颂。

张汝明，徽宗时知本州军事。属邑得古编钟，求上献，汝明曰："天子命我以千里，惧不能仰承德意，敢越职幸赏乎？"卒不以献。

石光，本州通判，有功德及民。后寓大云山卒，民慕之，立祠春秋致祭。

郑民瞻（讹作"郑瞻"）①，元丰初假守本州，绰有政声。

范淙，知本州军事，时有善政。及人去后，邦人思之，立去思亭于乾明寺。

王端，本州司法参军。值荆湖饥馑，有制攘劫者免死，至明年五月论如律，及期犯者逾众。端曰："原法意断以五月者为麦可食也，荆湖无麦，必须秋成，宜以八月为限。"请于朝以活死者，如端所议。

李曾伯，嘉熙间知本州军事，多善政。

岳飞，建炎初为荆湖南北制置使。时杨幺据洞庭为乱，飞捕斩之。

萧定基，江西庐陵人。天禧中擢进士第，释褐授岳州军事推官。有惠政，累官监察御史，里行淮浙荆湖制置发运副使。

萧渊，江西庐陵人。嘉定癸未（十六年，1223）进士。襄州兵乱，上流单薄，籍岳州为根本，制阃辟公通判岳州，就摄州军。既摄，规模措置，一一整肃。外压胡寇，内控江南，大有可观。

孟珙，随（讹作"隋"）州枣阳人。嘉熙初为荆湖制置副使，知

①卷二"纪述志"上官彝《渊德侯庙记》中作"岳守库部郎郑公民瞻"；宋假守陈邕《湘君庙记》中也有"元丰五年，知岳州郑民瞻"。隆庆《府志》、正德《袁州府志》等均作郑民瞻，因而"郑瞻"乃"郑民瞻"之误。又《楚纪》卷五二："郑憺，元丰中守岳州，以能称。"此"郑憺"亦应为"郑民瞻"之误。

岳州[①]。增陴浚隍，蒐军实边，累败金师，有恢复志，朝廷赖之，卒谥“忠襄”。

元 王有恒，括苍人。尝教婺之金华，开基建学长衢之包山，复疆土，创精舍。至是教授本州，仍复新生洲地，而多有功于学校，人咸慕之。

国朝 唐庸，陕西宁夏人。洪武间知本州。廉介有为，废坠修举，升本省参政。有事，交阯卒。至今父老犹能道之。

杨谨行，江西鄱阳人。永乐初知府事。惠爱斯民，作兴士类，不尚威严而政教自行。

易善，广东南海人。由兵科给事中知本府。政平讼简，吏民悦服，升本省左布政使。

吴节，四川眉州人。由郎中知本府。爱民育士，修旧举废，升河南参政转布政使，寻升副都御史。

牛谅，河南项城人。同知本府。濒江荻场百余顷（讹作“项”）可种艺，谅教民开垦，植五谷，民赖其利，考时以廉能称之。

胡升，贵州前卫人。由举人同知本府。持己以廉，清戎有法。

周钝，浙江山阴人。通判本府。廉静寡欲，正直不阿，屡致旌异。秩满特升刑部郎中，转升福州、长沙知府。随处直声著闻，寻升河东运使，民至今思之。

李镜，江西弋阳人。由进士知本府。沉毅有谋，百度修举，建学筑堤，其功尤著。详见《李公祠碑记》。

张举，直隶栾（讹作“峦”）城人。由户部员外郎知本府。为人刚直，得之天赋，公廉惟有神知，卒于任。

①《宋史·列传第一百七十一》：“二年春，授宁远军承宣使、带御器械、鄂州江陵府诸军都统制。未几，授枢密副都承旨、京西湖北路安抚制置副使兼督视行府参谋官。未几，升制置使兼知岳州。三年春正月，授枢密都承旨、制置使兼知鄂州。”

流寓志

唐　韩注，为唐谏议。贞元间以言事忤旨，贬本州。适意山水，弃人间事，杜甫因以诗寄之。

科甲志　附岁贡

进士

国朝　方必受，登洪武乙丑（十八年，1385，讹作“丁丑”）丁显榜，终按察使①。

方廷（或“庭”）玉，终右布政使，详“人物”②。

方佺，终御史。俱巴陵人。登永乐乙未（十三年，1415）陈循榜。

郭永清，登永乐辛丑（十九年，1421）曾鹤龄榜。终工科给事中。

李逊，登正统己未（四年，1439。讹作“乙未”）施盘榜，终知府③。

---

①隆庆《府志·选举志》、雍正《陕西通志》卷二十二均作“方必寿”，《明清历科进士题名碑录》作方必受，“方必寿”乃误。据《明清历科进士题名碑录》，丁显为洪武乙丑（十八年，1385）科状元。《明太祖实录》亦谓：“洪武十八年三月壬戌朔，上御奉天殿策试举人……廷对者四百七十二人，擢丁显为第一。”隆庆《府志》亦系方必受洪武乙丑（十八年，1385）进士。《明清历科进士题名碑录》洪武十八年（1385）科，方必受列赐同进士出身第三甲名录，曰：“方必受，湖广巴陵县人。”雍正《陕西通志》谓按察副使。

②本卷“人物志”谓为“永乐乙未（十三年，1415）进士”。《明清历科进士题名碑录》永乐十三年进士名录作“方庭玉”，列赐进士出身第二甲。

③正统无乙未，隆庆《府志·选举年表》作“己未”，为正统四年（1439）。据《明清历科进士题名碑录》，施盘为正统四年状元，李逊为本科赐同进士出身第三甲，但李逊籍贯却注为“江西建昌府南丰县军籍”。

邓廷瓒，俱巴陵人。登景泰甲戌（五年，1454）孙贤榜。累官左都御史，赠太子少保，谥“襄敏”。

方升，临湘人。登成化丙戌（二年，1466）罗伦榜，终按察副使[①]。

柳应辰，巴陵人。登成化己丑（五年，1469）张升榜，历官左都御史。

杨一清，巴陵籍。登成化壬辰（八年，1472）吴宽榜，历官大学士[②]。

李廷（或“庭”）芳，登成化甲辰（二十年，1484）李旻榜，卒[③]。

方钝，登正德辛巳（十六年，1521）杨维聪榜，任御史。

周宗镐，俱巴陵人。登嘉靖壬辰（十一年，1532）林大钦榜。

举人

国朝 刘寿昌，洪武庚午（二十三年，1390），终助教。

何彦高，洪武丙子（二十九年，1396）。

傅志显，洪武己卯（即建文元年，1399）[④]，终伴读。

戴宗礼，洪武壬午（即建文四年，1402），终教授。

谭民厚，永乐戊子（六年，1408），终教谕。

徐行，永乐辛卯（九年，1411），终教授。

苏祯，永乐甲午（十二年，1414），终卫经历。

陈渊，终知州。详“人物”。柳俨，终知县。俱永乐丁酉（十五年，1417）。

李仕安，永乐庚子（十八年，1420），终同知。

杨升，终主事。唐海，终判官。黎昭，终教授。俱永乐

①《明清历科进士题名碑录》谓方升“湖广岳州卫官籍”。

②《明清历科进士题名碑录》谓杨一清“云南安宁州人，湖广巴陵县民籍”。

③《明清历科进士题名碑录》作“李庭芳”。

④明代的志乘、文献均刻意抹煞建文帝的存在，而将其系年归于洪武。后同。

癸酉[①]。

黄元吉，宣德己酉（四年，1429），终署丞。

陈珪，终教授。陈瓛，终训导。俱宣德壬子（七年，1432）。

吴芳，终训导。颜公忠，终教谕，详“人物”。俱宣德乙卯（十年，1435）。

范瑛（讹作“英”）[②]，正统辛酉（六年，1441），终知府，详“人物”。

易谦，正统甲子（九年，1444），终长史。

方宗穆，正统丁卯（十二年，1447），终知县，详“人物”。

雷钠，景泰庚午（元年，1450）[③]，终训导。

黄瓒，终教谕。方䆅，卒。俱景泰癸酉（四年，1453）。

刘照、高淳；颜公辅，俱景泰丙子（七年，1456），终知县，以子颐寿贵，累封都御史。

雷复（或“馥”），天顺己卯（三年，1459。讹作“乙卯”）[④]，授通判。

杨纲，天顺壬午（六年，1462），终知县，详“人物”。

方泰、范淳，俱卒，成化乙酉（元年，1465）。

周溥，学正。杨璁，学正。方烝，授推官。孙缙，终训导。俱成化戊子（四年，1468）。

范洁、杨缨，俱成化辛卯（七年，1471），授训导。

柳大纶，授知州。范淮，终教谕。何鉴，授训导。颜禄寿，终同知，进阶中顺大夫。俱成化甲午（十年，1474）。

彭凯，授训导。雷颐，俱成化丁酉（十三年，1477）。

卢岳，成化庚子（十六年，1480），训导。

---

①永乐无癸酉，庚子后只有癸卯，为永乐二十一年（1423）。

②隆庆《临江府志》卷五，范瑛为景泰间临江府同知，本卷“人物志”亦作“范瑛”。

③隆庆《府志·选举年表》雷钠系于正统丁卯（十二年，1447），并在景泰庚午（元年，1450）科目下云：“是年遇变，故乡试未举行，至癸酉倍取之。”

④天顺无乙卯，隆庆《府志·选举年表》作“己卯”，为天顺三年（1459）。

杨纯，解元。周贵，通判。谢枢，知府，累进嘉议大夫。[①] 邹泰，成化丙午（二十二年，1486）。

方宾，通判。文贤，俱弘治己酉（二年，1489。讹作“乙酉”）[②]。

夏璋，知县。方应斗，通判。柳观，知县。俱弘治壬子（五年，1492）。

方应时，乙卯（八年，1495）。

张鹏，知县。杨岕，运判。李时节，同知。戊午（十一年，1498）。

杨岘，知州。刘志文，俱辛酉（十四年，1501）。

傅诏，教谕。陈伯厚，俱弘治甲子（十七年，1504）[③]，授知县。

方世让，知州。彭僎，通判。正德庚午（五年，1510）。

柳应阳，知县。易冲，俱正德己卯（十四年，1519）。

李应春，［嘉靖］乙酉（四年，1525）。

方启参，戊子（七年，1528）。

易凌、赵沚、周宗镐、方启智，俱嘉靖辛卯（十年，1531）。

岁贡

国朝 首谦，终提举。杨暹，终纪善。俱洪武间。

彭必贵，终主簿。何昉、乐礼，终郎中。徐恕、瞿阳秀，俱终推官。方伟，终知县。王思璁，终奉祠。刘海，终吏目。俱永乐间。

李彬，洪熙元年（1425），终判官。

徐威，终卫经历。易让，终照磨。姚禄，终经历。杨敬、王俨，俱终知县。陈善、陈以明，俱终吏目。凌雯，初授知州，升宗人府经历致仕，诏进阶从四品。李晞，终主簿。杨旭、佘洪、

①隆庆《府志·选举年表》中三人系于成化癸卯（十九年，1483）。

②弘治无乙酉，隆庆《府志·选举年表》作“己酉”，为弘治二年（1489）。

③隆庆《府志·选举年表》陈伯厚系于正德丁卯（二年，1507）。

李琦，俱宣德间，终县丞。

晏英、范征，俱终判官。何志广、易永和、何惠、戴璐、和详，俱终县丞。刘文淮，终吏目。胡珍、曹彦贵，俱终判官。高旭，终检校。戴纶，终知县。梁志道，终按察司知事。刘聪，终（讹作“总”）教谕。胡秉直，终经历。俱正统间。

刘恕，终吏目。徐定贞（或“真”），冠带。刘渊、邹辅，俱于县丞。杨廉，终判官。李贤，授工副。易子恒、夏旻、熊元吉，俱终知县。李景和，终县丞。周纶，终卫知事。彭锦、蔡瑺，县丞。罗铨，吏目。李溥，知事。傅荣，知县。廖淮，卒。杨辅，典仪。李瑾、张鉴，俱卫经历。段廷正，教授。李项，主簿。钟俊，知县。张玥，县丞。陈纲，经历。李俊，训导。陈恕，卒。张本清，俱天顺间。①

胡以文，卒。魏伯祥、方琏，俱训导终。车仕贵、廖景源，俱主簿。罗凤，教谕。李瑞、陈济、傅洪、邓廷瑞、余（或作“佥”）瑛，俱训导。傅文郁、方昆、王伦、晏宣、方山、宗庭蕙、李淳、彭锐，俱成化间。②

萧瑛、潘杰，俱弘治间。邹坤，知县。赵宗贤，推官。方宗选，知事。罗群材，训导。赵金，训导。李节春，教授。赵镐，训导。杨岱，训导。罗楚英，训导。傅纯，县丞。傅纶，断事。萧廷乐，训导。彭荣，训导。李冕，训导。陈仲厚、柳大纲、方宗秀，教谕。方奎、李和、周倬，训导。赵宗泗、傅尚新，训导。陈谟，知事。晏镜，经历。陈鹗、赵润、罗尚介（或“价”）、方量、

①隆庆《府志·选举年表》中刘恕至李贤系于景泰间；易子恒至彭锦系于天顺间；蔡瑺至张本清系于成化间。

②隆庆《府志·选举年表》中王伦至彭锐系于弘治间。

方芾、毛承宪，训导。林弘道、王时正。[①]

人物志 附隐逸

国朝 方廷玉，永乐乙未（十三年，1415）进士。历工部郎中，升浙江右布政使。淳朴忠厚，有古人风。

范瑛，正统辛酉（六年，1441）举人。任江西临江府同知。岂弟（通“恺悌”）端谨。升云南姚安军民府知府。

颜公忠，由举人。好学有文，历任南昌训导、桃源教谕。所至训诲生徒，不惮寒暑，科目得人。

方宗穆，由举人任云南楚雄知县。廉静守己，平易近民。

陈渊，由举人任山西浑源州知州，除奸弊，锄豪强，敕旌表之。

杨纲，由举人任广西上林教谕。克勤训诲，时都御史张鹏重其才，保升阳（讹作“杨”）朔令。[②] 抚字有方，民夷信服。丁粮甫满，民上伏乞再任，朝廷从之。复至官莅政如初。以上俱巴陵人。

方升，临湘人。由进士任监察御史，凡按治处，辄有冰声。升江西按察副使，卒。

贞烈志

宋 韩氏女，名希孟，巴陵人。魏公琦五世孙，襄阳贾尚书子琼妇。少有异质，知书，善属文。宋开庆己未（元年，1259）秋九

①隆庆《府志·选举年表》中邹坤至方宗选以及赵金、方宗秀、方奎、李和系于弘治间；罗群材、李节春至柳大纲、周倬、赵宗泗、陈谟至方芾系于正德间；傅尚新、毛承宪、林弘道、王时正系于嘉靖间。

②民国《阳朔县志》第88页：明知县“杨纲，岳阳人，（成化）五年至十年（1469—1474）任”。

月，蒙古兵渡大江，大帅拔都自鄂渚以一军觇上流，遂围岳，岳溃，入于洞庭，俘其遗民以归。女年十八，在俘中，誓不辱于兵，裂练裳书诗以见志，乘间赴江死。越三日，尸浮出，得其诗于衣带间，题五言长句云，见“杂志”。旧无祠，成化间，知府李镜始附祀于孝烈灵妃庙，庙故并祀孝感侯。侯，妃弟也，其意虽知崇尚，未免淆亵弗称。嘉靖庚寅（九年，1530），知府萧晚以乡大夫胥文相之请，创祀于岳武穆祠之右，以专祀之。郡人孙继芳为记。

徐君宝妻，巴陵人，失其姓。亦同韩氏被掳，居韩蕲王府，主者数欲犯之，而终以巧计脱。盖某氏有令姿弗忍杀之也。一日，主者怒甚，将即强焉。因告曰：“俟妾祭谢先夫，然后为君妇未晚也，君奚用怒哉？”主者喜诺。即严妆再拜，默祝南向，饮泣题《满庭芳》一阙于壁。已，投大池中死。词见“杂志”。

国朝　方氏，岳州卫梅纪妻。嫁未几，而纪亡，年二十三。杜门却扫，誓不再适。成化九年（1473），指挥使柴皞以其事闻，诏旌表之。

（戚畹志，详巴陵）

宫室志

岳阳楼，本郡城西门楼，枕巴山，瞰洞庭，莫详创始。唐刺史张说尝与才士登临，有诗百余篇，列于楼壁。宋滕子京谪守是郡重建。取古今诗赋，刻石其上，范文正公记之。由是名益重于天下，岁久楼坏，增修不一。成化七年（1471），巡抚都御史吴琛、知府吴节撤旧而重新之。嘉靖一（疑为“二”之讹，习惯说“元年”，不说“一年”）年（1522），知府韩士英重加修整，楼益壮观。

钟楼，在荆南道后墙外，旧楼久废。成化乙未（十一年，1475），指挥使柴皞重建。

八仙楼，在府北七里山。

后乐堂，见“公署志”。

过仙亭，在府南三里，一名吕仙亭。俗传吕洞宾过岳阳，日憩城南古松之阴。有人自木杪而下，洞宾赠之诗云：“惟有城南老树精，分明知道神仙过。”遂度而收之。旧亭久废，弘治元年（1488），知府李镜重建。

轩辕亭，在君山，一名铸鼎台。传谓黄帝铸鼎荆山之下，鼎成，遂骑龙上升。今台址尚存。

传书亭，在君山。昔柳毅传书于此，事载（讹作“戴”）于井。

江湖胜览亭，在永济闸北，知府李镜创建。置公用桌八，椅、踏凳各六，傍（通“旁”）建铺房一十六间，居商取息，以备修葺。

且止亭，在教场山北官路左。嘉靖九（讹作“七”）年（1530），分守参政刘栋谒李公祠，因与知府萧晚、通判刘琉议建于此，分守刘公作记①。

祠庙志

城隍庙，嘉靖九年（1530），本府知府萧晚同通判钟千重修。外增建房屋三间于右，以为斋宿之所。

旗纛庙，详“坛壝志”。

刘公矶水府庙，嘉靖八年（1529），分守刘、分巡毛、提学副使许行本府，通判侯维藩重建。

巴山庙，在府城中。昔羿断巴蛇于洞庭，后人立庙以祀，今庙后有冢。

---

①本卷“纪述志”刘栋《且止轩记》：“己丑（嘉靖八年，1529）冬，予分守此邦，初至，不为劳。越明年庚寅（嘉靖九年，1530）……夫一日谒邦前守李公祠。”因而其事应在嘉靖九年（1530），应是刊刻致误。

鲁肃庙，在府城北。吴使鲁肃守巴丘，后人立庙祀之。

闵忠庙，在府城内。宋淳祐初，荆湖安抚制置使孟珙以荆湘死节之臣请于朝建，岁时致祭，赐额“闵忠”。

吴王庙，在府城内东一里。相传孙策经此，后人因立庙祀之。

关王庙，在府城内东一里。

黄陵庙，在潇湘之尾，洞庭之口。前代立以祀舜二妃者，唐韩愈有碑。盖舜南巡崩，葬苍梧，二妃从之不及，溺死沅湘之间，人为立庙。二妃世称湘君，故洞庭湖君山有湘君庙。

湖山神祠，洞庭湖、君山神之祠也。在府治南白鹤寺前山，旧过松亭址下。二神原各有庙，在君山暨金沙堆之上。历代褒封洞庭曰利涉侯，曰灵济公，曰忠惠龙王，赐庙额曰安济；君山曰渊德侯，赐庙额曰顺济。我国朝洪武初，节奉诏革去前代封号。议得二神系名山大川之灵，捍灾御患，有功于民，故应祀典。拟称洞庭湖之神，君山之神，令巴陵县春秋致祭，一向失行。洪武三十年（1397），知府唐庸以递年天旱，就神祈祷辄应，奏奉勘合行令本县致祭，亦因循未举。成化廿三年（1487），知府李镜因岁大旱，以二神必载祀典。因检故牍得前所奉勘合，遂立木主，就过松亭址设坛望祭，感应殊异。明年戊申（弘治元年，1488），奉诏立祠于此，盖以此山面洞庭、君山故耳。后仍立吕仙亭于过松旧址。弘治三年（1490），复出帑鬻地一所，计税二斗五升，东抵本祠山，南抵废蒿山，西抵河岸，北抵张必荣地。又于广通桥南堤之内外，拨不堪起科荒地一百四十余亩，给与本祠耕种，以供蔬菜及乐舞生之费，置铜爵六以备祭祀之用。

洞庭中庙①。

---

①“洞庭中庙”后无说明文字，据“纪述志”中叶世杰撰《洞庭中庙记》：“顾五湖之中莫大于洞庭，语其广者至方八百余里，为之巨浸。中当湘、澧合流，岿然而峙即金沙洲，亦龙堆也。当其洲上有祠，以祀洞庭君，威灵著甚。”

李公祠，祀郡守李公镜。

屈原祠，在府境内，号三闾大夫祠。

岳武穆王祠，在七里山下。宋建炎初，岳公飞任荆湖南北制置使时，杨幺寇洞庭甚剧。公统兵屯此山，习水战，克日捕斩之，民赖以安。至今邦人若知县颜公辅辈尤感慕，欲立祠祀之。郡守李镜因疏于朝，未几而颜等已谋民人杜安构祠五间，规制宏敞，门庑相称，肖像祀之，亦义举也。嘉靖九年（1530），本府知府萧晚同通判钟千重修。

名宦祠，嘉靖九年（1530），知府萧晚同通判许选建立，尚书颜颐寿记。

乡贤祠，嘉靖七年（1528），知府萧晚同同知林希范建立，修撰张治记。

启圣公祠，嘉靖十年（1531），提学副使崔桐行、知府萧晚同通判许选建立。

陵墓志

二乔墓，在广丰仓。吴孙策攻皖城，得乔公二女，皆国色。策自纳大乔，以小乔归周瑜。后卒，并葬于此。

刘巴墓，在府西南。巴仕蜀汉，领镇荆州，卒于岳。时人语曰："生居三湘头，死葬三湘尾。"

湘妃墓，在君山。尧二女，舜妃。

古迹志

麇子国，在府境，有东、西二城。春秋楚昭王使王孙城麇，即此。

陶侃城，在府城东八里。

刘备城，在府西九十里。蜀汉昭烈与吴争荆州时所筑。

巴蛇冢，在府城内。羿断巴蛇，相传其骨葬此。今有冢高丈余。

铁枷，在府城西沙碛石中。有铸器五枚，谓之铁枷，各重逾千斤，长一丈，厚二尺，四端平。分燕尾若两块相背，中各有巨窍，径尺许，不知何用。世传为镇压蛟蜃之患。

剪刀池，在府城内东北隅。形如剪刀，今湮塞半余，内有轩辕鼎，弦广尺许，可容人行。

白鼍池，在府城北门内。旧有白鼍为怪，仙人吕岩斩之，其怪遂绝。今湮塞。

鲟鱼觜，岳阳楼前沙洲也。水涸则露，水泛则没。《风土记》（讹作《风尘记》）云：江西沙洲，名鲟鱼觜，过岳阳即出状元。[①] 谶亦云："鲟鱼觜过状元生。"即此。

蝘虹堤，在府城西。洞庭湖每夏秋风涛撼城，宋守滕宗谅筑此堤捍之。欧阳修作记。后堤坏。宋胡寅诗："有时风浪战城西，何啻渔阳万鼓鼙，狎水蚩蚩忘垫溺，谁人能续蝘虹堤。"

五贤堂，在府学。宋建，祀周濂溪、程明道、伊川、张南轩、朱晦翁，故名。

去思亭，在府乾明寺。宋郡人为郡守范淙（讹作"宗"）建，今废。

四望亭，在府，据城之首。宋郡守滕宗谅建。初名观，后改此名，今废。

燕公楼，在岳阳楼北，亦城楼也。唐刺史张说建，寻封燕国公，因以名楼。

洞庭南馆，在府西北。唐张祜（讹作"佑"）诗云："一径绕（或

---

①《岳阳风土记》原文为："江西沙洲，旧长洲，今名鲟鱼觜。昔传有异人云：嘴生过岳阳楼，即出状元。"

"逗"）霜林，朱栏俯（或"绕"）碧岑。地盘云梦角，山镇洞庭心。"

景致志

潇湘八景

潇湘夜雨，潇湘即洞庭湖也。夜雨扁舟泊此者多为岑官。

洞庭秋月，洞庭过秋，天光水静。月色横空，一镜湛然。

远浦归帆，洞庭日落时，蒲帆征棹皆隐隐而归。

平沙落雁，雁北产，畏寒，洞庭秋水落洲渚阔，多南集兹湖。

烟寺晚钟，洞庭君山上有崇胜寺，树林丛翳。每月夜有声自烟际来，依稀不真，渐听之则钟也。

渔村夕照，大江东西村舍间俱业渔，每天暮网罟多晒之夕阳下，红映江村。

山市晴岚，雨收天霁时，山市气色霭然，拥蓝堆翠，如釜烟之起。

江天暮雪，雪凝四合，江天一色，莫知其晓暮。

（寺观志，详州、县）

方外志

吕洞宾，河东人，礼部侍郎渭之孙。两举进士不第，去游庐山，遇异人得长生诀。多游湘、潭、岳、鄂间。尝留题岳阳楼上云："朝游北海（或"越"）暮苍梧，袖里青蛇胆气粗。三入岳阳人不识，朗吟飞过洞庭湖。"宋时尝谒郡守滕宗谅，自称华州回道士。宗谅知其异，密令画工传其像，口占诗以赠之曰："华州回道士，来到岳阳城。别我游何处，秋空一剑横。"遂抚然大笑而别。

湘中老人，旧《志》载：唐吕云卿尝遇于君山侧，索酒数行，老人歌曰："湘中老人读黄老，手援紫藟坐碧草。春至不知湖水深，日暮忘却巴陵道。"苏轼云："此诗词殆是李谪仙辈老人，盖真遁世者也。"今考唐诗，此篇乃高骈所作，未知何据。[①]

杜兰香仙女，《庸城仙录》（应为《墉城集仙录》）有渔父于湘江洞庭之岸闻见啼声，视之三岁女子。渔父举（应为"养"之讹）之，十余岁天资奇伟，真天人也。忽有青童自空而乘，携女而去。临行谓父曰："我仙女杜兰香也，有过，谪［于］人间。其后降洞庭包山张硕家。盖硕修道者也，授之以举行飞仙之道，硕仙去。"渔父亦修道，不食，后不知所之。[②] 鼓吹宋邕有诗[③]。

祥异志

宋以前无考。

元 至正辛卯年（十一年，1351），本府门忽自倒，柱脚向天。次年（至正十二年，1352），城陷于倪寇。

甲午年（至正十四年，1354）春，大雨凡八十余日，两浙大饥。是夏赤星见本州，父老言：甲午年（至正十四年，1354）大雨，群龙皆穴地变化而出者无数，识者知其为天发杀机也。

乙未年（至正十五年，1355），江淮间群鼠拥集如山，尾尾相衔渡江，过江东来湖广。群鼠数十万渡洞庭湖，望四川而去。夜行昼伏，路皆成蹊。不依人行正道，皆遵道侧，其羸弱者走不及，多道死。

---

①《全唐诗》卷二三五，题《君山》，作者为贾至，明景泰《寰宇通志》卷五四即署高骈，本志谓高骈所作，可能源此。

②［唐］杜光庭集：《墉城集仙录》卷五，《道藏》第18册第194页。

③《全唐诗》所录宋邕（又作宋雍）诗仅两首，无此诗。只有卷六四〇曹唐《张硕重寄杜兰香》和《玉女杜兰香下嫁于张硕》，此外还有卷五三九李商隐《重过圣女祠》、卷五六八李群玉《送郑子宽弃官东游便归女儿》和卷六七九崔涂《湘中弦》等诗中写有杜兰香。是否本志误曹唐为宋邕。

庚戌年（洪武三年，1370），本府群蚁同穴，自斗而死，处处皆积成小堆。其后独本府将臣张斌军师大败于潞州死。

国朝 弘治以前无考。

正德二年（1507），大旱，赤地千里，人民饿死流移不可胜纪。

正德八年（1513）十二月初八日，天大雨雪，洞庭湖冰厚数尺，可通车马。至次年（正德九年，1514）正月初始解。知府刘绩（本卷“宦迹志”阙载）有诗以纪之。

嘉靖二年（1523），夏大旱，冬大雪，民多冻死。

嘉靖六年（1527），春大水，漂流沿江民舍牲畜甚众。

制命志[①]

（此处原有缺页）

……帽，团领衫，素银带，花样鹭鸶、鸂鶒。

佐贰官 县丞，一员，正八品。初授迪功郎，升授修职郎。职掌：分理县事。俸给：每月俸六石五斗，本色二石，折色四石五斗，折钞同前，岁俸七十八石五斗。仪从、马、鞍、辔、交床俱同知县。从夫二人，引导一人。章服：朝服、佩笏同知县，冠一梁，革带用铜，绶用黄、绿二色，丝织成鸂鶒，花锦下结青丝□，绶环用铜。公服领、衽、袖、幞头、带鞓、笏，同知县；服用绿罗，无花纹常服，同知县；花样黄鹂、鹌鹑、练鹊、乌角带。

主簿，二员，正九品。初授将仕郎，升授登仕郎。职掌：一分理县事，一专督粮储。俸给：每月俸五石五斗，本色二石，折色三石五斗，折钞同前，岁俸六十六石。仪从、章服，俱同县丞。

首领官 典史，一员，未入流。职掌：赞理县事。俸给：每

①此节应即卷一未见的“制命志”，内容残缺。原影印本误置于卷三的“职官志”，且将其内容隔断，现移至此处。各卷“制命志”都在“纪述志”之前。

月俸三石，本色二石，折色一石，折钞同前，岁俸三十六石。仪从：从夫一人。章服：朝服用乌纱帽，红团领衫，黑角束带。公服檀褐绿窄衫；常服花样俱同县丞。

吏房司吏一名、典吏二名，承行职制、□式等事；户房吏，同前，承行户役、田宅等事；礼房吏，同前，承行祭祀、仪制等事；兵房吏，同前，承行军政、邮驿等事；刑房吏，同前，承行诉讼、断狱等事；工房……

（此处原有缺页）

湖广岳州府志卷之二

本府

纪述志

［岳州府］学记

宋　致堂胡先生撰（《全宋文》卷四一八一，题《岳州学记》，后张元祯《记》谓《岳州府学记》）

学之失有五，而其难有二。盖自书契以来，至于今上下数千年，纸墨之传以万号，卷不知其几也。则有溺于名数者焉，则有囿于训诂者焉，则有役于记诵者焉，则有耽于文辞者焉，则有惑于异端者焉。夫是之谓五失。豪杰之士（讹作“十”）慨然自拔于流俗，曰道德性命圣人之奥也，岂是五者之谓哉！索之以私智，广之以群（或“辩”）言。言之成文而持之有故，材出其下者滔滔是也，则和而从之曰：“是诚得圣人之奥矣。”今迹其言［曰：天道高远］，资之无深也，居之无安也，虽欲不变，亦末由矣。终于惑异端，迷义利，举外夷杂霸偏驳之具，参乱正教，谈高语妙，系风拾俗（或“渖”），而使人纪人纲沦胥于无父无君之极，其势然也。故学而得正，一难也，明善审是，择中庸，知至善（或“知正当”），不身践之犹无有也，是二难也。自汉、唐以（或“已”）来，取士之制不本乎先王，夏侯胜明经则希望青紫之拾，桓荣稽古则夸侈车马之赐，跋于五失，而疐于二难，惟利是趋，俗远益弊，先圣先师大学之道几于熄矣。天子闵焉，乃诏中外兴复庠校，罢三传，出问目，以尊经世之书；退诗赋，厌雕篆，以隆六籍之训。著为邪说者，毁其板，黜其人，示道术之统于一。德意美矣。

巴陵古郡，地挟湖山之胜，长材秀民多出其间。太守赵侯尚之、通判董君时敏、教授齐君稷奉承诏旨，曾未阅时，黉宇一新。属寅经从，见委为记，而诸生之请益又勤焉。曾子曰："为人谋而不忠乎？"寅（或"某"）虽固陋，敢不竭所闻语之？或问："然则何以去二难而离五失邪（或"耶"）？"将应之曰：孟氏所受于子思，至于今不绝者，子思得之曾子，曾子传之仲尼，其言在《语》、《孟》、《中庸》之篇（或"中"），其则不远也。造之得门，进之得序，游而泳之有乐，积而久之有成。视刑名度数之详，笺注释文之精，闻见诵习之多，语言辞彩之丽，犹冥鸿之过矰弋，巨鱼之睨数罟也。支离穿穴而配合撰作者无之，口笔尹、旦而施设申、商者无之，蘧庐孔、孟而归宿老、释者无之。必信趋汶之辞异乎出兕毁玉者矣，必信暮春泳归异乎夫子哂之者矣，必信可仕不仕异乎学而干禄者矣，必信洁己辞粟异乎为人聚敛者矣。以《诗》理情而养性，以《书》监古而决今，以《易》从道而随时，以《春秋》正己而正物。心日广，体日胖，德日进，业日修。用则致君尧、舜，措俗成、康，舍则独善其身，不愿乎外。非此族也，夫亦何足道于闾（或"阙"）里之前哉。

国朝　副使夏寅撰

学校，风化之本，而鄙儒易之。崇饰，有司之急，而俗吏缓之。夫以海内之地，环数百里者为郡，其趋而渐下，为州、为县。域之以城廓，统之以官府，储之以仓库，达之以衢巷、津梁，错之以神祠、老佛之舍。有司者治之，听争斗，禁奸宄，责逋负，送往迎来，以为公务。曾何补于风化也。独一庙学巍然中居，长吏朔望率诸参佐谒立，诸生堂下讲说，乡饮则礼年德其中。吏始至，或有故，行释奠礼，春秋而修祀事。具牲牢，陈礼乐，诸生骏奔走，以共执事。粲然弥文之具，以耸人礼仪之良心，其所系于郡国，正犹君子端冕佩玉，然后礼容肃而具修存也。奈何乘高厢，道庙阙，枵然不之视，横舍经籍取具废，讲斋阁履以马迹，庭庑荒而不剪。或反甘心夷狄之教，而蹙踖其宫，庄严其书，率民归之，以祈荒唐之妄福何惑乎，风化之逾不古及乎？其误者，鄙儒、俗吏也。

岳州吴侯行验，成化三年（1467），以户部郎中来为守。侯治务惇本，思先鼎新学校，养贤敷教，以移易其风俗。于是请命于巡抚都宪繁昌吴公琛、永新刘公敷，伐木于林，凿石于崖，陶甓于丘，财以俸先，夫以时使。中遭水旱，侯闵闵惟恐伤于民，命教授高崧、主簿尹尚智专督。自成化三年（1467）冬至十年（1474）秋，凡八年而始成。礼殿、讲堂、门庑、斋舍，以至仓库、庖湢、神像、祭器，靡不更新。易卑陋为闳休，化毁暗为鲜丽，变鄙俗为古雅。诸生奋然，师礼仪而修文学。初，侯之有事于学也，周行视所属一州七县，同时举工大而成。

后侯尝遣人致书仪求记，予故与侯同官，雅钦侯之忠信文学，阔焉十年，每闻岳州嘉政，为之忻慰不已。向意不鄙而属义也，且侯居岳垂将九载，先后巡抚、巡按一司，交章荐者数。上尝降玺书褒异，并有诰命文绮之锡（通“赐”）。侯今升矣，唯其遗爱在民。石可泐（讹作“勒”）也，文可磨也，而名不可泯。殆与巴陵洞庭长有，可谓不负所学矣。

国朝　翰林院编修张元祯撰（《东白张先生文集》阙载）

予获庄诵致堂胡先生《岳州府学记》，其义利邪正之辩赫乎烈日，凛乎秋霜。有志于学者，观之当即猛省，痛割于宿习之缠绕，以脱污浊而游高明，不甘作下等人物。伟乎其言。昔紫阳夫子，谓致堂议论英发，信然。府学位郡城地，至高处试登望焉，万瓦鳞次，楼观之岧峣中天者，皆突兀于阑楯舄履之下。盖郡城擅湖山之胜，而府学尤擅郡城之胜。地胜当贤才亦胜，昂藏卓学，环奇闳豁之士，岂无叠出其间，以推一时而召百代者哉！

自有学来，兴废举坠屡有，而人近时若太守易公善、吴公节、戴公浚皆相继创葺，号称有功。但因仍旧贯，规制之整如有待者。今李侯文明以秋官副郎嗣来为守，庙谒际徘徊周视，即歆然于中。维兹庙学地位既高，棂星、学门处其麓，俱低促已甚。又其门正当城垣背去处，背去不□，亦非堪舆家所宜。顾时诎□难于举事。越数年，政行人孚，侯乃出其独智，廓而整之。棂星门则增筑其址，俾高不至与戟门太悬。外更市地，更筑露台，广十六丈以舒之。学门前亦增辟四十丈，俾宽平如砥。出入途则划其峻为三级，俾非复往时之陡迫。当城背处培土万工，屏以砖墉，垣三十丈，高厚殆与城埒，反背状遂不在目。他如庙庭两庑之覆盖，文奎、文璧二坊之对峙，戟门之增二楹，棂星、学门之易以石，庙学内露台、丹墀、廉陛、阶级之甃砌之。周其费凡累万，而民皆若不知。学体势由是乎弘壮，学制度由是乎完美，阖郡耄倪咸骇愕改观，以为兹学殆天更造，而地更设。何昔之郁而今之敞，昔之閟而今之显？微吾侯心目轰豁安致是？微吾侯才力迅拔安致是？

侯，吾故人也。学教授刘君玑，训导符君信、卢君执中、唐君时、周君生谓：不宜无吾文以昭其成，且以勉乎学于是者（本卷“职官志”中有刘玑，卢执中漏列）。则命其弟子张鹏、方宾以来，既次第侯功。於戏！其奚以为诸士子告哉？学者大抵宜以圣贤自期，以圣贤自期是曰豪杰。圣贤之道灿烂方册，夫人非不读而知也，然鲜克得之心，践之身，措之国家。天下病根何在哉？名利关未能破耳。能破是关则心地明，学见圣贤，言言皆本来物，言言皆中吾受用，不如是则妾妇，不如是则禽兽。万钟九鼎于我何丰？疏食菜羹于我何歉？如是志定，益明其未明，益诚其未诚。积之久而养之深，斯圣贤已。致堂之言，端可以订顽起懦。诸士子处兹昔所未弘未整之学，亦当深味致堂之训以励，昔所未立未恢之志，使此心卓然伸于万物之表，犹此学岿然独出乎郡城之中。岂非所谓豪杰之士？岂不足以当兹地之胜？岂不足以副之学之壮观也哉？记也。僭丁宁之。

新生洲鼍鹤滩记

元　推官李炳撰（乾隆《岳州府志》卷二七。《全元文》阙录）

中水而陆者谓之洲，名列郡学之板（或“版”），厥壤宜莸者，新生洲也。并洲而［下］湍流峻急，攒聚累积乃沙乃土，若突而出者，鼍鹤滩也。二洲迤逦，高下相属，大江流其东，洞庭潴其南，西引峡（或“巫”）江，北带荆水。公私家之土不杂于其间，洲广［袤］之所距也。厥初滩水既远，下土坟垆，可稷可菽，可麦可麰，垦之者得以食其力，久将私焉。元统甲戌（二年，1334），学官言之郡，［郡］下其属巴陵县丞、进士音雅纳世理偕学官（或“正”）杨元范履其亩，丞议当归之［学，郡曰：“丞议是也，其归之。”］遂赋其岁之入，以供（或“相”）春秋之奠，其羡余以养士。

后十年（至正三年，1343），孙昌翁暨其徒谋曰：地之隶于学者，具有碑［已成额］，而是洲未之刻，无以昭于后，乃立石，请予书之。呜呼！予有以复于诸君子矣，洲以“新生”名，志（或“原”）始也，今之书者，又今［之］新生洲也。今夫水，蛙鼍之所游，鱼虾之所聚，舟而过其上不可俯（或“敢轻”）也，［乃］昔之滩，［而］今之洲，非天［所］以厚于郡学欤？然则游是学者，富诗书以饱其腹，肥仁义以饱（或“饶”）其心，是惟弗用，用则致君泽民，以无负教养之意可也。若夫群居终日，饱食以戏，曾德业之罔闻，而惟廪粟之是糜，是岂吾党之士所望于诸君子者（或“哉”）？是（或“遂”）为之记。是年为至正癸未（三年，1343），其刻石，夏五月既望也。洲之亩若赋若佃，则详于碑之阴。［进士、承务郎、岳州路总管府推官李炳记。］

新生洲复地记

元　知事孔渝撰（《全元文》卷一四八九，题为《复洲记》）

洞庭、荆江之交，中水而陆者，岳儒学之新生洲也。其始江湖泛溢，流沙之积益增，广袤不可限域。迨今犹然，故名曰“新生”也。其溢出之渚，曰鼍鹤滩、金花滩、鼍鹤觜，名称虽殊，实皆新生洲之属也。因地势高下以艺黍稷菽麦，长荻苇，植柽柳，绵亘周遐，井井郁郁。洲之沃而能生物，而有利于民也。其版图隶郡儒学，洲民世衣食之，而入其赋以供祭祀，盖自前代已然。圣元混一区宇，置宣课提举司于岳，以括山泽之赋，独办（或无“办”）是洲为学产，饬有司勿例禁，宣闻从其议，至今赖之。至元十九年（1282），教授冯庭玉立碑纪其事，时则提举漯水王公利贞之力也。学之西北隅旧有隙地，而僦于民，延祐间，郡侯智公即其地创建三皇庙，邻于儒学，租入单寡弗足以供祭祀。乃曰：儒学厥有羡余，其可使三皇祀弗供（“邻于儒学”至此处或无）。遂割洲之金花滩，东至鼍鹤觜，假于医（或“儒”）学，以祀三皇。其地亩衡（通“横”）纵各三百丈，岁入镪二百五十缗为赋，固有经矣（六字或无）。厥后，洲之新生者日益广，郡侠李、彭、徐其姓者，陡（或无此字）羡其赋为二千五百缗，欲俾则（或“以”）赋之多寡而均割其地。虽名增赋，而实夺贫民之利。于是医学惑于羡赋而右侠，儒学以失其赋之恒产，而实归侵焉（四字或无）。讼由是兴，两造具上于郡，郡上于大府，檄屡下，吏畏侠，不敢讫议。盖二十年于兹矣。

至正（二字或无）丁亥（七年，1347）夏，教授王君有恒始至，洲氓以告君曰：“是讼也，惟义可以已之，吾言将有俟。”是岁（至正七年，1347）冬，江南湖北道肃政廉访分司副使、高昌怀公投、顺德孙公文英行部至岳，诸儒俱陈本末。宪使召王君持牍入白，君曰：“学校以礼让为教，奚有于争，争者，侠与氓也。矧三皇继天立极，吾夫子垂世立教，圣贤同于一道。祀由我供，礼亦宜之。

维俾白赋于侠，以速衅端，罪我之由。今能以其地归于儒学，而儒学入其恒赋，如后所羡者，以助祭祀如初。则旧疆复于此，而恒赋不失于彼，礼让兴而讼息矣。”二公是其议。趣毕其牍，檄巴陵县归地于儒学，檄医学恃（或“还”）其赋以供粢盛，檄儒学定版图以践盟，召洲氓世耕者业之，李、彭、徐不与焉。士民推服，遐迩一辞。既而县学教谕朱成章状其事，率诸儒请予文，记于石。

（《全元文》录自隆庆《府志》，为节文，仅录至此，以下为本志仅存）

予谓分（通“纷”）争辩讼非礼不决，夫惟明烛乎理，故有以摧群侠，而服人心之公；言当乎礼，故有以感于上，而复贫民之业。宪使之明也，能从善也；王君之诚也，能进言也。昔吾圣祖复鲁郓、讙、龟阴之田①，非其言当乎礼，岂足以动其心？在是诚可书也。予时忝佐郡幕，尝与署是牍，辞有弗获，故为记其梗概而系以诗焉。赞是事者：宪掾刘守道、张溥、叶德新。因底于成者：郡同知撒德美实，府判忻都沙，推官韩汝楫、刘璧，经历郝思明，照磨申伯禄，路吏杨彬。王君，括苍人。尝教婺之金华，开基建学长衢之包山，复疆土，创精舍二学。刊基兴事本末行于邦而祠之，而有功于学校不□少矣。洲之□□，具载前碑，不复赘刊。诗曰：

帝笃文教，创学立师。济济多士，□教由兹。曷其赋之？厥有土壤。以艺以植，以祀以养。眷兹岳学，业彼中洲。如彼积壤，益广且修。其艺芃芃，其梅丛丛。我廪既充，我祀既丰。惟三皇有庙，今学之右。胡弗克享，伊我邦之疚。爰割我疆，赋其尔输。继彼不足，辍我有余。迨历岁年，物其众矣。胡侠不靖，速我讼矣。国有风纪，属于宪臣。惟怀惟孙，按节来巡。以彼伪言，询于我校。尔职尔教，尔忱思效。喟于两学，时靡有争。惟侠与氓，不宁尔耕。疆归共（其?）侵，业返于故。我总其收，充彼恒赋。

①《左传·定公十年》：“齐人来归郓、讙、龟阴田”。

惟公弗竞，庶平乃心。咸曰嘉只，畴不尔谌。维彼析薪，匪斧弗克。维彼积壤，匪义弗得。宪府有言，尔虔弗懈。各率尔服，无此疆彼界。宪府有言，予辑尔□，予勖尔勤。毋玩尔简编，毋乱我豆笾。先圣之思，以淑尔嚣。既淑尔嚣，公惠且仁。孰善克陈，伊此王君。旧疆既复，我则共之。民有秉心，公则成之。嗣岁以兴，新庙有奕。矢陈弗渝，征此文石。

岳州府学重置庙乐记

国朝　太常寺少卿兼翰林院侍读傅瀚撰

成化十九年（1483），予友弋阳李侯文明擢由秋官出守岳州。始至，适仲秋，有事释奠，既先备物，辄恭诣学。将视诸生肄所谓大成乐者，至则庭县（通“悬”）阒然。因顾郡文学曰：“国典祀先师，郡必合乐，若之何如是哉？”众以见夺于潭藩对。侯曰：“夫然，吾当复之。”以欲先所尤急，未遑也。越数年，弊除利兴，诸大营作如堤城陵、辟学宫、廓郡廨，率皆就绪。乃具八音器数并籥翟，命驿丞、巴陵文仁裹金南都一一置之。且延至太常生二人以来，选学之弟子员，俾教习焉。时弘治改元戊申（元年，1488）也。比再祭郡，髦倪聚观如堵墙，皆大忻，以谓幸复见庙乐之全矣，守佐群属亦怡然以喜。明年己酉（弘治二年，1489），吾喻符信元会者，其学训导也，悉其事以书告予，请碑之。

予惟乐与礼未始相离。古王者功成作乐，虽其作各有所象，然大要以宣八风之气，平天下之情，和大礼之不和者。故夫施之金石，越于声音，用于宗庙社稷，事乎山川鬼神，于以致感，通合幽明，其功与效盖无一而非乐所致也。而况行之夫子之庭，欲以为崇德报功之举，而礼备乐缺，其亦何以潜孚默感，以假圣人在天之灵也哉？而况学校之设，教化为本，而于此不备，则亦何以入耳感心，而移风易俗也哉？矧兹庙旧尝有乐，至是废，且百年莫有能为之理者。何世之乐因循者多，而能自奋厉者寡邪？声音之道与政通，而凡屈伸俯仰缀兆舒疾之间，所以镇躁销邪，以助色笑之教者不小。李侯兹举，盖不但崇先师，复旧典而已。去今嗣为守者，使益引其泽，至不少废，则侯之阴赐将不益远，而其盛名将不益传无艾哉！

侯起家己丑（成化五年，1469）进士，其治岳善政在国史，在其民，不独前数事。因记庙乐，附见一一如此。凡乐器之数，勒诸其阴。

碑阴记

国朝　李镜撰

肆惟尼丘钟英，而吾夫子出焉，德配天地，道冠古今，删述六经，垂宪万世，自生民以来未之有也。故汉礼太牢，唐貌国学，曰文宣，曰至圣，曰大成，历代加封。迨我朝列圣相承，视学严师傅之礼，祭享重遣官之制。凡厥有学，并立文庙，春秋之祀，举侑雅乐。至我宪宗纯皇帝又从廷臣议，乐用轩悬，舞用八佾，而笾豆增四焉。尊崇之典日盛一日，猗欤休哉！

岳州府学雅乐废缺久矣。弘治戊申（元年，1488），镜始出帑藏羡余，遣人诣南都备其器如今制。盖以吾夫子道德之隆，与我朝尊崇之意不可泯耳。乐完遂聘神乐生来就学宫，教诸生徒暨羽士之颖敏者，习其音律之高下疾徐，礼仪之斥降进退，不期两月而教有成。又置儒生巾服五十余幅，以备羽士作乐之用。比祭之日，八音之奏，洋洋盈耳，干羽之舞，雍雍有仪。闻者莫不叹曰：不图今日复睹文庙礼乐之盛。因勒其器数于碑阴，俾来者有所考焉。（乐器数目本志原既略而不列）

蝘虹堤记

宋　欧阳修撰（《全宋文》卷七四一，蝘作偃）

有自岳阳至者，以滕侯之书、洞庭之图来告曰："愿有所记。”予发书按图，自岳阳门西距金鸡之右，其外隐然隆高以长者，曰蝘虹堤。问其所作而名者，曰：“吾滕侯之所为也。”问其所以作之利害，曰：“洞庭天下之至险，而岳阳，荆、潭、黔、蜀四会之冲也。昔舟之往来湖中者，至无所寓，则皆泊南津。其有事于州者远且劳，而又常有风波之恐，覆溺之虞。今舟之至者皆泊堤下，有事于州者，近而且无患。”问其大小之制，用人之力，曰：“长一千尺，高三十尺，厚加二尺，而杀其上得厚三分之二，用民力万有五千五百工，而不逾时以成。”问其始作之谋，曰：“州以事上转运使，转运使择其吏之能者行视可否，凡三反复，而又上于朝廷，决之三司，然后曰可，而皆不能易吾侯之议也。”曰：“此君子之作也，可以书矣。”

盖虑于民也深，则谋其始也精，故能用力少而为功多。夫以百步之堤，御天下至险不测之虞，惠其民而及于荆、潭、黔、蜀。凡往来湖中，无远迩之人皆蒙其利焉。且岳阳四会之冲，舟之来而止者，日凡有几。使堤土石幸久不朽，则滕侯之惠利于人物，可以数计哉？夫事不患于不成，而患于易坏。盖作者未始不欲其久存，而继者常至于殆废。自古贤智之士，为其民捍患兴利，其遗迹往往而在。使其继者皆知始作之心，则民到于今受其赐，天下岂有遗利乎？此滕侯之所以虑，而欲有纪于后也。

滕侯志大材高，名闻当世。方朝廷用兵急人之时，常显用之。而功未及就，退守一州，无所用心，略施其余，以利及物。夫虑熟谋审，力不劳而功倍，作事可以为后法，一宜书。不苟一时之誉，思为利于无穷，而告来者不以废，二宜书。岳之民人与湖中之往来者，皆欲为滕侯纪，三宜书。以三宜书不可以不书，乃为之书。[庆历六年（1046）月日记。]

永济堤记

国朝　学士李东阳撰（《李东阳集》卷十二《文稿》，原题为《岳州府新

筑永济堤记》;《图经》卷七作《广通桥记》)

岳州府城北十五里,有矶曰"城陵",当川、广、云、贵之冲。官所置有驿,有巡检司,有递运、河泊二所。凡朝所遣使,有事于西南,诸藩牧伯而下,方巡岁代,及执事役夫之宣教布令,商贾民庶之往来,胥此焉出(或"集"),其为地至要也。顾其西则长江奔流,冲啮无定。东则白石、翟家二湖所汇,地势卑垫。每夏秋际,洞庭、江、汉与二湖合,浩荡掀播,茫无畔涯。舟行则多限风涛,或累信宿,陆行则巡山历涧,迂回二十余里,艰阻万状,人甚苦之。

前知岳州府[眉山]吴侯行验,尝欲筑堤建桥,以得代弗果。[福清]戴侯文哲[继守],始就二湖口构木为梁,颇利病涉,但冬置春设,[岁费烦扰],利与劳不相直。成化癸卯(十九年,1483),[弋阳]李侯文明来知府事,事既就绪,乃命筑土为堤,长四千(或"十",后李镜《永济堤碑阴题名记》亦为"千")丈,广三(或"二")丈,缘地势为平高者七八尺,堤成,名曰"永济"。旁树柳二万,以固积壤。又凿石于华容之层山,为桥[二]于故所置梁处。广二丈,高倍半,长五倍,之下可容舟。桥成,名其北(或"南")与堤同;其南(或"北")曰"广通"。复虑水涨,则舟不能出入,乃仿规运河,甃石为闸。于二桥之北,广六(或"五")丈,高丈有二尺,长加高之八(或"三")尺。架木梁以通车马,建亭筑室,以为官属迎候之地,立坊以揭其名(或无此句),而堤之事始备。盖始于甲辰(二十年,1484)十月,越丙午(二十二年,1486)三月,月十八阅(或无此句)。为工二十有七万,[金三万余两]而成。初,城陵居民与水高下,依山并矶,以附市集。至是乃募民俾自占堤,筑土架屋,市货咸凑,烟火相接,户累数百,无复有转徙虑。堤东湿地,旧为萑苇之区者,恃其障蔽,渐可耕艺,以顷计者,要其成,可至数百云。

夫堤堰之制,起于中鼓。所以扞蔽水患,为田壤计,鲜有专为道途设者。然民之生，夷险劳逸，亦惟所在而为之利，独田也哉！城陵之险，惟道途最急，今易水为陆，缩远为近，就平夷而脱危阻，其利可知也。甚者变槎居为市集，化弃地为膏沃，又昔之所未有，盖一举而数利兼焉。古称更旧政者不十倍利则不必兴，有如是役，亦可以兴矣。且其费必公出，工必佣致，虑定而事动，期克而功集，改视易听而民不知。微李侯之贤，其曷克臻兹哉？堤以“永济”名者，唐已有之，今名存实废，不可复考。是堤也，吴侯之志，戴侯略施之，李侯实大成之。嗣是以往，如数侯者，异时而同志，则斯名也，亦可以称情矣乎！

李侯名镜，弋阳望族（或无此句），举己丑（成化五年，1469）进士。历刑部员外郎，廉明平恕，修学治廨，百废具作，而堤之功为多。佐是役者，同知谭纶，通判周凤、吴佐，推官章惟，巴陵知县滕卓，岳州卫指挥刘缨（以上诸官或省作“某官某”）。请予记者，山东参政邓君宗器，四川按察副使柳君拱之及其乡大夫士也。适府经历杨静以公事至京师，故畀之归，俾刻焉（或无此三句）。

［国朝］　锦衣指挥吴绶撰（《图经》卷七承前作《广通桥记》）

广信李侯，镜，名；文明，字也。由进士历刑部员外郎来守岳，既下车，政修于一堂，而流行于千里。爰马驿至城陵十有五里官道也，然而凸者、凹者、崎岖泥泞；入白石、翟家二湖口，新开闸口，三险相间。常以木以板，时葺时坏，行者病焉。侯忧之，然费广民瘁，未易修也。乃谋诸同寅与夫都阃，咸谓是诚不可已者。侯于是经之营之，劝诸旅寓者以便于众，是以就工者杂然。侯亲历规画之，所费悉出于尚义之士，而岳民不知也。其桥焉、闸焉、堤焉、田焉各有成功。水有潴泄以备田之旱涝，堤高者八九尺，低者四五尺，横广三寻，夹道种柳数千株，列肆为市数千所，宛若故有。工起于成化甲辰（二十年，1484）九月，止于丙午（成化二十二年，1486）四月。计工六十万，而用银一万六千余两。

[堤]之柳翠莎青，纷敷江渚，道路坦平，行者如矢。车可并轴，马可联辔，一时欢忻，声闻四溢。于是洞庭之东，巴陵之北，绵亘如堵。荆楚沅湘，四会之要地，而形胜有加矣。都指挥柴舜臣具述邦人愿，文以记，刻石而垂之后。

夫道路，王政之所当先，如其险隘难通，则政教无齐民之方矣。是堤之作也，所以补地维之缺，成济时之功也。旷世之迹，为政之所先者，庶得之矣。凡士之为政，功立当时，名垂后世，由兴利除害，以便民而益国也。然天下之害在民者比比，而为民兴利者寥寥。夫知民害之所在而除之，知民利之所在而兴之，率非常人之所能，必杰然之士而后能也。若关内郑国渠，河内万金渠，汉南武安堰，蓟北武功堰[①]，其人功成名著，尤昭史籍，较于营家自足以利禄为功名者可同日而语乎？李侯除此荒烟野水之害，兴此坦途肆市之利，民不知役，惠及于众，斯可见矣！昔钱镠堤浙江号钱塘；胡宿堤宿州（应为“湖州”之讹）号胡公塘；东坡筑西湖号苏堤；尧叟筑决河号陈公堤[②]。维兹新堤即塘也，无愧前人，足垂后休，号曰“李公塘”可也，曰“李公堤”亦可也，是即所谓口碑也。予因其请，嘉侯为民之心而记之，然后之从政于斯者读之有所感。矧夫六经乃圣贤成学者之具，而百官乃天子用学者

---

①郑国渠，《史记·河渠书》：“韩闻秦之好兴事，欲罢之，毋令东伐，乃使水工郑国间说秦，令凿泾水自中山西邸瓠口为渠，并北山东注洛三百余里，欲以溉田。中作而觉，秦欲杀郑国。郑国曰：‘始臣为间，然渠成亦秦之利也。’秦以为然，卒使就渠。……因命曰郑国渠。”万金渠，《魏书·地形志》：“天平中，决漳水为万金渠，今世号天平渠。”武安堰，位于今湖北南漳、宜城两县间，传为秦将白起修，号“长渠”，其在南漳武安镇处称“武安堰”。宋曾巩有《襄州宜城县长渠记》。武功堰，未知所出。“蓟”原为蓟县，今属天津蓟州区。

②钱镠，五代时为吴越国王。新、旧《五代史》有传。胡宿（995—1067），字武平，常州人。仁宗天圣二年（1024）进士。历任扬子尉、宣州通判、湖州知州等，以太子少师致仕。《宋史》有传。筑胡公塘乃是在湖州知州任上所为，非宿州。苏轼（1037—1101），字东坡。宋代大文豪，元祐中知杭州。陈尧叟（961—1017），宋端拱二年（989）状元。历官秘书丞、河南东道判官、工部员外郎、广南东西两路安抚使等。

之恩。如文明，在曹司则理其政，在守牧则忧其民，此学者之良能也。他日进方面、登台衡亦如是也，学之为用大矣哉！名与堤同久乎，是以乐为之书。

永济堤碑阴题名记

国朝　知府李镜撰

永济堤闸暨永济、广通二桥，在岳州府，北抵城陵矶，古未有也。成化癸卯（十九年，1483），镜之守是郡。明年甲辰（成化二十年，1484），值岁有秋，间以城陵当川、广、云、贵之冲，官所置有驿，有巡检司，有递运、河泊二所在焉。凡朝使往来，官民迎送之类，率由于此，诚为地之至要也。自此至岳治延袤十五里，西濒洞庭、大江二水之流，东有白石、翟家二湖之汇，每夏秋，洞庭、江、汉水涨，与二湖合，茫无畔涯。冬春水涸，二湖口泥深莫测，有事于兹者，一则畏其风涛，一则惧其垫溺，可谓地之至险者也。乃欲相其便宜，少出公帑，就其地筑长堤，建石桥，以利病涉。谋诸寅佐周敬之、岳州卫长刘公冕辈与夫乡之耆宿。佥曰：可再谋之龟筮。亦曰：可神人之谋。协从如此。镜犹虑事巨力细，恐弗克济，因叙创造意为疏，捐己俸为倡，命僧纲惟潮、道纪杨然振募缘为助。于时寮寀及军民、大小官属与士民、商贾之尚义者，若都阃柴公舜臣辈悉丕从鄙志，各出俸资，总得若干缗。遂克期佣工，负土筑堤，渐成丈尺。凿石于华容层山，以数万计，造四巨舟为运石具，复命仓大使谭贯董其事。时议者谓层山隔越洞庭，风波险恶，石难卒至，兼士民不事担筑，堤难必成。镜闻之且惧且愕。幸而乙巳（成化二十一年，1485）夏秋，湖水泐漫甚于畴昔，运石之舟依陆撑驾，乘风往还，况得客舟愿为顺附，不八月，石集桥所，人多不知。复市松枋并募松椿数千以固其底，用巨石瓦砾以实其中，而桥乃成。在翟家湖者名曰“永济”，在白石湖者名曰“广通”。又江右土工每秋来乞佣于吾民不下数百，巧值岁歉，无佣之者，悉就吾佣以筑堤，不二年亦成，两傍树柳已拱把。果然又以水涨，则舟无从停泊，故于永济堤北仿规运河，甃石为一闸，便其出入。土架木梁，以通车马，与堤亦皆名曰“永济”。二桥各长十丈，广二丈，高三丈；堤长四千丈，广三丈，高者七八尺；闸长二丈，广六丈，高丈有二尺。坦然长途，如砥之平，如矢之直，车可并轴，马可联辔，旦暮往来，如履周道。而前日风涛垫溺之险，一旦脱去，无复能为吾人艰阻之害矣。广通桥北建二邮亭，以为中道停息之所，永济闸北建“江湖胜览”亭，以为官属迎候之地。南立永济堤石坊以表成功岁月之概，亭坊东西各建屋通一十六间，居商取息，以备后日葺理之费。堤之东西听民筑土架屋，聚以成市者数百家。桥之北听自为主，以尝（通“偿”）籍其力也，桥之南岁议入租，盖将以备荒也。堤内之地旧为草莽，今恃障蔽，可耕艺者数百顷。居者得所，行者得息，耕者得食，用者得资，其利为何如耶？

夫除害而兴利，脱险而就夷，皆郡职事也，然非得天神之默相与诸君子相助于其间，曷克以臻兹哉？呜呼！一堤、桥之功，既获天人之相，而又迟迟至于三年之久，姑克有成，其亦难矣乎！巴陵大夫、山东参政邓公宗器，四川副使柳公拱之，寅友谭文经、周鸣岐、吴廷臣、章景思辈，为求学士长沙李公宾之记其颠末，姑苏贰守、华容毛廷美又助为巨碑刻置亭下，以垂永久。然则诸君资助之好，镜岂敢蔽之哉？因列其姓名、爵里，并资助铢两于碑阴。故述此以备记之所未备，俾人知其创之之由与夫成之之难。亦将有望于后来君子相与共保前功，期与天地相为悠久，则斯土斯人世享其利，岂独归镜之功？（碑阴捐助功德题名本志原既略而不列）

附：旧翟家湖桥记

国朝　翰林检讨郑纪撰（郑纪《东园文集》此文阙载，《图经》卷七有节文）

岳郡之北十五里有镇，曰城陵，城陵之南不一里有湖，曰翟家，盖以翟姓而湖亦因焉。每春夏霪雨，湖水暴涨，其湍流浚急，滓洞无涯，过者往往病涉，间以舟渡，然济一时之便非常久计也。同省戴公文哲，由名进士为贤郎署，未几，擢守兹土。因念桥梁之政王道之所关也，况城陵为岳郡之冲要，农工作息，商贾贸贩，渔樵采钓，星使驰驿之往来，督邮传命之络绎，朝夕群萃，岁无虚日。不预防而先备之，其何以济不通，而续古人利涉大川之遗意乎？于是鸠工抡材，量力度费，而成桥焉。广一丈有五，袤十丈有三，经始于丁酉（成化十三年，1477）之冬[①]，讫工于是岁之暮。壮其规模，固其基本，居民父老愕怡而相谓曰：长桥卧波，未云何龙？复道横空，不霁何虹？不图于今日见之矣！假以乘舆济人于溱洧者又乌足云乎哉！愿勒以纪其功，庶使桥之存于一日，即我侯德之著于一日也。万世永赖，庸有穷乎！予喜而记之，且从而叹之曰：昔司马相如桥孙水以通使节史犹书之[②]，况戴公夷一桥之险惠四方之民，光臻前古，不止于通使节而已，是庸可以不书？故将录以纪其实。

附：旧白石湖桥记

国朝　南京吏部郎中黄熙撰（《图经》卷七有节文）

桥梁之制其来尚矣。孟子曰："岁十一月徒杠成，十二月舆梁成。"后世之沿革虽殊，俾民无病涉之意则一而已。岳郡之东有要地曰城陵，南跨常、澧，西通巫、峡，北抵衡、沙，东连襄、武，

---

①戴文哲即戴浚，成化十二年任岳州知府。下文《白石湖桥记》中有"成化丙申（十二年，1476）秋，戴公文哲来守是郡"；本志卷五戴浚撰《大荆驿记》亦谓："成化丙申（十二年，1476）秋，予承乏来知岳州府事。"故此"丁酉"应即成化十三年，即戴浚知岳州府的次年。

②《史记》卷一一七《司马相如列传》："司马长卿便略定西夷……西至沫、若水，南至牂柯为徼，通零关道，桥孙水以通邛都。还报天子，天子大说。"《汉书·司马相如传》略同。

舟楫辐辏之所，缙绅往来之会。途之中有湖，湖之外有桥，旧惟草创，屡属湖水所冲，兼之以春泽夏霖秋霪之不常，行道之人隔溪相望，咫尺千里，蹈不测之险者往往有之。成化丙申（十二年，1476）秋，戴公文哲来守是郡，见其桥之崩塌岁久，用力惟艰，行旅多病涉之忧，邮驿有□程之患，戚然于怀。乃曰："桥梁不修，守土者之过也，况当冲要之津，而可以无防虞之备乎？"于是僦工度费，架木为梁，左右翼以栏楯，高低平以板木，命僧纲惟潮董其事。公退之余，时一往犒，不数月而工毕，屹若金堤，亘若垂虹，行者若履平地焉。由是车马之往来，耆老之欢会，宾旅之络绎，顾笑于道，笑歌于桥。相与言曰：是桥之经营也，民安于家，农安于野，百工技艺安于业，商贾行旅安于途，无一□□□且拱乎！视成厥功之大，庸可泯乎？请勒诸贞珉，以寿不朽。公固辞不许，愈请愈力，继征记于予。予谓：昔子产济溱洧，杜预桥富平，皆有以来当时之论。今侯之此举，谋决而浮议莫摇，功成而声色不动，费不劳于人，俸独捐于己。望者增骇，过者就安，方之（当为"知"）昔人斯为盛矣！庸可不书以为将来者劝？

通和桥记

国朝　大学士商辂撰（《商辂集》中此文阙载，《图经》卷七有节文）

岳郡太守眉山吴节行验治岳，以平易得民，数载之间兴废举坠，人不见劳，功易就绪，盖疏达有为贤太守也。太仆寺丞邓廷瓒宗器，郡人也，一日过□宫，郡之东南路通长沙，去治所不十五里，旧有堤曰"紫荆"，桥曰"望仙"，元季桥既圮坏，堤亦坍陷，每夏洞庭湖水泛涨，往来者以舟济之，或遇风涛大作，多罹覆溺，民甚病焉。守闻之慨然兴叹，谓堤虹舆梁之成载于轲书，赖□□于□侯而忘利民之政乎？遂求善工，凿巨石重加甃砌，下筑四墩，拱三月门。桥高三丈，长十八丈，广二丈。堤之坍陷者加土增筑，高与桥齐。经始于成化癸巳（九年，1473）春正月，至明年（成化十年，1474）二月毕工。凡百所需皆由区画，一毫弗以烦民。落成之日，老稚欢呼载道，以为□实邦人无穷之利，太守之功大矣！然虑岁月寖久，伟绩弗传，敢以记。为谓予曰：此区区素志也。往年罢官家居，弗忍乡人之涉深履险，因募工任桥道之役，躬自程督，百里之内，颇启平夷。时宗器尹予邑，亦屡以俸赀来助，至今人尤赖之。兹闻太守是举，于心宁无感乎？夫士君子读书求道，岂徒独善其身而已？固将推之以及于人，小而一乡一邑，大而一郡一省，随其力之所至而施焉。使惠利加于人，功业著于时，斯无负圣贤之训。予恨官非郡县，有志莫遂。闻太守是举，既喜其所学为不负，而又庆岳人之蒙其休泽。于是乎记，俾刻之，庶后来者有仿焉，亦仁政之一助也。

国朝　副使夏寅撰（《图经》卷七有节文）

事有劳而人悦，功有大费而上下不以为怨，何者？暂劳而永逸，一费而倍蓰其利也。巴陵县东一十五里有桥曰望仙，又名紫荆，西通大湖。宋延祐中甃石以建，至元季而圮，自是以木构之，湖水泛激，旅（通“屡”）成旅坏，人以舟渡者，风起波立，辄覆溺。成化三年（1467）郡守吴侯行验，至而询民之利弊及之，叹曰：“桥实通两广、云、贵，行者日万计，可不一劳费而经久乎？率同僚行视之，计堤长二里，而桥之功则大，未可以一旦夕就绪，须其冬暮（或“春”之讹）水枯，先筑堤为左右翼，纵桥未成而可以浮梁济也。及堤成而湖水再至，浮梁虽坏，而堤则稳如长虹，济者足以赖。成化七年（1471），侯考绩自京还，必欲成桥，虽度力不足而志确乎不可夺。乃以启于巡抚都宪繁昌吴公琛，悦为之。规画注措，大出帑藏所余银布米谷资之，仍付荆南道宪副陈君□督理。侯于是悉心经营，董其役者，推官詹云汉，分其事者，主簿彭福，副都纲得恺。基以巨木，架以大石，犬牙相衔，鱼鳞密比，长十二丈，高三丈五尺，广一丈八尺，中空三窦，以通舟楫。

势若龙卧波间，云横天末。堤两行树以柽（或“杞”）柳杂卉，春辉夏阴，行者叹异。经始于成化九年（1473）十月，明年（成化十年，1474）三月落成。复请于都宪公更名曰“通和”，盖取政通人和之意也。侯以书来请记岁月功迹，惟昔郑子产以乘舆济人，而孟子议之。夫以子产之贤未必无事于徒杠舆梁以乘舆者，盖偶一为之耳。孟子犹患乎为政者习行小惠而不知大体，况于乐苟且而忘大计，岂为政所宜乎？桥圮于元季，而至于侯几年矣，危于渡者何止于病涉？苟有子产利济之心，亦必有以处此矣。乐苟且者忍至是乎？此侯之所以无一日安而必于成桥故，仁者之政也。予故记其事而原其心。

岳阳楼记

宋　学士范仲淹撰（《全宋文》卷三八六）

庆历四年（1044）春，滕子京谪守巴陵郡。越明年，政通人和，百废具兴，乃重修岳阳楼，增其旧制，刻唐贤今人诗赋于其上，属予作文以记之。予观夫巴陵胜状，在洞庭一湖。衔远山，吞长江，浩浩汤汤，横无际涯；朝晖夕阴，气象万千。此则岳阳楼之大观也，前人之述备矣。然则北通巫峡，南极潇湘，迁客骚人，多会于此，览物之情，得无异乎？若夫霪雨霏霏，连月不开，阴风怒号，浊浪排空；日星隐曜，山岳潜形；商旅不行，樯倾楫摧；薄暮冥冥，虎啸猿啼。登斯楼也，则有去国怀乡，忧谗畏讥，满目萧然，感极而悲者矣。至若春和景明，波澜不惊，上下天光，一碧万顷；沙鸥翔集，锦鳞游泳；岸芷汀兰，郁郁青青。而或长烟一空，皓月千里，浮光跃金，静影沉璧，渔歌互答，此乐何极！登斯楼也，则有心旷神怡，宠辱皆忘，把酒临风，其喜洋洋者矣。嗟夫！予尝求古仁人之心，或异二者之为，何哉？不以物喜，不以己悲；居庙堂之高则忧其民，处江湖之远则忧其君。是进亦忧，退亦忧，然则何时而乐邪？其必曰：先天下之忧而忧，后天下之

乐而乐欤？噫！微斯人，吾谁与归？　［时六年（1046）九月十五日。］

宋　假守郑民瞻（讹作“郑瞻”）撰（《全宋文》阙录）①

岳阳楼在洞庭之滨，延庚挹辛，于登临最胜。创者惟不可考，自唐相张燕公出守于此，其名始著。庆历中，滕子京作而新之。时人以范记、苏书、邵篆与兹楼号为天下四绝。元丰元年（1078）十月，不幸火起，于牙城之西南隅延及于楼。已而同宾僚登古址，石刻皆仆地而裂，独“谢仙”二字存焉。夫谢仙者，雷部中之神，能保其碑而不能及其屋，何其异也。明年（元丰二年，1079）春议复旧观，适湘神涌水，浮至巨木百余，及命邦人取以为用，若相厥役者又何异邪？楼成因镵诸石，一以彰雷笔之灵，一以侈湘神之助。他如登临睹胜概者，自得之心目，何待予言，亦有范公记在。

宋　李曾伯撰（《全宋文》卷七八五七，题《重建岳阳楼记》）

洞庭天下之胜，岳阳楼又擅洞庭之胜，庆历之《记》尽矣。后有作者未能易加一辞。岁嘉熙丁酉（元年，1237），曾伯守是邦。每公余登眺，令人浮沤溟渤，培塿大块。缅怀唐开元而后，李、杜、张、孟诸公②，更赋迭咏，不可胜数。至我朝文正范公，惓惓以天下为忧乐。斯文一出，斯楼之伟观增重。去今二百载，星回物转，而江涛滚滚，与公风烈盖巍然俱存也。后十有四祼（淳祐十年，1250），曾伯以牧荆道过之，亟访徙倚，殆山川不可复识，乃知昔之栋宇久已灰烬，今楼非故楼矣，怆然为之感慨。越明年（淳祐十一年，1251）九月，郡侯浚仪赵汝归书来，以图示，则危阑杰观，

①“郑瞻”为“郑民瞻”之误，详卷一“名宦志”考述。

②李、杜、张、孟乃为李白、杜甫、张说、孟浩然。

葺废址而新之，君山本来面目，欣然如对立。属为之记。曾伯俯仰畴昔，虽不能忘情于此，率尔援笔，多见其不知量也。顾人事有因革，地势无古今。世之出新奇之见者，每至越故常，安简陋者，又惮于改作。此天下之事，不能尽如人意者十八九，非有英材磊落之士，心眼轰（或“轩”）豁，起古意于寂寥，舒世虑之郁勃，将视此为传舍，岂屑置念哉！如侯之心，足以经营四方，不但一楼而止。侯帝室之胄，所至有治行，及是楼与政俱成。会命之提点本路刑狱，仍郡牧，徂重湖，泛巨波，川后山灵，方尽听弹压，匪是亦畴克胜？余虽未获从侯凭高举酒，挹胜概于几席，意岳之人士将复见庆历气象，已于斯占之。庸记岁月云。楼之楹若干，工暨费计若干，抑末耳，不书。［淳祐辛亥（十一年，1251）良月覃怀李某记。］

国朝　大学士商辂撰（《商辂集》卷十，原题作《重建岳阳楼记》）

岳阳楼在岳州府治西南，右瞰洞庭，左挹君山，波光峦影，万景在目，诚一郡伟观也。《图志》莫详创始，然考之唐李、杜诸贤，皆有赋岳阳楼诗，其来已久。至宋庆历间，郡守滕宗谅子京重建，范文正公希文作记，而后岳阳楼之名益显于世。四方缙绅硕士往往有无因而见之叹（或无此句）。庆历至是四百余年，中间兴废不知其几［矣］。成化丁亥（三年，1467），进士眉山吴节，以郎官有声，出守兹郡，登览之余，怃然有感。谓湖山景象弗（或“不”）减旧闻，而楼之规模大非昔比。询之，则后来郡人所构，卑陋弗称。亟欲改作，还于旧观，适视篆之初年，饥用乏力，未暇及。久之，政务渐举，岁时渐稔，廪有积粟，库有积资。乃谋诸僚佐，稍出羡余，兼助己俸，募工饬材，撤其旧而新之。始事于辛卯（成化七年，1471）冬十一月，讫事于壬辰（成化八年，1472）夏五月，杰栋峥嵘，层檐翚飞，高宏壮丽，有加于前。落成之日，众皆欣悦，以谓盛事不可无述。于是太守具事状，介太仆寺丞邓君廷瓒来征予记。

嗟乎！物不自美，因人而美，［此］理也。夫以岳阳为楼，据有洞庭之胜，既云美矣。而范公为记，又历叙阴晴变态之妙，以寓夫先乐后忧之心，使人诵而味之，非惟不出户庭而湖山景物尽在目中。凡素存忧国忧民之念者，自将惕然警省，而油然兴起矣。然则是楼之建，岂为游观之好哉？盖深有慕于公之为人，而追寻芳踪，思欲企而及之者也。予闻太守治岳，廉慎有为，九载之间，士安其教，民安其政，而吏亦怡然于禁令之下，无敢侈然以肆者。夫为郡而能仁于其民，无愧于公之心也。建楼而欲复于旧观（或无“观”字），无愧于公之文也。公，何人也？希文（讹作“之”）则是。予于太守有取焉，于是［乎］书。

城隍庙记

国朝　参政祝颢撰

巴陵太守、福清戴侯之为郡也，政教并施，仁威兼济，吏民畏服，禁止令行。岁既顺成，群情悦豫，于是礼义兴行，废坠修举。独其城隍祠初自郡城之南徙置城北，局于湫隘，日就倾圮，邦人病之，而侯亦芥蒂久矣。至是欣然大作，出其公帑之余，乘夫农隙之便，聚材鸠工，指授图画，拓其旧基，崇其新制。前后各建殿宇四楹，贯以中堂，辅以夹室，外壁重门，旁翼修庑，像设尊严，雅称瞻仰。至于斋宿有房，典守有所，庖湢器什，无一不具。而藩墉四周，言言奕奕，仑奂翚飞，金碧交映。于以耸一方之具瞻，为三湘之伟观。经始于庚子（成化十六年，1480）之夏，落成于辛丑（成化十七年，1481）之秋。凡郡之官僚士庶与夫四方宾旅，来瞻来谒者，莫不咨嗟，赞颂美侯之绩。谋勒贞珉以垂不朽，乃书其实，不远千里，赍缘求记。

予惟城隍之神，祀典无载，皇朝定制，始表其名。与山川社稷诸神并列郡邑，皆立专祠祀之者，得非推阴阳表里、神人相依之义，为民而设欤？夫民为邦本，本固则邦宁，邦宁则神之享其祀也宜矣！矧受郡邑之寄，事神治民尤其首务者乎！苟不务其所当务而或违道以干誉，慢神以虐民，则岂朝家付托之意哉？此侯所以究心于是，夙夜惓惓，不敢苟且，必待时而动，成此伟绩。可谓知所务矣！纪功颂德，不亦宜乎！第顾耄荒不足为重，且与侯素昧平生，无能为役，然即是求之，其亦庶几大凡矣，故为据其实而书之。侯名浚，字文哲，以名进士由户部郎中简任今职云。

洞庭中庙记

国朝　主簿叶世杰撰（《图经》卷七题作《洞庭庙记》）

湖于天下以千数，独擅其名五。顾五湖之中莫大于洞庭，语其广者至方八百余里，为之巨浸。疏导天下水者莫《禹贡》岩（或“若”）也。按《书》，荆州之域曰“九江孔殷”，《导水》曰“过九江至于东陵”。考之《水经》，九江在下隽西北，《楚地记》亦曰：“巴陵，潇湘之渊，在九江之间。”由古今名殊，洞庭即九江也。东陵即汉之下隽，今之巴陵也。然不曰“洞庭”，而曰“九江”者，由其合沅水、渐水、辰水、元水、叙水、酉水、澧水、资水、湘水，故以九江名。然有九江郡也，在浔阳，自属扬州之域，即今之江州，由后代名同。郡之九江初非洞庭也。湖中山六七，其最秀伟者君山。前《记》（指《史记》）者：始皇舟遇风，几覆，遽怒，命赭其山。故后人因指以名“君山”。或谓之湘君之所主治，故名曰“君”。求之二说，殊无意谓。考之《风土记》：岳州即古麇子国。《春秋》书：楚子灭麇即此地也。岂不以山特为一郡之望，故以国名，犹楚吴山之北缘。后世郡名迁革不常，人不知其地为麇，而山相传犹曰“麇”，其理或然。更俟稽古详焉。其即磊石山，按《图经》之在青草湖，其地与洞庭漫而为一。边湖重洲复补小池虽百数，各自有名，不应大湖而擅其五湖之名者二。尝观湖水涸时，独洞庭有水，周湖地万余顷皆茸然生青，及水涨青草地皆成湖，磊石亦然，意其以此得名，故曰“青草湖”。由是观之，水有盈涸之分，湖无彼此之别也。昔轩辕氏于此奏乐，山之绝顶今尚有遗台焉。其西石城山，杨幺窟穴之间以为盗。高宗命岳武穆王飞平之。中当湘、澧合流，岿然而峙即金沙洲，亦龙堆也。及蜀江水泛溢，湖波震荡，风涛雪浪叙流至此而止，居人谓此水为送沙。当其洲上有祠，以祀洞庭君，威灵著甚。舟船出祠下，无大小莫不致礼，而不敢废。朝廷亦往往遣使致祭。前祠官杜云隐能知湖上风候，与人语辄应，人多异之。经乱祠毁，其徒唐玉山谨厚能世祀。今荣禄大夫、江阴侯吴公出督过此，命新之。唐侯遂合舟人前后施神银粟，一毫不以己入，悉为营建庙祀用费。乃于洪武二十五年（1392）壬子良月谷旦，重创殿宇，金辉碧耀，像事严就。行人益敬，神人益灵。有祠且比前圣之所经理，如黄帝于此奏乐，舜之所巡，禹之所治，尧女舜妃死而于此为神，独不为祖龙祐神之灵，可谓正也。予宦巴陵久，岁时董漕过湖，致祷于神，故与唐相寻求为记四五年，以公务不暇。今以残废俱告，因考《书》、《传》，言九江之为洞庭及湖山始末。且记所尝考辨之意，其地培塿，固不暇悉书也。又窃病世之为记者，文华多而事实寡，故直书事实以遗玉山，使刻之，庶读者有考。尝作享神歌，与记并书。歌曰：

红树兮潇湘，红影兮迢迢。隔重湖兮敞神宇，瞻极近兮极遥。我欲招兮神归，云冉冉兮龙飞。后拥兮绣车，前正兮翠旗。神不来兮心悲，神之来兮我知。来不嗔兮去不非，云雨飒兮祓祓。沅湘深兮春色微，兰吐芳兮春绿滋。福祜兮馨香，将遗兮所思。

渊德侯庙记

宋　巴陵令上官彝撰（《全宋文》第120册第220页）

洞庭渊德侯，自古号为“湘君”。至唐天祐中，因湖南观察使马氏奏，遂封为“洞庭君”。咸通四年（863），巴陵令李密思尝以境内亢旱，涉湖祈祷，佳雨随至。今庙庑所存之碑，乃密思文，备载其事。皇宋元丰之三年（1080），岳守库部郎郑公民瞻以祈祷屡应，以其事奏于朝，特封“渊德”。七年（1084）终（或“冬”之讹），今太守、朝散大夫黄公沐以太常礼院之式，令巴陵县会上官［制服上之］。窃惟主上即位十有七年（元丰七年，1084），体尧舜，九州四海莫不同风咸（或“感”）德，至于五岳四渎，咸被其休。若渊德侯，由唐迄今，数百载湮没于荒洲古屿之间，青烟蔓草之侧，凄凉零落。一旦获此佳号，贯以法服，使千载而下，英声茂烈传之无穷，与天地齐久，岂不盛欤！上服之日，彝躬诣祠下，相从而瞻奉者车马骈集，始（或“殆”）至千余辈。因书其大概，以示后世云。

湘君庙记

唐（讹作“宋”）　巴陵令李密思撰（《全唐文》卷八〇二；《全宋文》卷七三〇八）①

洞庭［山］，盖神仙洞府之一也。以其洞府之庭，故以是称。湖名因山，自上古而然矣。昔人有立湘君祠于此山，因复谓之君山。其庙宇为秦皇毁废，后亦久无构葺者。是山去郡郭四（或“二”）十里，而近人未尝敢居其中。按《图经》，此山不受秽恶，无猛兽。愚以为海有圆峤蓬岛之类，人可望而不可至。兹山垤坳波心，云水四周，人可至而不可居，宁非圆峤蓬岛之亚欤？固为灵神之所凭依宜矣。旧［俗］邦人祷［禜］水旱，尝于此山。且患庙貌靡存，无展敬之所者久矣。密思以咸通二年（861）谬宰巴

①《全宋文》乃录自隆庆《府志》卷九，但隆庆《府志》所录为节文，而节文中却节掉了两处关键的纪年——咸通二年和咸通四年，且讹署“宋巴陵令李密思记”，因致《全宋文》误录。而本志及《图经》录此文基本为全文，内有“咸通二年”之纪年，也系作者于宋，则匪夷所思。隆庆《府志》“秩官年表上”和本志卷三“宦迹志”李密思又均系于唐巴陵县知县下。

陵，其年［六］月，［因］时雨不降，遂洁斋躬祷于山。将涉，逆波触舟，众以为不可渡，乃皆请止。予谓骄阳害稼，虑困吾民，岂可偷安哉？因命速棹去岸。俄而长飚东来，委波顺送，帆席半挂，已及山址。于是祷拜既毕，舣棹将归。则赫日掩光，玄云四集，向者东风爰息，西风又兴。舟子皆拥棹闲笑，倏至邑。步及县署，则甘泽溥降，一夕［而］涨陂溢塍，里巷欢呼，相以为贺。众尤异者，自卯及申，一往一复，转风徇意，如用迎送。则知非至神无以动阴阳，非至诚无以极感应（或“感灵应”）。昭昭显显（或“验”），诚可嘉之。密思由是默度于心，将建祠宇，会有阻而逾年未克。及我使君濮阳公之来也，抚此疲氓，一振仁风，俾民（或“俗”）安物泰，于是得以为请。因蒙敦勉之，遂成兹宇。其堂室图塑，皆洁而无华，约而且［备］，不悖于俗，不役于民。袭千古之遗踪，葺一时之坠典，人皆悦矣，神必据之。所以（或“期”）福我黎元，寿我疆土。疫疠灾荒，绝于境内。雪霜风雨，咸顺其时。永久无疆，愿显其志。此非独纪建庙之微绩，且欲旌神灵之有征，带砺山河，唯兹乎不泯。［有唐咸通四年癸未（863）五月十八日己卯，朝请郎岳州巴陵县令李密思撰。］

宋　假守陈邕撰（《图经》卷七；《全宋文》阙录）①

洞庭［控］东南，浮天浴日，溟渤之外，莫之与（或“媲”）京。其中有山焉，盘纡嶒崒亘数十里，屹立云涛缥缈间，虽三神山不是过。问山之所以名曰湘君之祠也，然则湘君果何神哉？《山海经》曰：“洞庭之山，帝之二女居之。”郭璞以为天帝之女。《楚词》有《湘君》，又有《湘夫人》，王逸谓湘君自其水神，而

①隆庆《府志》“秩官年表”宋嘉定下知州有“李邕”，曰：“李邕，撰《湘妃庙记》。”《永乐大典》卷七二四〇第14页陈邕《净心堂记》：“嘉定二年（1209）冬，余起家守巴陵。越明年（1210），有诏奏事之镇。……洎秋八月始克至。”因而“李邕”应即陈邕之讹。

湘夫人二女也。此二说［者］韩愈已辨其非。独《史记·秦始皇本纪》王问博士曰：湘君何神？对曰：闻之尧女舜妃昔葬于此。其后刘向、郑康成皆从之。于是，湘君之说定矣。元丰五年(1082)，知岳州郑民［瞻］以祈祷屡应，请诸朝，而有“渊德侯”之封。巴陵［令］上官彝从而记曰“渊德，自古号为湘君”者，何［其］弗深考欤？嘉定四年(1211)，余假守是邦，有以渊德［之］故告。愕且叹曰：“震巽异索，冠笄异仪，妃也，而冒侯爵，其亵神渎礼孰大于是?”欲复于上而厘之，奏既具，或曰：“礼有其举之，莫敢废也。山有侯祠一百有二十四年，与其革［也］，宁鼎新邪！民之所从久矣。”余善其言，不果上。又明年(嘉定五年，1212)，乃命建湘君之祠于君山。巴陵［县］尉胡士隆、司法参军茅无竞继往相其宅，前临平湖，远映列岫，旁耸老木，后倚叠嶂，殿庑宏敞，供帐华洁。设湘君像其中，而又以湘夫人配之。庙将落成，会余以使夔去，则属别驾王君銮董其事。而特书曰：

人之大伦，其纲有三：君臣也，父子也，夫妇也。惟圣人为人伦之至，然适会其两尽也实难。是故尧舜并而后见君臣之至，文武并而后见父子之至。方尧欲以天下授诸舜，察其所以处瞽顽嚚傲之间，审矣！及厘降而嫔，然后往钦之命始决，夫尧之试舜固信其能。夫人之所难，其实舜之遇二妃，本处夫人之所易也。自古生知之圣，尧舜而下，惟文王、孔子，而禹、汤不与焉。文王刑于寡妻故御家邦之本，然天作之合，则嗣徽音太姒也。若孔子则有不得已者矣。天地合德而后能生万物，男女正位而后能成万化。向非二妃粹秉彝德，克配重华，又何以遽至恭已，当天下之盛哉！夫媲圣作则化妇道，立民极固亦宜世祀，况乎兹山具有本末，而可诬也哉？若乎迎送之章所以为祠祀歌舞之用者，则有灵均之《九歌》在。

湖山神祠记

国朝　省元杨纯撰

岳州治之西南有湖曰“洞庭”，方八九百里，为沅、渐、元、辰、叙、酉、澧、资、湘水所合，而君山则中水而峙，屹乎若砥柱。然其神之灵，民岁旱涝则祷之，寒暑乖候则祷之，厉疾祟降则祷之，咸若有答焉者。宋元丰尝封其山之神为渊德侯，崇宁又赐庙额曰“顺济”。而湖神之封号在唐天祐为利涉侯，晋天福为灵济公，宋元祐又赐庙额曰“安济”，而以“忠惠龙王”加封之。古祠在君山，暨金沙堆之上。国朝区夏混一之初，修明祀典，诏凡岳镇海渎之神悉除前代封爵，只以山水本名为称。故兹湖山之神始定祭于岳之属邑巴陵。而唐、晋、宋侯王滥褒一洗而去之。然名存实亡，祠事费饰。前郡首唐侯庸屡以旱涝获应如响，具请于朝，下礼部议，允修复焉。未几，唐侯以擢迁去位，而事寝废坠相踵，盖百有余祀矣。成化癸卯（十九年，1483），弋阳李侯文明由秋官副郎出守斯郡，莅政严明，有惠爱，百废俱新，民且用裕。越四年丁未（成化二十三年，1487），夏不雨，因发故牍视之，得昔唐侯请复祠状。祗率僚吏陈牲币之仪，望其神于吕仙亭残碑败壁之间，寻致感通，沛然雨之，而畹亩惟沃，诚如唐侯祷者。遂相厥址，欲创祠为享神之所，未果。是岁（成化二十三年，1487）冬十月，圣天子以即位诏有司：兴废祀，修颓祠。而李侯建祠之志决矣，乃辟前所相地，广袤百余丈，深三丈。抡材陶甓，构正堂五间，仪门称之，及东西廊庑，及斋庖之房，总若干楹。垣墉台道则杂以土石筑砌之，祠之前斫石为坊，大书扁曰“湖山神祠”。祠之后架木为亭，以复吕翁过仙遗迹。又宅羽士之悃愊者四人以典祀事。其享祭也，仪用牲爵笾豆祝帛类，山川坛祀为之期，则定以春秋祀山川坛之翼。日计厥费则取诸公藏，工役则出于佣僦及郡民之事讼者。以明年弘治戊申（元年，1488）冬十月告成。杰栋峥嵘，百用完饰，固足以壮神之居。而面山临流，环青拥翠，尤钟灵抱秀之地。吾知其神有所凭托而益昭灵也，必矣乎！自山河两界灵秀之气萃而为神，降而为人，故神依人而血食，人赖神而兴利，幽明之际，未始不相为流通也。考之祭法，天下名山大川有捍御之功而利及生民则祀之。且君山、洞庭雄据一方，为岳阳之胜，而其神尤能化荒为穰，易沴为和，其为利亦既博矣！固宜享有庙，食于人也，而岂淫祠黩祭比乎？呜呼！斯役之兴，民逸而费出于上，功成而利归于民。较之费财劳力，幽不足以事神，而明无裨于人，徒事外虚名而骇世俗者，贤不肖何如也？昔刘向有言，吏胜其职则事治，事治则利生，予请以归之李侯并撰其事，以镌于石，俾来者有所考焉。

黄陵庙碑

唐　韩愈撰（《韩昌黎文集校注》卷七）①

湘旁有庙，曰黄陵，自前古立以祠尧之二女舜二妃者。庭有石（或“古”）碑，断裂分散在地，其文剥缺，考《图记》（或“《图经》”）言“汉荆州牧刘表景升之立”，题曰《湘夫人碑》。今验其文，乃晋太康九年（288），又［题］其额曰《虞帝（或“舜”）二妃之碑》，非景升立者。

秦博士对始皇帝云：“湘君者，尧之二女，舜妃者也。”刘向、郑玄亦皆以二妃为湘君，而《离骚·九歌》既有湘君，又有湘夫人。王逸之解，以为湘君者自其水神；而谓湘夫人乃二妃也，从舜南征三苗不反（或“及”），道死沅湘之间。《山海经》曰（或“云”）：“洞庭之山，帝之二女居之。”郭［璞］（或“朴”）疑二女者帝舜之后，不当降小水（或“君”）为其夫人，因以二女为天帝之

①校注本篇题下有引言曰：“首题云：‘通议大夫守尚书兵部侍郎上柱国赐紫金鱼袋韩愈撰，正议大夫守潭州刺史兼御史中丞湖南都团练观察安抚使上柱国赐紫金鱼袋沈传师书。’”今本多误。

［二］女。以余考之，璞与王逸俱失也。尧之长女娥皇，为舜［之］正妃（或“后”），故曰“君”，其二女女英，自宜降曰“夫人”也。故《九歌》辞谓娥皇为“君”，谓女英［为］“帝子”，各以其盛者（或“次第”）推［而］言之也。《礼》有“小君君母（或无“君母”）”，明其立（或“正”）自得称君也。《书》曰“舜陟方乃死”，《传》谓“舜升遐（或“道”）南方以死”，或又曰：“舜死葬苍梧，二妃从之不及，溺死沅湘之间。”今（或“余”）谓《竹书纪年》帝王之没皆曰“陟［方］”，“陟”，升也，谓升天也。《书》曰“殷礼陟配天”，言以道终，其德协天也。《书》纪舜之没云“陟”者，与《竹书》、《周书》同文（或“文同”）也。其下言“方乃死”者，所以释“陟”为“死”也。地之势东南下，如言舜南巡而死，宜言“下方”，不得言“陟方”也。以此谓舜死葬苍梧，于时二妃从之不及而溺［死］者，皆不可信。二妃既曰（或“以”）谋语舜，脱舜之厄，成舜之圣，尧死而舜有天下为天子，二妃之力。宜常为神，食民之祭。今之渡湖（或“湘”）江者，莫敢不进礼庙下。

元和十四年（819）春，余以言事得罪，黜为潮州刺史。其地于汉南海之揭阳，厉毒所聚，惧不得脱死，过庙而祷之。其冬，移袁州刺史，明年（820）九月，拜国子祭酒。使以私钱十万抵岳州，愿易庙之圮桷腐瓦于［州］刺史王堪。长庆元年（821），刺史张愉自京师往，［余］与愉故善，因谓曰：“丐我一碑石，载二妃庙事，且令后世知有子名。”愉曰“诺”。既至州，报曰：“碑谨具。”遂篆其事，俾（或“碑”）刻之。

新建名宦祠记

国朝　尚书颜颐寿撰

岳郡距城北一里许有贤守祠，弋阳李公文明，公利民之政备详郡志，炳炳烺烺，邦人迨今称慕之不衰。本朝太史西涯先生、东白先生为之记。公之食报于吾人也固宜。嘉靖己丑（八年，1529），吉水萧公以秋官尚书郎来莅郡事。[①] 始至谒群祠以及公之祠，辄有感曰：岳为海内名地，自唐虞历秦汉已入中国，迄今三千年，其有郡邑、官守久矣，何仕于兹者仅李公有专祠，前此盖寥寥耶？遂于政通之暇按索图、志，自三国、晋、唐以及宋、元、我朝之有特书可祀者得二十有六人，作而叹曰：是非缺典欤！乃与今少府林公、通府许公、推府张公相地协谋[②]，集材鸠工，建名宦祠于李公旧祠之右以祀之。盖创始也。役成来属予记之。嘻！予邦人也，嘉侯之善顾莫克以揄扬之，奚容辞？夫在古典礼，凡有施于民者祀之，所以崇德报功，风世励俗，辅成治道也。于是而或遗焉，于典礼何。今诸公兴起乎千百年之下，而景仰千百年之上，相与举风世励俗之典于久坠之余，可谓□一世以为心旷，百世而相感者矣！岂直今日所以尊崇尸祀诸先正于一旦哉？是故不可以不书，书之盖以表吾邦得良有司，达治体，先德礼，以重风化。非见规于簿书吏事之末者比也。若夫诸公所以应祀之实，史牍传记可考而知，兹不复赘。是为记。

贾烈妇韩氏祠记

国朝　副使孙继芳撰

贾烈妇祠者，始专祠贾烈妇也。按：烈妇岳州巴陵人，韩魏公琦五世孙襄阳贾尚书子琼妻。少有异质，知书，善属文。宋开庆初，元兵破岳州，烈妇年方十八，兵纵掠得焉。欲以献主将，烈妇义弗辱，乃为古诗一篇，书所服练裙中间，赴水死。越三日，诗随尸浮出水上。距今几三百年，卒无特祀之者。宪皇帝时，岳

①本卷多处记有嘉靖七年（1528）知府萧晚建祠、增葺公署事例，此处谓萧晚嘉靖八年（1529）来莅府事应属记忆误差。

②“林公”为林希范，“许公”为许选，“张公”为张钟。据隆庆《府志》，本《志》均不载。

州守李公镜始附祀于孝感灵妃庙。庙故并祀孝感侯，侯，灵妃弟也。此其意虽知崇尚，然类淆亵弗称，非有待耶。上嘉靖戊子（七年，1528），吉水萧君晚以部郎中来守岳州，至郡访忠逸，修废祀。悼烈妇尚未有专祀，乃以庚寅（嘉靖九年，1530）十有二月，就洞庭之滨武穆祠之右拓地创建。而节推张君钟实董其事，明年（嘉靖十年，1531）二月祠成。将籍新洲之入供祀事，并石其诗祠中。萧君使谓孙子曰："凡举事必纪彰成也，愿子有以识之。"

余读烈妇诗而知宋始终兴替之由矣。是故艺祖之开基，奸臣之误国，指摘条述，略已备焉。夫夭容冶质，长养豪丽，率往往沉溺腻粉，侈竞笄服。要其事文雅而谙理道，若烈妇流，百不一二矣，况复有所甚难者乎！昔蔡琰工辞，厥身沦虏；易安博识，卒贰所归。何则士之藻绘笔敏者，犹未免妄从苟附，节不胜才，奚论一女子邪？烈妇于波荡风靡中而能如是，其意操与义与志士何间哉？顾可以弗表哉？夫武穆之精忠峻节，诚揭日月而行雷霆者，然而岳也特其经驻地也。若烈妇亲是乡产，其慷慨就义尤足以激励风化者。乃于一祠焉，□非守土之人慢邪。是故于君之举也，得六美焉：掇遗、振滞、兴事也，发潜、蹈隐、重德也。厘其亵礼之经也，崇其节教之本也，辨其祀处之周也。石其祠尚文也，夫斯乃并亦可以观政也。已矣，独祠哉！独祠哉！烈妇名希孟，其诗若事具载陶宗仪《辍耕录》及文皇帝所修《烈女传》、章皇帝《五伦》诸书。①

且止轩记

国朝　左中允刘栋撰

①明陶宗仪撰《南村辍耕录》卷三；明宣德皇帝朱瞻基撰《五伦书》卷五九"夫妇之道"中未见"韩烈妇"或"贾烈妇"，《续修四库全书》936 册；《古今列女传》为永乐初解缙奉成祖朱棣敕撰，《烈女传》应即《古今列女传》，中有"韩氏女"，但此书后代未刊行。另《宋史》也有韩氏女传。练裙中诗见本卷"杂志"。

有间于予曰：且止轩曷为创于斯？夫巴陵胜概闻天下久矣，其洞庭汪洋，君山美丽不待言。登岳阳城楼，顾瞻衡岳之层云，遥带潇湘之烟雨，落飞虹于川峡，思广汉之游女，天朗气清，风霜月落，皆可乐而玩焉者也。凡有事于岳阳，必图游目骋怀，顾肯且止于斯否？予诘之曰：子欲知其故哉？予将语子：人知岳阳有洞庭之胜，不知风波震荡冲激日夕相寻，故四方往来舟楫必系泊于城陵矶之下以避此患。于是郡自公府以下每闻贤士驻节必匍匐送迎，周旋一日之顿始释安焉。

己丑（嘉靖八年，1529）冬，予分守此邦，初至，不为劳。越明年庚寅（嘉靖九年，1530），祗候津西大巡张公再至，二月己卯（十八日），复同中泉户部杨公又至，官吏奔走，率皆若是。因叹曰：官之劳无庸恤民其疲也夫。一日，谒邦前守李公祠，祠去城五里许，相度其旁隙地可树楹于上，意欲拯颓室而新之，俾凡来者、去者，担若负荷、行若提携者皆得息力于斯。又冠裳之礼接，驺从之服役，悉于此听命焉。庶民不劳而事易集，此则予创轩之义也。若夫抚景怡情，感乾坤之荣悴，契吾心之欣戚，抑岂在是？抑岂在是？问者曰："鄙人肉食不知世故，敢求退请以谋诸良有司。"乃召令尹语之。令曰："工役之任匪敢辞烦。其他则不得专烦，令之职卑也，天下事势非卑职独能抗而行之，敢请以语郡伯尊君可焉。"予乃商之郡伯，郡伯奋然曰："是吾责也，不敢不任。"即督令需材以资费，□省试之□期归，判府刘琉一人专之。四月辛巳（二十二日），予由衡麓下岳阳，郡伯来告曰："轩既成，判府之功亦著矣，请记之。"

呜呼！一小轩也，谋之众，审之□，天下事有大于此者，安可阔略不加意乎？且轩面山可凭，丛竹可栖。旁窍一泉，清冽甘美，可濯可□，可以涤芹藻，供祀事，可以酿薄醴，羞（通"馐"）宾客。幽花禽鸟，历历变态于轩前，可以忘世而逃名也。人孰不以为便而乐造之哉！轩成而人感乐之，非乐斯轩也，守令之政有便于民而乐之也。为吾民者，盍亦知所以而忘乎劳焉耳。《易》曰“君子［以］思不出其位”；又曰“艮其背”，止其所也。①未有心止而身不止者矣。苟心迹既判则妄动必多，此又所以告夫来止于轩者之深意。记成，遂书之。郡伯，萧晚，吉水人；令尹，朱屏，四川人。皆由进士，服官有声。其质疑请问者为谁？儒学生朱潮也，并附于末。

李公祠碑文

国朝　侍读学士刘春撰（《图经》卷七）

太守李侯讳镜，字文明，世为弋阳人。起家进士，官刑部员外郎。迁守岳［郡］，既八年被上命为陕西参政。去岳今逾一纪矣，而民之思者日深，老者泣，壮者慕，曰：“安得吾侯之父母，我也饮食必祝。”曰：“此吾侯之遗爱于我也。”于是相率醵（或“输”）钱市材，为屋设像，于中祀之。曰：“使吾民之思侯者，庶几籍以遂其如见之心乎？”乃以情恳请于佥宪方公［仁］、刘公逊，案行本府已故（二字《图经》无）知府张公举、今任刘君焕、同知施君德、推官弓君元、鲁君铎，属阖郡士诣余纪丽牲之碑（《图经》作“属阖郡士请纪于丽牲之碑”）。余揖而进曰：“汝侯之廉慎端重，余既亲熏而炙之矣，若其所以感民之思，俾汝辈勤渠不替，有若公在郡焉者，亦可得闻乎？则（或“咸”）趋而前曰：侯之德惠所以建白于上而敷施于下者，非独吾郡之人衣被之，盖凡荆楚间多波（或“被”）及焉。而亦非吾辈所能悉也，独其见诸外，虽仅有可述，然亦粗迹耳。顾侯之慈爱仁恕则亦可以是而概其余，试略言之。

郡城陵矶距城半舍许，中汇白石、翟家二湖，［每］洞庭涨溢则渺茫无际，往来者病焉。公始筑堤，至今民免于奔溺之苦，

①“艮其背，不获其身。”王弼注：“施止于背，不隔物欲，得其所止也。”

遂以其姓名之。学久倾圮，且逼隘，士无所归宿，公充斥兹学之地建庙像如式，复增广学舍，使士居之。郡未有（或“署”）社学，民间隽秀无所于（或“教”）育，公始为之，而里巷迄今弦歌不息。廪庾旧存虚名，一遇大［祲］坐就毙者伙矣，公悉令罹法者赎以米谷储积，民赖全活。荒田隙地，旧无所开垦，公檄其属听民耕植，而流亡者始有归业。洞庭有巨寇，纠合亡命，恃险为薮泽，公择吏卒，授以方略擒之，党与溃散，阖境获安。属邑额造江淮、济川二卫马船百余艘，中坐消耗蠲半，至是所司奏复，公上章具陈困惫之状，且以职辞获免。岁当大旱，祷莫应，公曰：“山林川谷能出云为风雨，祀典所载也，况君山、洞庭而可遗乎？”乃检故牍，得国朝为守者奏定祭格如式，祭之果大雨，遂立祠春秋致祭。澧州岁频旱，公至其地，道出万人坑，问，为州之遗殣。乃恻然叹曰：“一妇含冤且致旱，如此坑冤可计邪？”即令有司祭视厉（讹作“属”，繁体“厲”与“屬”形近）坛之仪，未毕即雨，是秋大熟。郡民弗戒于火，烈风大作，公稽颡吁天曰：“我或贪墨蠹政，天将降割于我，毋恣虐焰以毒我民。”风遂息。属邑三浯泉旧为民利，寻侵夺于土官，公至其地，口占数语［曰］：“三浯泉洞实奇哉，一日三朝（或“潮”）涌水来。灌溉田畴三十里，可怜都富恶人财。”其人感悟，诉所司还为民业。凡此类皆熟于人耳目者，故略能道之。其他如表忠烈，旌孝行，辨冤抑，奉法不阿，爱民不惓（或“倦”），盖未易尽言而人亦莫能尽知也。

佥（或“余”）曰：“诚如是，固宜民之不能忘也。”昔文翁（或“公”）兴学，李冰凿离堆，而蜀人祀之；朱邑之廉平不苛，邵信臣之兴名利，而桐乡、南阳祀之；况公兼有其美者乎！且公以参政陟总宪河南，寻转［升］浙藩（或“江”）方伯卒，今又（或“有”）三阅寒暑矣。其懿行丰功虽播于官评物论，而其声势固已澌灭销尽，而岳人乃独思而祀之。如此则［其］实德之固结民心可知。而民之（或“知”）所以思公者，殊非有所为而为矣。不可不知，且系以诗。其词曰：

思我侯于赫厥声，既和且平。锄梗植弱，不震不惊。农（或“民”）安于野，孰厚其征。黍稷岁登，庶绩聿成。

思我侯起自南服，为州之牧。执宪靡顾，不威而肃。孔堂言言，祭则受福。青青衿（或“襟”）佩，会聚如族。

思我侯不懈于位，亦罔或忮。去害如焚，弗遏其利。洞庭汤汤，民之攸厉。我公有堤，百世之惠。

思我侯鳏寡有所，庶民安堵。旱魃方虐，沛然而雨。维彼黠寇，依其险阻。俘馘于庭，式歌且舞。

思我侯恭懿温纯，为时良臣。瞻望弗及，譬彼参辰。尸而祝之，于江之滨。歌公之德，起我后人。

重建文庙记

国朝　副使张邦奇撰（《图经》卷七）

按《岳州府志》，宋治平初，太守赵尚之尝新庙学，致堂胡先生为之记。国初来屡经修葺，然未闻有鼎建者。岳州文庙盖创自前朝，迄今未易也。庙虽恢宏轩耸而梁栋桷榱腐朽已甚，不可复葺。正德乙亥（十年，1515），鄞黄侯巽以南京刑部郎中来知府事，纾屈柔强，百务具张，而庙独圮毁，视为大阙。未几，巡抚都御史无锡秦公适至，登降旋视，慨然曰：“是恶可缓？”侯乃锐意经画，撤其旧而更新之，期月竣工。则庙视昔加高，材良而制美，檐楹门庑墀陛廉所无不壮丽严饬。财出于公帑，力出于空役，工成而民不知焉。邦奇既庙谒进，诸生告之曰：夫诸生而知崇祀先师之意乎，天地之性赋予人，非学无（或“必由学”）以成，而今之学者孰非吾夫子之教也？一肤一发皆生于亲，一资一级皆荣于君。然或失天地之性，见利而怵，见欲而从，其喜也以物，其悲也以身，颠迷驰骛，忝然而不知其止者，虽生犹死也。含垢忍耻，欲雪而不可得，泯泯棼棼，偷以求荣者，虽荣犹辱也。孰为义吾行焉？孰为利吾去焉？致辨于毫厘之间，而黾勉于克复之地。凡吾所求皆道济天下之具，而不以私其身。进则君安国泰，庆流于民生；退则淑其身，人师其德。生昭义闻，没（通“殁”）不得而磨焉。君子是（或“所”）以贵夫学也。《语》（即《论语》）曰：“民之于仁也，甚于水火。”故师之重与君亲并。夫子万世之师也，是故万世祀焉。诸士子禀灵秀之资，服儒者之服，求先圣贤之道，公卿大夫之业。父母之所以望汝者何，君上之所以待汝者何，而可轻也？万一卑其志，役役于物，惟近小是计，而远大之弗图焉。则在庙之灵显赫如日，纵不自爱，独何面目立先圣贤之庙乎？邦奇司学政于诸生，德业之修否诚与有责焉，故其言不容以不厉。于时秦公方靖郴苗，偃武之余于文教尤拳拳焉，乃命邦奇为文以记之，而刻石立庙门，以永励多士云。

滕子京求范希文《岳阳楼记》书

宋　藤子京撰（《全宋文》卷三九六，题作《求记书》）

六月十五日（在庆历六年，1046），尚书祠部员外郎、天章阁待制、知岳州军州事滕宗谅，谨驰介致书，恭投于玢州四路经略安抚、资政谏议节下：

切（或“窃”）以为天下郡国，非有山水环异者不为胜，山水非有楼观登览者不为显，楼观非有文字称记者不为久，文字非出于雄才巨卿者不成著。今古东南郡邑，富（或“当”）山水者比比是焉，因山水作楼者处处有之焉，莫不兴于仁智之心，废于愚俗之手，其不可废而名与天壤齐固者，则有豫章之滕阁，九江之庾楼，吴兴之销暑，宣城之叠嶂，[①] 此外无过二三所而已。虽浸历于岁月，挠剥于风雨，潜消于兵火，圮毁于艰屯，必须崇复而不使隳斩者，盖由韩吏部、白宫傅以下当时名贤辈[②]，各有记述，而取重于千古者也。

巴陵西跨城闉揭飞观，署之曰“岳阳楼”，不知俶落于何代何人。自有唐以来文士编集中，无不载其声诗赋咏，与洞庭、君山率相表里。宗谅初诵其言，而疑且未信，谓作者夸说过矣。去秋以罪得兹郡，入境而疑与信俱释。及登楼，而恨向之作者所得仅毫末尔。惟其吕衡州（即吕温）诗云：“襟带三千里，尽在岳阳楼。”此粗标其大致。自是日思以宏大隆显之，亦欲使（或“久”）而不可废，则莫如文字。乃分命僚属于韩、柳、刘、白、二张、二杜逮诸大人集中[③]，摘出登临寄咏，或古或律，歌咏并赋七十八首，暨本朝大笔，如太师吕公、侍郎丁公、尚书夏公之众作[④]，榜于梁栋间。又明年春，鸠材僝工，稍增其旧制。

古今诸公于篇咏，卒（或“率”）无文字称记。所谓岳阳楼者，徒见夫屹然而踞，岈然而负，轩然而竦，枢（或“伛”）然而顾，曾不若人具支（或“肢”）体而精神未见也，宁堪乎久焉？恭惟执事文章器业凛凛然为天下之特望，又雅意在山水之好，每观送行怀远之什，未尝不神游物外而心与景接。矧兹君山、洞庭杰杰然为天下之最胜，切度风旨，岂不欲摅遐想于素尚，寄大名于清赏者哉？

---

①“滕阁”即滕王阁，始建于唐永徽四年（653），为唐高祖李渊之子李元婴任洪州都督时所创建。因元婴曾封滕王，故以名阁。“庾楼”又名庾公楼，据传为晋庾亮镇江州时所建，今不存。“消暑”，即吴兴城南的消暑楼，唐贞元十五年（799）建，今不存。“叠嶂”，即宣城的叠嶂楼，原名古北楼，后为纪念谢朓，改名谢公楼，或名谢朓楼。唐咸通十一年（870）刺史独孤霖改建，更名叠嶂楼。

②韩吏部，即韩愈，曾为吏部侍郎。白宫傅，即白居易，曾为太子少傅。

③韩、柳、刘、白、二张、二杜分别指韩愈、柳宗元、刘禹锡、白居易、张说、张九龄、杜甫、杜牧。

④吕公，吕夷简，宰相，封申国公。丁公，丁谓，门下侍郎，封晋国公。夏公，夏竦，吏部尚书，封英国公。

伏冀戎务鲜退，经略暇日，少吐（讹作“壮”）金石之论，发挥此美之景（或“此景之美”），庶漱芳润于异时者。知我朝高位辅臣，有能淡味而远托思于湖山数千里外，不其胜与？谨以《洞庭晚秋图》一本随书贽献，涉毫之际，或有所助。干冒清严，伏惟惶灼。

都御史吴琛巡行记

国朝　吴琛撰

圣天子在位，敬天勤民，宵旰拳拳，虑恩泽未达，吏治未臧，民瘼未询，淑慝未别，悉为博施济众之病。乃于成化六年（1470）春三月初，涣布纶音，分遣在廷大臣巡行天下，授以玺书，付以事权，周爰咨诹，举数者而行之，以慰圣心。臣琛先承乏赴广代还，亦得滥厕其列，巡抚湖广。拜命之际，悚惧战栗，顾此驽骀奚堪鞭策？爰于四月末旬勉抵武昌，时久不雨，赤地千里，民心惶惶，恐失秋成。臣愚误蒙任使，切以此忧，乃速下檄令各有司竭诚祈祷，众皆如令，迨至五月四日得雨，五日再雨，六日又雨，连雨三日，合境之内远近沾足。遂命倌人说于桑田，督农耕稼，贫乏者官为助之，饥馑者官为赈之，欲其趁此灵雨播厥百谷。犹虑惰失其时，仍命有司循行阅视，勤者励之，惰者策之。未旬时，有司报至，畎亩之间苗稼芃秀，绿云遍野，愚忧怀稍释。以为农获天时则秋成可望，秋望既遂则家给久足，相安于饱暖之天。岂有□事之虞哉？非特是也，民有科征徭役及戍丁发伍者皆为之停罢，候秋举行。岁币之征，公使之害，皆上疏停革。

遂卜是月望后二日，次第巡行。始于武昌、汉阳、黄州，次于岳州、常德、长沙、衡州、郴州，再于永州、宝庆、靖州、五开、铜鼓，终于辰州、平溪、清浪、镇远、偏桥。① 山川险阻，道路迂绕，或径去，或往回，计其程途一万三千余里。因□仆夫之苦，不用肩舆，只是［一］骑奔驰。虽炎天骤雨，恶水险山，未尝避止。虽遐陬僻壤，偏州陋县，无不遍历。如桂东、桂阳、枇杷、桃川②、通道、麻阳、五开、铜鼓，俱极边险地，询其父老皆言："国初迄今，绝无观风使者一到，因地炎瘴故也。"所至之处，仰遵圣谕，奉宣德意，考政得失，问民疾苦，考察官员。然官有贤愚，臧否必询乎众，情合乎舆论以去之、存之。军职则念其祖、父战功，去太去甚，其有一长一善者则为存录任使。所嫉者奸吏玩法害人，广询密察，擿其奸蠹，绳之以法，不少宽贷。至十一月二十二日巡行事毕，初出至事竣则前后一百五十日也。巡历府十、州九、县七十二、卫二十五、守御千户所一十四，考退文职二百二十员，拿问赃吏六百六十名，黜罢武职九十五员。其他除蠹安民、去恶扶善、修筑城池、阅视军马、区书（或"画"之讹，繁体"書"与"畫"形近）钱粮、审办狱囚，皆有分寸。微劳不敢自叙而言，窃喜十郡时年丰稔，盗贼颇宁，军民乐业。今旋节

---

①宝庆，今邵阳市。五开，《明史·地理七》："黎平府本思州宣慰司地。洪武十八年正月置五开卫，属湖广都司，后废。三十五年十一月复置。"治今贵州省黎平县。铜鼓，"西有铜鼓卫，本铜鼓守御千户所，洪武二十一年九月置，属五开卫。三十年改所为卫，属湖广都司，后二年废。三十五年十一月复置，属湖广都司。"治今贵州省锦屏县东南。平溪，"思州府元思州宣慰司。东北有平溪，上有关，洪武二十二年三月置平溪卫于此，属湖广都司。"治今贵州省东部玉屏侗族自治县。清浪、镇远、偏桥，"元镇远府，属思州安抚司。洪武四年降为镇远州，属思南宣慰司。五年六月直隶湖广。又有清浪关，清浪卫治于此，又西有偏桥，偏桥卫在焉，俱洪武二十三年四月置。西南有镇远卫，洪武二十二年七月置。俱属湖广都司，万历二十九年十一月俱改属贵州，三十一年四月还属湖广。"三卫均在今贵州境。辰州，《明史·地理五》："辰州府，元辰州路，属湖广行省。"治今湖南省沅陵县。

②桃川千户所、枇杷千户所，均属道州永明县（今湖南省永州市江永县），隶湖广都指挥使司。《明太祖实录》卷二二一："洪武二十五年九月辛丑，湖广永明县枇杷千户所请筑城垣。"《明英宗实录》卷三一二："天顺四年二月庚戌，巡抚湖广右副都御史白圭奏：广西獞贼流劫永州，攻破桃川、枇杷二千户所，永明、江华二县。"

还武昌。

或谓是巡亦勤劳盛事，不可无记。窃闻《周官》樿人诵王志道国之政事，以巡天下邦国而语之。两汉之时，或遣博士巡问鳏寡，或遣谒者赐二老帛，或遣博士录冤狱、赈流民。又专置绣衣、直指之使巡行天下，刺史有罪亦得奏问。君之使臣惟欲其宣上德，达下情。臣之受命，惟恐无以副君之意。国朝酌古为治，岁遣御史巡行郡邑，观风问俗，纠举奸贪，著为定典，则古帝王遣使之意也。若夫分遣大臣巡行，□则或十数岁而可，盖所以重其事也。尝考□先有言曰：王者遣使于四方，教以咨诹善道，将以广聪明也。夫臣欲助其君之德必求贤以自助，故臣能从善则可以善君矣，臣能听谏则可以谏君矣，未有不自治而能正君者矣。揆于今日意实相罔愧。琛愚陋不能奉君命以咨诹善道，实负圣天子委任，但公廉勤慎，为国为民，图报涓埃，亦或庶几有焉，是为记。

请复湖山神祭状

国朝　知府唐庸（《图经》卷七）

湖广岳州府，洪武三十年（1397）九月二十五日午时，奉湖广等处承宣布政使司札，付该承准礼部唐字四百八十三号勘合，内开一件祀神事，礼科抄出。岳州府知府唐庸等奏：照得顺济渊德侯庙坐落洞庭湖心君山，及孝感侯庙坐落南津港，并主宰洞庭湖，有龙王帝主。皆有褒封显号，春秋祭祀，系祀典该载之神。近年以来，其龙王古祠出自今君山，及金沙堆亦坐落洞庭湖心，只有君山、金沙堆俱有旧祠，崇奉香火。本朝封龙王为湖山之神，却祀祭于长沙府湘阴县之磊石。其渊德侯止有遗塑像，寄于君山寺龙王庙侧。其孝感妃、侯尝有旧祠，岁时俱无官祭祀。今照本府递年天旱，祈雨每自君山侯王等庙，祈祷感应。本府别无奉到明文封号各神，及春秋祭祀，前官失于举行废坠，岁久深为缺典。今将本府《岳阳志》所载及君山寺原存事迹开坐具奏，奉圣旨着礼部整理，钦此钦遵。抄出到部，于本部为祀典神祇事。籍册内查得原额定本府合祭岳州府城隍，巴陵县合祭君山之神及洞庭湖之神。君山之神注称系君山庙，在洞庭湖中，湘君祠也。《湘州记》云：秦王欲入湖观衡山而遇风浪，溺败至此山，而《记》亦因号"君山"。又《荆州图经》云：湘君所游，故曰"君"。宋元丰八年（1085）封渊德侯，崇宁三年（1104）赐庙额曰"顺济"。议得本神系是名山之灵，有功于民，灾（疑"定"之讹）应祀典，拟称"君山之神"。其洞庭湖之神注称系洞庭湖中，唐天祐二年（905）封利涉侯；晋天福二年（937）封灵济公。宋元祐二年（1087）赐庙额曰"安济"，元年（1086）封忠惠龙王。[①] 凡遇旱涝，祷之必应。议得本神系是大川之灵，禅（或"捍"）灾御患，宜（或"灾，应讹"）应祀典，拟称"洞庭湖之神"，令有司依时致祭。今照渊德侯即系原拟君山之神祇，及查得洪武二年（1369）钦奉诏书内凡岳镇海渎，并去其前代官封名号，止以山水本名称其神。历代忠臣烈士亦依当时初封实号，后世溢美之称皆与革去，钦此钦遵。今各庙已有前定称号，难以妄加。及秦孝感侯、妃尝有旧祠，岁俱无官致祭一节，随于《忠惠录·孝感庙记》（书今不存）内看得孝烈灵妃云系先秦罗氏子女，因父没于洞庭求尸不得，皆赴水死，其为（或"孝"）可嘉。然非御灾捍患有功于民，不应祀典，住（或"难"）以致祭。即有旧祠，宜从人（或"民"）间自行祭奉，仰本司转行岳州府照勘为是。君山之神及洞庭湖之神已行致祭，不须册（或"再"）祭，若果失行未曾致祭，就依开（或"例"）去神号，春秋致祭。其孝感侯、妃，许令民间祀祭通行，具由回报。奉此移付前事，拟合就行，文书到日，仰本府依上施行。奉此案照已经具奏，去后今奉前因拟合就行，文书到日，仰本县依上施行，具由回报须至帖者。

---

①此处先二年，再元年，时序颠倒，此"元年"是否为元祐之后某元年，或叙述失序，尚存疑。

修永济堤桥疏（原未署作者，应为成化后期至弘治初岳州知府李镜所撰）

伏以成桥梁于民未病涉之先，乃王政之一事；筑堤岸于人尝垫溺之处，岂时务之小端。切（通“窃”）见城陵矶直抵岳阳驿，地方连亘二十余里，南控岳阳之城，西瞰洞庭之险，使客商贾之毕至，三江五路之要冲。十（其?）间溪涧有白石桥、翟家桥之深流，冬寒莫渡；道路有青泥湾、翟家湖之低洼，夏潦难行。木梁虽创于前人，屡修屡圮；堤岸尝谋于仁者，未举未成。是以水涸则候渡者为难，辄自叹息；水涨则经行者匪便，不觉吁嗟。兹欲变朽木为石梁，用费不资；因丘陵为堤岸，工力难量。顾予僧道善人，乃敢举此善念，盟宗府卫谋□筮龟，然匪仗于大家，曷由成此大事？由是敬持小疏，遍谒高门，商贾士民祈共发济人之愿，王侯将相愿同垂利物之仁。钱发私藏，财分公帑。开口处毛先生（指布帛），但肯点头；题名时孔方兄（指钱币），便须到千。布帛或十匹廿匹，上至数十百匹，岂曰多乎？金银或廿钱或十钱，下至四三二钱，不为少也。恰如毯上除毫，莫吝万分之一，随来随受，便写便勾。凿石抡材，即时起手，鸠工命匠，刻日兴工。立事虽本人谋，成功实由天相。跨虹霓于虹背，惠何止于乘舆（谓春秋时子产以乘舆济人）；去淖泞就康庄，事岂惭于郑国（即郑国渠）？名昭金石，福被子孙，工不妄縻，财无浪费。谨疏。

永济堤图记

国朝　左春坊左赞善张元祯撰（《东白张先生文集》卷五，题《岳州永济堤图记》）

是维岳州府永济堤之图。堤在府北半舍地之城陵矶，绵亘白石、翟家二湖，湖口各有桥，跨白石口者名曰“广通”，跨翟家口者名与堤同，曰“永济”。亘（或“直”）永济桥北复有闸，亦与堤同名。堤以丈计，盈四千，为里一十有五。高低缘地势，高者七八尺，低者亦五六尺，上广可联车马以行。桥长各十丈，广二丈，高三丈。闸长如桥，广、高杀桥，广八尺，高（讹“广”）倍之。兹皆岳古未有，而今李侯文明之创筑者。城陵实［以］川、广、云、贵孔道，二湖当夏秋洞庭涨合，则茫无涯际，及冬春水涸，二湖口复泥淖深莫可测。公私往还艰阻于风涛垫溺，其苦万状。侯下车询民瘼首得之，乃大为兴筑，以底有成，有脱险厄于无穷如此。桥石皆伐之华容层山，夹堤［固］以柳二万余株。闸仿规运河，专以待涨合而舟无所泊。二桥中有邮亭，二闸北复有官属迎候之亭，曰“江湖（或“山”）胜览”。闸南表以石坊，大署其楣曰“永济之堤”。亭坊东西列屋十有六间，堤东西募民自筑室以居。桥南岁议租入，北则听民自占，以籍其力尝多也。兹役也，力以佣致，财不甚糜于帑藏，率侯倡以俸入而僚寀及兵民官属与士民商贾之

（本志以下缺页，下文据《东白张先生文集》补全；下篇《岳阳楼诗集序》前部亦阙）

乐助者。凡用石无虑数□□，松枋松榛无虑数千，凡为工二万八千。凡为日自成化甲辰（二十年，1484）秋至丙午（二十二年，1486）夏，阅一十七月。凡用银一万六千余两。亭坊列屋以居商取息，为继葺费。民并堤居，兹已数百，烟火相接成市。桥南租入岁积以备荒，民恃堤耕艺其内，兹渐成田累千亩。侯素负经济，创兹巨绩，不惟脱险厄，而虑深利博复有如是者。初议者谓层［山］迥隔洞庭，风波险恶，石难卒致，兼岳民不善担筑，堤难必成。侯筹画既，乃翌岁湖涨特甚于昔，运石舟得循陆乘风，不数月，数万石悉集。又江右土工岁乞佣于岳不下数百，适岳歉民无佣者，遂悉就侯佣，不二年堤竟成[①]。是盖若有默相乎其间者。蠲旷古未消之患，建后今无穷之惠，夫岂偶然。是图也，岳卫使刘缨、张

①以上文字与前面李镜撰《永济堤碑阴题名记》多有雷同。

环、刘泽泊千兵华勋辈绘之岳阳楼上，用昭侯绩，与岳阳洞庭同久。且冀嗣政者有观感焉，不至殆废，其用心亦仁矣。大抵而上民命率悬之，□降是民多自为命，抑天地无全功补而助之，待乎人焉。侯此举不足以悬民之命，而有补乎天地之缺也哉，于乎安得人人尽侯，安得人人尽侯。侯，吾江右弋阳人，名镜。起家进士，由秋官副郎擢守兹土。志大材高，天下事无难处者，表然一时名臣。兹特其绪余之□□□。

《岳阳楼诗集》序

宋　岳州知州滕宗谅（原书于此处缺页，据《图经》卷七和《全宋文》卷三九六补）

东南之国富山水，惟洞庭于江湖名最大，环占五都（或“湖”），均视八百里。据湖面势，惟巴陵最胜。濒岸风物，日有万态，虽渔樵云鸟，栖隐出没，同一光影，中惟岳阳楼最绝。古今才人巨公，登临寄傲，流欢（或“叹”）声藻，散在编简。或传诵于人口者，才不过一二，惟唐相张燕公（即张说）文字最著。询之耆旧，则曰：“楼得名，始命于公矣。”即指导往迹，参傅其说，皆略而不书。顷罹三国，兹实战冲，镇守者间有贤杰，非尚智力，则任

（以上据《图经》和《全宋文》补）

权衡（或“术”），[处]清境殆距炉炭，岂暇优游坐啸，摅发清蕴也（“也”或作“而已”）哉。六朝通三百三十七年，惟颜延年、阴子铿见于章句，余皆寂寥无闻。李唐恢宇，享祚甚宏远，岳去长安尤僻。在当时，名贤辈出，能至此者，率自迁谪而来，故所属篇，类多《离骚》叹惋之意。然于徘徊幽览（或“觉”），未尝出盈厌之语。噫！殊俗之移人也，果如是乎？天宝中苏源明刺东明，因石潴仿佛遐致，号“小洞庭”，芳晨（或“辰”）良夜以为留客宴喜之地。每冠盖盛集，酒（或“犹”）行[思怿]，苏必雅吟自放，四顾赓唱，雕词丽句，传讽不泯。粤自元和五年（810），令狐楚节制汶

上，相去方八十载，咨考故处，已茫然亡（或“无”）得矣。既叹而愤，乃引金石，以永好事之意。切寻古人之旷怀高韵（或“咏”），缅慕天末，写千里于一局之水，使彼时风月独异于他郡，所乐也犹如此。[又]后贤惜其遗音逸事，孜孜重显之，盖于赏情爱景之[心]无少负也。况仆忝幸于今，旦暮为湖山主，宁弗虑乎？一旦众作与桡栋同沦委，则后之议我者以谓何如？亦将恐风月仇人不浅矣！遂用崇新基址，编（或“遍”）索墙堵，间及本朝诸公歌诗古赋，纪以时代，次以岁月，不以官爵贵贱为升降，俾镌石置于南北二壁中，庶几他日有闻韶忘味君子知仆之志也。然历世寖远，必多遗难备，直以所存者笔之，如其删繁撷英，请俟来者焉。[时庆历六年（1046）七月十五日，尚书祠部员外郎、天章阁待制、知岳州军州事、南阳滕宗谅谨序。]

国朝　翰林院侍讲刘戬撰

岳阳楼据湖山之会，名称重天下，骚人墨客过而览者辄留题其上。盖自东晋以迄于今，千有余年，过而览者日益多，则留题其上者日益富。其编集以传，好事者实自宋滕子京守岳始，后之继滕者亦尝为之，然踵滕之旧，固滕之续集耳。成化癸卯（十九年，1483），尚书刑部员外郎弋阳李君文明来守是郡，彰善瘅恶，聚民之欲而去其厉，既五载郡无遗事，乃谋及于此。以为古今诗各有体，必以类相从，然后便于观览。且古《诗》三百篇，国风、雅、颂亦各自为类，不拘时世。遂取旧编，增其所未录而类次之。各类乃以时世为先后，不加去取，俾览者自择工拙。既成，质正于湖藩少参东吴王君元勋。将梓行，适考绩来京师，以首序属予。予惟山川名胜自开辟以来即有之，然必因人而后有闻于天下。予尝奉使外国，道郁林宾邕，循左右两江下浔藤以达南海。其间山川秀丽，奇怪万状，皆中州所无。而贤士君子足迹未及，遂泯没无闻。盖问其土人，已不知其名称，况天下乎？然所谓人者非功业则词章，功业足以为名胜增重，而词章实腾扬而光大之，斯二者固山川之所恃以有闻也。晋羊祜登岘山喟然兴叹，而岘山之胜卒以祜之功业闻天下。唐柳宗元谪柳、永，一丘一壑一水一石皆经品题，使柳、永之丘壑水石非宗元之词章则土人不知其名称者，宜亦多矣！岳阳固号名胜，然晋、宋以前载籍可稽，固未尝昭昭然于天下如后世也。自有陶侃、柳公绰诸先辈之功业，而加之以李、杜、范、欧数君子之词章始传播人口①，如皆至而目击之。盖名胜之有待于人如此。李君功业媲美古人，复谋所以腾扬而光大之。则宗元所谓山若增而高，水若辟而广，楼不待饰而加焕然者②。其有补于名胜，岂小小哉！且是若无与于治，然可以知李君之才优而政举也。才优则多逸暇，政举则有余功，不然则区区期会、簿书间日亦不足矣。观是编者宜于此求焉。是为序。

题咏志

潇湘夜雨

宋　刘学箕：移艘系湾浦，倾蓬声更豪。谩起湘妃恨，长歌灵均骚。晚汐张何许，微茫泛江皋。

张经③：终夜雨潇潇，闷杀孤舟客。滴滴打蓬声，错讶灵

---

①李、杜、范、欧分别为李白、杜甫、范仲淹、欧阳修。

②《柳河东集》卷二七《潭州东池戴氏堂记》原文："则山若增而高，水若辟而广，堂不待饰而已奂矣。"

③刘学箕、张经分别咏潇湘八景诗，本志系二人于宋代，《全宋诗》中也均有载录，刘学箕诗见第 53 册第 32936 页，题《赋祝次仲八景》；张经诗见第 10 册第 6803 页，题《潇湘八景诗》。刘学箕为南宋著名旅行家，有《方是闲居士小稿》传世，其年代应无疑义。然而张经在宋、元、明都有同姓名者，《全宋诗》中所传张经无疑是宋代的张经，然而《潇湘八景诗》并不一定是此张经所作。《全元诗》中也录有此八景诗，并在另一首诗《岳阳楼》的短引中自称曾于至元间两过岳阳，写下许多诗篇，《岳阳楼集》应该是此张经的诗集。而《全宋诗》极有可能将宋代的张经与明代张经的诗作进行了无缝对接（参见后文张经诗注）。

妃瑟。

洞庭秋月

刘学箕：木落露君山，空明夜气浮。冰轮揩鉴净，皓彩洋波流。烟（或“空”）外数声笛，孤吟人倚楼。

张经：秋夜净无云，嫦娥展孤镜。灏气浸澄波，荡漾光还定。

远浦归帆

刘学箕：归鹭林边白，落霞天际明。蒲帆载风急，征棹逐（讹作“遂”）鸥轻。稚子候江浒，安（或“遥”）闻嬉笑声。

张经：极浦一帆回，招招近岸开。倚船试相问，莫是故乡来。

平沙落雁

刘学箕：水落洲渚阔，天寒风雪微。同云序上下（或“自云排序下”），聚翮与淳（或“沙”）依。饥（讹作“几”）啄芦苇根，何时稻粱肥。

张经：唤侣下寒［汀］，争宿芦花萼。夜半渔翁过，惊起还飞落。

烟寺晚钟

刘学箕：钟声烟际来，佛屋栖云端。回飞（或“飙”）度崖谷，疏韵出林峦（“峦”讹作“蛮”）。东岫上明月，归僧濯清湍。

张经：野寺烟初暝（或“野烟寺初暝”），僧添宝篆香。鲸音送残照，敲落楚天霜。

渔村夕照

刘学箕：轻蓑着篷背，日暮渔者还。新月映（或“印”）残（或“浅”）水，夕阳生乱山。谁歌采菱（讹作“禾凌”）词，隐隐过前湾。

张经：日落大江头，之（或“返”）照江村里。独有羡渔翁，垂纶收（讹作“改”）不起。

山市晴岚

刘学箕：箕（或“贸”）易足鱼米，相逢话桑麻。村墟人蚁纷，日夕山气佳。酒贱醉瓷瓯，渔樵自生涯。

张经：茅居（或“屋”）开山脚，岚光映日光。行人淳（或“消”）野兴，个个醉壶觞（讹作“荡”）。

江天暮雪

刘学箕：云凝天四合，蜜（或“密”）雪洒石硅（或“矼”）。野渡灭行迹，岸沙横孤艭。谁怜鹤发翁，披蓑（讹作“按里”）钓寒江。

张经：江上雪纷纷，风寒天已暮。中有泛舟［人］，兴尽迷（讹作“述”）归［路］。

君山诗

唐　张说（《全唐诗》第2册第969页，题《游洞庭湖》）

平湖晓望分，仙峤气氛氲。鼓枻乘清渚，寻峰弄白云。江寒天一色，月（或“日”）静水重纹。树坐参猿啸，沙行入鹭群。缘源斑筱密，逗（或“胃”）径绿萝纷。洞穴传虚应，遥林觉自熏。双童有灵药，愿取献明君。

李白（《全唐诗》第3册第1834页，题《陪侍郎叔游洞庭醉后三首》，此其一）

刬却君山好，平铺湘水流。巴陵无限酒，醉杀洞庭秋。

李白（《全唐诗》第3册第1835页，题《陪族叔刑部侍郎晔及中书贾舍人至游洞庭五首》，此其一）

帝子潇湘去不还，空余秋草洞庭间。淡扫蛾眉（或“明湖”）开玉镜，丹青画出是君山。

杜甫（《全唐诗》第4册第2565页，题《湘夫人祠》）

肃肃湘妃庙，空墙碧水春。虫书玉佩藓，燕舞碧帷尘。晚泊登汀树，微馨借渚苹。苍梧恨不浅（或“尽”），染泪在丛筠。

杜甫（《全唐诗》第4册第2566页，题《祠南夕望》）

百丈牵江色，孤舟泛日斜。兴来犹杖履（或“屦”），目断更云沙。山鬼迷春竹，湘娥倚暮花。湖南清绝地，万古一长嗟。

刘长卿（《全唐诗》第3册第1517页，题《湘中纪行十首·湘妃庙》）

荒祠古木暗，寂寂此江濆。未作湖南雨，知为何处云。苔痕断珠履，草色带罗裙。莫唱迎仙曲，空山不可闻。

钱起（《全唐诗》第4册第2644页，题《省试湘灵鼓瑟》）

善鼓云和瑟，常闻帝子灵。冯夷空自舞，楚客不堪听。苦调凄金石，清香入杳冥。苍梧来怨慕，白芷动芳馨。流水传湘浦，悲风过洞庭。曲终人不见，江上数峰青。

陈季（《全唐诗》第3册第2134页，题《湘灵鼓瑟》）

神女泛瑶琴（或“瑟”），古祠严野亭。楚云来泱漭，湘水助清泠。妙指微幽契，繁声入杳冥。一弹新月白，数曲暮山青。调苦荆人怨，时遥帝子灵。遗音如可赏，试奏为君听。

庄若讷（原无作者名，《全唐诗》第3册第2135页署为庄若讷，题《湘灵鼓瑟》）

帝子鸣金瑟，余音自抑扬。悲风丝上断，流水曲中长。出没游鱼听，逶迤彩凤翔。微音时扣徵，雅韵乍含商。神理诚难测，幽情不（或“讵”）可忘（或“量”）。至今闻古调，应恨滞三湘。

刘禹锡（《全唐诗》第6册第4142页，题《望洞庭》；明景泰《寰宇通志》卷五四）

湖光秋色（或“月”）两相和，潭面无风镜乍（或“未”）磨。遥望洞庭山水色（或“拥翠”），白银盘里一青螺。

郎士元（《全唐诗》第4册第2780页，题《湘夫人二首》）

其一：蛾眉对湘水，遥哭苍梧山。万乘既已没（或“殁”），孤舟谁忍还。至今楚山上，犹有泪痕斑。

其二：南望涔阳路，渺渺多新愁。桂酒神降时，回风江上秋。彩云忽无处，碧水空安流。

李贺（《全唐诗》第6册第4413页，题《湘妃》）

筠竹千年老不死，长伴秦蛾（或“娥”）盖湘水。蛮娘吟弄满寒空，九山静绿泪花红。离鸾别凤烟梧中，巫云蜀雨遥相通。幽愁秋气上青枫，凉夜波间吟古龙。

雍陶（《全唐诗》第8册第5962页，题《题君山》，一作《洞庭诗》）

风波不动影沉沉，翠色全微碧色深。应是水仙梳洗罢（或“处”），一螺青黛镜中心。

李群玉（《全唐诗》第9册第6629页，题《湖中古愁三首》，此其一）

南云哭重华，水死悲二女。天边九点黛，白骨遗（或“迷”）处所。朦胧波上瑟，清夜降北渚。万古一双魂，飘飘在烟雨。

（下首诗未署名，《全唐诗》第12册第9839页题《湘妃诗四首》，或作《女仙题湘妃庙诗》，无作者。此其中一首。）

少将风月怨平湖，见尽扶桑水到枯。相约杏花坛上去，画栏（或“阑”）红紫（或“子”）斗樗蒲。

贾至（《全唐诗》第4册第2594页，题《君山》。作者原署高骈）

湘中老人读黄老，手援紫藟坐碧草。春至不知湘（或“湖”）水深，日暮忘却巴陵道。

高骈（《全唐诗》第9册第6974页，题《湘妃庙》）

帝舜南巡去不还，二妃幽怨水云间。当时珠泪知（或“垂”）多少，直到于今竹尚斑。

孟郊（《全唐诗》第1册第291页，题《琴曲歌辞·湘妃怨》）

南巡竟不还（或“返”），二妃怨逾积。万里丧蛾眉，潇湘水空碧。冥冥荒山下，古庙收真（或“贞”）魂（或“魄”）。乔木深青春，清光满瑶席。搴芳徒自（或“有”）荐，灵意殊脉脉。玉佩不可亲，徘徊（或“裴回”）烟波夕。

陈羽（《全唐诗》第6册第3899页，题《湘妃怨》）

舜欲省蛮陬，南巡非逸游。九山沉白日，二女泣沧洲。目极楚云断，恨深（或“连”）湘水流。至今闻鼓瑟，咽绝不胜愁。

曹邺（《全唐诗》第9册第6928页，题《旅次岳阳寄京中亲故》）

君山南面浪连天，一客愁心两处悬。身逐片帆归楚泽，魂随流水向秦川。月回浦北千寻雪，树出湖东几点烟。更欲登楼向西望，北风摧（或“催”）上洞庭船。

方干（或程贺）（下诗作者《全唐诗》第10册第7558页署方干，题《题君山》；《全唐诗》第10册第7698页及明景泰《寰宇通志》卷五四均署程贺，题《君山》；本志署宋黄鲁直，但《全宋诗》中无此诗，《山谷集》中亦无此诗。）

曾于（或“游”）方外见麻姑，闻说（或“说道”）君山自古（或“此本”）无。元（或“云”）是昆仑山顶（或“上”）石，海风吹落洞庭湖。

宋　陈与义（《全宋诗》第31册第19526页，题《过君山不获登览》）

我梦君山好，万里来南州。青眉横玉镜，色照城中楼。胜日空倚眺，经年未成游。今朝过山下，贼急不敢留。嵌空浪吞吐，荟蔚风飕飕。龙吟杂虎啸，九夏含三秋。了与遥赏异，况乃行岩幽。蚍蜉何当扫，延伫回我舟。掷去九节筇，褰裳走林丘。会逢湘君降，翠气衣上浮。山椒望苍梧，寄恨舒冥搜。

元　贯云石（《全元诗》第33册第307页，题《君山行》；明景泰《寰宇通志》卷五四）

北溟鱼背几千里，负我大梦游弱水。蓬莱隔眼不盈拳，碧落香销吹不起。茜红（或“裙”）女儿（或“儿女”）怀远游（或“怨复忧”），游（或“远”）人不来（或“归”、“回”）明月羞。宝钗绾髻翠欲流，风鬟十二照暮秋。女娲炼石补天手，手拙石开露天丑。琼楼玉宇亦人间，直指示君君见否。斯须（或“须臾”）鱼去梦亦还，白云邀（或“与”、“共”）我游君山。

许有壬（《全元诗》第34册第251页，题《游君山岳州经历善原道学正潘彦宾黄文复刘光远同行》）

蓬莱瀛海飞渡难，世人可闻不可攀。水环千里萃万景，天下奇观（或“绝”）惟君山。湘君南去九疑（或“嶷”）远，泪洒修竹留余斑。祖龙肆毒赭不尽，终天有恨埋烟鬟。长松豫章郁老翠，弥岩披壑纷班班（或“攒列岩壑为禅关”）。[梵宫蟠踞肇典午，烟霞金碧争孱颜。] 三湘昼夜助勺水，两湖今古浮连环。霜空木落快神（或“一”）览，坤倪轩豁呈天悭。只疑六合总是水，水外不复知尘寰。[沧波白鸟入灭没，斜阳孤鹤才飞还。] 洞庭龙祠飘渺见，蜃楼千尺推（或“摇”）青殷。长风有时驾巨浪，掀簸百怪愁神奸。操舟之人胆欲落，回头却羡山人间。嗟余夙愿今始遂（或“惬”），扪萝拾级宁辞艰。要穷胜览（或“事”）更继晷，列炬宿鸟从惊翻（或“翾”）。禅房深处借一宿（或“榻”），清梦已涤三生顽。相从四子尽儒雅，词源万斛倾潺湲。雅（或“飞”）吟亭中酒未醒，岳阳楼上诗方删。片帆笑谈又到此，淋漓宫锦倒白纶。五城回首（或“携手”）飞佩去，九霄清响留（或“流”）人间。

又（《全元诗》第 34 册第 361 页，题《君山阻风》）

两日肩舆意（或“兴”）未阑，孤舟流（或“留”）滞亦成欢。洲添沙出寺逾远，风转（或“卷”）水回（或“面”）湖欲干。醅蚁绿浮春破腊，烛花红落夜惊寒。天将增饰君山景，要我明朝雪里看。

又（《全元诗》第 34 册第 362 页，题《喜雪》）

阴风剪（或“翦”）水夜霏霏，似爱游人不遣归。山学湘君为缟素，霰疑渊客献珠玑。花开万木春难画，云压重湖冻不飞。冰（或“水”）玉光中棹歌起，此行奇观百年稀。

欧阳玄（《全元诗》阙录，《图经》卷七题《君山》）

女娲抟土掷虚空，山距湖心面势雄。一画牺图（或“羲文”）天地骨，九江鲸观鬼神功。裾飘仙（或“帝”）子苍茫外，乐奏钧天澒洞中。可惜当年洙泗客，观澜不到楚诸熊。

虞伯生（虞伯生即虞集，该诗《全元诗》阙录）

八百湖山海样宽，仙风便拟挟风翰。乾坤浩荡三千界，日月低回十二阑。橘井书间青嶂晓，鼎湖龙去白云寒。上人乞我安心法，不啻流年似弹丸。

何英（《全元诗》第 66 册第 66 页，题《君山》）

洞庭湖上有君山，寺在山头竹树间。窗外日从波底出，船中僧自岳阳还。沙分玉屑浪痕白，雨打莓苔石缝斑。世上几人能到此，水云缭绕隔尘寰。

于钦止（《全元诗》第 66 册第 70 页，题《湘君庙》）

重华南幸怨湘娥，此事当时果若何？云结晓山愁不尽，雨垂寒竹泪还多。庙经秦火仍焦土，门枕湘流任白波。宝瑟声沉人寂寂，是非千古听渔歌。

国朝　黄宗载

为爱湖心耸一山，暂停使节共跻攀。尘寰杳隔同天上，地位清高异世间。海涌潮普扬梵呗，壁摇云影动风旛。老僧识我重来客，野簌山肴当午飧。

吴琛（《图经》卷七，题《君山》）

湖光潋滟迥无边，拥出青螺只一拳。草树影摇波底月，楼台势压水中天。三秋铁笛来黄鹤，午夜云帆过尽船。公暇登临翘首处（或“公暇直登高处望”），分明砥柱镇湘川。

薛纲

湖上看山望未真，登山方见翠嶙峋。对城相去无多路，破浪能来有几人？镜里楼台千古寺，鸥边花木四时春。兴阑又复登舟去，回首烟萝隔世尘。

沈钟（《图经》卷七，题《君山寺》）

有此乾坤有此湖，此湖可使此山无。波心荡浴尘全净，鳌背支撑势自孤。天造何曾施斧凿，我来真是泛蓬壶。十分眼界增轩豁，不愧人间作丈夫。

柳应辰

一度来游隔数年，何须成醉始陶然。蓬山笑我迷归路，桃水凭谁问夙缘。义重徐陈非一榻，名齐李郭是同船。云中贯听神仙笛，不羡柯亭旧竹椽。

又：湘祠托守误当年，香火偏于佛寺然。山若一乌池上立，僧如群蚁磨中缘。壶觞可入陶潜社，书画应随米芾船。高价此中惟古木，大堪梁栋小堪椽。

庞璁

君山秋色自年年，九日登高兴浩然。泪点竹斑思往事，书传橘井信前缘。灯残客散棋收局，夜迴江空月满船。醉后欲眠禅榻稳，不嫌凉露透疏椽。

闫铭

登高落帽忆当年，今日风流尚宛然。胜地跻攀仍缓步，醉乡邂逅且随缘。奕逢得意轻敲子，游到忘言谩放船。薄暮风飕犹未息，不妨移榻就前椽。

洞庭湖诗

唐　杜审言（《全唐诗》第2册第737页，题《渡湘江》）

迟日园林悲昔游，今春花鸟作边愁。独怜京国人南窜，不似湘江水北流。

宋之问（《全唐诗》第1册第624页，题《洞庭湖》）

地尽天水合，朝及洞庭湖。初日当中涌，莫辨东西隅。晶耀目何在？滢荧心欲无。灵光海若晏，游气耿人吴。张乐轩皇至，征苗夏禹徂。楚臣悲落叶，尧女泣苍梧。野积九江润，山通五岳图。风恬鱼自跃，云夕雁相呼。独此临泛漾，浩将人代殊。永言洗氛浊，卒岁为清娱。要使功成退，徒劳越大夫。

张说（《全唐诗》第2册第968页，题《岳州九日宴道观西阁》）

摇落长年叹，蹉跎远宦心。北风嘶代马，南浦宿阴（或“阳”）禽。佳此黄花酌，酣余白首吟。凉云霾楚望，蒙雨蔽前（或“荆”）岑。登眺思清景，谁将卷（或“眷”）浊阴。钓歌出江雾，樵唱入山林。鱼为佳名采，木为美材侵。大道由中悟，逍遥匪外寻。参佐多君子，词华妙赏音。淹留洞庭观，望古意何深。

张九龄（《全唐诗》第1册第592页，题《初入湘中有喜》）

征鞍穷郢露（或“路”），归棹入湘流。望鸟唯贪疾，闻猿亦罢愁。两边枫作岸，数处橘为洲。却记从来忆（或“意”），翻疑梦里游。

孟浩然（《全唐诗》第3册第1638页，题《望洞庭湖，赠张丞相》，一作《临

洞庭》)

八月湖水平，涵虚混太清。气蒸云梦泽，波撼岳阳城。欲济无舟楫，端居耻圣明。坐观垂钓者，空有羡鱼情。

李白（《全唐诗》第3册第1834页，题《陪侍郎叔游洞庭醉后三首》，此其中二首）

其一：今日竹林宴，我家贤侍郎。三杯容小阮，醉后发清狂。

其二：船上齐桡乐，湖心泛月归。白鸥闲不去，争拂酒筵飞。

李白（《全唐诗》第3册第1835页，题《陪族叔刑部侍郎晔及中书贾舍人至游洞庭五首》，此其中二首）

其一：洞庭西望楚江分，水尽南天不见云。日落长沙秋色远，不知何处吊湘君。

其二：洞庭湖西秋月辉，潇湘江北早鸿飞。醉客满船歌白苎，不知霜露入秋衣。

李白（《全唐诗》第3册第1835页，题《夜泛洞庭寻裴侍御清酌》）

日晚湘水绿，孤舟无端倪。明湖涨秋月，独泛巴陵西。遇（或“过”）憩裴逸人，岩居陵丹梯。抱琴出深竹，为我弹鹍鸡。曲尽酒亦倾，北窗醉如泥。人生且行乐，何必组与珪。

王昌龄（《全唐诗》第2册第1428页，题《巴陵别刘处士》）

刘生隐岳阳，心远洞庭水。偃帆入山郭，一宿楚云里。竹映秋馆深，月寒江风起。烟波桂阳接，日夕数千里。袅袅清夜猿，孤舟坐如此。湘中有来雁，雨雪候音旨。

丘为（《全唐诗》第2册第1318页，题《湖中寄王侍御》）

日日湖水上，好登湖上楼。终年不向郭，过午始梳头。尝亦爱杯酒，得无相献酬。小僮能脍鲤，少妾事莲舟。每有南海（或“浦”）信，仍期后月游。方春转摇荡，孤屿时淹留。骢马真傲吏，翛然无所求。晨趋玉阶下，心许沧江流。少别如昨日，何言经数秋。应知方外事，独往非悠悠。

贾至（《全唐诗》第4册第2588页，题《巴陵早秋寄荆州崔司马吏部阎功曹舍

人》)

谪居潇湘渚，再见洞庭秋。极目连江汉，西南浸斗牛。滔滔荡云梦，澹澹摇巴丘。旷如临渤海（或“澥”），窅疑造瀛洲。君山丽中波，苍翠长夜浮。帝子去永久，楚词尚悲愁（或“秋”）。我同长沙行，时事加百忧。登高望旧国，胡马满东周。宛叶遍蓬蒿，樊邓无良畴。独攀青枫树，泪洒沧江流。故人西掖寮，同扈岐阳搜。差池尽三黜，蹭蹬各南州。相去虽地近，不得从之游。耿耿云阳台，迢迢王粲楼。跂予暮霞里，谁谓无轻舟。

杜甫（《全唐诗》第4册第2578页，题《舟泛洞庭》，一作《过洞庭湖》）

蛟（或“鲛”）室围青草，龙堆隐白沙。护堤盘古木，迎棹舞神鸦。破浪南风正，回樯畏日斜。湖光与天远（或“云山千万叠”），直欲泛灵槎（或“底处上仙槎”）。

杜甫（《全唐诗》第4册第2565页，题《宿青草湖》）

洞庭犹在目，青草续为名。宿桨依农事，邮签报水程。寒冰争倚薄，云月递微明。湖雁双双起，人来故北征。

杜甫（《全唐诗》第4册第2565页，题《宿白沙驿》）

水宿仍余照，人烟复此亭。驿边沙旧白，湖外草新青。万象皆春气，孤槎自客星。随波无限月，的的近南溟。

张谓（或严维）（此诗《全唐诗》中凡两见，张谓见第3册第2024页，题为《同王征君湘中有怀》；另一作者严维同题诗见第4册第2915页）

八月洞庭秋，潇湘水北流。还家万里梦，为客五更愁。不用开书帙，偏宜上酒楼。故人京洛旧（或“满”），何日复同游。

刘长卿（《全唐诗》第3册第1492页，题《岳阳馆中望洞庭湖》）

万古巴丘戍，平湖此望长。问人何淼淼，愁暮更苍苍。叠浪浮元气，中流没太阳。孤舟有归客，早晚达潇湘。

刘长卿（《全唐诗》第3册第1532页，题《初至洞庭怀灞陵别业》）

长安邈千里，日夕怀双阙。已是洞庭人，犹看灞陵月。谁堪去乡意，亲戚想天末。昨夜梦中归，烟波觉来阔。江皋见芳草，孤客心欲绝。岂讶青春来，但伤经时别。长天不可望，鸟与浮云没。

郎士元（《全唐诗》第 4 册第 2784 页，题《夜泊湘江》）

湘山木落洞庭波，湘水连云秋雁多。寂寞舟中人借问，月明只自听渔歌。

顾况（《全唐诗》第 4 册第 2961 页，题《湖中》，一作《洞庭秋日》）

青草湖边日色低，黄茆瘴（或“茅嶂”）里鹧鸪啼。丈人（或“夫”）飘荡今如此，一曲长歌楚水西。

武元衡（《全唐诗》第 5 册第 3571 页，题《鄂渚送友》）

云帆渺渺（或“淼淼”）巴陵渡，烟树苍苍故郢城。江上梅花无数发，送君南浦不胜情。

柳宗元（《全唐诗》第 6 册第 3946 页，题《再上湘江》）

好在湘江水，今朝又上来。不知从此去，更遣几年回。

韩愈（《全唐诗》第 5 册第 3796 页，题《洞庭湖阻风赠张十一署》）

十月阴风（或“气”）盛，北风无休时（或“时休”）。苍茫洞庭野（或“岸”），与子相维舟（或“维双舟”）。雾雨晦争泄，波涛怒相投。犬鸡断四听，粮绝谁与谋。相去不容步，险如碍山丘。清谈可以饱，梦想接无由。男女喧左右，啼饥（或“饥啼”）但啾啾。非怀北归兴，何用胜羁愁。云外有白日，寒光自悠悠。能令暂开霁，过是吾无求。

张祜（《全唐诗》第 8 册第 5845 页，题《洞庭南馆》）

一径逗霜林，朱阑（或“栏”）绕碧岑。地盘云梦角，山镇洞庭心。树白看风起，沙红见日沉。还因此悲屈，惆怅又行吟。

朱庆余（《全唐诗》第 8 册第 5929 页，题《过洞庭》）

帆挂狂风起，茫茫既往时。波涛如未息，舟楫亦堪疑。远（或“旅”）雁投孤岛，长天下四维。前程有平处，谁敢与心期。

周贺（《全唐诗》第 8 册第 5774 页，题《秋宿洞庭》）

洞庭初叶下，旅客不胜愁。明月天涯夜，青山江上秋。一官成白首，万里寄沧洲。只被浮名系，宁无愧海鸥。

许棠（《全唐诗》第9册第7021页，题《过洞庭湖》）

惊波常不定，半日鬓堪斑。四顾疑无地，中流忽有山。鸟飞应畏堕，帆远却如闲。渔父时相引，行歌浩渺间。

马戴（《全唐诗》第9册第6488页，题《夜下湘中》）

洞庭人夜别，孤棹下湘中。露洗寒山遍，波摇楚月空。密林飞暗狖，广泽发鸣鸿。行值扬帆者，江分又不同。

于武陵（《全唐诗》第9册第6948页，题《客中》）

楚人歌竹枝，游子泪沾衣。异国久为客，寒宵频梦归。一封书未返，千树叶皆飞。南渡洞庭水，更应消息稀。

张泌（或许棠）（此诗《全唐诗》中凡两见，张泌见第11册第8536页，题《洞庭阻风》；另一作者许棠见第9册第7046页，题《洞庭湖》）

空江浩荡景萧然，尽日菰蒲泊钓船。青草浪高三月渡，绿扬花扑一溪烟。情多莫举伤春目，愁极兼无买酒钱。犹有渔人数家住，不成村落夕阳边。

张泌（《全唐诗》第11册第8537页，题《秋晚过洞庭》）

征帆高挂酒初酣，暮景离情两不堪。千里晚霞云梦北，一洲霜橘洞庭南。溪风送雨过秋寺，涧石惊泉（或"龙"）落夜潭。莫把羁魂吊湘魄，九疑愁绝锁烟岚。

谭用之（《全唐诗》第11册第8760页，题《秋宿湘江遇雨》）

江上阴云锁梦魂，江边深夜舞刘昆（或"琨"）。秋风万里芙蓉国，暮雨千家薜荔村。乡思不堪悲橘柚，旅游谁肯重王孙。渔人相见不相问，长笛一声归岛门。

宋　吕蒙正（《全宋诗》第1册第517页，题《岳阳楼望洞庭》）

八月寒涛溅碧空，片帆悠飏逐（或"信"）秋风。探珠直待骊龙睡，莫遣迷津浩渺中。

欧阳修（《全宋诗》第6册第3739页，题《岳阳楼望洞庭》）

卧闻岳阳城里钟，系舟岳阳城下树。正见空江明月来，云水苍苍（或“茫”）失江路。夜深江月弄清辉，水上人歌月下归。一阕声长听不尽，轻舟短楫去如飞。

赵抃（《全宋诗》第6册第4164页，题《泊巴陵闻晓角》。原作“赵汴”，《全宋诗》、《宋史》、《东坡集》及《清献集》诸书均作赵抃。）

五更钟后斗沉杓，画角三番塞角调。青草湖平无俗籁，岳阳楼迥有寒飚。酒肠唤醒维舟静，梦眼惊回去国遥。我爱清余起倾耳，欲吟情思已飘飘。

黄鲁直（《全宋诗》第17册第11438页，题《过洞庭青草湖》）

乙丑过（或“越”）洞庭，丙寅渡青草。似为神所怜，雪上霜（或“日”）杲杲。我虽贫至骨，犹胜杜陵老。忆昔上岳阳，一饭从人讨。行矣勿迟留，旧（或“蕉”）林近（或“追”）獦獠。

陈与义（《全宋诗》第31册第19537页，题《晚晴野望》）

洞庭微雨后，凉气入纶巾。水底归云乱，芦丛（或“蘩”）返照新。遥汀横薄暮，独鸟度长津。兵甲无归日，江湖送老身。悠悠只倚杖，悄悄自伤神。天意苍茫里，村醪亦醉人。

周尹潜（《全宋诗》第31册第19587页，周莘，字尹潜，题《野泊对月有感》）

可怜江月乱中明，应识逋逃病客情。斗柄阑干洞庭野，角声凄切岳阳城。酒添客泪愁仍溅，浪转（或“卷”）归心暗自惊。欲问行朝近消息，眼中盗贼（或“群盗”）尚纵横。

宋（讹作“元”） 刘子澄（《全宋诗》卷二四七八系于刘清之，题《洞庭湖》）①

天孙岁晚会湘灵，倒泻银河合洞庭。上下天光唯一白，中间山色不多青。荆潭万里收尘滓，宇宙连宵失晦明。莫道人间少仙境，诗魂酒魄一时醒。

元 李炎子②（《全元诗》第66册第64页，题《君山》）

杨柳青青绕荻门，维舟来访洞庭君。水光相映八百里，秋意剩添三五分。破晓雁声呼出日，拍天龙气吐成云。直为太史公游处，把此江山助此文。

元 朱成章（《全元诗》第66册第71页，题《游洞庭湖》）

鲛室无尘夜不关，展开晓镜照风鬟。宛然八百水云际，不是寻常天地间。石洞酒香春色好，鼎湖龙去乐声闲。琪花瑶草皆堪拾，何必蓬莱海上山。

---

①刘子澄为南宋时人，这里讹为“元”，并且连带以下一系列人名的系年混乱。南宋时有两个刘子澄，而且都中进士，都曾为稗官，也均稍具文名。其一：刘子澄，字清叔，太和（今江西泰和）人。宁宗嘉定十三年（1220）进士。曾为澧阳县尉，知枣阳。除军器监簿，兼淮西安抚司参议官。理宗端平元年（1234），坐唐州兵败谪居封州（今广东新兴县东南）。淳祐六年（1246），始北归，后隐居庐山。有《玉渊吟稿》，已佚。南宋晚期钱塘书商陈起编《江湖后集》中辑有其诗一卷。《全宋诗》、《全宋文》中刘子澄与湘鄂西一带相关的诗文有：《澧州群贤堂记》、《游石门县层山流杯亭观卓锡泉》、《读书台》、《武陵别任年魁》、《蒙泉行呈张敬父》、《江陵逢黄虚舟》、《过洞庭》等。其二：即此诗的作者，《全宋诗》中署为刘清之，传曰：“刘清之（1134—1190），字子澄，学者称镜春先生。临江军新喻（今江西新余）人（明隆庆《临江府志》卷十二），靖之弟。高宗绍兴二十七年（1157）进士，历知建德、宜黄县。孝宗召对，改太常主簿，通判鄂州，改知衡州。淳熙十四年（1187），以言者论罢（《宋会要辑稿》职官七二之四八）。光宗即位，起知袁州，未赴而卒，年五十七。”（《全宋诗》第46册第28727页）。《全宋诗》将两人分列，因实非一人，两人都是南宋时人，刘清之处南宋前期，刘子澄处南宋后期。前者“子澄”为其名，后者“子澄”为其字。这里“刘子澄”人名不算错，但时代非元，而为宋。

②李炎子承前为“元”人，而《图经》卷七录此诗将李炎子系于宋代。但《全宋诗》中未录此诗。《全元诗》录自明梅淳辑《岳阳纪胜汇编》，作元人，谓“生平不详”。李炎子究系宋人还是元人，尚存疑。

元　孔庭植[①]（《全元诗》第66册第72页，题《游洞庭湖》）

万顷湖光出翠微，彤云斜醮碧琉璃。乾坤混沌浮元气，楼阁阴晴幻四时。柳井云（或“龙”）归岩雨［溟］，湘山树暗（或“木落”）蒲云移。何时再共飞仙过，为借空中铁笛吹。

山拥青螺水自环，分明蓬岛在人间。寒波涌月潜蛟舞，老木蟠空独鹤还。黄帝钧天闻碧落，梵王金刹隔尘寰。我来唤起湘妃恨，冉冉云烟泪竹斑。

宋　甄良（或“龙”）友[②]（分别见于《全宋诗》第38册第24030页和《全元诗》第66册第253页，均题为《岳阳楼望洞庭》）

风定空澄气浑然，恍如太极未分前。只因有浪知为水，若遇无云总是天。旧说君山张帝乐，新闻（或“同”）老木识飞仙。而今大洞黄庭客，又着题诗记岁年。

元　李应（讹“迎”）春[③]（《全元诗》第8册第398页，作者署“李应春”，题《君山》）

洞庭浩渺九州间，谁向中央著此山？娲氏补天遗炼石，湘娥蘸水撩（或“掠”）云鬟。烟开绿树鸟声乐，水隔红尘僧梦闲。想象高唐（或“堂”）难著语，杖藜终待叩禅关。

---

①孔庭植亦承前为“元”人，而《图经》卷七系孔庭植于宋代。《全宋诗》未录。《全元诗》录自明胥文相《洞庭君山诗集》，亦作元人，“生平不详”。孔庭植所处年代亦存疑。

②甄良友承前为“元”人，但《全宋诗》中录有此诗。作者简介称：“甄龙友，后改良友，字云卿，永嘉（今浙江温州）人，迁居乐清（今属浙江）。高宗绍兴二十四年（1154）进士。官国子监簿。事见清光绪《乐清县志》卷八。”而所录甄良友八首诗中更有一篇《谢康侍郎送米》为采录自元人陈世隆辑《宋诗拾遗》，因而甄良友应非元人。《全元诗》录自明胥文相《洞庭君山诗集》，亦作元人，“字、里不详”。如此看来胥文相及本志、《全元诗》均误。

③李迎春承前为“元”人，而《图经》卷七录此诗系于宋代。但《全宋诗》未录。《全元诗》采录自清人编《元诗选癸集》之乙集，谓“李应春，至元间，官岳州路总管。”隆庆《府志》卷三中至元间总管便有“李应春”。如此，李应春应为元人，而“李迎春”亦误。

唐　李频[①]（《全唐诗》第9册第6864页，原题为《湘口送友人》）

中流欲暮见湘烟，苇岸无穷接楚天（或“田”）。去雁远冲云梦雪（或“泽”），离人独上洞庭船。风波尽日依山转，星汉通霄向水连。零落梅花过残腊，故园归去又（或“醉及”）新年。

裴说（或系于方干，或系于鞠志元）[②]

楚云囿（或“团”、“围”）翠八百里，澧兰吹香堕春水。白头渔子摇苍烟，鸂鶒眠沙晓惊起。沙头龙叟夜叹忧，铁笛未响春风羞。露寒紫藟结新怨（或“愁”），城阁（或“角”）泣断关河秋。谪仙欲试（或“识”）雷斧手，划却古今愁共丑。鲸游碧落杳无踪，作诗三叹君知否。瀛洲一棹何时还，满江宫锦看湖山。

元　陈益稷（《图经》卷七）

洞庭冲风千里澜，摧舟折棹须臾间。青蛇道士却笑我，十年年中三往还。轻风飘飘天一环，吟怀浩荡蛟龙间。轩辕箫鼓杳（或“渺”）无处，万顷（或“十”）孤月摇苍寒。巴陵城头烟漫漫，中流引水绕朱阑（或“栏”）。东流到海宁复返（或“还”），涤雪万古余君山。腥风午夜裂千关，龙堆出没云涛湍（或“端”）。湘灵归来佩（或“佩声”）珊珊，惊见（或“起”）碧海飞金丸。

国朝　杨溥（《图经》卷七）

九水来春涨，洪涛（或“流”）挟巨川。楚天同浩荡，衡岳任回旋。飞鸟晴云外，归舟落日边。白头重历览，忧乐仰先贤。

薛瑄（《敬轩文集》卷二，题《洞庭湖歌》）

吾观庖牺龙马图，五行惟水居其初。自从清浊奠高下，山泽

---

①李频承前为元人，但此诗见录于《全唐诗》，传曰：“李频，字德新，睦州寿昌人。大中八年（854）擢进士第，调秘书郎，为南陵主簿，累迁都官员外郎。表丐建州刺史。有《建州刺史集》一卷。”因而李频实为唐人。

②《全唐诗》第11册第8342页录为裴说诗；《全元诗》第37册第322页录为鞠志元诗，均题《游洞庭湖》。明景泰《寰宇通志》卷五四录为方干诗。《全唐诗》录自裴说诗集，《全元诗》则录自明梅淳辑《岳阳纪胜汇编》，不知孰是。

通气无时无。荆南之水亦众矣，壮观惟有巴陵湖。世俗相传八百里，足迹未到空踌躇。今秋持节来南楚，舟泊岳阳访奇古。登楼始得肆遐观，万顷洪涛际天宇。如从东海（或“岱”）窥沧溟（或“瀛”），一点仙山隔烟雨（讹作“而”）。长风欻起层层（或“霄”）间，溟（或“渤”）渤汹汹增狂澜。轰天揭地志（或“急”）雷鼓，排空炫目（或“日”）堆银山。须臾（讹作“更”）风止波涛定，涵沐（或“泳”）虚空开玉镜。金乌饮渊千丈光（或“红”），白鹭（或“鸥”）飞烟（或“落影”）一行净（或“动”）。行客喜甚无氛渎（或“埃”），连翩巨（或“大”）舸争往来。我亦飘然下楼去，放舟中流何快哉。蜀江西来半天泻，潇湘南接苍梧野。一剑横空有所之，丈夫不作悠悠者。洞庭洞庭七泽雄，邹鲁昔有观澜翁。我今赋此良不苟，乃知有本无终穷。

李东阳（《李东阳集》第3册第1354页。原题为《谢宝庆洞庭图湖中作》，有短引：“时谢公乞归不得，请将还治宝庆”）

湖南巨郡称岳阳，楼前大湖春水长。周回九江带七泽，颠倒万象随三光。洪涛巨浪拍山动，风雨却洒炎天凉。君山远在湖中央，苍梧不来断人肠。南寻汨罗不知处，屈子堕地魂茫茫。谢公吊古心慷慨，予亦从之渡沅湘。平生壮游天地阔，老大不觉鬓（或“须”）眉苍。商飚南来振南岳，孤棹未许还沧浪。画图仿佛今皆是，江海风期殊未忘。挥毫赋者谁最强，前有应魁后孔旸。二子之名满天下，豪气直欲隘八荒。嗟余有辞不敢吐，人今（或“今人”）尽笑二子狂。眼中同调似公少，且复尽醉君山傍。

俞振才（《图经》卷七）

春来风气正融合（或“柔和”），一叶轻（或“扁”）舟自在过。岸恐尽头通碧海，天疑低处接银河。湖湘此水画应少，今古君山诗最多。尊（或“樽”）酒自歌还自和，青霄无奈月明何。

卜同

水天溶漾景凝何，回首君山瞬息过。万顷碧中吞日月，一螺青外纳江河。朗吟兴比回仙少，后乐情如范老多。欲借为霖苏大旱，潭龙为我起如何？

岳阳楼诗

南朝宋　颜延年（《先秦汉魏晋南北朝诗》中册第1234页，题《始安郡还都与张湘州登巴陵城楼作诗》。人名作颜延之，小传云：“延之，字延年。琅邪临沂人。”）

江汉分楚望，衡巫奠南服。三湘沦洞庭，七泽蔼荆牧。经涂延旧轨，登闉访川陆。水国周地险，河山信重复。却倚云梦林，前瞻京（或“荆”）台囿。清氛（或“雰”）霁岳阳，层（或“曾”）晖薄澜澳。凄其（或“矣”）自远风，伤哉千里目。万古陈往还，百代劳起伏。存没竟何人，炯介在明淑。请从上世人，归来艺桑竹。

梁　阴铿（《先秦汉魏晋南北朝诗》下册第2452页，系于南朝陈，题《渡青草湖诗》）

洞庭春溜满（或“薄”），平湖锦帆张。沅水（或“源泛”）桃花白（或“色”），湘流杜若香。穴（或“地”）去茅山远（或“近”），江连巫峡长。带（或“布”）天澄迥（或“远”）碧，映日动浮光。行舟逗远树，度鸟息（或“宿”）危樯。滔滔不可测，一苇谁（或“讵”）能航。

唐　尹懋（《全唐诗》第2册第1055页，题《奉陪张燕公登南楼》）①

君子每念春（或“垂眷”），江上共流眄。远水（或“水远”）林外明，近岩（或“岩近”）雾中见。终日西北望，何处是京县。屡登高春台，徒使泪如霰。

张说（《全唐诗》第2册第945页，题《岳州宴别潭州王熊二首》，此其一）

缙云通（或“连”）省阁，沟水忽西东。然诺心犹在，容（或“荣”）华岁不同。孤城临楚塞，远树入秦宫。谁念三千里，江潭一

①此诗作者原署“张说”。但题作《奉陪张燕公登南楼》，张燕公即张说，所以此诗不当为张说所作，为本志误置。

老翁。

张说（《全唐诗》第2册第968页，题《岳州宴姚绍之》）

杞梓滞江滨，光华白（或“向”）日新。难兄金作友，媚子玉为人。山水含秋兴，池亭借善邻。檐松风送静，院竹鸟来驯。翠斝催（或“吹”）黄菊，雕盘鲙紫鳞。缓歌将醉舞，宜（或“为”）拂绣衣尘。

张说（《全唐诗》第2册第945页，题《岳州别姚司马绍之制许归侍》）

和玉悲无已，长沙宦（或“宦”）不成。天从扇枕愿，人遂倚门情。方外怀司马，江东忆步兵。向（或“问”）君栖北（或“泊”）处，空岭夜猿惊。

赵冬曦（《全唐诗》第2册第1051页，题《奉和张燕公早霁南楼》）

闲（或“方”）曙跻南楼，凭轩肆遐瞩。物华荡暄气，春景媚晴旭。川霁湘山孤，林芳楚郊缛。列岩重叠翠，远岸逶迤绿。风帆摩天垠，渔艇散湾（或“弯”）曲。鸿归鹤舞送，猿叫莺声续。群动皆熙熙，噫予独羁束。常钦才子义，忌鹏伤蜷局。雅尚骚人文，怀沙何迫促。未知二贤意，去矣从所欲。

张九龄（《全唐诗》第1册第591页，题《将至岳阳有怀赵二》）

湘浦多深林，青冥昼结阴。独无谢客赏，况复贾生心。草色虽云发，天光或未临。江潭非所遇，为尔白头吟。

李白（《全唐诗》第3册第1845页，题《与夏十二登岳阳楼》）

楼观岳阳尽，川迥洞庭开。雁引愁心去，山衔好月来。云间逢（或“连”）下榻，天上接行杯。醉后凉风起，吹人舞袖回。

贾至（《全唐诗》第4册第2592页，题《岳阳楼宴王员外贬长沙》，一题作《南州有赠》）

极浦三春景，高楼万里心。楚山晴霭碧，湘水暮流深。忽与朝中旧，同为泽畔吟。停杯试北望，还欲泪沾襟。

贾至（《全唐诗》第4册第2591页，题《送王员外赴长沙》）

携手登临处，巴陵天一隅。春生云梦泽，水溢洞庭湖。共叹虞翻枉，同悲阮籍途。长沙旧卑湿，今古不应殊。

贾至（《全唐诗》第4册第2590页，题《巴陵寄李二户部张十四礼部》）

江南芳草初幂幂，愁杀江南独愁客。秦中杨柳也应春（或“新”），转忆秦中相忆人。万里莺花不相见，登高一望泪沾巾。

贾至（《全唐诗》第4册第2594页，题《西亭春望》）

日长风暖柳青青，北雁归飞入窅冥。岳阳城上闻吹笛，能使春心满洞庭。

贾至（此诗《全唐诗》中凡两见，一见第4册第2595页，作者贾至，题为《巴陵夜别王八员外》；一见第11册第8861页，作者萧静，题《三湘有怀》）

柳絮飞时别洛阳，梅花发后在三湘。世情已逐浮云散，离恨空随流水长。

贾至（《全唐诗》第4册第2595页，题《岳阳楼重宴别王八员外贬长沙》）

江路东连千里潮，青云北望紫微遥。莫道巴陵湖水阔，长沙南畔更萧条。

杜甫（《全唐诗》第4册第2564页，题《泊岳阳城下》）

江国输（或“逾”）千里，山城仅百层。岸风翻夕浪，舟雪洒寒灯。留滞才难尽，艰危气益增。图南未可料，变化有鲲鹏。

杜甫（《全唐诗》第4册第2564页，题《登岳阳楼》）

昔闻洞庭水，今上岳阳楼。吴楚东南坼，乾坤日夜浮。亲朋无一字，老病有孤舟。戎马关山北，凭轩涕泗流。

杜甫（《全唐诗》第4册第2565页，题《陪裴使君登岳阳楼》）

湖阔兼云雾，楼孤属晚晴。礼加徐孺子，诗接谢宣城。雪岸丛梅发，春泥百草生。敢违渔父问，从此更南征。

张均（此诗《全唐诗》中两见，张均，第2册第980页，题为《岳阳晚景》，一作《父说诗》；张籍，第6册第4336页，题为《岳州晚景》）

晚景寒鸦集，秋风旅雁归。水光浮日去（或“出”），霞彩映江飞。洲白芦花吐，园红柿叶稀。长沙卑暑（或“湿”）地，九月未成衣。

韦嗣立（《全唐诗》第 2 册第 982 页，题《奉和张岳州王潭州别诗二首并序》，本《志》未录序，下予补录）

予昔忝省阁，与岳州张使君说、潭州王都督熊同官联事。后承朝遣，各自东西。张公与汪都督别诗二首，情颇殷切。余览以叹，因遥申和云。

茂先王佐才，作牧楚江隈。登楼正欲赋，复遇仲宣来。黄鹄飞将远，雕龙文为开。宁知昔联事，听曲有余哀。

刘长卿（《全唐诗》第 3 册第 1500 页，题《重阳日鄂城楼送屈突司直》）

登高忽送远，惆怅洞庭秋。风景同千古，云山满上游。苍苍来暮雨，淼淼逐寒流。今日关中事，萧何为（或“共”）尔忧。

韩愈（《全唐诗》第 5 册第 3783 页，题《岳阳楼别窦司直》）

洞庭九州间，厥大谁与让。南汇群崖水，北注何奔放。潴为七百里，吞纳各殊状。自古澄不清，环浑（或“混”）无归向。炎风日搜搅，幽怪多冗长。轩然大波起，宇宙隘而妨。巍峨拔嵩华，腾踔较健壮。声音一何宏，轰辊车万两。犹疑帝轩辕，张乐就空旷。蛟螭露笋簴，缟练吹组帐。鬼神非人世，节奏颇跌踼。阳施见夸丽，阴闭感凄怆。朝过宜春口，极北缺堤障。夜缆巴陵洲，丛芮才可傍。星河尽涵泳，俯仰迷下上。余澜怒不已，喧聒鸣瓮盎。明登岳阳楼，辉焕朝日亮。飞廉戢其威，清晏息纤纩。泓澄湛凝绿，物影巧相况。江豚时出戏，惊波忽荡漾。时当冬之孟，隙窍缩寒涨。前临指近岸，侧坐眇难望。涤濯神魂醒，幽怀舒以畅。主人孩童旧，握手乍忻怅。怜我窜逐归，相见得无恙。开筵交履舄，烂漫倒家酿。杯行无留停，高杠（或“柱”）送清唱。中盘进栗橙（或“橙栗”），投掷倾脯酱。欢穷悲生心，婉娈不能忘。念昔始读书，志欲干霸王。屠龙破千金，为艺亦云亢。爱才不择行，触事得谗谤。前年出官山（或“由”），此祸最无妄。公卿采虚名，擢拜识天仗。奸猜畏弹射，斥逐恣欺诳。新恩移府庭，逼侧厕诸将。于嗟苦驽缓，但惧失宜当。追思南渡时，鱼腹甘所葬。严程迫风帆，劈箭入高浪。颠沉在须臾，忠鲠谁复谅。生还真可喜，克己自惩创。庶从今日后，粗识得与丧。事多改前好，趣有获新尚。誓耕十亩田，不取万乘相。细君知蚕织，稚子已能饷。行当挂其冠，死生（或“生死”）君一访。

白居易（《全唐诗》第7册第4931页，题《题岳阳楼》）

岳阳楼（或“城”）下水漫漫，独上危楼凭曲阑（或“栏”）。春岸绿时连梦泽，夕阳红处近长安。猿攀树立啼何苦，雁点湖飞渡亦难。此地唯堪画图障，华堂张与贵人看。

贾岛（《全唐诗》第9册第6740页，题《夏夜登南楼》）

水岸寒楼带月跻，夏林初见岳阳溪。一点新萤报秋信，不知何处是菩提。

周贺（《全唐诗》第8册第5774页，题《杪秋登江楼》，一作《岳阳楼》）

平楚起寒色，长沙犹未还。世情何处澹（或“淡”），湘水向人闲。空翠隐高鸟，夕阳归远山。孤云万余里，惆怅洞庭间。

杜牧（《全唐诗》第8册第6001页，题《早春寄岳州李使君李善棋爱酒情地闲雅》）

城高倚峭巘，地胜足楼台。朔漠暖鸿去，潇湘春水来。萦盈几多思，掩抑若为裁。返照三声角，寒香一树梅。乌林芳草远，赤壁健帆开。往事空遗恨，东流去（或“岂”）不回。分符颍川政，吊屈洛阳才。拂匣调珠柱，磨铅勘玉杯。棋翻小窟势，垆拨冻醪醅。此兴予非薄，何时日（或“得”）奉陪？

雍陶（《全唐诗》第8册第5952页，题《送徐使君赴岳州》；明景泰《寰宇通志》卷五四）

渺渺楚江上，风帆（或“旗”）摇去舟。鸟（或“马”）归云梦晚，猿叫洞庭秋。别思满南浦，乡心想（或“生”）北楼（或“州”）。寄言徐刺史（或“巴陵山水郡”），诗送岳阳楼（或“应称谢公游”）。

曹邺（《全唐诗》第9册第6923页，题《登岳阳楼有怀寄座主相公》）

南登岳阳楼，北眺长安道。不见升平里，千门（或“山”）树如草。骨肉在南楚，沉忧起长早。白社愁成空，秋芜待谁扫。常闻诗人语，西子不宜老。赖识丹元君，时来语蓬岛。

崔鲁（或“橹”）（《全唐诗》第9册第6623页，题《春晚岳阳言怀二首》）

其一：烟花零落过清明，异国光阴老客情。云梦夕阳愁里色，洞庭春浪坐来声。天边一与旧山别，江上几看芳草生。独倚阑干意难写，暮笳呜咽调孤城。

其二：翠烟如钿柳如环，晴倚南楼独看山。江国草花三月暮，帝城尘梦一年间。虚舟尚叹萦难解，飞鸟空惭倦未还。何以不羁詹父伴，睡烟歌月老潺潺。

崔珏（《全唐诗》第9册第6915页，题《岳阳楼晚望》）

乾坤千里水云间，钓艇如萍去复还。楼上北风斜卷席，湖中西日倒衔山。怀沙有恨骚人往，鼓瑟无师（或“声”）帝子闲。何事黄昏尚凝睇，数行烟树接荆蛮。

宋　吕蒙正（《全宋诗》阙录。明景泰《寰宇通志》卷五四）

百尺危楼倚窅冥，凭阑回首不胜情。风吹楚水光摇汉，浪飐君山翠入城。远岫雨余群木冷，晓江波定片帆轻。正嗟飘荡无归着，日暮桥边一笛横。

欧阳修（《全宋诗》第6册第3787页，题《得滕岳阳书大夸湖山之美郡署怀物甚野其意有恋着之趣作诗一百四十言为寄且警激之》）

峭巘孤城倚，平湖远浪来。万寻迷岛屿，百仞起楼台。太守凭阑处，群贤（或“宾”）奉笏陪。清霜荐丹橘，积雨过黄梅。逸思歌湘曲，遒文继楚材。鱼贪河岫乐，云想（或“忘”）帝乡回。遥信双鸿下，新缄尺素裁。因闻夸野景（或“境”），自笑拥边埃。龙漠方多孽，旄头久示灾。旌旗时映日，鼙鼓或惊雷。有志皆尝胆，何人可凿坏。儒生半投笔，牧竖亦输财。沮泽辞犹慢，葡（或“蒲”）萄馆未开。支离莫攘臂，天子正求才。

黄鲁直（《全宋诗》第17册第11421页，题《雨中登岳阳楼望君山二首》；明景泰《寰宇通志》卷五四）

其一：满川风雨（或“月”）独凭阑（或“栏”），绾结（或“髻”）

湘娥十二鬟。可惜不当湖水面，银（或“盘”）山堆里看青山。

其二：投荒万死鬓毛斑，生出（或“入”）瞿塘滟滪关。未到江南先一笑，岳阳楼上对君山。

陈与义（《全宋诗》第31册第19529页，题《登岳阳楼》）

洞庭之东江水西，帘旌不动夕阳迟。登临吴蜀横分地，徙倚湖山欲暮时。万里来游还望远，三年多难更凭危。白头吊古风霜（或“霜风”）里，老木沧波无恨（或“限”）悲。

又（《全宋诗》第31册第19529页，题《登岳阳楼感慨赋诗》）：岳阳壮观天下传，楼阴背日堤绵绵。草木相连南服内，江湖异态阑（或“栏”）干前。乾坤万事集双鬓，臣子一谪今古（或“五”）年。欲题文字吊古昔（或“今古”），风壮浪涌心茫然。

姜仲谦（《全宋诗》第25册第16888页，题《己酉中秋任才仲陈去非会饮岳阳楼上酒半酣高谈大笑行草间出诚一时俊游也为赋之》）

岳阳楼高几千尺，俯视洞庭方酒酣。万顷波光天上下，两山秋色月东南。兴来鸾鹄随行草，夜永鱼龙骇笑谈。我欲烦公钓鳌手，尽移云水到松庵。

元　梁曾（讹作“梁曾一”。《全元诗》第11册第64页）①

楼前秋水健帆开，楼上凉风舞袖回。万里舟航通鸟道，四时风景（或“云雨”）护龙堆。江山如此不一醉，岁月几何能再来。欲问老髯求铁笛，月明吹上紫荆台。

张翔（《全元诗》第33册第252页，题《岳阳楼》）

①该诗在元及明早期的诗文集中均有收录，有《元文类》、《元风雅》、《皇元风雅》、《诗渊》等，作者有“梁曾”、“梁贡父”和“梁宣慰”之异，其实都是同一人。但署“梁曾一”者仅见本志。篇题则有《岳阳楼》、《登武昌南楼》和《过湖登楼》之别，所属并非一地。其中《岳阳楼》最早。但清人沈季友所编《槜李诗系》卷四却将作者署为“杨梓”，篇题《过湖登楼》，并在杨梓小传中称其所登楼为专贮姬妾所建之“妆楼”，实属无稽。梁曾（1242—1322），字贡父。燕（今北京市）人。元名臣。至元中，任湖南宣慰司副使、淮西宣慰司副使。皇庆元年（1312），授昭文馆大学士、资德大夫。至治二年（1322）卒，年八十一。《元史》有传。

楼上元龙气不除，湖中范蠡意何如？西风万里一黄鹄，秋水半江双白鱼。鼓瑟至今悲二女，沉沙何处吊三闾。朗吟仙子无人识，骑鹤吹箫上碧虚。

许有壬（《全元诗》第34册第361页，题《登岳阳楼》）

半空轮奂壮巴丘，消得骚人一系舟。云气远携湘雨至，湖光寒入蜀江流。山川信美非吾土，天地无穷有此楼。三（或“二”）十四年如梦过，可怜华发赋重游。

欧阳玄（《全元诗》第31册第254页，题《登岳阳楼》）

江出夷陵西复西，东陵城上倚天梯。月生巫峡寻常见，雪压君山一字低。岩客朗吟归鹤远，巴童清梦晓猿啼。如何伟绝东南观，不遣谪仙苏二题。

贯云石（《全元诗》第33册第314页，题《岳阳楼》；明景泰《寰宇通志》卷五四）

西风吹我登斯楼，剑光影动乾坤浮。青山对客有余瘦，游子思君无限愁（或“忧”）。昨夜渔歌动湖末，一分天地十分秋。

虞集（此诗不见于《全元诗》）

落絮飞花点鬓丝，清湘春晓独归时。我来不为湖山好，只欠岳阳楼上诗。

张经（《全元诗》第13册第433页，题《岳阳楼》，前有短引，原志未录，下予补录）①

巴陵形胜甲天下，郡治西南有楼曰“岳阳”，尽得巴陵之胜。

①此诗《全元诗》录自明梅淳《岳阳纪胜汇编》，据短引，张经于至元丙戌（二十三年，1286）和至元甲午（三十一年，1294）分别到过岳阳，因而此张经应为元代前期人。元至正时亦有张经，字德常，金坛（今属江苏）人。曾官嘉定州同知、松江府判官，洪武二年尚在世，因而此张经非彼张经。《全元诗》亦录有其诗五首。而本志及隆庆《府志》均列有明嘉靖前期岳州府同知张经，乃属同名，非误置，因为此张经是距两志编修年代最近的府官。然而，宋代也有张经，据南宋淳熙《新安志》卷九，张经曾于北宋仁宗皇祐中以度支员外郎提点利州路转运使事。这一来就难免造成前揭《全宋诗》中将不同时期的人名与诗作进行嫁接（参见前《潇湘八景诗》注）。

至元丙戌（二十三年，1286），余以监察御史按临长沙，道出巴陵，凡一往返，不暇一登。甲午（三十一年，1294）夏备员湖北宪司，分司于辰，始得以酬平昔之志。噫！湖山如此，造物者何其靳耶。因留数语以志岁月云。

洞庭一水七百里，烟朝月夕皆经过。岂知斜阳万里，更有一佳处，君山十二盘青螺。乾坤有此楼，万古一嵯峨。噫！（或"忆"）昨长江咫尺限南北，风霜画本一日千摩挲。今日（或"朝"）快一登，恍若驱沉疴。生平所羡鉴湖请，乃今更觉君恩多。湘妃（或"灵"）也似（或"自"）知我至，时令白鸟来婆娑。铁笛紫荆曲，春草黄陵歌。江山一醉漫（或"谩"）不醒（或"省"），悲风落日生白波。爱山爱水亦非癖，奈此日月如飞梭。彭蠡银山堆，碧海青铜磨。武昌云间叹黄鹤，采石天外愁青蛾。诗家割据几今古，元气发泄天不诃。扁舟归来月一蓑，仙槎已候三山阿。吾欲乘兴观银河。

段惟德（《全元诗》第65册第135页，题《登岳阳楼》）

群江西来与天平，天瀼巨浸开洞庭。雄（讹作"推"）吞三湘隘七泽，中蟠万古君山青。我行持节按广海，驿骑暂驻巴陵城。巴陵城高（或"楼"）冠天下，风轩月户云雾屏。平生梦想今始到，危阑乍倚心魂惊。初疑太极浑未判，日月往复凌空明。又疑此景（或"世"）堕物外，弱水万里环蓬瀛。湖山得意有如此，况乃佳客联簪缨。金杯浮动玉色酒，满怀（或"抱"）清思春云生。鱼龙掀舞怒涛起，眼花落日摇青冥。轩皇广乐妙遗响，芳洲宝瑟愁湘灵。丹丘谪仙竟何许？几欲八表追遐龄（或"征"）。孤心未了忠孝愿，敢念绿发潜凋零。圣仁（或"神"）一视无遐（或"远"）迩，恩风化雨浃四溟。寻常啸聚犬豕耳，瘴尘（或"烟"）一洗霜天清。归鞭咫尺觐慈母，细话（或"语"）八千山水程。孰能闲置若新妇，正要磊落肝胆倾（或"横"）。饮酣拂袖下楼去，忽听过雁云边声。

范椁（《全元诗》第26册第414页，题《奉酬段御史登岳阳楼之作时分理盗贼

至海康》)

谁能手铺湘水平，划却君［山］看洞庭。昔人已骑黄鹤去，楼前乱芷春兰青。岂知绣衣后千载，远违风阙来江城。凭阑（或“高”）吊古落日紫，领客置酒开云屏。酒酣拈（或“点”）笔赋新句，薄海传诵令人惊。忆我初游白玉京，与君联步趋承明。手宣王（或“皇”）猷敷（或“敖”）帝绩，济济学士如登瀛。一行竟堕万里外，回首沧浪（或“茫”）思濯缨。守官区区事无补，惟有白发欺人生。牂牁水外万竹底，四时鸟语烟边冥（或“送鸣”）。匆匆此地复相见，恍如幽梦求仙灵。中宵秣马不遑暇，君又北向（或“乡”）予南征。如兹后会复何日？念之使我双涕零。宫中圣人总四溟，所过海岳须澄清。铁冠峨峨望天下，青霄快睹（或“展”）皆修程。由来豺虎伏仁兽，况有鹰隼当秋横。明夜相思隔云岛，月落高台闻笛声。

文景阳（《全元诗》第66册第69页，题《洞庭舟中》，一题《岳阳楼》）

洞庭水溢欲摧城，城下风涛万马惊。卧看岳阳楼上月，恍如淮海听潮声。

国朝　杨基（《眉庵集》卷七第20页，题《岳阳楼》）

春色醉巴陵，阑干落洞庭。水吞三楚白，山接九疑青。空阔鱼龙舞，婵娟（或“娉婷”）帝子灵。何人夜吹笛，风急雨冥冥。

包圣

春城携伴共跻攀，极目风烟惨淡间。桂岭北来还有瘴，洞庭南上却无山。江通巴子三千里，云锁湘娥十二鬟。为语游人莫吹笛，潜龙渊在月波湾。

林鸿（《鸣盛集》卷三第31页，题《登岳阳楼》）

湖水平流（或“临”）夔子国，岳阳绝胜濯龙宫。楼台迥出丹霄上，岛屿浮来玉镜中。墨客琴尊犹对（或“樽浑醉”）月，榜人舟楫若乘空。青苹风起还能赋，不独兰台宋玉工。

熊概①

巴陵城上岳阳楼，楼外长江日夜流。帘卷断云衡岳晓，窗涵残雨洞庭秋。东南胜概留清赏，唐宋衣冠叹昔游。倚遍阑干重吊古，蒹葭杨柳不胜愁。

黎淳（《黎文僖公集》卷五，题《吴太守新修岳阳楼成暇日同登》）

楼出烟波万顷间，江南胜概（或“景”）隔尘寰。天当尽处疑无地，水到中心却有山。孤棹风云来远域，层城鼓角壮雄关。诸侯事业今如古，不见仙人跨鹤还。

李东阳（《李东阳集》第3册第1354页，题《登岳阳新楼》）

突兀高楼正倚城，洞庭春水坐来生。三江到海风涛壮，万木浮空岛屿轻。吴楚乾坤天下句，江湖廊庙古人情。中流恐（或“或”）有蛟龙窟，卧听君山笛里声。

杨一清（《石淙诗稿》卷一，《四库全书存目丛书·集部》第四〇册第373页，题《登岳阳楼为进士时作》）

楼头仙子坐当窗，楼外风飞（或“帆”）拥客（或“去”）艭。今古胜游谁第一，乾坤伟观此无双。山形南去连衡岳，水势（或“湖水”）西来接大江。极目浮（或“风”）光殊未已（或“清不了”），题诗安得笔如杠？

刘敷

屈指岳阳已十过，民情未遂竟如何？楚江疏柳空啼鸟，宋代青松半碧萝。雨过君山春有脚，月明湖水莹无波。古来忧国心常切，莫怪当年两鬓皤。

---

①明末钱谦益编《列朝诗集》丙集第十三收有高瀔诗与此诗略同，其中第一、二句全同，后六句有较大差异。诗题《岳阳楼》，曰：“巴陵城上岳阳楼，楼外长江日夜流。残雨数峰衡岳晓，暮云孤树洞庭秋。仙人夜奏沙边笛，估客春移树杪舟。十二危栏闲极目，满汀杨柳不胜愁。”《明史·艺文四》有《高谷集》应为其所著。然而高瀔为正德至嘉靖时人，本志纂修亦在此时，恐不会将作者误置，熊概应早于高瀔，是否高瀔变通熊概诗而作，抑或移花接木，尚待考。

俞振才

目极君山荡若瓢，乾坤空阔思飘飘。银盘色映青螺小，天镜光涵黛髻遥。花木四时烟霭重，楼台万里日星摇。临风愿借仙人鹤，骑上穹窿看紫霄。

龚泽

百尺危楼俯洞庭，泬寥风景画难形。凭高游骋古谁在？按节巡行今我经。天送片云檐外白，地擎三岛浪中青。朗吟恐有飞仙和，笑指苍梧仔细听。

韩阳

峻步梯云不惮劳，画阑干畔倚晴霄。三湘水落洞庭小，武陵山回衡岳高。海宇千年逢景运，乾坤万里见秋毫。先忧后乐名贤记，一代文章百代豪。

沈钟

昔年梦想此楼登，今日登临幸始曾。梅雨帘纤天似漏，洞庭空阔水疑蒸。仰怀范老先忧记，遐睇君山最上层。歌赋此诗酬此景，不知诗景可相能？

颜公辅

家近高楼日每登，望中常见五云层。欲凌缥缈九重汉，敢借扶摇万里□。吟倚紫霄还唤酒，欲邀明月不须灯。茫茫俯仰情何恨，忠孝深惭两未曾。

薛纲

予家住近东海头，万里望见扶桑樛。胸襟洗荡□□□，小视众水皆杯瓯。岂期作官来湖湘，洞庭亦与东海侔。周围巨浸八百里，日月出没乾坤浮。初疑混沌未曾判，清浊二气相绸缪。又疑神功未及施，荡荡怀襄无九州。有时轻云散晴旭，银盘宝鉴明素秋。有时盲风吹轻雨，排空浊浪移山丘。眼前喜愕在瞬息，古今变幻真淫沤。道人三醉去不返，黄鹤青蛇今在不。独遗希文旧时记，万丈光芒冲斗牛。楼阁增高景增胜，志在忧先天下忧。嗟余生当百世下，景仰先哲徒登楼。庙堂江湖相去远，有忧无补经纶谋。不如归去东海隐，功名都付湖水流。但念恩波浩无际，老臣没齿难为酬。题诗聊复发愚悃，不在区区夸胜游。

杜庠

茫茫雪浪带烟芜，天与西南作画图。楼外十分风景好，一分山色九分湖。

朱毅

女娲炼石补天平，谁渚楚壤为洞庭。云涛浩荡几千里，大开一镜涵空青。朅来雄藩席未暖，数番问俗东陵城。飚梯登楼纵遐瞩，君山巧作芙蓉屏。危楼高高不敢语，恐令上界天人惊。素闻老髯无孔笛，凭谁借我吹月明。乾坤俯仰惬鄙意，何须飞佩遥登瀛。等闲谈笑掬清浅，濯我□足并尘缨。因歌楚些吊湘魄，白书飒飒悲风生。微茫烟树九疑远，江蓠汀芷花冥冥。吕翁骖鸾上天去，古寺犹在栖仙灵。自言功成八百载，复言行满三千龄。至今湖边双老柏，不随蒲柳迎霜零。嗟予按部促邦赋，公余吟眺穷沧溟。维时七泽风涛息，又值三湘彻底清。□明挂席天风便，顷刻关河千万程。凭阑回首望京国，向阳一点葵心倾。归来洒翰纪年岁，敢谓掷地如金声。

何乔新（《椒邱文集》卷二十三第20页，题《岳阳楼》）

飞楼百尺压城上，坐看长风掀巨浪。澄湖周回八百里，雨态烟姿千万状。倚楼（或“阑”）一眺心茫然，三湘七泽来目前。欲呼湘女一鼓瑟，更起灵均细问天。我怀文正高平老，后乐先忧古今少。庙廊（或“堂”）密勿能几时？遽遣行边迹如扫。又怀武穆岳将军，用兵决策如有神。楼船剪寇来此地，功成乃不保其身。英雄已矣不可问，斗酒那能散孤闷。欲乘玄凤上九嶷，还就重华诉忠愤。

又（《椒邱文集》卷二十四第17页，题《登岳阳楼作四首》，此其二）

其一：阑干十二碧玲珑，千里湖山入望中。云影凄迷涵远岫，波光滉漾浴晴空。登临谁识希文意，俯仰深怀大禹功。江草江花纷在目，凭阑（或“轩”）脉脉看冥鸿。

其二：云窗月牖俯清流，满目江山（或“山川”）快壮游。谁在江湖怀北阙，谩夸楼阁冠南州。朱弦夜鼓湘灵瑟，锦缆春回楚客舟。欲起灵均歌九辨，澧兰沅芷正飕飕。

任亨泰

十二危阑架泬寥，楚云巴树隐周遭。洞庭春阔烟浮海，巫峡天低雪涨涛。杜甫有怀诗思苦，回仙无影月轮高。登临已极江湖量，未许元龙气独豪。

刘绩

飞楼缥缈枕城陴，俯槛湖山便觉奇。龙女出宫才露髻，鲸鱼听乐又扬鳍。周遭作准平千里，上下含光合两仪。荆楚众流咸吐纳，古今似欠禹王祠。

白坦

城上重楼次第登，湖山面面白云层。眼空八极欲超海，身在九霄疑附鹏。笑引清风随使节，坐邀明月作笼灯。子长踪迹半天下，此地胜游曾未曾。

张信

一官无以报升平，常向楼头望帝京。欲挽洞庭千顷水，偏为霖雨慰苍生。

洞庭湖中庙诗

宋　白玉蟾（《全宋诗》第60册第37681页，题《洞庭》）

帆腹膨脝饱北风，一弹指顷万山空。天垂九马层云外，人在孤鸿过影中。夙世曾游银世界，飞精复谒水晶宫。湖神波吏须相识，吾在神霄旧有功。

又（《全宋诗》第60册第37681页，题《洞庭庙》）：樯乌啼罢纸钱（或“灰”）飞，神去神来人不知。惟有金沙堆下水，东西南北任风吹。

元　欧阳玄（《全元诗》第31册第228页，题《过洞庭二首》，此其一）

白沙隐隐现（或“见”）金鳌，殿宇（或“阁”）凭虚结构牢。天水浑融浮太极，神人幽显隔秋毫。龙宫（或“堂”）深锁（或“閟”）灵栖冷，象纬低回（或“垂”）客枕高。欲作庙中（或“堂”）迎送曲，汀兰岸芷（或“杜红蘅碧”）尽离骚。

荣菁（《全元诗》第68册第208页，题《洞庭湖中庙诗》）

巍巍宫殿镇重湖，闻说神龙此（或“世”）所都。沙碛堆成洲嘴壮，风涛撼动（或“定”）客心孤。冲波水鸟浮还没，隔浦风帆有若无。我欲横空飞一剑，凭谁写作朗吟图。

廖正华（《全元诗》第68册第199页，亦题《洞庭湖中庙诗》）

维缆行香谒洞庭，蜃楼高处眼偏醒。前迎磊石堆蓝翠，后拥君山染黛青。对月举杯邀北斗，倚天仗剑望南溟。我来饱挹重湖景，濡笔题诗记所经。

刘汉杰（《全元诗》第68册第280页，亦题《洞庭湖中庙诗》）

湖心拥出一沙洲，上有连天百尺楼。孤雁拖云归别浦，长鲸吸浪遏行舟。天开八百里湘岸，庙镇几千年楚湫。胜状满前看不尽，沙鸥水鸟任沉浮。

国朝　黄宗载

洞庭自古极褒崇，位奠荆南势最雄。五岭峰高皆拱北，九江水合尽朝东。祷祈感格知神会，疏凿忧勤见禹功。持斧南归拜祠下，新诗题罢思无穷。

燕公楼诗

宋　陈与义（《全宋诗》第31册第19533页，题《晓登燕公楼》）

阑（或“栏”）干纳清晓，拄杖追黄鹄。燕公不相待，使我立于独。雾收天落川，日动春浮木。举手谢时人，微风吹野服。

李公祠诗

国朝　郑毅

祠前云影昼浮阴，俨雅仪容对碧岑。十里堤成千古迹，一烟香熚万民心。湖天有月应常照，草木思春不再临。试问洞庭当日水，比量恩泽更谁深？

岳武穆祠诗

国朝　朱屏

胡毛安忍残编发，背矢精忠血染衣。拜手祠前思往事，熏风几度草偏肥。

杂志

宋　韩氏女诗

自作（陶宗仪《南村辍耕录》卷三第43页；《全宋诗》第69册第43470页，题为《练裙带中诗》）

宋未有天下，坚心（或“正”）臣礼秉。开国百战功，每阵惟雄整。及侍周幼主，臣心常冏冏（或“炯炯”）。帝曰卿北伐，山戎今有警。死狗莫击尾，此行当系颈。即日辞陛行，尽敌心欲逞。陈桥忽兵变，不得守箕颍（讹作“颖”）。禅让法尧舜，民物普安静。有国三百年，仁义道驰骋。未改祖宗法，天胡肆大眚。细思天地理，中有幸不幸。天果丧中原，大似裂冠衽。君诚不独活，臣实无魏丙。失人焉得人，垂戒尝（或“当”）耿耿。江南无谢安，塞北有王猛。所以戎马来，飞渡巴陵境。大江限南北，今此一舴艋。本期固封疆，谁谓如画饼。烈火燎昆冈，不辨金石（或“玉”）矿。妾本良家子，性僻守孤梗，嫁与尚书儿，衔署紫兰省。直以才德合，不弃宿瘤瘿。初结合欢带，誓比日月昺。夗央（通“鸳鸯”）会双飞，比目愿常并。岂期金石坚，化作桑榆景。旄头势正然，蚩尤气先屏。不意风马牛，复及此燕郢。一方遭虏劫，六族散俄顷。退鹢落迅风，孤鸾吊空影。簪坚折白玉，瓶沉断青绠。一死空冥冥（或“府”），忧心常（或“长”）怲怲（或“炳炳”）。妾（或“意”）坚志不移，改邑不改井。我本瑚琏器，安肯作溺皿。志节匪转石，气噎如吞鲠。不作爝火然（通“燃”），愿为死灰冷。贪生念鞠（或“麴”）蛾，乞怜羞虎阱。借此清江水，葬我全首领。皇天如有知，定作血面请。愿魂化精卫，填海使成岭①。

跋韩烈妇五言长句诗后

国朝　知府胥文相

此宋烈妇韩希孟所作投江时系练裙间诗也。诗用韵三十有九，为句七十有八，纵横三百有九十字。上陈祖宗创业之由，中斥奸邪误国之罪，末述誓天投江之志。词严义正，韵险句奇。读之不觉令人敛衽起敬。盖是诗在当时固已脍炙人口，士大夫多重之。长兴州判官沈思安以此诗托刘元履求书于赵孟頫，元履诺而未言。一夕梦一妇人云：趣为我求书，庶因大人君子之笔，发扬忧愤。孟頫闻之，遂为之书。是时烈妇死已三十年，而其英爽不昧有如此，可谓灵也已。呜呼！宋以仁厚立国，以节义厉士大夫，及其末造也，不但死社稷、死封疆者有其人，下至闾巷妇女亦皆抱节不辱，视死如归。教道之结于民心也，深矣。今太守萧君启旦询知韩氏之烈，既为专祀，而复以其诗勒诸石。顾兹举先德教而后簿书，其得古人为政之体欤！

吊韩烈妇诗

元　肃政廉访使贡师泰（《全元诗》第40册第306页，题《巴陵女子韩

①《宋史》卷四六〇《列女传》有传，并录其诗，但诗较短且与《南村辍耕录》所录有别。诗曰：“我质本瑚琏，宗庙供苹蘩。一朝婴祸难，失身戎马间。宁当血刃死，不作衽席完。汉上有王猛，江南无谢安。长号赴洪流，激烈摧心肝。”

希孟贞节》）

尚书子妇魏王孙，清白传家节更文。诸将已捐南渡主，孤身犹抗北来军。血书夜洒巴陵月，烈气秋横鄂渚云。欲吊忠魂无觅处，惟应瑶席从湘君。

彭罙（讹作“寀”）[1]（《全元诗》第50册第53页，题《巴陵女子行》）

巴陵城（或“郡”）西江水浑，赤沙黄壤东南奔。迩来湜湜已百载，中有婉娈之忠魂。当时郡有贾氏妇，志节凛凛摩乾坤。家亡国破身挚（或“执”）义不辱，乃是韩魏国忠献五世之曾孙。临平湖开石封发，五陵气尽天房昏。铁（或“甲”）马三百万，北来正嗷嗷（或“哼哼”）。连城破竹势迎刃，牵羊系颈，投冠解绶，乞伏窜匿俱纷纷。不意弱草中，见此松柏根。读书不如（或“学”）曹大家，事夫却似桓少君。君臣大义本与夫妇一，慷慨万古保贞操。视死生朝夕不啻富贵如浮云。恨不生为男，横戈赴三军。凄凄临绝音，耿耿昭人文。练裳纵横四百字，上陈祖宗创业有至道，下斥奸邪误国偷生存。吾辞既毕分已尽，精卫何苦犹衔冤。想当捐佩入不测，幽光上浮白日驭（或“衔”）。阴魄下（或“直”）塞珠宫门。湘灵鼓（或“罢”）瑟宓（或“虑”）妃泣，冯夷长啸群龙翻。至今诵其诗感其事，令人浩气填胸（或“膺”）那可扪。或者疑之不能成人善，为（或“谓”）其见梦于人，不若效灵史氏为可敦。呜呼！世无欧阳公，断臂之妇终无闻。何以愧卖降表贞节，薄俗谁（或“那”）能讥兔（或“菟”）园。我愿然犀取灵［屋］，封以厦（或“夏”）屋旌以石表双高蹲。奏之大庭布天下，激厉臣子皆忠淳，可以植（或“扶”）三纲，正人伦。为（或“谓”）予有不信，请视贾娥坟。

著作郎李孝光（《全元诗》第32册第389页，题《悼巴陵女》）

---

①《全元诗》作“彭罙”。传曰：“彭罙，字仲愈（一作宗愈）。广陵（今江苏扬州）人。生平见《草堂雅集》卷二、《吴中人物志》卷十、《元诗选》三集《仲愈集》。”这些典籍都作“彭罙”，故本志作“彭寀”误。

河从积石来，滔滔东入海。逝波何时还，谁能坐相待。妾心比山石，之死终不改。生逢尧舜年，贱妾独何罪？

学士郝经（《全元诗》第4册第263页，题《巴陵女子行》，前有序，原志未录，补录于下）

己未（宋开庆元年，1259）秋九月，王师渡江，大师拔都及万户解成等，自鄂渚以一军觇上流，遂围岳。岳溃，人淤（应为“于”之讹）洞庭，俘其遗民以归。节妇巴陵女子韩希孟，誓不辱于兵，书诗衣帛以见意，赴江流以死。其诗悲婉激切，辞意壮烈，有古义士未到者。今并其诗，录于左方。呜呼！宋有天下，文治三百年，其德泽庞厚，膏于肌肤，藏于骨髓，民知以义为守，不为偷生一时计，其培植也厚，故其持藉也坚，乃知以义为国者，人必以义归之。故希孟一女子，而义烈如是。彼振缨束发，曳裾峨冠，名曰丈夫，而诵书学道，以天下自任。一旦临死生之际，操履云为必大有以异于希孟矣。余既高希孟之节，且悲其志，作《巴陵女子行》，以申其志云。

北来诸军飞渡江，突骑一夜满岳阳。楼头火起入闾巷，曹伍（或“逃”）偶走如牛羊。巴陵女子尚书妇，生平不识门前路。乱兵驱出势仓皇，夫婿翁（或“公”）姑在何处？吞声掩泪行且啼，啼痕沾湿越罗衣。此身忍使人再辱？裂帛暗写临终诗。上言社稷安危事，下说投江誓天志。一回宛转一悲辛，心折魂飞不成字。诗成泪尽赴江流，蛾眉萧飒天为愁。芙蓉零落入秋水，玉骨直葬青海头。古来烈妇才一二，谁似巴陵更文理？名与长江万古流，丞相魏公还不死。

题韩烈妇新祠诗

国朝　举人胥焯

胡尘暗北极，炎光日南驰。犬羊满中野，豺虎遍天涯。长江既鱼溃，巴丘遂陵夷。衣冠走周道，黔首化为魑。哀哉相门女，厥配尚书儿。义方自先世，女戚昭窗帷。皎皎冰雪质，灼灼桃李姿。天乎生不辰，婵娟罹祸灾。日月志不爽，山海盟靡移。甘从鱼腹葬，耻事马足随。练裳夺白雪，磊落金石辞。胡笳陋汉女，齐统拟班姬。投袂赴深水，游龙随所之。越江有曹娥，湘浦有虞妃。托身荷获所，一死奚足悲。贞魂化精卫，填江石累累。君山无乃是，万古浮修眉。九水有盈涸，此山镇若斯。呜呼宋纲正，海内同形仪。岂徒臣节完，由此女烈奇。朱宫閟精爽，玄渊孰重辉。萧侯振风纪，树义首及兹。美哉此轮奂，照耀洞庭湄。江空月沉镜，云凝风卷衣。芳洲荐萍藻，清波洁尊罍。专祀固不渎，好德谅非私。灵兮降兰渚，企予望云旗。

满庭芳词

宋　徐君宝妻某氏（陶宗仪《南村辍耕录》卷三第44页；《全宋词》第五册第3420页）

汉上繁华，江南人物，尚遗宣政风流。绿窗朱户，十里烂银钩。一旦刀兵齐举，旌旗拥，百万貔貅。长驱入，歌楼舞榭，风卷落花愁。

清平三百载，典章文物，扫地俱休。幸此身未北，犹客南州。破鉴徐郎何在？空惆怅，相见无由。从今后，断魂千里，夜夜岳阳楼。

沁园春词

唐　吕洞宾（《全唐诗》、《全宋词》均不见录）

昨日南京，今朝天岳，倏焉忽焉。指洞庭为酒，渴时浩饮，君山做枕，醉后高眠。谈笑自如，往来无碍，半是风（通“疯”）狂半是颠（通“癫”）。随身在，有一襟风月，两袖云烟。

人间放荡多年，又排辨东华第二筵。把珊瑚斫倒，栽吾琪树，天河放浅，种我金莲。槌碎玉京，踢翻蓬岛，稽首虚皇玉案前。

无难事，信功成八百，行满三千。

巴陵乐府临江仙词

宋　滕子京（《全宋词》第1册第110页）

湖水连天天连水，秋来分外澄清。君山自是小蓬瀛。气蒸云梦泽，波撼岳阳城。

帝子有灵能鼓瑟，凄然依旧伤情。微闻兰芷（或“芝”）动芳馨。曲终人不见，江上数峰青。

忆秦娥词

宋　陈与义（《全宋词》第2册第1068页）

鱼龙舞，湘君欲下潇湘浦，潇湘浦，兴亡离合，乱波平楚。

独无尊酒酬端午，移舟来听明山雨。明山雨，白头孤客，洞庭怀古。

临江仙词

宋　陈与义（《全宋词》第2册第1068页）

高咏楚词酬午日，天涯节序匆匆。榴花不似舞裙红。无人知此意，歌罢满帘风。

万事一身伤老矣，戎葵凝笑墙东。酒杯深浅去年同。试浇桥下水，[今]夕到湘中。

湖龙姑曲

元　杨维祯（《全元诗》第39册第110页，或作“杨维桢”）

湖风起，浪如山，银城雪屋相飞翻。白鼍竖尾月中泣，倒卷君山轻一粒。浪中拍碎岳阳楼，万斛龙骧半空立。雨工骑羊鞭迅雷，红旗白盖蚩尤开。青娥鬓发红蓝腮，紫丝络头双黄能，神弦歌急龙姑来。

渔父歌

唐　张志和（《全唐诗》第1册第418页）

青草湖中月正圆，巴陵渔父棹歌连（或“还”）。钓车子，掘头船，乐在风波不用仙。

湖广岳州府志卷之三

巴陵县

沿革志

县附府城南。

唐虞至秦，详府。汉属长沙郡，为下隽地[①]。三国吴，始置巴丘城。晋永康初始立巴陵县[②]。南北朝刘宋为巴陵郡，南齐为巴陵国。隋唐五代，详府（详卷一“沿革志”注释）。宋属岳州军。元属岳州路总管府。国朝仍属岳州府，编户五十二里，在城二厢，各二里；在乡三乡，分五十一里。

邑名志

巴陵，以羿断巴蛇，瘗骨为陵得名。

（疆域志、星野志、形胜志、风俗志、城池志、隅厢志，俱详府）

---

①长沙，秦郡，高帝五年为国。后汉为郡。下隽为长沙国（郡）属县。学界普遍认为下隽县治在今湖北通城境，其辖区应包含今岳阳一带（《汉书地理志汇释》第484页，参见卷一“沿革志”注释）。

②《旧唐书·地理三》：“巴陵，汉下隽县，属长沙郡。吴置巴陵县。”（参见卷一“沿革志”注释。）

乡都志

三乡，分二十四都（实为二十二都，另加二厢），五十一里。

延寿乡，在县西南，辖：一都，四里；二、三都，四里；十都、十一都，各二里；十六都，三里。共五都（共有六都，这里是将二、三都视为一都），一十五里。

石潭乡，在县东南，辖：六都、七都、九都，各三里；十三都，五里；十七都，二里。共五都，一十六里。

永宁乡，在县东，辖：四都、五都，各二里；八都，五里；二十二、［二十］三都，二里；二十四都，四里；十二都、十八都、十九都、二十都、二十一都，各一里。共十都（共有十一都，这里是将二十二、二十三都视为一都），二十里。

二厢，在县治，俱延寿乡所辖。

职官志

本县 知县一员，县丞一员，主簿一员，典史一员。

属官：儒学教谕一员，训导二员。鹿角巡检司巡检一员，税课司大使一员，岳阳驿驿丞一员，临江驿驿丞一员，鹿角驿驿丞一员。鱼苗河泊所官一员，（此处原插入残缺的“制命志”，致其文隔断，现将其回归原位。将“制命志”移至卷一相应位置）杨林河泊所官一员，扁山河泊所官一员，虾须河泊所官一员，鹿角古冢河泊所官一员，大城河泊所官一员。

公署志

县治，在郡城南门外十字街东，莫辨创始。国朝洪武初，知县郎子文建。成化二年（1466），知县袁纲重建。十年（1474），县丞马珍建仪门、谯楼。十四年（1478），知县施裕修东、西吏房。正厅、后堂各五门，典史厅、仪门各三间，东、西吏房一十二间，县官公廨各一所，谯楼一座，狱房八间，榜房一十六间，今废。戒石亭一座，架阁库三间。申明亭、旌善亭，俱在县西南，在乡、五十一里各一所。

惠民药局，见府。

鹿角巡检司，详“关隘志”。

税课局，在县南六十里新墙市。

岳阳马驿、临江马驿、鹿角水驿，以上三驿俱详“驿铺志”。

鱼苗洋河泊所，在城陵矶，知府李镜重建。

鹿角古冢河泊所，在县南五十里。

杨林竹根潭河泊所，在县南。

扁山河泊所，在县南五里。

虾须池河泊所，在县北二十里。

大城池河泊所，在县西北八十里。

夫马厂，一所，在县前。弘治二年（1489），通判吴佐重建。

学校志 附社学

县学，在县西南，宋建。国朝洪武初，知县郎子文重建。宣德间，知县秋成重建庙庑。成化八年（1472）知府吴节重修明伦堂、两庑、戟门、棂星门。鬻学前民地，横六丈，长三十余丈，建射圃一所。十四年（1478），知府戴浚复鬻学右居民邵璁地横十八丈，长四十余丈，建公廨三所。因明伦堂逼文庙，徙于后阜，本道佥事郡琮李冕出帑成之。知县施裕、教谕毛翔培土广堂前基，重建二斋。二十三年（1487）知府李镜因殿庑、棂星门岁久倾毁，墀台低浅，命知县滕卓重加修盖甃砌，规制严饬。学［四］至：

东至乾明寺墙；西至杨绍祖、乐夔墙；南至官街；北至新街。

文庙，殿庭五间，圣贤塑像、爵、里、名氏俱详府。东庑、西庑，各五间。从祀贤人木主、爵、里、名氏俱详府。戟门五间，棂星门三座。

学，明伦堂五间。二斋：东曰居仁，西曰由义，各二间。学门三间。号房楼十间。馔堂三间。射圃一所。观德亭三间。

书籍数目及颁降年月俱同府。

卧碑一通。榜详府“制命志”（卷一中“制命志”已残缺，不可“详”，后同）。

社学，在县东南六十里新墙市。成化间知县施裕立。

坛壝志

社稷坛，详府。风云雷雨山川坛，详府。

乡厉坛，五十一里各一所。

城隍庙，在县东永庆坊，国初建。成化庚子（十六年，1480）知县施裕重修。

祝文，俱详府“制命志”。

山川志

山 附岩、洞类。

天岳山、巴山、君山、酒香山、响山，俱详府志。

白鹤山，在县南二里。上有白鹤寺，其阳有两池，相传内潜巨蟒，吕翁（吕洞宾）召出，化为剑。又有江叟尝遇樵夫，遗以铁笛，吹之无声，一日登此山，吹于紫荆台，响震林谷。忽有两女子出，授神药，云：“服此当为水仙。”女子盖龙女也。

金鹗山，在县东五里。昔有异鸟飞集其上，故名。盖巴陵□

山也。

九龟山，在县南五里楞伽峰南水际。九山相连，其形如龟，一名乌龟山，即唐柳宗元记无姓和尚所居之处①。

艑山，在县南五里君山之东，洞庭之涯，相望浮浮，其状如舟。

城陵山，在县西北一十五里。蜀江西来，洞庭南注，合流于此，乃一郡水口山也。

九马嘴山，在县西南四十里。岸有九嘴，舟过此多险。

七里山，在县北七里。宋岳飞屯兵习水战处也。

黄茅山，在县东三十里。根盘数里，壁立层霄。

五龙山，在县东南五十里。五山对峙，其状如龙，故名。下有石墨港。

灵龟山，在县东一百里。山势圆覆，其状如龟。

千聚山，在县东一百里。盘踞数十里，众山拱拜，因以名焉。

石狮尖山，在县东一百里小湄溪。其势类狮，故名。下有傩神庙。

九峰山，在县东北一百里。相连大云山，高耸九峰，陟其巅，洞庭诸水皆在目。

石城山，在县南六十里。杨幺尝寨其上，故名。

雷分台山，在县东一百里。峰峦秀丽，高耸数仞。一名仙人台，相传曾有仙人于此驱雷，故名。

福圣山，在县东一百一十里。一名福圣台，松柏畅茂。宋元间，兵过伐其树，刀戟难入，人以为神异，故名。

樊驼山，在县西北一百二十里。突兀千仞，山之顶有泉，遇

①柳宗元《岳州圣安寺无姓和尚碑铭并序》曰：“岳州大和尚终于圣安寺。凡为僧若干年，年若干。有名无姓……始居房州龙兴寺中，徙居是州，作道场于楞伽北峰。”《全唐文》卷五八七第5937页。

旱祷雨有应。

黄龙山，在县东南一百五十里。高耸数千仞，芦草丛生。相传智堂邹和尚持锡游此，时遇二人□基以米食供之，遂命云：凡遇旱当于此崖下仍用米食煎，祷即有灵水泻出，可以济旱。一人去，疑为龙子也。后如言，祷无不验。

鸣凤冈、集云峰，在县东三十里。层峦叠翠，上有康太尉神祠，岁旱，祷之有感。

火夹岭，在县东南三十里。两山夹峙，形胜崇绝，故名。

梅坪洞，在县东一百里。洞中有坪，多产梅，因名。

溟水洞，在县东南一百里。洞门常开，有泉飞瀑，民资灌溉。

渭洞，在县东南一百五十里。其中广袤百里，古木修丛。

柘港洞，在县东一百四十里。洞中有港，傍多柘木，民取以供□，故名。

金鸡石，在县西一里。旧有石，在水滨，形类鸡。偶一夕，为震雷击去。

黄石，在君山之东，艑山之西，大江之中也。每春夏水涨，其石潜伏水中，舟行多厄之。

磨刀石，在县南二十里。俗传许旌阳斩蛟磨剑于此①。

川　附洲、矶类

洞庭、赤沙、云梦、青草、白鼍井，俱详府志。

灉湖，在县东南五里。一名溺湖。《左传》吴人败楚于灉澨，即此。《尔雅》曰：“水返入为灉。”唐《张说集》云：灉湖者，沅、湘、澧、汨之余波，夏潦奔注，则溢为此湖，冬霜既零，则涸为平野。诗曰：“念彼（或“别”）灉湖去，浮舟更一临。千峰出

①许旌阳即许逊，道教人物。晋太康元年（280）举孝廉，出任旌阳令，故称许旌阳。在江南地区有斩蛟龙治水的传说。

浪险，万木抱烟深。”①

枫桥湖，在县东北二里。内有山，名雷峰，相传吴主孙权曾葬祖坟，后人立三官殿于上，今废，而桥在焉。

白石湖，在县北七里。

翟家湖，在县北一十五里。

鱼苗洋湖，在县北一十五里。

鹿角古冢湖，在县南五十里。

大江，在县西北。发源城西，流至城陵矶，会洞庭诸水。过临湘，其流中分，清为洞庭水，浊为川江水。

三江，在县西北。岷江为西江，澧江为中江，湘江为南江，皆会于此，故名。一名三江嘴。宋慕容延钊等大破周保权军于此。

新墙河，在县南六十里。发源临湘相思山，至灌子口注于洞庭。

彭城洲，在县东北。刘宋元嘉间谢晦反，刘彦之进讨，军次彭城洲，彦之军败，退保隐矶，即其地。

三湘浦，在县境内。梁天监中僧宝志为符书云：“起自汝蔡，讫于三湘。”后侯景起于汝水之南，败于三湘之浦，故亦名侯景浦。

巴蛇井，在县南。相传巴蛇见于此，故名。

双井，在县东一百步。以面石双窍，故名。

罗汉井，在圆通寺内。

灉湖井，在县南一里。相传此水煎白鹤山茶，气成白鹤飞舞。至今井存。

东井，在县东一里。

---

①《左传·定公五年》原文为“吴师败楚师于雍澨”，非“灉澨”。《全唐诗》卷九八中赵冬曦《灉湖作并序》（《张燕公集》卷七作《干湖作并序》）诗，序原文为：“巴丘南灉湖者，盖沅、湘、澧、汨之余波焉。……夏潦奔注，则沃为此湖，冬霜既零，则涸若平野。”后诗为张说《别灉湖》中四句。

南津港，在县南五里。

干沙港，在县东六十里。

村市志

村 五十一村，每村即一里也。

林溪村、杨梅村、游源村，俱一都。石泉村、白果村、万石村、铜盘村，俱二、三都。荷塘村、古塘村，俱十都。太平村、新桥村，俱十一都。旧江村、马家村、穆湖村，俱十六都。以上系延寿乡所辖。

新塘村、青冈村、范潭村，俱六都。南平村、苑潭村、鲁家村，俱七都。老家村、黄陵村、潼溪村，俱九都。桦林村、南分村、白杨村、潭林村、大坡村，俱十三都。柘港村、枯陂村，俱十七都。以上系石潭乡所辖。

岩岭村、洪山村，俱四都。花角村、龙里村，俱五都。湖田村、湛港村、官桥村、上游村、山溪村，俱八都。小湄村、白箸村，俱二十二、［二十］三都。白湖村、西塘村、龙湾村、三溪村，俱二十四都。杨林村，在十二都。尧溪村，在十八都。公田村、高仓村、黄泥村，俱二十都。以上系永宁乡所辖。

市 七。

新墙市，在县南六十里。潼溪市，在县东南八十里。白杨市，在县东南七十里。以上俱石潭乡。

阁子市，在县东二十二里。庙前市，在县东三十里。梅子市，在县东北四十里。公田市，在县东一百里。以上俱永宁乡。

陂堰志

枫梓陂，在林溪村。长七十丈，阔十三丈，溉田四十亩。

古江陂，在林溪村。长五十丈，阔十一丈，溉田三十亩。

大塘陂，在石泉村。长三十丈，阔五丈，溉田二十亩。

河风陂，在石泉村。长一十五丈，阔二丈，溉田一十五亩。

蛇瘦陂，在古塘村。长三十丈，阔五丈，溉田四十亩。

黄沙陂，在太平村。长二十丈，阔三丈，溉田二十五亩。以上俱在县西南延寿乡。

马家陂，在桦林村。长四百丈，阔九丈，溉田二十亩。

龙西陂，在南分村。长八十丈，阔五丈，溉田一百亩。

庞过陂，在大坡村。长一百五十丈，阔十五丈，溉田一百亩。

龙潭陂，在老家村。长五十丈，阔十丈，溉田六十亩。

樟树陂，在柘港村。长八十丈，阔十丈，溉田六十亩。

官陂，在柘港村。长一百丈，阔十二丈，溉田五十亩。以上俱在县东南石潭乡。

莲花陂，在尧溪村。长八十丈，阔九丈，溉田三十亩。

金陂，在尧溪村。长七十丈，阔十八丈，溉田四亩。以上俱在县东永宁乡。

横塘，在林溪村。长五十丈，阔十丈，溉田三十亩。

君山塘，在杨梅村。长十丈，阔五丈，溉田十亩。

李婆塘，在游源村。长六十丈，阔二十丈，溉田十亩。

段家塘，在石泉村。长一十五丈，阔一十五丈，溉田一十五亩。

金林塘，在白果村。长三十丈，阔十丈，溉田二十亩。

万工塘，在万石村。长十丈，阔三丈，溉田一十五亩。

黄塘，在荷塘村。长四十丈，阔二十丈，溉田三十亩。

道塘，在太平村。长一百丈，阔九丈，溉田三十亩。以上俱在县西南延寿乡。

西婆塘，在新塘村。长六十丈，阔五丈，溉田八十亩。

石塘，在青江村。长八十丈，阔三丈，溉田七十亩。

清塘，在南平村。长一百五十丈，阔五丈，溉田一百亩。

寺塘，在范潭村。长一百丈，阔五十丈，溉田二百亩。

长湖塘，在黄陵村。长四十丈，阔十丈，溉田一百五十亩。

千工塘，在桦林村。长六十丈，阔三十丈，溉田一百七十亩。

黄泥塘，在大坡村。长七十丈，阔四丈，溉田九十亩。以上俱县东南石潭乡。

李公塘，在花角村。长四十丈，阔五丈，溉田七十亩。

石城塘，在上游村。长一百丈，阔三十丈，溉田一百亩。

百家塘，在龙湾村。长三十丈，阔四丈，溉田七十亩。以上俱在县东永宁乡。

户口志

户 洪武间一万七千五百一十；永乐间一万三千五百二十七；宣德间一万二千八百二十二；正统间一万一千七百八十一；景泰间一万八千七十七；天顺间一万九百二十四；成化间一万六百七十七。民户八百一十七；军户五千一十五；贴军二千七百九十三；杂役一千四百四十一；医户四；僧户一十八；道户六；匠户五百八十三。

口 洪武间八万四千五百八十；永乐间六万一千六十六；宣德间五万八千四百五十六；正统间五万六千九百六十六；景泰间五万六千一百一十四；天顺间五万八千八百八十八；成化间六万二千八百二。男子成丁二万六千一百六十五；不成丁九千九百五十六；妇女大二万三千九百二十七；小二千六百五十四。

徭役志

里役 里老，每厢、里设置里长一名，甲首十名，催办钱粮，勾摄公事。老人一名，以剖诉讼。本县共里长五十一名，厢长一名，老人五十三名，甲首各登耗不等。

雇役 弓兵，本府五名，每名月出银一两。

斋夫，本县学六名，每名出银同弓兵。

膳夫，本县学二名，每名出银二十五两五钱。

库子，岳阳马驿、鹿角水驿、临江马驿各一十三名，俱各出柴薪之类以应公差往来，而所出无常数也。

力役 皂隶，本府二十二名，本县一十二名。

弓兵，本县直属三十名，典史厅二名，临湘城陵矶巡检司四名。

驿司，计二十三铺，各铺驿司不等，共二十六名。

马夫，本府九十名，本县五十名。

渡夫，大江渡三十名，新墙渡、白薮渡各三名。

馆夫，岳阳马驿七名，鹿角水驿四名，临江马驿四名。

更夫，本府一十名。

接递夫，本县五十三厢、里，共四百九十六名，迎送公差往来。

库子，府、县学各二名，税课司、税课局各一名，岳阳马驿、鹿角水驿、城陵水驿、临江马驿各二名，本府永储库四名。

门子，布政分司、荆南道各四名，本府四名，清军局、府、县学、惠民药局各二名。府、县学、射圃、医学、阴阳学、僧纲司、道纪司、社学二处，税课司、税课局、社稷坛、山川坛、郡厉坛、养济院、春牛场、岳阳马驿、城陵矶接官亭各一名。

禁子，本县八名。

巡拦，本府税课司、本县税课局各一十六名。

斗级，本府学仓四名，本县学仓二名，预备仓五名，岳阳马驿、鹿角水驿、临江马驿各一名。

物产志

食类 附药产。

稻：粘谷、糯谷、早粘谷、晚粘谷、救工（?）早粘谷。

黍，稷，麦：大麦、小麦、荞麦，粟，粱。

豆：黄豆、红豆、绿豆、黑豆、刀豆、豌豆。

芝麻：黄芝麻、白芝麻、黑芝麻。

菜：芥菜、白菜、苋菜、韭菜、苦荬菜、萝卜菜。

瓜：王瓜（应即"黄瓜"）、冬瓜、瓠瓜、葫芦、西瓜。

茄，芋，葱，蒜，姜，笋：竹笋、荻笋，蒌蒿，芹，蕨。

果：梅、桃、李、梨、柿、枣、杨梅、莲实、花红、鸡头菱、栗、杏、菱角、白果、石榴、山橄榄。

药：荆芥、紫苏、半夏、通草、甘芍花、菖蒲、当归、艾、桑白皮、车前子、麦门冬、茯苓、黄连、甘葛、香附子、天门冬、杜仲、黄柏、细辛、地骨皮、天南星、五倍子。

竹木类

竹：方竹，出君山；筀竹、箭竹、苦竹、水竹、斑竹、丛竹、南竹。

木：松木、樟木、株木、檀木、杨柳木、枫木、桑木、栗木、槐木。

花草类

花：菊花、牡丹、芍药、鸡冠花、芙蓉、葵花、山茶、蔷薇花。

草：龙牙草、茅草、虎耳草。

货类

棉花、苎麻、棉布、绢。

鸟兽类

畜：黄牛、水牛、马、羊、骡、驴、猪、狗、猫。

羽：鹅、鸡、鸭、鹞鹰、斑鸠、野鸭、画眉、雉、黄莺、鸲鹆、鸥。

毛：虎、豹、鹿、麂、獐、猴、野猪。

鳞：鲤鱼、鳇鱼、鳜鱼、鲟鱼、鲢鱼、鲇鱼、鲫鱼、鳊鱼、青鱼、白鱼。

介：鼋、鼍、龟、鳖。

昆虫：黄蛇、乌梢蛇、蟑螂、蝍蛆、蜘蛛、蜻蜓。

贡赋志

贡　野味：岁办活獐四只，折钞一百五十五贯。活雁十六只，折钞四百五十六贯。活野鸡四只，折钞三十贯。活鸽四只，折钞一百贯二十一文。

赋　田地山塘：洪武间官民共计四千七百六十七顷八十一亩一分五厘六毫一丝八忽，夏税大小麦共九百一十六石四斗六升三合七勺，税桑丝共一千五百一十二斤二十一两五钱二分，织京库绢九百八十七匹二丈三尺六寸一分，南京库绢二百二十二匹二丈六尺六十五分五厘，秋粮米五万五千五百石九合一勺。永乐间官民共计四千二百顷六十三亩三分八厘五毫四丝七忽，夏税大小麦共八百一石六斗七升四合三勺，税桑丝一千三百五十七斤九两，织京库绢八百九十二匹一丈四寸二分五厘，南京库绢一百九十四匹七分五厘，秋粮米四万六千五百三十七石七斗一升四合，草未详。宣德间官民共计四千二百六十九顷六十五亩七分四厘九毫六丝三忽，夏税大小麦共七百九十八石八合一升五合七勺，税桑丝一千三百三十八斤二十一两一钱二分四厘，织京库绢八百九十三匹一丈三尺六寸一分，南京库绢一百九十四匹八分，秋粮米四万六千二百七石三十四升七合五勺六抄，草未详。正统间官民共计四千二百六十九顷六十五亩七分四厘九毫六丝三忽，夏税大小麦共七百九十八石八斗一升五合七勺八抄，税桑丝共一千三百五十八斤二十一两一钱二分四厘，织京库绢八百五十三匹一丈三尺六寸一分，南京库绢一百九十四匹八分，秋粮米四万六千二百七石三斗四升七合五勺六抄，草未详。景泰间官民共计四千三百七十五顷六十九亩二分七厘九毫六丝三忽，夏税大小麦共七百九十八石九斗五升五合八勺四抄，税桑丝一千三百六十二斤九两七钱三分，织京库绢八百九十六匹一丈三尺二寸，南京库绢一百九十四匹一丈二寸七分五厘，秋粮米四万六千三百二十八石三升四合五勺，草未详。天顺间官民共计四千三百九十七顷八亩二厘五毫八丝四忽，夏税大小麦共七百九十九石二斗二合二勺四抄，税桑丝一千三百六十八斤一十二两四钱三分，织京库绢九百匹二丈九尺二寸二分，南京库绢一百九十四匹一尺四寸二分五厘，秋粮米四万六千五百五十五石八斗八升一合二勺六抄，草未详。成化间官民共计四千五百二十一顷五十七亩四厘七毫八丝七忽，夏税大小麦共八百一十七石九斗一合七勺一抄，税桑丝一千四百三斤一十一两九钱一分，织京库绢九百二十八匹二丈七尺八寸四分，南京库绢一百九十四匹二尺二分五厘，秋粮米四万七千八百五十三石七斗六升二合一勺四抄。草一百二十斤。

段（通“缎”）：岁造各色一百匹。

户口食盐：官吏民人，七千二百二十二员名，户男妇大，一万二千三百一十一口。共钞八万五百四十一贯五百文，该盐八万五百四十一斤八两。

课程：税课局、河泊所岁办酒醋课钞二百五十九贯二百文没官，房地赁钞四百三十八贯三百文，窑课地租钞一百四十六贯二百五十文，茶课钞六千三百四十六贯七百文，茶引由工墨钞一千七百四十八贯，桐油课钞六贯四百三十文，商税课钞九千四百七十一贯二百文，契本工墨钞一十二贯，窑税课钞一千三十六贯八百文，鱼课钞二万六千八百四十一贯五百七十文，比附鱼课钞一千六百一十六贯七十文，增添课钞九千八十七贯一百一十文，增认课钞五贯。

鱼油：河泊所岁办共□万三千三百二十斤一十九两六钱，折黄麻四千四百三十五斤三十三两八钱七分，折熟铁七千九百九十五斤一十六两九钱六分。

鱼鳔：河泊所岁办共四百四十八斤一十六两三钱一分，抵斤折鱼线胶四百四十八斤二十六两三钱一分。

翎毛：河泊所岁办共九万九千九百三十三根，折钞一千六十贯，折熟铁三千六百四十六斤五十四两一钱二分。

皮张：岁办麂皮一百四十张，杂皮二百八十张。

屯田志

田　岳州卫官军领种四十五顷一百二十七亩。武昌卫未详。

子粒　数附各卫。

仓库志　附养济院

仓　便民仓，在县西南三里，地名土桥冲。计三连共五十三间，每岁夏税秋粮收支于此。

预备仓，五所：一在县南一里崇教坊，计三连共一十五间；一在县西二十五里永宁乡，计二连共六间，官厅三间；一在县东南六十里石潭乡，计三连共六间；一在县西南八十里延寿乡，计三连共六间；一在县东八十里永宁乡，计四连共一十二间。

库　架阁库，详“公署志”。

养济院，旧在塔前街。成化乙巳（二十一年，1485），知府李镜迁于东门仓，建存恤厅三间，左房十间，以居男，右房十间，以居女，外门一座，时□省视，给以衣粮。鳏寡孤独，举得其所。

驿铺志

驿 岳阳马驿，在县北二里北门外。旧在岳阳门外，洪武中改建于此。成化十三年（1477），知府戴浚重建。二十二年（1486）知府李镜出府藏重加修葺，建中门、正厅五间，后堂三间，中门一间，鼓楼一座，左右库、厨房各五间，驿丞公廨一所。

鹿角水驿，在县南五十里，洪武初建。正厅五间，后堂三间，鼓楼一座，左右库、厨房各三间，驿丞公廨一所。

临江马驿，在县西九十里，洪武初建。成化间知府吴节重建。正厅三间，后堂三间，鼓楼一座，左右库、厨房各三间，驿丞公廨一所。

铺 县前铺、花板铺、新路铺、茅栗铺、双峰铺、迎瑞铺、新墙铺、西薮铺、均步铺、荷盘铺，东南往平江、湘阴路。

大湾铺、穆湖铺、牛台铺、三家店铺、马家林铺、陈家林铺、茅蓢铺、茭港铺、乌沙铺、仰山铺、楚云铺，西往华容、石首路。

新塘铺、冷水铺，东北往临湘、蒲圻路。

以上俱正厅一间，邮亭一间，正门一间，左右房六间，路亭一所，坊牌（“牌坊”倒文）二座，榜房二间。铺司、驿司各二十三名，铺兵共一百四十名。什物同府。

关隘志

鹿角巡检司，在县南五十里。余详“职官志”。成化初，守臣因洞庭流贼出没，议委岳州卫指挥一员，带领旗军五十名哨守之，岁以为常。

津梁志

九龙堤，在县北一里。九山相连如龙，故名。

岳阳桥，在阛阓坊。

枫桥，在县北三里，通武昌路。

花板桥，在县东一十五里，通长沙路。

梅师桥、珍珠桥，俱在县南一里。

安济桥，在县东一里。

普济桥，在县西南塔前街。

积善桥，在县东南街。

高桥，在县东北二十五里。

增福桥，在县东南二十五里。

大桥，在县东一十五里。成化丁酉（十三年，1477）都纲得恺建。

大江渡，在县西北，路通华容。

南津渡，旧名乌龟渡。在县南五里，通鹿角水驿。

上游渡，在县东北六十里，路通临湘、平江、通城。

白薮渡，在县南二十里，路通平江、湘阴。

车头渡，在县南六十里，路通平江。

新墙渡，在县南六十里，路通湘阴。

（礼乐志、武备志，俱详府）

宦迹志

前任　唐　知县：李密思。

宋　［知县］：上官彝、郑垧。县尉：胡士隆。

元　县丞：音雅纳世理。教谕：朱成章。

国朝　知县：郎子文、邵棠、康彦明、秋成、王维、张善、秦庸、刘翀、邓通、袁纲、胡文、黄崧、施裕、高彦峰、滕卓。

县丞：祝邦、邹瑾、张华、叶球、王佑、马珍、周埙、刘昂。

主簿：叶世杰、朱青（或“清”）、梁彦彰、宋必华、魏春、谌朝杰、王征、王松、宋璥、张通、董珩、游鉴、尹尚志（或“智”）①、彭福、陈佐、郗灏、顾通、张显。

教谕：吴驰、杜华、林深、林惟高、徐谏、毛翔、徐振。

训导：黄思义、谢溥、朱珙、曾廷仪（或“义”）、黄武、官溥。

（以下名录应为修志当时在任官员）

知县：舒珪，江西进贤县人。由举人，弘治二年（1489）授任。

县丞：何顺，四川成都卫人。由监生，弘治二年（1489）授任。

主簿、教谕：吴伯淳，四川广安州人。由举人，弘治元年（1488）授任。

训导：徐祖，直隶含山县人。由监生，成化十九年（1483）授任。

程福，江西乐平县人。由监生，弘治元年（1488）授任。

名宦志

国朝　郎子文，洪武中知县。慈惠恭勤，创立县治及学宫，置坛壝、城池，民不劳而事集。即去，民至今思慕之。

叶世杰，浙江处州人。洪武中主簿，能文章，有善政，编有

①卷一“纪述志”夏寅《岳州府学记》（注者拟）中作“尹尚智”。

《岳阳风土记》[1]。

邵棠，浙江新城县人。永乐间知县，尚廉洁，勤政事，均赋役，深得民心。秩满，阖邑恳请，复任。

王维，江西泰和县人。正统间知县，锄强植弱，兴利除害，民多畏爱。致仕，卒于家，民有往服其丧者。

吴驰，江西新城县人。任教谕，谨于持身，勤于立教，弟子多赖造就。

黄思义，四川安岳县人。任训导，勤于教诲，士多赖成之。

朱珙，直隶吴县人。作训导，扶持名教，士赖启迪，历升通判。

林深，江西南城县人。任教谕，启迪有方，人才不乏。

刘耿，四川眉州人。任训导，好学善教，终于任（本卷“宦迹志”中刘耿漏列）。

科甲志 附岁贡

进士

元 邓观，荆州公安主簿。[2]

鞠志元，至顺癸酉（四年，1333），宜都知县[3]。

国朝 卢坦（或“垣”），永乐甲申（二年，1404）曾棨榜，终知县[4]。

---

①《岳阳风土记》为宋范致明所撰。据隆庆《府志·宦迹传》，叶世杰曾“重编《岳阳风土记》”，该书不知存否。

②萧启庆《元代进士辑考》历科进士都不见邓观。隆庆《府志》谓“未详年次”，待考。

③至顺四年即元统元年（1333）。据萧启庆《元代进士辑考》，鞠志元为元统元年南人、汉人第三甲进士，赐同进士出身。谓：“先世居吉安路吉水州，今籍岳州路巴陵县。”

④《明清历科进士题名碑录》作“卢垣”，永乐二年赐同进士出身第三甲。隆庆《府志》亦作卢坦。二《志》应误。

谢纲，成化己丑（五年，1469）张升榜，历官副使。

余顺，成化乙未（十一年，1475）谢迁榜，终知县①。

颜颐寿，弘治庚戌（三年，1490）钱福榜。

举人

国朝 胡原信，终伴读。李舜宁，终教授。任仲瞻，终教授。李海，终知县。胡存善，终教谕。俱洪武丙子（二十九年，1396）。

柳正茂，洪武己卯（即建文元年，1399），终教授。

易昭，终知府。周谦，终学录。汤建中，终教谕。俱永乐乙酉（三年，1405）。

易諴，终教授，见“人物”。刘仕荣，卒。徐栗，终教谕。俱永乐戊子（六年，1408）。

周若符，永乐辛卯（九年，1411），终教谕。

邓勋，永乐甲午（十二年，1414），终卫经历。

程汝霖，卒。魏思敬，终经历。俱永乐丁酉（十五年，1417）。

罗拱宿，永乐癸卯（二十一年，1423），终州同知。

王镇，宣德丙午（元年，1426），终吏目。

李昊，正统戊午（三年，1438），见“人物”。

瞿彰，终教谕。屈俊，锦衣经历，寻升楚雄知府终。俱正统辛酉（六年，1441）。

潘玉，景泰癸酉（四年，1453），终教谕。

邓林，景泰丙子（七年，1456），终通判。

黄钥，历官同知。易海，终通判。天顺己卯（三年，1459）。

柳玠，与其子应辰同举成化戊子（四年，1468）乡荐，授铜梁教谕，后封刑部员外郎。龚冕，成化辛卯（七年，1471）。

---

①《明清历科进士题名碑录》余顺列成化十一年赐同进士出身第三甲，注谓：“湖广巴陵县人，直隶安庆卫军籍。”隆庆《府志·选举表》成化乙未进士有“余清，巴陵人”，无余顺，应误。

晏玺，成化庚子（十六年，1480），任训导。

颜颐寿，成化癸卯（十九年，1483）。

何本贵，弘治己酉（二年，1489），任训导。

岁贡

国朝　邓翼之，终教谕，洪武间。

陈恕，终御史。贺林，终同知。方名立，终知县。颜礼，终县丞。俱永乐间。

廖纯，终吏目。周缙、陈学志、刘瑜、周文郁，俱终知县。李本，终苑马寺丞。徐铎，终州判官。俱宣德间。

贺琮，卒。谢思聪，终州判官。徐毂，柳冕，俱终训导。邵明、傅秉彝，卒。杨轼、方昶、罗纲，俱终知县。俱正统间。

易子晋、黄鉴，俱终知县。程鹏，终检校。徐鉴，卒。俱景泰间。

萧九成，任州同知。巢凤，卒。贺文振，终县丞。赵鸾，终宣慰司经历。柳玮，历官伴读。易篪，终卫经历。李琛，卒。刘沧，终知县。胡瑄，终推官。俱天顺间。

赵致中，任县丞。张如海，任都事。乐夔、周琳、赵镜、罗玑，俱未任，卒。杨瓒，终训导。姜鲁，任训导。李忠、熊惠、隋铣，任训导。谢恕、刘文，终县丞。俱成化间。

乐金，弘治间，任训导。

人物志　附隐逸

国朝　潘原清，八都人。任江西崇仁县丞。莅民慈惠，凡桥梁塘堰，有利于民者，竭力修造。民甚德之，相率赴京言状，升知县，卒于官，尤立祠祀之。

邓鼎，十三都人。由吏员任华亭县丞。勤慎爱民，凡遇婚丧之贫者，曲为周助，或继以己俸。民戴慕之。

李昊，十六都人。由举人任龙岩知县。兴利除害，吏民怀畏。先此民间服饰，男女少办，至是一丕变之。卒于任，民立祠祀焉。

易諴，八都人。由举人，学行俱优，任江西吉安教授。屡典文衡，所取得人。

罗纲，九都人。由监生，任四川大宁知县。平易近民，民多爱慕之。

周若篪，二十四都人。由吏员，颇有文事，任浙江富阳典史。廉静公勤，致仕。久之，民犹以其善闻于有司，移文嘉赏。

邵聪，知县棠之子。读书通史鉴，善吟咏，不事进取。

易子泰，教授諴（讹作“诚”）之子。读书，善属文，动有古人风，为闾里推重。

方宗秩，八都人。通《春秋》，尤善诗赋，子弟多从之。成化初，知县袁纲以经明行修举，不就。

贞烈志

国朝 蓝氏，黎受三妻。嫁未几，夫亡，无子。依弟荣寡居，誓（讹作繁体“擔”）不再适。年七十四而节行无瑕。洪武初，有司以其事闻，诏旌表之。

张氏，陈学明妻。年二十余夫亡，且无子，以夫兄之子为后。或以无依劝之再适，张曰：“尝闻饿死事极小，失节事极大。”自是节操益坚。成化初，有司以其事闻，诏旌表之。

易氏，方志通妻。年二十夫亡，子仅一岁，力贫养姑，姑病笃，易氏吁天求以身代病，遂瘥，人以为孝诚所感。自是奉养益谨，又十有三年，姑卒，殡葬如礼。子稍长，教之就学，卒授儒官。孀居四十余年，闺门肃然。成化初，有司以其事闻，诏旌表之。

戚畹志

国朝 颜期寿，知县公辅仲子。辽府聘为仪宾，阶亚中大夫。[1]

（宫室志，详府）

祠庙志

城隍庙，详“坛壝志”。

东岳庙，在县东五十步。国初建。洪武五年（1372），礼部给户由与市民刘景山奉祀。正统初，知府易善重建。

南岳庙，三：一在县北南门街西巷；一在县东门仑街；一在县五十里洞庭湖东，成化初，知府吴节重建。

惠应庙，二：一在县东二里，昔邑人张宏业医多阴德，后人立庙祀之；一在南门内，宋咸淳二年（1266）赐今额。

五显庙，在县南天岳山。李唐时，旧传其神曾医富人于远方，得一铁缸而归，见存庙前。

康太尉庙，在县东三十里茅栗坪，即集云峰也。宋建。其神岁旱祷雨辄应，邦人仰之。

灵妃庙，在县南南津港滨。秦武陵令罗君用督运官铁，溺死洞庭，其女与弟寻父尸不获，俱投水死。邦人立祠祀之。宋元丰间，赠女孝烈灵妃，弟孝感侯。附韩女子祭。详府“贞烈志”。

---

①“辽府”即辽王府，为有明第一代藩封亲王。第一代辽简王朱植为明太祖庶第十五子，洪武十一年封于卫，二十五年改封辽，就藩广宁州，永乐二年迁荆州府，仍号辽王。辽王在荆州共袭八代（《明史・诸王世表二》）。“仪宾”即王府女婿，颜期寿为辽府哪一代哪一位女裔的仪宾不得而知。

长湖庙，在县东南八十里。昔唐将雷万春德及于民，立庙祀之。至今尤显。

仰山庙，在县东南崇教坊，宋建。

董王庙，王名景珍。在北门外。

郑王庙，王名文秀。在城南。昔隋末世乱，巴陵校尉董景珍、旅帅郑文［秀］共迎罗川令萧铣为帝。后人仰其功，立庙祀之。

昆山庙，在县东三十里。

黄茅山庙，在县东三十里。永乐初，知县康彦明建。

赐花塘庙，在县东一百里。

刘公矶庙，在县西北二里。刘宋时建，国初重建。

新庙，在县西南二里。

傩神庙，在县东一百二十里石狮尖山。小湄溪乡人每岁逐疫，神为之御灾捍患。宋建。

总圣庙，在县西楚云铺，宋淳祐建。

三圣庙，在十六都，宋建。

铜将军庙，在县东一百里。岁旱，祷雨有应。

陵墓志

普实墓，在圆通寺内法堂左。国朝，楚王葬普实于此。详“方外志”。

古迹志

慈氏塔，在慈氏寺，唐僧妙吉祥建，以镇洞庭水孽，宋安抚孟珙重修。后人塑珙像于塔之傍。

明月池，在县西南天岳山北，下有小池，形类明月，池中常有金鲤游跃，今湮。

（景致志，详府）

寺观志

寺　乾明寺，在县南，晋创。今僧纲司寓焉，僧五名，僧行三名。

圆通寺，在县东，宋创。僧五名，僧行三名。

慈氏寺，在县南，内有塔，宋建。僧二名，僧行一名。

白鹤寺，在白鹤山，唐建。僧三名，僧行二名。

自然寺，在县东，宋建。僧一名，僧行一名。

崇胜寺，在君山，晋建。僧三名，僧行一名。

释迦寺，在九都，宋建。僧一名，僧行一名。

白湖寺，在二十四都，唐建。僧一名，僧行一名。

莲荷寺，在十七都，宋创。僧一名，僧行一名。

护国寺，在十三都，唐建。僧二名，僧行一名。

甘田寺，在二十都，宋建。僧一名，行童一名。

兴福寺，在十都，宋建。僧二名，僧行一名。

通惠寺，在七都，宋建。僧一名，僧行一名。

金宿寺，在十三都，国初建。僧一名，僧行一名。

观　玉清观，在县南，宋建。今道纪司寓焉，道士十四名，道童八名。

东岳观，在九都，宋建。道士五名，道童三名。

玉华观，在十一都，唐建。道士五名，道童三名。

天庆观，在县东一百里，宋建。道士二名，道童一名。

玉虚观，在十三都，元建。道士四名，道童二名。

方外志

五代唐（五代时后唐） 灏鉴，巴陵人。蚤（通“早”）出俗，居乾明寺，谒云门禅师，授以三转语，遂悟。详《大藏经》。

国朝 普实，夔府人。幼颖悟，坐则跏趺（讹作“跌”），不茹荤。九岁遇僧话，即如宿契，遂弃家从通禅师，居天宁寺。携锡遍历禅席，叹曰：“不超三界非丈夫也。”自此节食毁形，谒石钟贤师，隐于杨板山。习定一纪，出游衡岳，憩圆通寺，升座说法。时有天花飞坠，白鹤翔空。长沙大旱，迎师祈之，说偈而往，大雨随至。一日，告门人曰：“辛未（洪武二十四年，1391）正月二日，吾当去矣。”① 及期，端坐而化。

（制命志，详府）

纪述志

［巴陵县］学记

国朝 祭酒王俱撰

巴陵县为岳州治所，肇自古昔，国朝因元之旧，改路为府，县隶焉。又因宋元旧，立学在县治西南崇教坊。二年，为洪武丙辰（九年，1376），降府为州，县与学并省。又五年，辛酉（洪武十四年，1381）复为府，置县及更建学，其位置虽踵其故，而基局湫隘，

---

①明兴至本志纂修时有两个辛未年，一为洪武二十四年（1391），一为景泰二年（1451），此处难以确知。康熙《府志》卷二十六《仙释》传曰：“僧普实……泰定三年（1326）五月五日，有异僧过门，因话，心包太虚，闻之忽省，如夙契，年十一……洪武初，南游抵荆湘……”如此，普实应是元末明初人。两志所述出俗的年龄略有差异，普实坐化时寿75岁左右。

规画苟简。其南旧所谓案山者侵为市区，自是更永乐以迄于今，七八十年，前后令长卒莫为兴复之计。府虽有为又略其为府附庸，差未暇及牵补，相承循至隳圮。成化丁亥（三年，1467），知府眉山吴君节始至，谓兹首务，未及有作。明年己丑（成化五年，1469），南昌林惟高来，为教谕，请复侵地，吴君为市地易之，屏去庐舍，芟除芜秽。案山豁露如屏如几，苍润可挹。又明年（成化六年，1470），提学宪副莆田严公淦过而悦之，命吴君身自劝率，以林教谕董其事，创戟门，作两庑，修复明伦、会膳堂，又作重屋为生徒肄业之所。而棂星、学门亦就之，礼殿五间最后缮。夫何董治者不为久远图，率用非土宜木，不数年而堂斋朽腐，瓦椽零落，梁柱倾欹，未有复兴之者。丁酉岁（成化十三年，1477），知府福清戴君浚承乏是郡，诣学礼先圣，清学规，慨然叹曰：士之振兴者在教养之地也，今若此，士类何由而振兴乎？乃市材拓丘，更建于本学后阜之上，属岁俭遂寝厥功。庚子（成化十六年，1480）秋，教谕涢南毛翔谓是学堂高路污，未惬观瞻，宜筑土垒石，固其基而与堂相称可也。由是偕知县太仓施裕领戴君之命，分级为三，实以巨石，补土高一丈二尺，阔一十五丈，深一丈三尺有奇，四围垒石如之。继修大成殿，增两斋，塑饰圣贤肖像，筑周垣一百七十五丈，凡倾圮者悉竭心以次而新之。其会计审量，陶甓庀徒，佣贾稍食，皆戴君之措置。高甍绮丽，金碧焕然，过者骇瞩，瞻拜起敬。咸曰：斯学之成也，民不告劳，材非外取，非知所本者能如是乎？始事于庚子（成化十六年，1480）十月，落成于辛丑（成化十七年，1481）六月也。征予记之。余惟天下之事有缓急，故成之者有难易，大率又系乎人之知要与不知要，未有不失其伦次，以趋于苟且，一惟其时之是循是习，而不复致力也。夫急事功者，睨道教为迂缓；恤时艰者，乐尸素为简易，此古今天下之通患也。戴君莅政以来，一切皆振起之，盖以有官者之于政若所当重，而教为尤重也。古之王者建国君民，教学为先，而我朝列圣每惓惓致意于斯，然则为吾臣者可不祗循德意以期于复古邪？夫教以道民，政以正民，道之而不从者有政以齐一之，是政与教而无二致，其先后缓急尤较然也。顾乃岐而二之，至或举以罪岁，亦何缪哉？先正谓秦汉以来以教为政与古背驰，必求义理深入人心，有不能已而为之者，然后可与论唐虞三代之学校，兹学之兴庶几乎？是为记。

重修明伦堂记

国朝　佥事王宣撰

学校育才之地，明伦堂又讲道之所，政教之施所当先也，岂可慢而不加意乎？湖广为天下大藩，岳州为湖广名郡，巴陵又岳州近邑。学在郡城之南，堂久材腐，瓦椽梁栋倾欹零落，虽尝加葺理，而董事者不为久远图，率用非土宜木，故不逾数年又复倾坏。[①] 予按临是邑，因诣学礼先圣，清学规，睹斯堂之将颓，慨然而叹曰：士之所以振兴者，由乎教养之有地也。今若此则规模之不整，气象之不振矣，士类何由而兴起乎？适教谕杨理（本卷“宦迹志”中杨理漏列）亦以此言予，乃权宜厥事使葺理之。越若干日功成，杨以书告予曰：堂自景泰六年（1455）十二月初肇工，是月终工集。遣男故里载石来刻其事，乞吾以记兹盛。仰惟朝廷图治以育贤为先，育贤以明人伦为首，人伦明则教化行，风俗美。人人亲其亲，长其长，而天下平矣！三代之隆，其教不过是耳。方今内有胄监，即三代时所共之学也；外有府州县学，即夏校殷序周庠之意也。制不异于古，教不异于古，治又何异于古邪？巴陵在洞庭之东，濡文物文化，贤才之产不为少矣。斯堂之成，岂巍巍观瞻之耸敬，必士气由此而作，文教由此而昌也。殆见为师者乐得乎施教之地，为士者乐聚乎听教之场，人才辈出，彬彬焉，济

①此处与前王僎文雷同。前文为“夫何董治者不为久远图，率用非土宜木，不数年而堂斋朽腐，瓦椽零落，梁柱倾欹，未有复兴之者”。次序和个别字稍异而已。

济焉。黼黻皇猷，笙镛治道亦从兹而基也，所关岂不大哉！予非好事者，纪此特将为举坠补弊者劝云。

乡贡题名记

国朝　教谕杨理撰

圣朝建学立师，养贤育民，天下薄海内外莫不有学，三年则宾兴贤能而登庸之。殆今几百年矣，设科取士之方得人。致治之美，比隆于唐虞三代者，实天生贤才，辅佐皇明，夫岂偶然哉！巴陵为楚名邑，环洞庭之湖，镇天岳之山，秀气所钟，英伟层出，登科跻仕者，黼黻皇猷，赞襄治化，功名事业炳炳烺烺，昭人耳目。但历世既久，匪碑以记之，不几泯其迹乎？予典教于斯，与同寅李君翰恒以为虑，于是属门生秦永铭，市诸坚珉以记之碑刻。自大明洪武丙子（二十九年，1396）胡其善始，勒其姓名，注其职任，名其额曰“乡贡题名记”。俾斯学发身科第，缙绅君子英声伟望昭今耀后。千载而下，一览而举在目前，顾不伟欤？碑成，不惟有以发挥于已往，实有以奖励于将来，矧今际乎国家气韵隆盛之时，文教诞敷之日，士之未成名而修育于学宫者，当思奋励接踵于前，益隆于后，必登庙堂而接武皋，夔居郡邑而匹休龚鲁，任师儒而祉美安定，则身享爵禄之荣，名昭金石之记。斯不负君子立身之大节，岂徒慕名媒禄而无实行之纪邪？尚其勖之。是为记。

孝烈灵妃孝感侯庙记

宋　假守［李］观撰[①]（《全宋文》阙载）

---

①原刻中作者姓氏缺遗。《记》成于元丰五年，隆庆《府志》元丰间知岳州军州事有“李观”，即其人也。宋范致明《岳阳风土记》第16页：“灵妃庙，有铜鼓，元丰中永庆庄耕者得之，取置于寺。太守李观用耆旧之说，以为陆贾使南越，尝以铜鼓献之于庙，岁久失之，意其必此，遂移置庙中。方移置时，护持不谨，因误毁损，今已不完。”文中李观之说即源自此文。

臣闻贯六地通神明莫大乎孝，且仁者洋溢六合，衣被万物，无丝忽之效浮于声色，直与元化之工肩而并兹仁之轨辙，其难明也。若此而为孝之根本，故知孝者日星五常而冠冕百行。巴陵控荆湘之会，迎江汉之冲，臣假守一隅，烈暑愆亢，弥月不雨，遍走郡祠，庶几仿佛寂如也。回照恒惕，亦惟蕞陋，益窃宠寄而举颠谬，速瘝于民，咎无以赎，徬期请曰：郡之南七里有灵妃，积稔嘉应，亟斋祓躬款祠下，焚香恳祷，酌奠礼已再拜，雷霆适作，及还揽辔，阴霭垂地，瞬息滂沱。甫次郡舍霄塄如亩，通夕诘朝，弃捐之稼倏归再造。臣窃惟灵祠响答，天下有之，固未闻桴鼓之应不容旋踵，比塞其觋。试发郡图，载名氏而遗本末，捃之闾里得也。录云：秦之铁官罗氏以舟运铁，没溺洞庭，女兄挈弟径趋溺所，赎父不获，偕委洪波。邑人哀而祀之，祸福惨舒恍然如在。且父母之丧，人子不茹荤或数月，或期，或服除，克终身者鲜矣！神之心不惟父不得其所而又殒骨冥茫，故不茹荤以终天，今祷祀荐素馔而屏血食，其为德也，愈绝涯涘。《野录》重云：汉初陆贾使南越，假道乞灵于二神，既还，馈一铜鼓，今亡矣。臣谨原汉平海内，尉佗据南越，高帝十一年（前196），命贾赐佗印为南越王，迄今千二百有七年矣①，故鼓之亡宜矣。聊访之，昔民耕于庙之左得铜鼓而秘之，偶录于僧室，乃贾之遗也。蚀土危脆，巧制粗完归之，遽极其亡。五代凌夷盗臣狂僭湖南，马氏明宗天成二年（927）封女曰“昭烈”，妃弟曰“都使”者。臣以圣神拱极治乱之具，广弥覆载，细践锱铢，莫不贯通，中蔼至和。虽昆虫草木，神色温润，安有力孝？痛世冥觋格物使之袭，盗臣之狂而不饮天子之泽，乃罪魁也。冒昧尘愚爝火胜而太阳下烛，雨露优渥湖上之蹈泳鼎沸。臣窃惟购父渊伦之职也。妃以闺闱之秀，躬男子之事崎岖，挈弟睹死如归，不拔之诚，飞落幽显，金石粉塑烈

①汉高帝十一年（前196）至宋元丰五年（1082）实有一千二百七十八年。

然，光芒涅郁邈千载。一旦为褫封疏显号，所谓脱污泞而跻玉璞，臣深迹本源，盖水清之上天资笃孝，悼此殊节，霈然异数，岂特炳神之休，亦足以激昂臣子。夫士孝于亲，必忠于君，必力于民，亹亹赤诚，鬼神避席，毫发殚尽，不践欺谲。兹为之忠民之休戚如在已焉，兹为之力中外大小之臣涵泳圣训，确乎孝者概然矣！安得不羽翼熙盛，措宗社于亿万斯年。意二神高躅，旷古谁欤？汉曹娥、叔先惟后陈也。娥之为推及亲而不及物，灿于国史足以谢其劲。二神及亲矣而又及物之多，宜乎爵号烜赫。故于臣敢告曰：人臣缀一命之荣，夙夜刳心饥浊躬漫思波，浚渝□海，惟神风雨时，百谷遂，阴阳和，疫痢殄，善者相之，恶者绳之，岂持虔上命之柄薄以酬圣天子之遇。宋元丰五年（1082）六月日记。

题咏志

三江

陈　后主诗（《先秦汉魏晋南北朝诗》下册第2509页，题《三洲歌》）

春江聊一望，细草遍长洲。沙汀时起伏，画舸屡淹留。

唐　温庭筠诗（《全唐诗》第9册第6761页，题《三洲词》）

团圆（或“圞”）莫作波中月，洁白莫（或“无”）为枝上雪。月随波动碎潾潾，雪似梅花不堪折。李娘十六青丝发，画带双花为君结。门前有路轻（或“生”）离别，惟（或“只”）恐归来旧香灭。

（余俱详府）

杂志

江南曲

梁　柳晖诗（《先秦汉魏晋南北朝诗》中册第1673页）

汀州采白苹，日落（或“晚”、“暖”）江南春（或“村”）。洞庭有归客，潇湘逢故人。故人何（或“久”）不返，春华（或“花”）复应（或“将”）晚。不道新知乐，只（或“且”、“空”）言行路远。

洞庭春色

国朝　状元罗伦诗

人言洞庭大，我言洞庭小。风帆一日程，春色有多少？溟海泛蓬瀛，混沌辟浩渺。御风摩黄鹄，一览六合了。回首苍梧云，东南渺方沼。

洞庭曲

元　杨维祯诗（《全元诗》第39册第78页，或题《小临海曲十首》，此其一）

日落洞庭波，吴娃荡桨过。道人吹铁笛，风浪夜来多。

洞庭迎送神

元　陈泰诗（《全元诗》第28册第46页，原题《洞庭迎送神歌四首》）

我岁晏兮北行，黯维舟兮洞庭。诣灵均兮神宇，女巫进兮告情。击鼓兮坎坎，心驰兮目短。灵惝恍兮有无，思我虔兮毋远。

修门兮延伫，灵将动兮松（或“私”）语。群龙兮吹云，森天（或“夭”）矫兮树羽。击鼓兮咽咽，灵飚兮飞旋。垂玉珥兮玄服，映纮紞（或“綖”）兮华毂。纷进拜兮主臣，心夷犹兮平陆。

我所悦兮霞觞，俨将进兮翱翔。盼灵光兮怵（讹作“休”）惕，灵慰我兮清扬。酾酒兮苾椒，荃蕙兮为殽。灵饮此兮宜寿，配南箕兮参北斗。介下土兮景福，侑皇风兮永久。

蹇既醉兮日暮（或“莫”，通“暮”），绿烟生兮南浦。灵之回兮彤裳，蜼（讹作“虽”，繁体“雖”与“蜼”形近）为文兮螭章。幽棂兮闭夕，窈窕兮望不极。［耿谁告］（或“云冉冉”）兮灵辞，羌劳汝（讹作“汝”）兮余思。湘之滨兮有芷，候南风兮来归。

湖广岳州府志卷之四

临湘县

沿革志

县在府治东北九十五里。

唐虞至汉，详府。[①] 五代唐清泰间，置王朝场，便民输纳。宋淳化间，升为王朝县，属岳州。至道初改临湘[②]。元仍宋旧。

国朝仍元。洪武初，编置上松、白沙、同文、方山、擢秀、上下青阳、上下八都、南村、栎桥、鲁源、楚冲、佛洲、大宝、王家、白竹、棠冲、冶湖、柘木、万库，一十二区，统三十六里。后因垛军及水夫等役繁重，户口渐消，二十四年（1391），减为二十八里。永乐十年（1412），又减为二十里。二十年（1422），又减为一十四里。宣德七年（1432），又减为九里。景泰三年（1452），又减为八里。厥后逃逋附籍，户口渐登。天顺六年（1462），复增为九里。成化十八年（1482），又增一里。实编户十里，在县一里，在

①秦汉时期临湘应属下隽县所辖，详卷三“沿革志”。

②《宋史·地理四》：“临湘。淳化元年（990），升王朝场为县，寻改。”《宋史地理志汇释》第172页“集释”引《元丰九域志》卷六、《宋会要》方域六之三四、《隆平集》卷一《郡县》、《宋朝事实》卷一九、《通考》卷三一九《舆地考》均系升王朝场为王朝县于淳化五年（994）。而《舆地广记》卷二八、《舆地纪胜》卷六九引《国朝会要》均系于淳化四年（993）。故而《宋史·地理志》此处纪年疑有误。又改王朝场为临湘，上引《元丰九域志》、《舆地广记》、《宋朝事实》、《舆地纪胜》均系于至道二年（996），而《宋会要》作至道三年（997），疑以前者为是。

乡九里。

邑名志

临湘，因地濒三湘之流，故名。

王（讹作“正”）朝，宋名。

疆域志

东接蒲圻，至武昌府蒲圻县界九十五里；西通监利，至荆州府监利县界二十里；南扼巴陵，至本府巴陵县界六十里，北控沔阳，至直隶沔阳州界一百五里。东西广一百一十五里，南北袤一百六十五里。

东北到武昌府嘉鱼县治一百八十里，东南到武昌府通城县治一百一十四里，西南到本府巴陵县治九十五里，西北到荆州府监利县治一百四十里。

（星野志，详府）

形胜志

枕洞庭之口，滨三湘之水。三湘经流，二湖襟带，鱼梁拱于前，白马拥于后（俱旧《志》）。

风俗志

人性悍直，士习礼义。居山者力耕桑，滨水者业网罟。逞忿者好讼，少赢者习奢（俱旧《志》）。

城池志

旧无。成化十一年（1475），知县唐绢因县治近江，周围筑土为垣，覆以陶瓦。分东、西、南、北四门，各立烟楼设守，以备不虞。十八年（1482），知县罗俊重加修理。

隅厢志

东隅　县东街澄清坊、宣化坊、泮宫坊，天顺癸未（七年，1463），知县李章立。成化乙巳（二十一年，1485），知府李镜重修。道爱坊、懋迁坊、朝阳坊、文焕坊，为举人李棠立。鹏程坊，为举人张肇立。文林坊。

南隅　县南街双桂坊，为举人龚谅、龚复立。登第坊，为举人谢恩立。折桂坊，为举人聂正、刘纶立。攀龙坊，为举人陈俊立。云梯坊，为举人易正立。

西隅　县西街崇文坊、善教坊、天开坊、永宁坊、擢秀坊，为举人游渊立。

北隅　县北街朝京坊、田家巷、丁家巷、蔡家巷、邬家巷。

乡都志

八都，分十里。

擢秀上都，在县治东，辖晏竹里。

擢秀下都，在县治南，辖县市里。

上松都，在县治东，辖王永里。

白沙都，在县治东，辖板桥、楚冲二里。

同文都，在县治东，辖万库里。

方山都，在县治南，辖交古、西井二里。

青阳上都，在县治东，辖杨林里。

青阳下都，在县治东，辖冶湖里。

职官志

本县　知县一员，典史一员。

属官：儒学教谕一员，训导二员，鸭栏巡司巡检一员，鸭栏水驿驿丞一员，云溪驿驿丞一员，长安驿驿丞一员，连家湖河泊所大使一员，松阳湖河泊所大使一员，城陵矶巡检一员，医学训科一员，阴阳学训术一员，僧会司僧会一员，道会司道会一员。

公署志

布政分司，在县西南。国朝正统十年（1445），知县陈介建。成化十五年（1450），知县罗俊重修。正厅、后堂、仪门、厨房各三间。

荆南道，在县东南。国朝洪武九年（1376），主簿程学圃建；景泰四年（1453），知县姜勉重修。正厅、后堂、仪门、左右厢房、厨房各三间。

府分治，在县东，旧在县西。国朝景泰四年（1453），知县姜勉改建。正厅、后堂、仪门、厨房各三间。

县治，在鱼梁山北，创始未详。国朝初，知县李汝霖建，岁久倾圮。正统八年（1443），知县陈介撤旧新之。天顺四年（1460），知县李章重修。正厅、后堂各五间，穿堂一间，典史厅、仪门各三间，谯楼一座，东、西吏房一十二间，县官公廨各一所，吏舍一十六间，榜房六间，狱房六间。戒石亭一座，架阁库三间。申明亭、旌善亭各三间，俱在县南街。成化元年（1465），知县李章建。

惠民药局，六间。

鸭栏巡检司、城陵矶巡检司，俱见“关隘志”。

鸭栏水驿、城陵水驿、长安马驿、云溪马驿，俱详“驿铺志”。

连家湖河泊所，在县东南二里。

松阳湖河泊所，在县南三十五里。

桃林巡检司，在县东北八十里，裁革。

鸭栏批验茶引所，在县北一十五里巡检司左，裁革。

税课司，在县南，裁革。

阴阳学，在县东，洪武中建，景泰初重修。

医学，在县西，洪武中建，天顺初重修。

僧会司，在嘉祐寺。

道会司，在崇真观。

学校志　附社学

县学，在县西南一里，创始未详。国朝洪武间，知县马杰、主簿程学圃、教谕何伯昂建；天顺初，同知牛谅、知县李章、教谕许仕相继重修。成化十年（1474），知府吴节更新殿庑。二十一年（1485），知府李镜因泮池在棂星门外浅隘，命以射圃易池畔居民地以广之。知县李殷又鬻民地一区以益之。东西相距百余步，南北三之一，规模逾旧。

文庙，殿庭五间。圣贤塑像、爵、里、名氏俱详府。东庑、西庑各六间，从祀贤人木主、爵、里、名氏俱详府。戟门五间，棂星门三座，瘗坎一所，神厨、宰牲房、祭器库各三间。

学，明伦堂五间。二斋：东曰兴贤，西曰进学，各三间。学门一间，号房一十间，馔堂三间，文卷库一间，泮池、教官公廨三所，学仓一所，射圃一所。

书籍，数目及颁降年月俱同府。

卧碑，一通。榜详府“制命志”。

社学，在县西。

坛壝志 附城隍庙

社稷坛，在县西北二里。神位砖台一座，壝门四座，外门一座，神厨、库房、宰牲房各三间，东、西房各六间。

风云雷雨山川坛，在县南二里。燎台一座，余同前。

邑厉坛，在县北。砖台一座，壝门一间。以上俱洪武间知县李汝霖建，天顺、成化间重修。

乡厉坛，十里各一所。

城隍庙，在县东。国朝洪武初知县李汝霖建，成化初知县徐义重修。神附祭山川坛，主祭邑厉坛。祝文，俱详府“制命志”。

山川志

山 附岩、洞类。

鱼梁山，在县南一里。山下有湖，土人常于内取鱼。相传大禹时取鱼者曾晒网于山之上，故名。

马鞍山，在县西南三里。以形似名。

儒矶山，在县东北七里，临河。元时有司令人鱼矶畔取鱼，以供儒生馔，故名。

鸡笼山，在县南十五里。以形似名。

金竹山，在县南三十里。上有小竹，枝干纯黄，遇冬愈鲜润，类黄金色，相传或神人所种。

石灰山，在县南三十里。山之石俱黑，可烧灰，以资民用。

望城山，在县南三十五里。下有泉，溉田千余顷。形势高峻，人登之郡城在目。

金鸡山，在县东三十五里。其山盘礴峻丽，中有洞穴深邃，有金鸡出入穴中，因名。

象骨山，在县西南四十里。《山海经》云：巴蛇吞象，暴其骨于此。[①] 山傍有湖，曰象骨港。

楼阁山，在县东六十里。秀丽峻极，左右群峰叠出，状如楼阁然。一登其山，则洞庭诸景宛然在目。上有神祠，乡民旱祷多应。

大云山，在县东九十里。连接七十余峰，四时云雾。上有石通判祠。

响山，在县南九十里。四山高耸，人步啸呼，应声如响。

久宿山，在县东九十里。相传昔有仙人炼丹，岁久栖迟于此，故名。

龙窖山，在县东一百里。跨临湘、通城、崇阳、蒲圻四县境。上有龙湫，因名。又有雷洞，洞有石门，山瑶所居。

方山，在县南一百里。接巴陵界。其山方正，形若印然。

古仙岩，在县西南三十里。其石多窍，中虚如屋。相传昔有灵谷仙人隐此，亦名隐仙岩。

川　附洲、矶类。

湘江水，在县西北三里。三湘、岷江河流经此，故名。

港头水，在县南一十五里。源出佛岭，西流入白泥湖。

云溪水，在县西南四十五里。源出崖岭，北流入松阳湖。

莼湖，在县东五里。《风土记》云：岳阳虽水乡，莼最难得，

---

①《山海经·海内南经》原文为：“巴蛇食象，三岁而出其骨，君子服之，无心腹之疾。”

惟此湖有之。[①]

连家湖，在县东五里。上接白泥湖，下通清江口。今立河泊所于此。但水散流，鱼利绝少。

白泥湖，在县南五里。春夏水泛，上接大江，下通清江、柘园二口，至冬水落，鱼利可贸易菽粟，故又名菽米堆。

枫桥湖，在县西南一十五里。湖上有桥，傍多植枫，因名。

鲁家湖，在县西南二十里。水通大江，其湖多产莲，故又名莲湖。

松阳湖，在县南三十五里。上通云溪，下通象骨港。

潦浒洲，在县西北三十里大江中。

南阳洲，在县西南五里江中。

鸭栏矶，在县东一十五里。吴建昌侯孙虑作斗鸭栏于此，陆逊谏止之，故名。

道人矶，在县南十五里大江滨。有石，高十余丈，如道人面北而立矶中。有二洲，南为黄金滩，北为黄金浦，上又有白石高丈余，□□如镜，名石镜，亦名鸡冠石。

象骨港，在县西南四十里。源出崖岭，西入于江。

黄荆港，在县南五十里。源出浆山，北流经聂家市。

双港，在县东六十里。中坊、土城二港之水汇合于此，流出桃林，逾西井，过罐子口，归于洞庭。

爬儿港，在县东六十里。源出尖山，流过聂家市，经清江口入大江。

断山泉，在县南八十里。泉泻断崖之间，灌田千顷。

东井、西井，在县南一百里。有泉，可以溉田。

放生口，在县北二里。濒大江。俗传古有放生池，官为厉禁。春涨，鱼入池，至冬放鱼出口，入大江，故名。

---

①《岳阳风土记》原文为："岳阳虽水乡，绝难得莼菜，惟临湘东莼湖间有之。"

青菱滗，在县东三十五里梁头留下。与荷叶二滗相连，水泛总为一湖，水消断隔为二。较之他湖聚鱼颇多。

村市志

村 无。

市 计七。

城陵市，在县西南四十五里王禾里。

鸭栏市，在县东北一十五里县市里。

聂家市，在县东五十里杨林里。

臣山市，在县南一十五里晏竹里。

松阳埠市，在县西南三十里王禾里。

沅潭市，在县东五十里冶湖里。

石井市，在县东八十里万库里。

陂堰志

王禾里塘，在县西南上松都，计二百五十六口。

交古里塘，在县南方山都，计一百九十口。

西井里塘，在县南方山都，计一百八十九口。

杨林里塘，在县东青阳上都，计一百二十九口。

冶湖里塘，在县东青阳下都，计一百六十六口。

板桥里塘，在县东白沙都，计八十四口。

楚冲里塘，在县东白沙都，计八十三口。

晏竹里塘，在县东擢秀上都，计一百六十二口。

县市里塘，在县南擢秀下都，计九十六口。

万库里塘，在县东同文都，计一百三十口。以上每塘溉田或二三亩，或四五亩。

户口志

户 洪武间三千七百一；永乐间二千七百二十四；宣德间二千二百二；正统间一千五百四十六；景泰间一千六百一十八；天顺间一千二百二十八；成化间一千五百六十二。民四百五十三；军四百二十七；贴军一百七十二；杂役五百一十。

口 洪武间二万一千四百七十八；永乐间一万三千六百五十八；宣德间九千五百七十三；正统间七千二百八十五；景泰间七千五百一十八；天顺间一万三百一十；成化间一万一千六百四十六。男子成丁四千八百五十六，未成丁二千四百二十；妇女大三千六百一，小九百六十。

徭役志

里役 里老，每坊、里设置同巴陵。本县共里、老人各十名。

雇役 弓兵，辽府教授二名，安乡县五名。

斋夫，本府学二名。本县学六名。

膳夫，本县学二名。以上各出银同巴陵。

库子，各驿俱无定数，城陵水驿、鸭栏水驿，日编银五钱，云溪马驿、长安马驿日编银二钱。

力役 皂隶，本府四名，本县十名。

弓兵，本县直厅三十五名。

马夫，本县共二十名。

馆夫，城陵水驿、鸭栏水驿、长安马驿、云溪马驿各二名。

渡夫，长安渡、太平渡各二名。

接递夫，共四十九名。

库子，本县学一名，城陵水驿、鸭栏水驿、长安马驿、云溪马驿各一名。

门子，布政分司、荆南道、府分治、本县、县学各二名，射圃、社稷坛、山川坛、邑厉坛、申明亭各一名。

禁子，都司断事司一名，本县七名。

巡拦，本县八名。

斗级，本府广丰仓五名，本府学、本县学各二名，本县时和廒五名，便民仓一十名。

物产志

食类　稻、黍、稷、粟、麦、豆、芝麻、黄芝麻、菜、瓜、茄、芋、葱、蒜、姜、笋、果，俱同巴陵。

药　地骨皮、杜仲。

竹木类　同巴陵。

花草类　同巴陵。

货类　茶。余同巴陵。

鸟兽类　畜，同巴陵。羽，天鹅，余同巴陵。毛、鳞、介、昆虫，俱同巴陵。

贡赋志

贡　芽茶：岁进一十六斤。

野味：活獐四只，折钞一百九十二贯。活天鹅三只，折钞一百八十贯。活雁六十七只，折钞一千六百四十七贯五百文。

赋　田地山塘：洪武间，官民共计一千八百十一顷一十六亩六毫五丝，夏税大小麦共一百二十七石九斗六升一合，税桑丝共五百七斤一十五两九钱一分，织京库绢三百七十九匹一尺八寸五分，南京库绢三十四匹九尺八寸七分，秋粮米一万九千四百一石九斗一升九合三勺。永乐间，官民共计一千一百一十八顷六十七亩九分三毫五丝，夏税大小麦共七十三石八斗九升六合四勺，税桑丝共三百一十斤一十三两九钱三分，织京库绢二百二十六匹二丈二尺一十九分，南京库绢二十一匹二丈二尺七寸一分，秋粮米一万一千五百一十五石四斗三升四合一勺。宣德间，官民共计九百六十五顷一十三亩三分三厘七毫五丝，夏税大小麦共六十四石九斗一升八合，税桑丝共二百七十一斤一十八两六钱七分，织京库绢一百九十八匹九尺五寸四分，南京库绢一十九匹二丈七尺四寸六分五厘，秋粮米一万八十四石五斗三升三合。正统间，官民共计九百六十五顷一十七亩六分八厘四毫五丝，夏税大小麦共六十四石九斗一升八合，税桑丝共二百七十一斤二十九两二分，织京库绢一百九十八匹九尺六寸一分五毫，南京库绢一十九匹二丈七尺九寸一分，秋粮米九千九百九十九石七斗二升五合八勺。景泰间，官民共计九百六十五顷五十七亩五分三厘一毫五丝，夏税大小麦共六十四石九斗二升，税桑丝二百七十二斤一十四两九钱，织京库绢一百九十八匹一丈二尺四寸三分五厘，南京库绢一十九匹二丈七尺九寸一分，秋粮米一万三石七斗七升五合三勺。天顺间，官民共计一千八十五顷四十七亩八分六厘一毫五丝，夏税大小麦共六十五石四合四升四勺，税桑丝共二百九十五斤二十四两一钱四分八厘六毫，织京库绢二百一十七匹八尺三寸七厘九毫，南京库绢一十九匹二丈七尺九寸一分，秋粮米一万七百一十四石五升七合三勺。成化间，官民共计一千二百九十二顷二十三亩六毫五丝，夏税大小麦共六十五石三斗一升三合六勺，税桑丝共三百三十斤一十九两二钱二厘八毫，织京库绢二百三十六匹一丈四尺一寸七分六厘五毫五丝，南京库绢二十匹一丈四尺六寸二分五厘，秋粮米共一万一千七百六十六石四十三升四合七勺。

段：岁造各色一十五匹。

户口食盐：官吏民一千九十六员名，户男妇大四千七百八十七口。共钞二万九千九十四贯，该盐二万九千九十四斤。

课程：河泊所、税课局岁办酒醋课钞一百一十五贯二百文。茶课钞三千六百三十三贯二百八十文。茶引由工墨钞二千九百四十贯。商税课钞六千九百一十九贯一百七十文。契本工墨钞二十一贯六百八十文。鱼课宝钞一万一百三十七贯六百五十文。干鱼一千斤，折钞四百贯。房地赁钞四百三十八贯三百文。加增添课钞六百三十二贯七百文。

鱼油：河泊所岁办共五千一百四十四斤二两四钱，抵斤折熟铁一千一百四十四斤二两四钱。

鱼鳔：河泊所岁办六十三斤，抵斤折鱼线胶六十三斤。

翎毛：本县河泊所岁办四万二千二百九十根，折钞■百■十贯，折熟铁一千三百七十一斤九两。

皮张：岁办麂皮五十张，杂皮一百六张。

屯田志

田 岳州卫官军领种共一百六十顷七亩二分八厘二毫。黄州卫官军领种共一八十八顷七十三亩一分七厘六毫。武昌卫官军领种共九十六顷四十一亩八分六厘八毫二丝。

子粒 数附各卫。

仓库志 附养济院

仓 便民仓，在县西北，旧在县东儒矶水（或“山”之讹）。次即存留仓、兑运仓，计二十八间。成化初都御史吴琛迁置于此，以便输纳，知县徐义建。预备仓，七所：一在县南街，计■间，正统五年（1440）知县张谦建。一在县西县市里，计■间。一在县北杨林里，计■间，俱正统六年（1441）知县陈介（讹作“价”，其他各处均作“陈介”）建。一在县东万库里，计■间。一在县南交古里，计■间。一在县北冶湖里，计■间。一在县南板桥里，计■间，俱成化三年（1467）知县李章建。

库 架阁库，详“公署志”。

养济院，在县西南。洪武五年（1372），知县孙思道建；天顺七年（1463），知县李章重建。

（俸给志，详职官志）

驿铺志

驿 城陵水驿，在县西南四十五里。国初建，成化初，知府吴节重建。二十二年（1486），本府重修。弘治二年（1489），毁于火，知府李镜等重建。

长安马驿，在县东南一十五里，国初建。成化二十三年（1487），按察副使侯恂命知府李镜创建后厅。

云溪马驿，在县东南四十五里。

鸭栏水驿，在县东北一十五里，国初建。

以上正厅各五间，后堂各三间，鼓楼各三间，左右库、厨房各三间，驿丞公廨各一所。至南京水路二千一百六十五里，陆路一千九百四十五里。至京师水路五千六百一十里，陆路四千三百一十九里。

铺 县前铺、臣山铺、西平铺、路口铺，东南接驿路口。

双路铺、长安铺、泉塘铺、坪水铺、梧桐铺、官庄铺，东北往蒲圻县治。

南村铺、樟坪铺、浆坑铺、桃李铺、坪田铺，西南至巴陵县路。

以上俱国初建。正厅三间，邮亭一座，正门一间，左右房各三间，路亭一所，牌坊二座，榜房二间。铺司共一十五名，驿司共一十五名，铺兵共一百令（通“零”）二名。

关隘志

鸭栏巡检司，在县北一十五里，国初建。成化初，知府吴节重建。

城陵矶巡检司，在县西南四十五里，国初建。成化七年（1471），知府吴节重建。

津梁志

赵公堤，在县东五里。元泰定间知县赵宪因湖水泛涨，筑堤御之。民获其安，遂以“赵公堤”名。

迎恩桥，在县东一里。天顺初建。

教广桥，在县南二里。创始未详。成化初，知县李章、徐义相继修葺完固，民不病涉。

游这桥，在县南二里。天顺六年（1462），知县李章重建；成化二十一年（1485），府经历杨静建亭五间，以便憩息。

桃李桥，在县南五里。

栗柴桥，在县南七里。

黄峰桥，在县南一十里。

臣山桥，在县南一十五里。

杨公桥，在县南二十里。

礼嘉桥，在县南二十五里。

白荆桥，在县东二十五里。创始未详。成化十一年（1475），邑民余定泰、张思祺、李友仁并力重修。

长安桥，在县东四十里。

太平桥，在县西南四十五里。

烈士桥，在县南西井里一百里。

松田桥，在县东晏竹里一百里。

株皮桥，在县东杨林里五十里。

南港桥，在县南交古里一百二十里。

杨陵渡，在县西北三里，路通嘉鱼。

沙锅渡，在县西五里，路通监利。

太平渡，在县西南四十五里，路通巴陵。

（礼乐志，详府）

武备志

教场一所，在县南。巡捕官常率民快习武于此。

宦迹志

前代，元　知县：赵宪。

国朝　［知县］：孙思道、李本、郭豫、张谦、阮居仁、陈介、李汝霖、马杰、姜勉、齐和、邓荣、李章、徐义、罗俊、唐绢、李彰、李殷、黄凤。

典史、教谕：包宣、张东、韩敬、萧时雍、丁玉、何伯昂、许仕、石凯、卢镕。

训导：梁顺、杨铸、余志善、陈珣、方泰。

名宦志

国朝　李本，直隶滁州人。知县事，洁己勤政，吏民称颂。

陈介，四川铜梁县人。知县事，兴学劝农，政绩卓异。在任六载，岁累凶，上书乞宽租，所司不可，介不为屈，章屡上，诏允蠲之，民得聊生。县有舟丁六百，戍江淮，役重多逋亡，乃奏免一百。善政及人率类此。后历升至都御史。民至今思之。

许仕，福建莆田人。天顺间任教谕，善训士，更建庙学，厥功颇多。

流寓志

宋 刘渭，真州六合人。早失怙恃，侍祖比部员外郎维则。仕游南北，读书善属文，尤精词赋。维则卒，孤不能归，遂家临湘。力学好善，闾里咸称之。

科甲志 附岁贡

进士

宋 何翊凤，理宗时授衡州佥判。①

方当崖，度宗时授澧州司户。②

张尚祖，授河南路太守。③

国朝 张志（或“元”、“至”）善，永乐乙未（十三年，1415）登陈

①隆庆《府志·选举》系何翊凤于宝庆丙戌（二年，1226）科进士，同科还有何附凤，均为临湘人。《宋登科记考》据此录二人为理宗宝庆二年进士，但籍贯却记为“潭州临湘县人”，乃误。潭州临湘县乃唐以前建置，宋时临湘县属岳州府。

②隆庆《府志·选举》作“方当涯”，系于咸淳戊辰（四年，1268）科进士。《宋登科记考》据此录为度宗咸淳四年进士。

③隆庆《府志·选举》系张尚祖于咸淳辛未（七年，1271）科进士。《宋登科记考》阙录。

循榜，终知县。①

举人

元　陈孟宾，延祐乙卯（二年，1315）。

国朝　龚复，终教谕。柳贵，终长史。俱洪武丁卯（二十年，1387）。

范伯昂，洪武庚午（二十三年，1390），终教授。

李贤道，洪武丙子（二十九年，1396），终吏目。

谢安道，卒。永乐乙酉（三年，1405）。

汤从仕，终教谕。郑继达，终州吏目。罗谅，卒。俱永乐戊子（六年，1408）。

潘本，永乐辛卯（九年，1411），终主簿。

龚谅，永乐丁酉（十五年，1417），终主簿。

李仪、宋辉、宋闵，俱永乐庚子（十八年，1420），卒。

聂正，正统甲子（九年，1444），终同知。

谢恩，景泰庚午（元年，1450），终通判。

李棠，任知县。刘纶，任知县。游渊，终推官。俱成化乙酉（元年，1465）。

易正，卒。成化甲午（十年，1474）。

张肇，成化庚子（十六年，1480）。

陈俊，成化癸卯（十九年，1483）。

岁贡

国朝　时潜，终给事中。姚名善，终御史。钟迈、黎献，俱终县丞。傅芳（隆庆《府志》系于举人），终知县。梁观，终断事。李庸，终伴读。余宗政、李政，俱终训导。石安，终典史。俱洪武间。

---

①隆庆《府志·选举》作“张元善”，《明清历科进士题名碑录》作“张至善”，为永乐十三年同进士出身第三甲。“张元善”应误，“至善”与“志善”不知孰是。

陈善，终知州。黄聪，终知县。聂庸，终州同知。蒋明，终卫经历。张宗（或作“永”）杰、刘敬，俱终典史。何纯，终主簿。彭有文，终巡检。刘冕、易泰、陈耀、刘庸、佘（或作“余”）昱、黄景昭、王逊、卢让、田用，俱故，未仕。俱永乐间。

潘铭，终推官。傅礼，终知县。李昂，终卫经历。俱宣德间。

谢升，终知县。陈观，终吏目。陈瑛，终推官。何（或作“河”）永昌、李华、陈衡、徐信，俱故，未仕。俱正统间。

卢暹，终州同知。张胜，终知县。卢义，终卫知事。雷普，终教授。吕绅，终判官。吕瑺，终照磨。俱景泰间。

刘靖、刘穆、陈玘，俱终县丞。卢迪、李实、陈谟，俱终主簿。李镐，终卫经历。萧珩，终州同知。陆正，卒。俱天顺间。

易时、吴芳，俱任县丞。陈言、向明、卢佺，俱任训导。聂端、汤仁、吴玺、汤辅、游缙、龚敬（或作“教”），俱成化间。

人物志

国朝　万庆孙，以孝廉举授府同知。

岳奎，以孝廉举授监察御史。

李祥，国初，以武勇率众归附，授岳州卫镇抚。

孝行志

元　张琦，即《一统志》（《大明一统志》第7册，第3897页）刘琦也。生二岁，母刘（《一统志》无“刘”字，为衍文）遭乱，陷于兵，父必达不复娶。琦稍长，思其母不置（疑有错简）。及冠，请于父，遍求于河南北、淮东西，数岁不得。晚（或“后”）得于贵池，迎以归养。后父母相继没（通“殁”），终丧犹蔬食。事闻，诏旌其门曰“孝义”。

宫室志

鱼梁亭，在县一里鱼梁山。成化初知县徐义重立。

祠庙志

石通判祠，在大云山。宋石介长子光通判岳州，有功德，后隐没于兹。山民立祠祀之。

城隍庙，详“坛壝志”。

古迹志

省堂，在县南三里。相传前代欲以其地为行省，因有是名。

鲫鱼石，在县南七十里大云山。巅有巨石，状若鲫鱼。又有仙人迹。

景致志

湘湄八景

鱼梁晴霭，即前鱼梁山也。四时云色晴霭，光润袭人。

马鞍落照，即前马鞍山也。山居西，暮景可爱。

连湖夜月，即前连家湖。宽平澄睁（净?），月涵其中，光皎如镜。

嘉祐晓钟，嘉祐，寺名，在鱼梁山下。寺有钟，其声清晓速闻。

杨陵晚渡，杨陵，矶名。杨陵与临湘，二矶相对。往来人咸于此渡，至晚尤多。

儒矶渔唱，即前儒矶山也。江水萦回，多聚鱼，网罟者歌声互答可听。

西湖莲芳，在县西一里。旧有莲芳满湖，亭亭可爱，至今犹似有清香然。

教广春水，即前教广桥也。上接白泥诸湖及罗家口，下通莲湖、径港、清江诸水。方春水起，层澜叠波，滔滔不息。

寺观志

寺　嘉祐寺，在县西南一里。宋建。僧人三名。

妙香寺，在县西南四十五里。天顺间重修，僧二名。

大宝寺，在县北四十五里。僧一名。

龙庵寺，在县南三十里。僧人二名。

观音寺，在县南四十五里。咸淳间建。僧四名。

龙安寺，在县东五十里。景泰初重建。僧二名。

合盘寺，在县南一百二十里。旧为合盘观。僧二名。

桐林寺，在县东一百二十里。宣德初重建。僧一名。

谷山寺，在县东七十里。正统初重建。僧二名。

灵隐寺，在县南三十里。景泰初重建。僧一名。

观　崇真观，在县东一里。宋开庆初建，名崇虚。国朝洪武间重修，更今名。道士五名。

古泉观，在县南三十里。成化初重建。道士一名。

（制命志，详府）

纪述志

[临湘县] 学记

国朝　教谕许仕撰

临湘，岳阳属邑也。按《图志》（即《元和郡县图志》），旧隶巴陵，宋淳化五年（994）立为县（注详本卷“沿革志”注释②），至今因之。庙学在县治之前，制度多戾。明伦堂高于文庙，棂星门逼于街傍，两斋屈于东西，儒门偏于东隅，文昌祠居堂之东，且创始年月皆无所考。惟稽志书，洪武四年（1371）及十五年（1382），知县马杰、主簿程学圃、教谕何伯昂重修，迨今八十余载。陶不精器，木不坚寿，兼以文庙坐向未利，谋更有年。至是诸生同心，力请迁建。予惴工力浩重，虑弗终事，且邑小事繁，欲请有司必劳于民，谋再四，乃慨然曰：吾侪忝游圣门，愧无补报，岂可徒□其□而辞诸难。乃与司训陈学、王泽暨诸生一心均任，募众财帛，命匠鸠工，起木于山，辇石于渠，遂筑庙基，高旧四尺，移西一丈一尺，退后如之。仍加重檐七尺，更旧壬丙而向子午，撤仪门，而迁棂星门于北，亦高旧基三尺，与殿不偶者随地势也。始事之际，郡倅龙岩丘侯昂督税于兹，因工巨繁，遂罚白银二十两，助工三百余力。树立之后，郡贰守项城牛侯谅清军至邑，即诣学宫相度规模，文庙四周又辟三尺有奇，移文昌祠于棂星门之东，迁儒门于文昌祠之前。西庑筑基四尺，移后一丈五尺，迁二斋以翼讲堂，而筑其基七尺有奇。鬻民地一所，而移斋房于上。一旬之内躬莅其事，随谋随就，立拆立成，厥功茂矣！迨夫甍瓦既覆，垣墉已涂，砖石斯砌，乃新塑圣像，修饰四配十哲贤像，又树登云坊于殿之东隅，以补其空。至是规模壮丽，制度周全，焕然一新，逈迈于昔。孰不叹曰：庙学新更虽一时之谋，诚万载之丕基也。载工于天顺元年（1457）十月十九日，告成于次年（天顺二年，1458）九月初三日。佥谓宜记。

窃谓孔子之生，卓冠百王，师表万世。自生民以来，未有盛于孔子也。是宜历代褒封有隆无替。逮我圣明尊崇尤盛，遐陬僻壤悉建学以秩元祀，况临湘楚之名邑乎，但以庙学弗称乃图迁建。始也，诸生出力以创其基，终也，有司日助以成其事，郡侯遇之留意作兴，耆士闻之捐财乐助。于以见圣人之道入人心之深，化人之易也。呜呼！诸士子生于斯，游于斯，睹改造之难，思成功之不易。正当笃志于学，朝夕勉励，自兹以往，务擢高科、跻朊仕，光前振后，俾临湘之名显于天下，斯无愧建学之意，亦不负图迁之心矣！然斯举也，始谋出于诸生之意，继而共成其事者知县齐和、典史谢真、致仕知县阮居仁，始终任其责者，仕与训导陈学、王泽，赞成者耆民余定泰、易恕、李仁俊、王庾、余海，特书之。官于斯者，嗣修其未备；游于斯者，思企仰前修，抑亦见当时耆士有心于学校，庶湘民来者有所劝焉！谨记。

题咏志

湘湄八景诗 俱国朝 教谕卢镕题

鱼梁晴霭

县列三峰秀，鱼梁第［一］高。当头云霭霭，环脚水（讹作“永”）滔滔。磅礴妒层汉，氤氲接九皋。官民祈岁稔，泽物雨如膏。

马鞍落照

两岫迎珠峙，分明以绣鞍。飞黄雄聚汉，驼背软凝寒。色暝天将暮，光□日欲残。落霞遥映处，浑在画图看。

教广春水

一朝当隘处，百尺架长虹。春涨分巴蜀，晴波下海东。连家烟辏集，夹岸草蒙茸。来往无忧涉，伊谁创葺功。

连湖夜月

南去连湖阔，银蟾夜夜明。鸥眠依荻渚，鱼跃怯阴精。上下天光彻，高低树影横。幽人佳夕赏，意味不胜清。

杨陵晚渡

独爱湘湄景，高陵镇要津。碧波摇落照，小艇渡归人。烟树投栖鸟，渔矶罢钓纶。风恬初入夜，天表月钩新。

嘉祐晓钟

漏尽天将曙，铜镛扣上方。清音连百八，余响应三湘。鹤梦惊松顶，金乌出海桑。赖昭文德远，万姓乐平康。

儒矶渔唱

江滨横巨碛，自古号儒矶。网利供官馔，渔歌起夕晖。悠扬传别浦，欸乃达柴扉。莫笑羊裘叟，云辀□载归。

西湖莲芳

西有湖池景，莲开朵朵红，色娇滋宿雨，香馥度熏风。鸥起惊残蕊，鱼游碍碧筒。濂溪周去后，酷爱许谁同。

湖广岳州府志卷之五

平江县

沿革志

县在府治东南二百四十里。

唐虞至春秋，详府。秦为罗县。汉属长沙郡[①]。三国孙吴，析置汉昌县，又改曰吴昌县。晋属长沙郡[②]。隋省吴昌入罗县。唐省罗县入湘阴。神龙初，分湘阴复置昌江县[③]。五代唐改为平江县，隶湖南武安军节度。宋隶岳州府。元元贞初，升为平江州，仍隶

---

①战国时即有罗县，包山楚墓为战国中期墓葬，内出竹简简83：“罗之观里人湘痾，讼罗之庑域之□者邑人疋女，谓杀益阳公合，伤之妾旮举。”徐少华《包山楚简释地》论曰（节文）：“这是有关楚之罗地属民涉及一件杀人命案而被起诉的档案记录。‘益阳公’应是楚益阳县之县公，说明战国中期楚怀王之时已有益阳县之设。而‘罗’，从其下属有‘观里’、‘庑域’诸基层管理单位的情况来看，亦应是一个县级政区单位，且与益阳相邻近。楚之罗与益阳所在，当是同为秦汉长沙郡（国）属县的罗与益阳二县的前身。《汉书·地理志下》长沙国‘罗’县下颜师古注引《荆州记》云：‘县北带汨水，水原出豫章艾县界，西流注湘。’古汨水（又称罗水）即流通今湖南平江县、汨罗市，而西北注于湘江之汨罗江，则位于汨罗水注湘之前下游南岸、玉笥山附近之故罗城、秦汉罗县，当不出今湖南省汨罗市附近地带。”战国罗县应包括今平江、汨罗及湘阴县部分地区。秦汉时期平江仍属长沙郡（国）下辖之罗县。

②《舆地纪胜》卷六九引《皇朝郡县志》云：“后汉分为汉昌县，（三国）吴改曰吴昌。”又引《图经》云：“晋、（南朝）宋因之，属长沙郡。”似更合情理，但《后汉书·郡国志》中只有“罗”，无“汉昌”，是否失载，尚待考。

③《旧唐书·地理三》：“昌江，神龙三年，分湘阴县置。”《两唐书地理志汇释》引《元和郡县图志》曰：“神龙三年（707）于湘阴故吴昌城改置昌江县。”

岳州府。国朝洪武初，复改为县。[①] 编户四十三里。在县三里，在乡七乡，分四十里。

邑名志

平江，以昌、纯诸水合流而无奔溃，故名。

罗县，秦名。汉昌、吴昌，吴名（注详“沿革志”）。昌江，唐名。

疆域志

东接宁县，至江西南昌府宁县县界一百一十里；西通湘阴，至长沙府湘阴县界一百二十里；南扼浏阳，至长沙府浏阳县界六十里；北控巴陵，至本府巴陵县界七十里。东西广二百三十里，南北袤一百三十里。

东北到武昌府通城县一百六十里，东南到长沙府浏阳县二百里，西南到长沙府长沙县二百八十里，西北到本府巴陵县二百四十里。

（星野志，详府）

形胜志

左拱连云，右峙幕阜。汨水绕其南，昌江带其北。山明水秀，

①《元史·地理六》：“平江州，下。唐平江县，宋因之。元元贞元年（1295）升州。”又：“岳州路，上。唐巴州，又改岳州。宋为岳阳军。元至元十二年（1275）归附。十三年（1276），立岳州路总管府。”因而元代称“岳州路”。《明史·地理五》：“元平江州，洪武三年（1370）降为县。”

萦环拥抱（元江有开《学记》[①]，俱旧《志》）。

风俗志

民多劲悍尚节义，男女惟务于耕织。逞忿诈者辄讼，恃富强者凌弱。

隅厢志

东隅　县东街联芳坊，为举人萧瑭、萧铨立。寅宾坊、长养坊，俱废。折桂坊，为举人杨纲立。

南隅　县南街阜民坊，今废。

西隅　县西街迎恩坊、承宣坊、崇儒坊、制幖坊，为举人吴政立。宾贤坊，为举人胡湘立。绣衣坊，为郭本（郭本为进士）立。抡英坊，为举人严资政（或作“正”）立。贤科坊，为举人万石立。仁寿坊；勤政坊、旬宣坊、澄清坊，三坊俱知县宋鉴立。福善坊，今废。

北隅　县北街凌云坊，为举人刘旭立。拱辰坊、聚宝坊、画锦坊、棠阴坊，以上四坊俱废。世科坊，为举人徐贵立。谢家巷、金家巷、龙家巷、兰家巷、青石巷、花园巷、马家巷、寺巷。

---

①本志后数处都作“汪有开”，为元平江州知州；而隆庆《府志》“秩官年表”却系为南宋淳祐间岳州知州，亦名汪有开。考之后文汪有开《学记》，中有“岳之属县有四，平江为之冠”句，因而平江当时为县，并未升州。文中还有说到“县令”，还有“盍请诸郡太守着笔焉”句，平江即使为“州”也不当称“郡”，故汪不当为元代平江州知州；又有“经始于宝祐甲申之秋八月，落成于冬之十一月”。“宝祐”为南宋年号，在淳祐后，但宝祐无甲申年，可能为甲寅之误。因此本志将汪有开系为元平江知州乃误，而此处又误作“江有开”。综此，汪有开应为南宋淳祐至宝祐间岳州知州。

乡都志

七乡，分三十一都，共四十三里（都、里总数与下面的分数不吻合）。

太平乡，在县治东。辖一都二里，二都三里，三都二里，四都二里，五都二里，六都一里，共六都一十二里。

故县乡，在县治东。辖七都二里，八都一里，九都、十都一里，共三都四里。

永宁乡，在县治东。辖十一都一里，十二、[十]三都一里，十四、[十]五都一里，十六、[十]七都三里，共四都六里。

南江乡，在县治北。辖十七都三里，十八都二里，共二都五里。

富华乡，在县治西南。辖十九都一里，二十都一里，二十五都一里，二十六都二里，共四都五里。

栖凤乡，在县治东。辖十六、二十七都二里，二十八都二里，共二都四里。

东阳乡，在县治东北。辖二十九都一里，三十都一里，三十一都二里，共二都四里。

职官志

本县　知县一员；县丞一员；主簿一员；典史一员。

属官：儒学教谕一员；训导二员；长寿巡检司巡检一员；大荆驿驿丞一员；阴阳学训术一员；医学训科一员；僧会司僧会一员；道会司道会一员。

公署志

布政分司，在县治南。洪武三年（1370），知县刘顺创建；成化十一年（1475），知县宋鉴重修。正厅、后堂、仪门各三间，左右厢房六间，厨房三间。

荆南道，在县治东。洪武三年（1370），知县刘顺创建；成化十一年（1475），知县宋鉴重修。正厅、后堂、仪门、左右厢房、厨房各三间。

府分治，旧在县治前。弘治三年（1490），知县黄华迁建于城隍庙前，规制严整。

县治，在秀野亭南百步许。宋初从故县乡迁太平乡，名中县，后再迁于此。元元贞初升县为州，知州巩武略创建。国朝洪武元年（1368），知州刘顺因旧重修。二年（1369），改州为县，六年（1373），知县胡思温建公廨；十六年（1383），知县邓敏建吏舍。岁久兴圮不一。成化十一年（1475），知县宋鉴撤旧新之；十六年（1480），知县马珍建后堂、公廨，规制颇备。正厅、后堂各五间，仪门三间，东西吏房一十六间，谯楼一座，县官公廨各一所，吏舍三十间。戒石亭，一座。架阁库，三间。申明亭，三间，在县前。洪武初知县胡思温建。旌善亭，三间，在县前。洪武间知县邓敏建。二亭俱成化间知县杨贵重修。在乡四十三里各一所。

惠民药局，在县前。洪武初知县刘顺建。

阴阳学、医学，俱在县东一里。

僧会司，在宝积寺。

道会司，在崇真观。

长寿巡检司，详“关隘志”。

大荆驿，详“驿铺志”。

学校志 附社学

县学，在县东六十步。宋绍兴间知县晁公达建，后废。国朝洪武初，知县刘顺重建。十六年（1383），知县邓敏重修。成化八年（1472），知府吴节偕知县宋鉴、训导潘愈重建殿堂、门号，易民地为学前路。十五年（1479）知县马珍重修射圃，更新殿庑。弘治元年（1488），知府李镜按县，因东斋狭隘，鬻民萧学地横七丈，长四丈五尺以广之。四至：南至大街；东前至凌添成、杨仕贵地，东后至黄先、黄罗保、张必亨、王崇德、王崇明地；北及西后至李文节、佘太地；西前至黄斌、李仲清、张思忠地。

文庙，殿庭五间。圣贤供塑像、爵、里、名氏俱详府。东庑、西庑各五间，从祀贤人木主、爵、里、名氏俱详府。戟门五间，棂星门三座，瘗坎一所，神厨、宰牲房、祭器库各三间。

学，明伦堂五间。二斋：东曰进德，西曰兴贤，各三间。学门一座，教官公廨各一所，射圃一所，学仓一所。书籍，数目及颁降年月俱同府。卧碑，一通。榜详府“制命志”。

社学，三：一在县南街，一在故县乡，一在栖凤乡。俱永乐间创建。

坛壝志 附城隍庙

社稷坛，在县西南一里。神位砖台一座，壝门四座，外门一座，神厨、库房、宰牲房各三间，斋宿正房前后六间，东、西房各三间。

风云雷雨山川坛，在县东南一里。燎台一座，余俱同前。

邑厉坛，在县北一里。砖台一座，壝门一间。以上俱洪武九年（1376）知县潘愈建[1]；成化十六年（1480），知县马珍重修。

乡厉坛，四十三里各一所。

城隍庙，在县治西。洪武三年（1370）知县刘顺建；十八年（1385），知县邓敏重建；成化十六年（1480），知县马珍重修。神附祭山川坛，主祭邑厉坛。祝文，俱详府“制命志”。

山川志

山　附岩、洞类。

幕阜山，详府。

昌江山，在县东南二里。上有艾仙人所居，石坛及芙蓉池、金线洞、飞仙石。昔吴鲁肃尝驻兵于此，后人德之，为之立庙于此。故又名鲁德山。

梧桐山，在县北十五里。上有观音寺，相传观音曾现于此。

梅仙山，在县北三十里。昔梅子真隐处于此，有丹井，梅水出焉。

道岩山，在梅仙山东四十里。上有天池，池前两峰，南曰席帽，北曰云盖，中有断石，相传许旌阳淬剑处。山又有香炉岩。

连云山，在县南五十里，旧名纯山。峭拔万仞，云气常覆其上。有吴真人炼丹坛，中有石室。唐田游岩亦尝隐此，又名田公岩。

明山，在县南五十里。高七十余丈，周回三十余里。三面峭绝，惟一路可通。

卢山，在县东五十里，一名独石山。上有七仙祠，傍有井，岁旱祷之即应。

永宁山，在县北六十里。四壁削成，履云梯飞栈而后可跻其

①本卷“学校志”及“宦迹志”均作“训导”，此处“知县”应误。

端。沃衍可耕，断戈朽镞时出于此。

籁山，在县北九十里。山壁峭立，四围悬绝，有石径可通。其山多竹，故名。

石牛山，在县东一百里。山多岑石，其状类牛。又有大寨石，大者可容万人，小者可容千人。上有井泉，可以避地。

土龙山，在县东北一百里。汨水经其下。又名龙门山。

石灰山，在县北四十里。山之石可烧为灰，故名。

三峰山，在县东一百里。三峰突起，叠翠可观。

金坑岭，在县东七十里。相传昔有汤旷者，以豪致富，积金窖岭上。忽一夕，其地烟焰烛天，发窖视之，金悉成炭。后人因名。

北斗岭，在县北七十里。岭高峻极，势类北斗，故名。

仙女岩，在县南三十里。下有石室，曰仙郎洞。

道岩，在县东九十里。可通舆、立屋。有龙湫、龙洞、丹台、丹灶、试剑石，相传许旌阳修炼于此。

龙影洞，在县西北。邃三千余丈，周三十里。石壁莹然，上有龙影，屈伸蜿蜒，鳞甲如绘。

桃花洞，在县东东阳乡七十里。每春夭桃千树，花如锦绮然。

石鼓洞，在县西一十五里。有石如鼓。洞有龙湫，傍有仙人马迹。元封其神，名曰宣化惠泽龙王。其名国朝革之。

川　附洲、矶类。

昌水，在县北八十里。源出幕阜山。流至县南，有巨石，形如“昌”字，环绕其中，故名。

汨水，在县东一百□十里。源出江西宁县，至县治东南合纯、卢二水，又西南会昌水，下流合罗水，又西北流入洞庭。《楚词》有“汨罗”，即此也。

卢水，在县东六十里。源出卢山西北。流合汨水，经县前会昌水，入于洞庭。

纯水，在县东南五十里。源出纯山。

梅仙水，在县北，源出幕阜山。西流南入汨水。

石壁潭，在县东三里。其深莫测，下有灵湫，旱祷多雨。上有石崖，耸立如壁。

七仙井，在县南三十里。梅子真隐居之所。

天池，在县东香炉岩。有巨石，窍通东西，可容舆马往来。因流泉不竭，故名。

九曲池，在县南。其水屈曲九折。上有古木槎枒，偃蹇如虬。

明月池，在县东。形如半月。水源澄洁，月出光莹，故名。

村市志

村 计四十五村。

东平村、平上村，俱一都。杨梅村、太平村、密岩村，俱二都。白箬村、胡避村，俱三都。龙阳村、浮潭村，俱四都。测江村、回田村，俱五都。美潭村，在六都。以上俱太平乡所辖。

黄舍村、水南村，俱七都。九州村，在八都。城下村，在九与十都。以上俱故县乡所辖。

水台村，在十二都。大水村，在十三都。义口村，在十四、[十]五都。赤溪村、邵阳村、上坑村，俱十六、二十七都。以上俱永宁乡所辖。

梅山村、尖山村、中平村，俱十七都。龙潭村、石浆村，俱十八都。以上俱南江乡所辖。

横江村、蓝绍村，俱二十都。黄茅村，在二十一都。梓江村，在二十五都。深坑村、高平村，俱二十六都。以上俱富华乡所辖。

白铅村、九岭村，俱十六、二十七都。渔潭村、湖田村、青芬村、大桥村，俱二十八都。以上俱栖凤乡所辖。

洪桥村、长庆村、姜源村，俱二十九都。阳坊村，在三十都。

木瓜村、龙门村，俱三十一都。以上俱东阳乡所辖。

市 计十三。

三阳市、回田市、横槎市，俱太平乡。

九州市，在故县乡。

献钟市、义口市，俱永宁乡。

南江市、上塌市，俱南江乡。

长寿市、大桥市，俱栖凤乡。

洪桥市、浆市，俱东阳乡。

新市，在富华乡。

陂堰志

湮洲陂，在三都。长五十丈，阔四十丈，溉田四百亩。

芭蕉陂，在二都。长三十丈，阔二十丈，溉田二百余亩。

源潭陂，在五都。长一百三十丈，阔一百丈，溉田二千余亩。

谢家陂，在三都。长二十五丈，阔二十丈，溉田三百亩。俱县东太平乡。

太坪陂，长一百二十丈，阔一百丈，溉田六百亩。

九州陂，长四十丈，阔三十五丈，溉田一万亩。俱县东栖凤乡十六、二十七都。

杖子陂，在故县乡七都。长二十三丈，阔二十八丈，溉田二百余亩。

喻家陂，在永宁乡十四、[十]五都。长三十五丈，阔三十丈，溉田二百亩。

官塘，长三十五丈，阔三十丈，溉田二百亩。

石塘，长六丈，阔五丈，溉田二百亩。俱县东故县乡八都。

周公塘，在富华乡二十四都。长五丈，阔四丈，溉田五百亩。

美潭塘，在四都。长六十丈，阔五十丈，溉田一千亩。

八蛇塘，在五都。长五丈，阔四丈，溉田四百亩。

晋坑塘，在一都。长三丈五尺，阔三丈，溉田五百亩。

桃花塘，长一十九丈，阔一十五丈，溉田二百亩。

包家塘，长三十丈，阔二十丈，溉田三百亩。俱县东太平乡六都。

张大塘，长二十七丈，阔二十二丈，溉田五百亩。

小塘，长二十三丈，阔二十丈，溉田五百亩。

白茆塘，长三十丈，阔二十五丈，溉田六百亩。俱十二、十三都。

槖塘，长六十五丈，阔六十丈，溉田一千亩。

庙塘，长六十丈，阔五十四丈，溉田六百亩。

藕塘，长一百三十丈，阔一百丈，溉田六百亩。俱县东永宁乡十六、二十七都。

户口志

户　洪武间一万五千四十七；永乐间一万一千七百三十六；宣德间八千八百一十一；正统间八千四百五；景泰间八千二百一十五；天顺间七千八百二十九；成化间五千六百九十。民三百五十二；军三千二百七十二；贴军一千七百六十六；杂役七百七十二；匠五百八；儒一；医一；僧一十一；道七。

口　洪武间六万九千三百六十五；永乐间五万一千三百八十八；宣德间四万一千一百八十四；正统间四万一千二百一十五；景泰间四万一千四百一十七；天顺间四万一千四百六十九；成化间五万三千八百九十。男子成丁二万二千七百一十九，不成丁七千三百七十一；妇女大一万九千五百三十九，小四千二百六十一。

徭役志

里役 里老：每坊、里设置同巴陵。本县共里长四十名，坊长三名，老人四十三名。甲首各登耗不等。

雇役 弓兵：布政司二名，都司一名，楚府教授六名，本府六名，澧州十二名。

斋夫：本府学一名，本县学六名。

膳夫：本县学四名，每名月出银一十一两二钱五分。余役出银俱同巴陵。

库子：大荆驿四名。

力役

皂隶：本府一十一名，本县二十名。

弓兵：本县三十名，典史厅二名。

铺兵：大塘、瓮江、长乐、仰山、山峡、岁华共续编铺兵七名，岁华驿司一名，余皆额设。

马夫：本县共四十名。

馆夫：大荆驿四名。

渡夫：浮桥渡、长寿渡、横槎渡、山峡渡、杏树滩渡、浯口渡、澄清渡各二名。

库子：本府永储库四名，本县学一名，大荆驿二名。

门子：布政分司、荆南道、府分治、本县、县学各二名，清军局、阴阳学、医学、僧道会司、山川坛、社稷坛、邑厉坛、旌善亭、南江桥、射圃、大荆驿、王文正公庙各一名。

禁子：湖广断事司一名，本府六名，本县八名。

巡拦：本县八名。

斗级：本府广置仓八名，本县常积仓、预备仓四所各二名，瓮江仓、便民仓各一名。

物产志

食类　稻、黍、稷、粟、麦、豆、芝麻、荞、果。

药类、竹木类、花草类、货类　以上俱同巴陵。

鸟兽类　畜，同巴陵。羽，白鹇。毛，麋。鳞、介、昆虫，俱同巴陵。

贡赋志

赋　田地山塘：洪武间官民共计四千四百七十四顷九十八亩三分七厘八毫九丝二忽，夏税大小麦共一百五十四石二斗四升一合八勺，税桑丝共一千三百四十八斤二十八两七分七厘，秋粮米四万三千九十三石四斗。永乐间官民共计四千二百二十五顷五十四亩一分八厘八毫八丝三忽，夏税大小麦共一百四十九石三斗四合四勺，税桑丝一千二百九十斤一十一两四钱三分，秋粮米四万五百五十一石三斗六合。宣德间官民共计四千七顷六十九亩七分九厘四毫八丝二忽，夏税大小麦共一百四十九石五斗八合八勺，税桑丝一千二百九十斤二两五钱三分四厘，织京库绢五百八十六匹二丈八尺四寸一分，南京库绢四百四十五匹一丈八尺八寸八分，秋粮米四万二百九十六石三斗一升三勺。正统间官民共计四千七顷六十九亩七分九厘四毫八丝二忽，夏税大小麦共一百四十九石五斗八合八勺，税桑丝共一千二百九十斤一两五钱三分四厘，织京库绢五百八十六匹二丈八尺四寸一分，南京库绢四百四十五匹一丈八尺八寸八分，秋粮米四万二百九十六石三斗一升三勺。景泰间官民共计四千七顷六十九亩七分九厘四毫八丝三忽，夏税大小麦共一百四十九石五斗八合八勺，税桑丝一千二百九十斤二两五钱三分四厘，织京库绢五百八十六匹二丈八尺四寸一分，南京库绢四百四十五匹一丈八尺八寸八分，秋粮米四万二百九十六石三斗一升三勺。天顺间官民共计四千二百三十顷九十二亩八毫八丝三忽，夏税大小麦共一百四十九石六升三合二勺，税桑丝一千二百九十一斤六钱六分四厘，织京库绢五百八十七匹六尺一寸一分一厘，南京库绢四百四十五匹一丈八尺八寸八分，秋粮米四万三百二十一石一升七合。成化间官民共计四千二百三十顷九十二亩八厘八毫八丝三忽，夏税大小麦共一百四十九石六升二合二勺，税桑丝一千二百九十一斤六钱六分四厘，织京库绢五百八十七匹六尺一寸一分一厘，南京库绢四百四十五匹一丈八尺八寸八分，秋粮米共四万三百二十一石一升七合。

段：岁造各色八十四匹。

户口食盐：官吏民人三千八百五十四员名，户男妇大一万四千二百八十三口。共钞九万三千四十七贯五百文，该盐九万三千四十七斤八两。

课程：岁办酒醋课钞一百七十二贯八百文。茶课钞一千六百一十六贯四百四十文。窑冶课钞五贯。桐树油课钞一十二贯一百三十文。茶引由工墨钞二百九十一贯。商税课钞一万二贯四百文。契本工墨钞四贯八百文。比附课钞七贯五百文。增加闸办商课钞二百三十贯。

翎毛：岁办一万八千四百根，折钞九百二十贯。

皮张：岁办麂皮一百二十四张，杂皮二百四十六张。

仓库志 附养济院

仓 便民仓，在县西一百二十里新市地。旧无，成化初都御史吴琛设置，便民输纳，主簿毛胜学建。共计四十五间，厅、门各三间。

常积仓，在县北。洪武十八年（1385）知县邓敏建。共一十五间，外门一座。

预备仓，九所：一在县东一百二十里浆市，计三间；一在县东中洞，计三间；一在县东八十里长寿市，计三间；一在县南故县乡，计六间；一在县南富华乡，计三间；一在县北八十里南江市，计九间；一在县南磉口，计六间；一在县北五十里瓮江，计六间；一在县北岑盈，计六间。

三仓俱洪武十六年（1383）县丞黄叔纪建。

库 架阁库，详“公署志”。

养济院，在县北。洪武十六年（1383），知县邓敏建。正屋三间，男女房各十间，外门三间。

驿铺志

驿 大荆驿，在县北一百二十里。成化七年（1471），都御史吴琛奏设，知府戴浚立碑于驿之前。成化初，守臣因洞庭流贼出没，以其地相近，议委岳州卫千百户一员，带领旗军五十名哨守，岁以为常。正厅五间，后堂三间，正门、鼓楼各三间，左右库、厨房各五间，驿丞公廨一所。至南京水路二千四百六十五里，陆路二千三百五十五里。至京师水路五千九百一十里，陆路四千六百一十九里。

铺 计一十四。

县前铺、澄清铺、大塘铺、肃整铺、瓮江铺、岁华铺、黄棠铺、滩头铺、时丰铺、长乐铺、山峡铺、大荆铺，西往巴陵路。[余家铺、松山铺、新安铺]①，西南往长沙。

正厅三间，邮亭一间，正门一间，左右厢房各三间，路亭一

①后三铺原刻涂黑，据隆庆《府志》补。但补后有十五铺，与“十四铺”有一铺之差。是否弘治后又新增一铺，待考。

所，牌坊二座，榜房二间。铺司一十五名，驿司一十三名，铺兵共六十三名。什物俱同府前铺。

关隘志

长寿巡检司，在县东长寿乡。成化癸巳（九年，1473），都御史吴琛奏设，知县宋鉴建。

津梁志

忠孝桥，在县南忠孝庙前。

画锦桥，在县北三里。宋罗孝芬任吏部郎中荣归而建，故名。

登科桥，在儒学前。

梁波桥、南浮桥，俱在县东。

驷马桥，在县西八里。

浯口桥、黄华桥，俱在富华乡。成化间创建。

双龙桥，在县东一十五里。相传县令沈克诚建，因生二子，故名。

仙人桥，在桃花洞。永定间（南朝陈武帝，557—559），道士陈怀一备石料欲甃之，未果，忽明日桥自成，故名。

一关桥，在县前。

通济桥，在太平乡一十五里。

西溪桥，在栖凤乡九十里。

南江桥，在南江乡七十里。

田岩桥、塔水桥，俱在永宁乡六十里。

江村桥，在故县乡四十里。

澄清渡，在县西太平乡。

长乐渡，在县西富华乡九十里。

山峡铺渡、涪口渡，俱在县西，路通巴陵。

浮桥渡、长寿渡，俱在县东，路通江西宁县。

横槎渡、杏树滩渡，俱在县东南，路通江西宁县。

（礼乐志，详府）[①]

武备志

教场，一所，在县东一里。巡捕官常率民快习武于此。

宦迹志

前代，宋　知县：王旦、晁公达、杨寅、唐介。

元　知州：赵澄心、巩武略、汪有开[②]。

同知：欧阳玄、汪泽民。知县：冷文焕。

教谕：杨森龙、吴兴仁、吴振道、黄功俊。文学掾：李永嵩。

国朝　知县：刘顺[③]、胡思温、王友（或“有”）仁、潘惟亮、吴显、文篪、黄华、石池、王理、沈九思、邓敏、陶安、韩清、吕鹏、李晟、陈晁、徐锷、罗惠、张寅、宋鉴、马珍、杨贵、何宣、沈克诚、李蕃、黄华、詹敬、陈绶。

县丞：黄叔纪、施幼敏（讹作“凤”）[④]、滕理、严新、李信、包含、何暹、陈惟善、何廷圭、叶为山、许杰、黄静、桂丹、董芳。

---

①卷一“本府”中并无礼乐志，可能属误记，或本来有因底本缺页而不存。

②汪有开为南宋淳祐至宝祐间岳州知州，此处年代、职守俱误置，见前“形胜志”考辨。

③《明史·地理五》：“元平江州，洪武三年降为县。”刘顺为平江有明第一任守丞，下“名宦志”也谓“国初知平江州”。隆庆《府志》同时系刘顺为知州和知县，曰：“时改州为县，即以顺为知县。”

④本卷“名宦志”和隆庆《府志》均作施幼敏。

主簿：张升、张玉、徐瓒、董仕安、毛胜学、［童德］铭、陈文献（隆庆《府志》系于县丞）、房敬、盛司钺①、徐庆、江良用、衡攻（或“政”）。

教谕：方厚（隆庆《府志》系于训导）、吴乐、董潜、吴泰、褚（或“朱”）埙。

训导：潘愈、廖时、林穆。

名宦志

宋　王旦，知平江县。官舍旧有物怪凭戾前后，令居多不宁。旦将至前一夕，守吏闻群鬼啸呼，云：“相君至矣，当避去。”自是遂绝，无影响。

唐介，知县事。民李氏多资而吝，吏有求不厌，诬为杀人祭鬼。岳守捕其家，无少长楚掠，不肯承。属介讯，无他验。守以白于朝，遣御史徙狱其究（或为“冤”之讹），与介同守以下得罪，御史受赏，介未尝自言。

杨寅，知县事。公正刚介，以义理训其民，未期，民服教令。

元　欧阳玄，同（讹作“何”）知平江州事，处己俭约，为政廉平。

汪泽民，延祐间，同知平江州。时州民李氏以资雄，其弟死，妻誓不他适，兄（讹作“元”，参校隆庆《府志》卷十三）利其财，嗾族人诬妇以奸事，狱成。而泽民至，知其枉，为直之，人皆惊伏。会朝廷征江南包银，府檄泽民分办，民不扰而事集。

国朝　刘顺，直隶池州府人。国初知平江州，事有善政，开设州治，多所建置。

吴显，直隶滁州人。洪武间知县事。处心正直，理民有方，

①隆庆《府志》分别有盛思安、司钺，而无董仕安，不知孰是。

岁旱祷雨辄应。事闻，诏升一官，免部考。

施幼敏，江西新喻人。洪武末任县丞。治事公勤，持己廉洁。升两淮盐运司副使。

陶安，江西南昌人。知县事。善为抚字，贫民尤蒙其惠。卒于任，民哀慕自不已。

方厚，江西弋阳人。任教谕，教人先以礼义，而后文字，士皆化之。至今思慕。

宋鉴，河南许州人。知县事，果敢有为。成化丁酉（十三年，1477），流贼入境，率典史张澄、县吏王（讹作“土”，或上横画未印出。参校同治《平江县志》第329页）和等与贼敌，死事闻，诏许遣子入国子监。立庙祀之。

科甲志

进士

宋 李纯，皇祐庚辰①。

李西坪，元符三年（1100），详人物②。

黄诰，熙宁三年（1070），详人物。

罗孝芬，宣和三年（1121），详人物。

吴樵，致和辛卯③，终知府。

吴景偲，致和丁酉，终郎中。

---

①皇祐无庚辰，同治《平江县志》第417页作“皇祐二年（1050）”，为“庚寅”。但《宋登科记考》皇祐二年科李纯不见录。

②《宋登科记考》作李平西，谓“字西坪，又名宾王”。

③宋无“致和”年号，只有“至和”，然而至和间并无辛卯。隆庆《府志》吴樵系于政和，因而这里应为“政和”之误，“致”、“政”形近。但隆庆《府志》系吴樵于政和壬辰，即政和二年（1112），“辛卯”为政和元年（1111）。《宋登科记考》系吴樵政和二年壬辰（1112）科进士。

郭鸿，致和戊戌，详人物[①]。

李儒用，嘉泰壬戌（二年，1202），详人物。

许炳，宝庆壬戌[②]，详人物。

秦从周，建炎戊申（二年，1128），终教授[③]。

鲁仕能，淳祐甲辰（四年，1244），终知县。

吴釿，宝祐丙辰（四年，1256），终郎中。

元 余观，至顺癸酉（四年，1333），终院判[④]。

许昌言，至正戊子（八年，1348），终录事。

国朝 郭本，景泰辛未（二年，1451），终知府[⑤]。

（以下缺页，其间还有举人、岁贡，下据隆庆《府志》补成化以前所缺名录）

举人

元 胡定礼，延祐乙卯（二年，1315），官翰林国史院检阅。

胡洵直，通城县教谕。俞嘉宾，监察御史。俱至正丁亥（七年，1347）。

国朝 陈思铭，洪武甲子（十七年，1384），秦府伴读。

---

①《全宋文》卷四〇五三“吴景偲，岳州平江人，登政和八年（1118）进士第，授辰州法曹。绍兴二十七年（1157）为宗正丞，官终转运使，封武昌县开国男”。隆庆《府志》误作“元和戊戌”，应为政和戊戌（八年，1118）。此处“致和丁酉”如为政和丁酉则为政和七年（1117），乃误。另隆庆《府志》亦谓“历官廉夔路转运使”，因而“终郎中”亦误。郭鸿亦应为“政和戊戌”。政和八年即重和元年（1118），《宋登科记考》吴景偲、郭鸿为重和元年同科进士。

②宝庆无壬戌，隆庆《府志》系许炳于宝庆丙戌，为宝庆二年（1226），因而“壬戌”应为“丙戌”之讹。《宋登科记考》不见录。

③《宋登科记考》谓“岳州平江县（一作慈利县）人”。

④元至顺癸酉（四年，1333）即元统癸酉（元年，1333）科。萧启庆《元代进士辑考》列余观为汉人、南人第三甲，赐同进士出身。注曰：“《隆庆岳州府志》云：‘余观，登李齐榜第四，官太常礼仪院判，平江人。’所述籍贯及登第年次与本录同，名次则误，所记官历亦过简。”

⑤《明清历科进士题名碑录》景泰辛未（二年，1451）科赐同进士出身第三甲中有郭本，但注曰：“广西柳州卫融县守御千户所军籍。”也就是说，郭本广西融县人，不知何以列为平江人。隆庆《府志》系郭本于洪武乙丑（十八年，1385）进士，乃误。但未注明籍里。

谢文，洪武丁卯（二十年，1387），刑部主事。

彭兴祖，洪武庚午（二十三年，1390），教谕。

胡以政，洪武丙子（二十九年，1396），训导。

姜晓，右军都督府都事。邹思铭，训导。俱洪武己卯（即建文元年，1399）。

凌崇贵，永乐戊子（六年，1408），蓬溪知县。

徐万里，永乐戊子（六年，1408），教谕。

田瑨，永乐辛卯（九年，1411），教谕。

杨得清，永乐甲午（十二年，1414），岁贡，中应天试，眉州学正。

黄澄渊，教谕。杨济，得清子，训导。俱永乐丁酉（十五年，1417）。

童万章，永乐癸卯（二十一年，1423），教谕。

萧瑭，南安知州。萧铨，南京国子监助教。俱正统辛酉（六年，1441）。

刘旭，正统甲子（九年，1444），临安府同知。

严资正，刘诏，延津知县。俱景泰庚午（元年，1450）。

杨纲，成化乙酉（元年，1465），桂林府通判。

吴政，赵州知州。万石，贵县知县。胡湘，荣昌知县。俱成化辛卯（七年，1471）。

徐贵，成化庚子（十六年，1480），文昌子。

岁贡

国朝 李益古，教谕。余原道，顺庆府通判。俱洪武甲子（十七年，1384）。

李思敬，真定知县。黄希贤，序班。俱洪武丁卯（二十年，1387）。

柳原富，典簿。邹益吾，经历。童晖，秀水知县。俱洪武庚午（二十三年，1390）。

戴安善，灵川县丞。刘海，新繁知县。胡景章，吏目。俱洪武丙子（二十九年，1396）。

毛文聪，富民知县。李善，徐文昌，兴化府推官。首诚，俱洪武己卯（即建文元年，1399）。

刘荣，向成颜，丰都训导。毛伦，合州知州。陈奎，常熟县丞。俱永乐戊子（六年，1408）。

彭楫，南京留守卫经历。黄旷，广东检校。刘文淮，吏目。俱永乐辛卯（九年，1411）。

柳荣，庆远府照磨。胡珍，南京卫经历。俱永乐甲午（十二年，1414）。

易永和，巴县县丞。罗信忠，万安知县。俱永乐丁酉（十五年，1417）。

钟仕序，光禄寺丞。吴畴，赣县县丞。黄冕，婺川知县。俱永乐癸卯（二十一年，1423）。

钟思逵，习峨县丞。喻镜，吴麟，安顺州训导。俱正统辛酉（六年，1441）。

（以上据隆庆《府志》补。）

苏仕翰，任训导。彭升、欧富，任经历。张熙，任吏目。张纹（或“文”）、魏全，终训导。苏铉、黎安，任训导。胡海、毛麟、刘珍，俱成化间①。

人物志

宋 李西坪，伯父纲，宋相；父纯，皇祐中进士，有贤名。西坪，元符中进士，知澧州。专务德化，集民训以孝弟，劝课农

---

①按隆庆《府志》上11人均为岁贡，苏仕翰、彭升、欧富、张熙为正统间，张文、魏全为景泰间，余为成化间。

桑，化治州邑，累迁枢密院承旨。金人寇（讹作“冠”）汴，西坪与纲奏守御策，金再入寇，又乞诏诸道勤王兵，决策一战。时宰相何㮚不能用。

黄诰，熙宁三年（1070）进士。为长沙簿，章惇开梅山，请增亩税，诰力言罢之。后知益阳县，有政声。居丧庐墓，芝生茔祠百余株。事闻，哲宗赐帛五十匹。后知歙、建州，移湖南提刑，官至大府卿。

罗孝芬，宣和初，居侧有大柿树，雷折之，火燎，其文成“罗状元”，字下有三点，人莫能测。明年，孝芬举甲科第三人，始悟其兆云。后擢吏部郎中。靖康（讹作“应”。繁体“應”与“康”形近）初致仕归，建画锦桥、秀野亭，当时重之。

李儒用，嘉泰壬戌（二年，1202）进士。蜀宣谕吴猎辟公上幕，具荐于朝，官庶因其去，惜其才学未究。别号为练溪谪仙。

许炳，宝庆丙戌（二年，1226，讹作“壬戌”，辨见前）进士。授潭之宁乡尉，尉司旧有合催穿名钱纳，时吏并缘为奸。炳置柜于厅，听民自输，执笔销注，不参吏手，时号“不要钱县尉”。

郭鸿，政和（讹作“致和”，辨见前）戊戌（八年，1118）进士，授澧阳令。值岁旱，以俸赈济，当道嘉其德，遂交章荐之。

毛友诚，康叔临门人，为岳阳教授。龚安国奉为学正，善教诲，有《玩易》，手抄行于世。

李蟠，号弘斋。亲授考亭朱子学，当时为倡道羽翼。

方暹，字明用；许应寅，字伯春；方锐，字□行；万镇，字子静；邹锐，字行之。俱李弘斋、饶双峰门人。详元时《志》，有“李门弟子饶门友，渭水年龄泗水心”之句①。

吴雄，字伯英。受蔡西山教，时诸贤在党禁中，或徙或死，雄不远千里皆往问之。创平阳书院，后人遂以平阳先生称之。

---

①隆庆《府志》卷十六记为理宗时知府韩履常诗句，题为《赠方锐》。

国朝　余原道，四都人。由监生任四川顺庆通判，廉介自守，尝于廨内得古窖金磬等器，悉以济民，家人不敢私，至今称之。

丁原贵，十八都人。善书等。永乐初，上问欲讨北虏计，天下粮储，时户部尚书夏元吉（即夏原吉）以原贵进对，果善计，遂授主事，寻升郎中。致仕终。

夏旻，府学生。由监生授四川彭县知县，抚字劳心，地钟灵异，粟产五歧。蝗虫入境，竭诚祷神，百鸟随食。民于今称之。

黄汉斌，二十都人。由吏员，都御史韩雍进兵两广，以斌勤慎有谋猷，檄以自随。有功，授顺天经历，转两淮运司经历。在任一毫不苟取。以母艰，卒于家，贫无敛棺，乡人咸目之曰清贫官人。

张礼柔，三十一都人。好义乐善而礼教仿古，号虎坡居士。邑乡饮推为上宾。

孝行志

国朝　余瑛（隆庆《府志》、同治《平江县志》等作“徐瑛”），四都人。蚤丧父。□郡庠，家贫，奉母侨居就廪。母终，以礼殡殓，适寒沍，跣踝扶柩归葬。庐墓，邑有富侠，侵葬墓侧，瑛力诉有司。富侠以百计夺之不得，复以白金百镒贿之。瑛曰：“以地易金是弃其亲，虽死不渝。”于是富侠化而迁之。后鸟鹊芝草集产于墓，人以为孝诚所感。成化乙巳（二十一年，1485），知府李镜具其事，闻于朝。

贞烈志

国朝　凌氏，吴伏显妻。早寡，或令其改嫁，凌氏以死自誓，守节无瑕。永乐初旌表。

傅氏，十八都秦永鏛妻。适秦未期年而鏛卒，遗腹二月生子，及长，授以儒业。其奉宗祀，事舅姑尤尽心。先时多强之再适者，傅曰："夫死，我未亡人也，况舅姑在堂乎！代夫尽孝，我之责也。"遂孀居以终。

祠庙志

城隍庙，详"坛壝志"。

王文正公祠，在县东门街，旧在儒学前。成化初，知府吴节以其地为通衢，迁于学东百步许。后本县因副使薛纲兴社学，遂以祠当之，迁主于儒学旧文昌祠，与汪文节公同祀之。弘治戊申（元年，1488），知府李镜过谒，见祠卑隘，欲迁创于此，时义官喻钲、刘忠、刘仲渊、余秉常、余秉清、刘钦、余秉钧、谈惟彰、陈万敖、萧准学、童瑚、喻富、喻瑚、李兰闻命，忻然捐资，共构成之正祠三间，两廊各一间，门一座。

忠孝庙，在县西。祀屈原及孝感侯。成化间提学副使薛纲重修。

宋知县庙，在县东。事详"名宦志"。

鲁德庙，在鲁德山。

古迹志

罗子国，在县南一十五里。楚文王徙罗子自枝江居此。

罗县遗址，在故县乡八都。秦为罗县，因城廓僻隘，不可容众，下迁十五里中县。绍兴辛未（二十一年，1151），道士吴安世请基为金铺观。

中县址，五代后唐为平江县，在太平乡中县。故老相传水轻土薄，乃畴咨官，众上请府司，又下迁二十里，即今之县治是也。

旧址荒芜。

上公亭，在县西。宋王旦宰是邑，既去，拜上公。民思之，作亭奉焉。

秀野亭，在县北画锦桥畔。事详“人物志”。

舂纸臼，在县东北一里。《湘中记》：应阳县蔡子池南有大石臼，云是汉蔡伦舂纸处。[①]

石鼓，在县西十五里。山涧中有龙湫，上有石如鼓，石上有仙人马迹。旱岁祷雨有应。

景致志

昌江八景

壁潭秋月，即前所载石壁潭也。秋时水光粲然，月色皎皎。

秀野春光，在县北百步许。平江地多陡峻，惟此野平宽如坻。方春花卉秀郁，尤其可观，此盖景之最者。罗孝芬建有亭，见前。

九曲清流，即九曲池。环带萦纡，清澈如镜。

三峰叠嶂，三山并峙，层峦叠翠，常时云气出没。

梧桐暮雨，即梧桐山也。有时暮雨霏霏，潜形莫见。

桃洞朝霞，洞产夭桃数千树，春花掩映，如丹霞然。

幕阜丹崖，幕阜盖山之至高者，悬崖峭壁，其色苍然。

连云翠壁，即前连云山。山连云汉，壁立万仞，岚光苍翠，甚有可观者焉。

---

①应为《湘州记》，南朝宋庾仲雍撰。见陈运溶《麓山精舍丛书》第93页。但应阳县在今永州地界，与平江风马牛不相及。

寺观志

寺　宝积寺，在县南一里。宋创。僧［会］司寓焉。僧五名，僧行三名。

净住寺，在县南。唐建。僧一名，僧行二名。

北禅寺，在县北。唐建。僧五名，僧行四名。

观　崇真观，在县西。晋创。道会司寓焉。道士六名，道童十名。

奉真观，在县南。宋创。道士二名，道童四名。

冲真观，在幕阜山。宋建。道士一名，道童三名。

（制命志，详府）

纪述志

［平江县］学记

宋（讹作“元”）　知州汪有开撰①（《全宋文》第350册第27页，题《平江县学记》）

湖南（或“右”）之士盛于岳，岳之士盛于平江。非士能自趋于盛也，教养作成之素，学校之功居多。岳之属县有四，平江为之冠，学宫亦冠焉。居县之中，得地之阳，山明水秀，萦怀拥抱，规摹（或“模”）宏伟，气象轩豁。堂曰“进道（或“贤”）”，阁曰“文明”，斋舍渊然，廊庑翼然，仪门外耸（或“崇”），制度毕备。进修其间，日渐月摹，蹈德泳仁（或“蹈仁咏义”），充然莫不有得，此士之所由昌也。独尊事先圣先师之宫，因陋仍隘，惧将隳（或

①汪有开为宋岳州知州，非“元”，见前“形胜志”考辨。因而《全元文》无载。

“压”）焉，甚不称所以奉笾豆，供灌献也。宦（或“官”）于斯履于斯（或无此三字）［者］，孰不欲撤而新之。顾事大体重，方牒诉倥偬（或“方煎熬于鬻釜”），逐逐于簿书期会，有勿（或“弗”）暇及，人多量其力之未至也。南丰曾公鸿子为郡户曹，公（或无此字，应为衍文）庾使吏部刘公甄以其才，命摄兹邑。始至于境，入谒夫子，扒（或“拜”）而兴，俯而思，曰：“学宫其伟矣，大成殿如弗称何？更之未易举，委之弗敢安也。问县帑则枵如，视民力则蔚如，何所取资？独有力捐浮费，猛割微俸，姑为之倡，其（或“意”）庶几乎。然恐不我知者，以为不量己也，以为要誉以厉民也，盍请于庾台，［以］听今（或“命”）焉。”未几报可，且挥金捐廪以侑之。于是始决其成，邑之富者亦乐为之助。经始于宝祐甲申（宝祐无甲申，或为甲寅之误）之秋八月，落成于冬之十一月。文移不施，笞棰不加，卒就厥绪。基敞而材良，栋隆而宇宽，仑乎奂乎，室与像称。躬率诸生，行释（或“舍”）菜礼，济济雍雍，敬心肃容，弗懈益恭（或无此四字），其有补于教化者甚厚。已而视其材犹有余也，学前旧为民居，以金易其地，筑亭凿池，匾曰“泳归”，藏修游息，咸得其所。诸生拱而曰：“是役也，非庾使介轩先生重道崇儒，主张乎其上，非民（或“户”）曹令（或“曾”）公摄政崇化，兴举乎其下，不以迂缓视之，则以因循废之矣。是岂寻常馆榭台池比哉？不可无述，盍请诸郡太守着笔焉。”令与诸生士友（或无此二字）各以书来，辞不容（或无此字）已，因告之曰：“余方兴（或无此字）辟贡闱以来，四邑宾兴之士，未迄于成，县令有功于学，乃能不日成之，是可书也。”或谓夫子尝欲居九夷，未始嫌其陋，门弟子在陋巷，夫子极称其贤。宫殿之设，似非所甚急也。吁！曾不思（或“知”）圣贤之自处者，固尔也。人之尊夫子者，比之数仞之墙，不容窥见宗庙百官之备。独不当想象其仿佛，而可以陋处之乎？戴冕旒，被衮衣，用王者事，顾诿之暗室屋漏，而可安乎！则大（或无此字）崇夫子之宫，令之责也，崇夫子之教，责不在令乎？宫成教行，二三子其何以承令之美意，何以能无负夫子之遗训，盍相［与］勉之。于是乎书。其匠役凡几，费用凡几，则不书也［奚损］？

［元］　平江州文学掾李永嵩撰（《全元文》阙录）

学校之设尚矣。逮我朝兴，崇美意视昔益隆，曰修完，曰主领，曰勉励，责之有司，德至渥也。盖学校乃风化之原，作新存乎人耳。泮水以鲁侯而修，蜀学以文翁而兴，布在方策，于今称之。泰定乙丑（二年，1325）秋八月，永嵩承乏昌水泠椽，祗谒之初，历阶则石敕有六，屹立应门，仿佛岐搜之迹；登殿则先圣先师，章服五彩，表著曲阜之仪；升堂则讲座崇峻，师道以严。他如黕垩丹漆，帷幄帐御，各得其宜。询诸耆年，皆曰：吾邦侯澄心赵公主倡力也。猗欤甚哉！余谓江南郡县黉宇大小不齐，然亦未尝不为之葺理，较以内外完美如一，未有若此。然学之廪稍不敌中人之产，春秋祭祀，宾序月给尚尔不充，以有限之储供无涯之需，是果何道而致耶！邦侯为政，惟务静一念，学校修理，乃分之宜，随以隶籍儒税谋之。长贰志同议合，俾协力以复其役，曲尽劝勉之道，故能上下翕从，力优而事集，用适而效宏。公不敎于帑藏，私不害于编氓。感孚之妙岂言语之所可殚哉！因作而思曰：泮宫奂然，固邦侯之功也，一新士习责不在我乎？为士者游息于斯，诚意正心，进德修业，日日新又日新，大小成材期为进用可也。夫如是不惟不负邦侯作新之赐，且上不负我朝属望之意，可不勉诸。

［元］　副提举杨彦博撰（《全元文》第17册第40页，题《平江县学记》，本篇中“公”均作“君”）

事有似缓而实急者学校是也。学校何为而急也？养贤及民，化民成俗，胥此焉出，则以为先务也固宜。昔在宋时，郡县皆置学，此（或“凡”）学皆有恒产，祭祀修造皆取给焉，随倾而支，因漏而葺，学舍所以完固，赖有此耳。自古及今，皆仍其旧，所以惠多士至渥也。然外邑之学往往以兵革后圮弗治，盖扰攘之际，士多外避，岁入荡然不收，或仅收而官辄侵贷，故虽欲葺理而力有不赡，其圮弗治无怪也。平江，岳壮县，学舍旧甲诸邑。由乙卯（宋宝祐三年，1255）至丁丑（至元十四年，1277），廿年间，学田之租或以廪兵分其半，或以抛荒落其额，所入无几。是以庙宇漏穿，斋庑芜废，观瞻弗称。时杨公森龙实主学事，慨然以经理自任，而窘于事力之乏，遑遑然不能一朝居，戊寅（至元十五年，1278）春，同知寇公元德讼（或“奉”）檄来此，杨公力以请，寇公韪之，谓宰冷公文焕曰：“修文庙，郡邑（或“县”）先务也，子盍勉旃。”于是冷公与杨公同心（或“志”）协议，既撙节岁用，复预借岁收，选委学谕吴公兴仁专董之。其役始于是年（至元十五年，1278）六月，成于八月，其费为钱若干贯，米若干石，而用度犹缺三之一，冷公、杨公暨学职吴公振道，贯公功俊，咸有以补其不足。而吴公既躬督工之事，乃倍有献助，钱以贯计者，百其数，米不与焉。至于往来之资粮扉屦、日用饮食，率取诸其家而用之，未尝以粒干学帑。呜呼！其知义也乎。予处学校多矣，每见郡县间职于学者，食其廪饩，且规利焉，以弊学校者滔滔而是，求其公心宣力已不多见，况肯舍私财而助公费乎？吴公此举真有子文以家纾国之意，推是念也，则异时当官而行，其损己而益人，约私而裕公，吾知其必能矣！夫起学校之废而作新之，杨公之绩固茂，捐己财以成其美，吴公之力居多，予公暇因阅其会计之籍，心窃嘉之，而识其巅末如此，庶使乡大夫士知当务之为急，或闻其风而兴起焉，则学校可以永久无废也。吴公，字仁仲，前兵部尚书中奉公五世孙，今承杨公后主学事云。

大荆驿记

国朝　知州戴浚撰

成化丙申（十二年，1476）秋，予承乏来知岳州府事。越明年（成化十三年，1477），钦差赞理军务、巡抚都宪永新刘公巡历郡县，自岳阳而抵大荆驿，喜其驿之新成也，谓美绩不可以无闻，命通判刘瑛、推官詹云汉砻石刻文，以识岁月。复俾予记其始终，建置之由，将以垂诸不朽。予辱承休命，不敢以固陋辞。因按旧《志》，大荆驿基在今大荆铺侧，自兵燹之后，荡然瓦砾之墟矣。然驿废而铺存，故邑人咸知其大荆铺焉。岁庚寅（成化六年，1470），前巡抚繁昌吴公历平江而寓于铺，时署溽房陋不堪寝处，因四顾叹息，以为斯地当湖省南北道之要，省官牧吏之往来者岁无虚日，使者相望于道而一憩止之，□若此吏兹土者能无动于心耶？时郡守眉山吴节偕行而进曰："巴陵、湘阴相距几三百里，此地界乎其中，若建一驿以节往来之劳，甚为官民两利。"前巡抚是其言，乃檄大参稷山宁公瑛、宪副云间郁公文博审度其地，而核实相宜，遂疏于朝，将以新建置之典。未几，蒙恩可其议，铨驿丞赵瑄捧篆来司驿事，隶于平江，而名曰"大荆驿"焉。其经理之费区画于长、岳二郡，仍命长沙府经历卢炯、岳州府检校杨信、巴陵县丞马珍分董役事。各职承命惟谨，即诹日鸠工市财赁匠，恢拓其地势之宜，险僻者平之，柞棫者去之。群材咸备，百□皆兴，前为楼，中为厅，东西有廊，茇息有亭，彩绘焕然不浮于度，总为屋五十楹。聿三月而告成。至于经制之所未备者，一委之瑄，瑄于迎送之余渐次修葺，起仓库，成桥梁，立榜房，甃街道，终始尽力，勤劳备致。而又凿井通池，垦田开圃，凡奇花异卉，松柏蔬菜之类，靡不植之。间生瓜豆之异，人咸以为瑞。噫！天下之事，贲饰于蛊坏之余者易，鼎新于草创之初者难。巡抚肇开造之基，郡守继开造之迹，二公之用心其亦可谓仁且远矣。昔周官侯馆由郊而都，由十里至五千里，宿顿有所，廪饩有具，其法之纤，悉无不备也。迨至春秋之世，郑子产论晋文之霸亦在于崇大诸侯之馆，司空以时而平路道，杇人以时而涂公寝。唐崔祐甫记湄台新驿，谓君子约己而裕人，所以陋房室而恢宾馆。古之崇其制也如此，则今成斯驿也，其于尊使命、隆客礼、便人心，作永久之弘模，成太平之盛观，端在此矣。岂直曰：饰厨传事过客而已哉。驿经始于辛卯（成化七年，1471）之冬，而毕工于壬辰（成化八年，1472）之春，记作于今丁酉成化十三年（1477）十二月之吉。

忠孝桥记

宋　眉山杨寅撰（《全宋文》阙录；同治《平江县志》第606页）

忠孝有祠，尚德也，桥以祠名，所以揭共由之义，以济民行也。屈子之忠，罗氏二子之孝，处臣子之难［而］尽忠孝之性。庙既（或“记”）备矣，常（或无此字）试申其义与往来斯桥者共评之，君尊臣卑，父尊子卑，天伦也；君仁臣忠，父慈子孝，天性也。自天降生民，德大者綦贵，才薄者綦贱。于是乎有王公、卿大夫、庶人之分焉，于是乎有伍两、卒族、军师之制焉。相戴、相爱、相事、相使，以至今日［其］生生不穷也。曰高祖、曰曾祖、［曰祖］、曰父、曰子、曰孙、曰曾孙、曰玄孙；敬焉、爱焉、传焉、守焉，不知几千万年矣。人之所以异于禽兽者，以至有此天伦，有此天性也，明乎此，尽乎此，则谓之人；须臾不明，毫厘不尽，则禽兽矣。家之兴衰，国之治乱，世之隆替，常必由之。呜呼！父生之，师教之，君食之，使吾侪饱食暖衣，仰事俯育（或“畜”），知有礼，知好德，知自贵于物，此德宜如何（或“何如”）报也。哀哀父母，生我劬劳；哀哀父母，生我劳瘁（或无此句）。父兮生我，毋兮鞠我、抚我、畜我、长我、育我、顾我、复我，出入□我（或无此句），欲报之德，昊天罔极。夫（或无此字）孰无是心哉！涉斯桥也，式斯庙也，想前贤之高风，动固有之真机。为人子者必亲其亲，为人臣者必君其君，安行乎人道之常而无论致陷失焉？是名桥之义也。始涉（或“建”）斯庙（或“桥”），邑人李氏、叶氏各效其有，略无吝意。桥在庙之左，危（或“虞”）圮病涉，新而大之，遗行者无穷之利，亦李氏力焉（或“也”）。桥成，李氏乞书名桥之义，以谂往来者，遂为之记。

双龙桥记

国朝　教谕吴乐撰

双龙桥去县治西北十五里，曰普坑。其山尤为峭拔，峰峦岭属屹然相向，逶迤数十里，夹水而下，会流折北过西，合昌水入洞庭。当时雨骤至，汉沔行潦，弥满山径间，虽驿骑往来，竟日不能济。旧有桥，号“双龙”，按《县志》，前邑令沈克诚（此处应脱一“子”字）仁、修，后二子俱登第，遂名焉。天顺间毁于火。成化纪元之初（1465），郡贰守镇江胡侯升下车过其处，悯民病涉，慨欲兴复，图之父老。而邑之杰者凌仕敏以修复自任，特有志斯举者，恒以工多费大为辞，闻仕敏独力承之，莫不惊愕骇异，而仕敏了无难色。经始于是年（成化元年，1465）之春，教护属功，八阅月始就。木之架梁大者围以丈余，而其长则三倍其围之数。梁之上甃以石，石之上覆以亭，东西相距积有十余丈，为楹二十有四，被以陶瓦，鳞次栉比。录其工数六万有奇。左右缭之以阑，不朴不华，巍然焕然，过之者莫不叹赏。视旧规坚致弘敞过半矣。仕敏尤以为桥虽可以济人，而旁山多石，舆马往来病焉，僦工畚土，夷危险而为康庄。落成，邑令佐暨予咸举酒为庆，顾谓予曰：是桥之成有以见胡侯委任之得人，公职文字者宜纪之。窃惟仁者以济人为急，古有以乘舆济人，识者以惠而不知为政讥之。夫桥梁之设，王政之一端。宜胡侯拳拳于是也，使在上激劝锥有道，而在下者不能体上之心，卒莫能成厥谋。今仕敏不过庶民中之杰然者，乃能以孱然之身，殚财力举废坠，俾颓波渍决之余，虹梁杰栋一旦轩举，远可以绍沈令之序，近可以副胡侯之命。虽曰知所当务要之□，在上者激劝感化之深，其能致大成功之速哉。抑予尝过邑之驿马桥，询其所修，则仕敏之父志昌也。呜呼！凌氏何其多贤也欤！且仕敏年逾四十无子，甫念及斯桥而得一子，桥成又得一子。胡侯命名曰桥曰梁，沈二子登科，凌继生二子，信乎天不爽善人之报彰彰矣！况物之兴废理势必然，苟斯桥有所倾圮，继沈、凌之志者，必思所以培焉、植焉，是亦沈、凌之用心也。天岂厚于此而薄于彼耶？予知天不恶报，于善人必矣无，书此以告后之君子。是为记。

黄华桥记

国朝　教谕吴乐撰（同治《平江县志》第619页。《平江县志》将吴乐误置于元代）

驿传桥道之修固长民之职，然为一邑之长者，地近事简，固可以易为之；而长一郡则境内之地既广而所修者亦多，非激劝斯民之好义者以相厥功，虽欲兼而理之，岂不难哉！平江黄华原有桥焉，当四达之冲，岁久渐入（或“即”）于圮，人以涉为艰。成化七年（1471）春，岳州太守眉山吴侯节行经于兹，召仗义为之，父老皆以邑之杰者喻钲为举，且曰：“是尝相厥父救荒矣，今为之是特易易尔。”钲曰：“不然，吾奉侯命也，岂以难辞乎？”乃甃石为激（或“墩”），架木为梁，作亭七间以覆。计长之数凡七丈有奇，而其博则一丈有二，缭以周阑，饰以黝漆。经始于是岁（成化七年，1471）之冬，落成于明年（成化八年，1472）之夏。碧瓦朱甍，辉耿（或“映”）山谷间。由是自县之东南达于四境，车马之往来，老稚之提挈，皆赖其功。如地之载，无复前日跋涉之艰。至是钲乃属予为［文以］记其成。嗟夫！义者吾心本然之理，而其所急则莫先于济人之危，周人之急。若禹稷视人饥溺犹己饥溺之，亦同是心［而］已。但世降俗未心不古，若有秦人视越人之肥瘠漠然不加诸意者。呜呼！是岂其心之本然哉，由导之不以义耳。今郡有贤守如吴侯，其于一郡之内废者兴，坠者举，吾不可以枚数矣。然而一桥之圮犹必不置于怀谆［谆］焉，而付仗义之民，盖以吾心之本然，感人心之同，然其视古人非异世而同符耶。钲受符托之命果能悉心殚力，推其余以济厥美，又所谓好义以忠于上而事有终者也。侯真知务而导民以其义，钲真体上心而不负所托也欤！虽然，盖亦有所从来：钲之父复，初甫（喻钲之父名喻复，字初甫），正统间常出谷赈济，朝廷锡（通“赐”）玺书以义民旌之。其兄中辉以胄监生读书积（或“绩”）学，盖得于家教之素，肆（或“故”）今日方有以倡之而其应之也。即如影之随形，有不待激而能。不然一邑之内富家巨室不为不多，何以感发兴起者独在此而不在彼也？噫！吾以是知吴侯之导于钲者所谓君子义以为尚，而钲之率其教者可谓得于义方之训。钲字中肃，和厚谦谨，好施与，若文庙之修，佛老之事皆有所助，建桥特一端云。

王文正公祠记

国朝　佥事成始终撰

宋王文正公旦宰岳之平江，时以中正之德化乎民，精诚之心感乎物，山魈退舍，蝼蚁避席，去而思之，立祠庙以祀焉。或者讥之谓：公为宰相而人夸美之至，谓魈蚁之退避，福力使然。噫唏陋哉！若然宋兴三百余年，其间为公卿，为宰辅，玉堂金马之荣，八座三台之贵者，非不能使人爱慕而思之，然百世以祀之者，其何人哉？殊不知一诚之感乎厚德之流光也。《史》记（《史》指《宋史》），真宗时公为翰林学士，尝奏事，下殿，帝目送之曰：“与朕致太平者，必斯人也。”① 自景德以来谨守成宪，务在安靖，礼乐教化渐及夷壤，庞恩厚泽衣被枯荑。内有雍熙之治，外无夷狄之虞。十余年兵革不用，皆公辅导之力。议者谓得太平宰相之体，

---

①《宋史·列传第四十一》原文为：“为朕致太平者，必斯人也。”

人有谤公者辄引咎，未尝自辩。若他人有过失可辩者力为辩之，荐莱公之相而不使其知。免失火之死，谏君以示信。公之大德，岂独平江之人思之而不忘，天下后世之人皆仰其高风而不忘也。宜乎县之建祠而祀之。祠旧在长庆寺，去县七十余里。嘉定六年（1213）徙于学宫之前，多历年所风雨吹坏。景泰元年（1450）春，吕君鹏来知兹邑，君浙之绍兴新昌人，监察御史昌之从兄，故家文献勤慎有为，政治民和，边寇宁息。乃重建祠堂，捐己俸买民间相属之地，广其旧址，前室、中堂各三间，堂甚宽，室差小于堂，门扉、窗槛、供器焕然俱美。起工于景泰三年（1452）九月初一，落成于明年（景泰四年，1453）三月十五日，予适按临掌教，方厚司训詹敬来，白吕君之能之勤，请记刻石。夫吕君斯举可谓知所本也，有所鉴也。《诗》云："高山仰止，景行行止。"此之谓欤？将见平江之民移其所思文正者而思吕君也，俾后来之鉴吕君者亦犹吕君之鉴文正也。呜呼！时有先后而德之化民无先后，民有古今而心之感德无古今。使为县者公文正之心，恐民之去已，思所以爱恤而安全之，则民亦视之如父母，去而留之不舍，岂而思之不忘，此人情之常也。若乎推击朘剥知所以利乎已而不知救其疾苦，知所以富乎家而不知恤其饥寒，则民怨之如仇敌，去之而不得，则弃家业而避之，离乡井以远之，冒逃亡不美之名，甘流离奔窜之苦，其不为寇贼而杀之，幸也，何以望其思之哉！思之尚不可得，又何以使其百世思之而不忘哉！予既为记，俾后来之尹之鉴。复为诗章，使邑人歌以祀公而勿替。辞曰：

公之高风兮千载孔扬，公之大德兮百世有光。弼一人兮居庙廊，奠四海兮民休康。民之思兮永难忘，尹之鉴兮宜肯堂。景行先哲兮德愈彰，岁时伏腊兮奠椒浆。涧芹汀芷兮荐熏香，公之精爽兮可相望。连云苍苍兮平江洋洋，公庇兹土兮民物其昌。

忠孝双庙记

宋（讹作“元”）　刘一龙撰[①]（《全宋文》阙载，同治《平江县志》第603页）

楚俗尚鬼魅（或无此字），其来久矣。眉山杨［君］寅治平江，公正耿介，一以义礼训齐其民，四境之内，凡谄非鬼祭非望者咸禁止之。期年民相服其教，令乃兴起废坠，首事于学宫，继事于社稷。顾清烈庙颓圮且隘不能寻丈，按《县志》，有淑济祠，久废不存。则慨然曰：是为臣死忠者，是为子死孝者，是为吾乡邑之望也，而若是非所以扶世励俗。乃卜地于上公亭遗址之下，爰建一庙，东祀忠洁侯，西祀孝烈妃、孝感侯。庙貌严严，堂埕言言，门庑位置悉中礼法，匾其门曰：“忠孝双庙”。庙之前溪桥圮毁，人且病涉，理而新之，坚壮可久，匾曰“忠孝桥”。既竣事，以书抵一龙曰：“愿有述。”顾浅陋何足与此，辞不获命。乃记之曰：

平江，古罗县也，罗水发源于县之东（讹作“南”），流经县治西（讹作“北”），流而下为汨罗，又西北下汇于洞庭。[②] 屈子沉（或“沈”）汨罗，罗氏二子沉（或“沈”）洞庭，则其祀宜也。方原之仕于楚也，以谗见疏，徘徊不忍去，乃作《离骚》，上述唐虞三代之制，下序桀纣羿浇之败，冀君觉悟。[③] 秦使张仪谲诈怀王，令绝齐交，又诱与俱会武关。原谏怀王勿行（或无二字），不听，卒死于

---

①同治《平江县志》系刘一龙于宋代是正确的。文中所记为宋知县杨寅修“忠孝双庙”事，事毕杨寅致书请刘一龙作记，因此刘一龙不可能为元人。

②同治《平江县志》所述罗水源流是正确的。罗水为汨罗江的北支，发源于江西省修水县黄龙山，从东面进入平江，向西流过县境，合北支汨水而称汨罗江，然后汇入洞庭湖。

③桀，夏代亡国之君履癸；纣，商代亡国之君帝辛；羿，传说夏代有穷氏国君；浇，传说夏代寒浞之子。《楚辞·离骚》：“夏桀之常违兮，乃遂焉而逢殃。后辛之菹醢兮，殷宗用而不长”；“羿淫游以佚畋兮，又好射夫封狐”；“浇身被服强圉兮，纵欲而不忍”。

秦。而襄王立，复以谗迁原于江南。又作《九歌》、《天问》等篇，冀悟君心，终不见省。不忍其宗国将危亡，遂赴汨罗之渊自沉（或“沈”）以死。呜呼！其用心诚出于忠也。士见危致命，生不得力事而强谏，死亦（或“犹”）冀其感发而改行，原之用心故如是也。罗氏二子死于先秦也。父以铁官没舟于洞庭，女姊携弟循崖号哭，不获其尸，皆赴水死。呜呼！其用心诚出于孝也。亲生之膝下，一体而分，人子之身，父母之身也。亲不得其死，吾不爱其生，二子之用心故如是也。欲生恶死，人情之常，而欲恶有胜于死者，夫固有所重也。呜呼！人之大伦君臣也，父子也。降衷秉彝谁独无是，惟气禀所拘，人欲所蔽，利害所怵，则处之必有不尽其道者，几于所当然而不能引义尽分者，皆二三子之罪人也。原之事见诸传记，小夫妇人亦知其烈也。罗氏二子史失其传，而锡爵受封，实有元丰（讹作“原封”）之锡命。今杨公又从而昭揭之，焄蒿凄怆，英魂凛然，必有泚其颡者，夫人之所遇不同而制行亦异。二三子不幸处人伦之变，其一念之烈虽去之数千百年犹使人尸而祝之，况忠臣孝子及求夫性之，固有各尽其分之当然，其流风遗俗渐被来世，何如哉！

题咏志

幕阜山诗

元　许元信（《全元诗》第68册第247页，题《幕阜山》）

山高一千八百丈，二十五洞太玄天。雪花飞来（或“下”）水冲石，翠嶂拨开云（或“风”）卷烟。金鲤一双游碧沼，石田三（或“数”）亩产红莲。我来绝顶无他事，为访仙人葛稚川。

屈原祠诗

宋（或“唐”）　洪州军将[①]（《全唐诗》第11册第8935页，题《题屈原祠》）

苍藤古木几经春，旧日（或“祀”）祠堂小水滨。行客谩陈三酹（或“酎”）酒，大夫原（或“元”）是独醒人。

国朝　参议王鼎（同治《平江县志》第692页，题《屈原祠》）

此间亦有屈平祠，此老真为百世师。一点精忠悬白日，半江风浪打残碑。江（或“茳”）蓠绿遍骚人怨，辽（或“猿”）鹤归来渊（或“楚”）客悲。扰扰到今浑是醉，为公惆怅独醒词（或“时”）。

忠孝双庙诗

国朝　按察副使薛纲（同治《平江县志》第683页，题《题忠孝祠》）

特修庙祀表民彝，系我平江永远思。忠孝古来无二道，屈罗今日有双祠。清醒高节冰霜凛（或“懔”），姊妹真诚天地知。在世谁非臣与子，忍心君父独何为？

通判吴佐（同治《平江县志》第683页，次韵）

忠孝由来是秉彝，仰瞻遗像独兴思。一时大节俱无愧，千古英灵并有祠。楚树月明精卫泣，湘江云暝怒涛知。嗟予未报君亲德，逆理偷生不忍为（或“手荐溪毛空尔为”）。

推官章惟（同治《平江县志》第683页，次韵）

爱君爱父本天彝，一入清渊万古思。处变独能全大节，居今谁不仰灵祠。谏归有死非人愿，哭到无生岂自知。百行莫先忠与孝，屈罗此外更何为？

---

①《全唐诗》录自宋神宗时人刘斧编《青琐集》，谓：“屈子沉沙之处，在岳州境内汨罗江。上有祠，以渔父配享。唐末，有洪州衙前军将，忘其姓名，题一绝，自后能诗者不能措手。”因系传说，其年代难以卒定。

杂志

贡英堂记

宋　眉山杨寅撰（（《全宋文》阙录；同治《平江县志》第607页）

宋（或“我”，应是）朝因唐制（或无此字）设进士科以罗天下英才，率（或“卒”）三岁诏郡邑贡乡曲英才，天子御集英殿临轩数贡，吁，亦盛矣！予既新贡英堂以纪贡员之数。请［于］制府，复得学田以充贡士义庄，储所入以资方来与贡之士，就刻于石。既成，［儒］学弟子［员］请记（或“纪”）斯堂之所由设。寅惟（或“维”）五行阴阳之秀，载健顺五常之善，钟而为人，得其天地清明纯粹笃厚博硕之精者，所谓英才也。尽天性，厚人伦，为天下之准的（或“标准”），惟斯人能之；尊君父，安国家，开天下之太平，惟斯人能之；位天地，育万物，成天下之亹亹，惟斯人能之。则斯堂之设，所望于连云幕皇（或“间”）之士者甚大。苟以富贵利达为志，如圣门所谓鄙夫者，不敢以贡天子，亦非所以私（或“期”）吾邑人也。《南山有台》诗曰：“乐只君子，邦家之光。”①愿吾邑之士相与勉焉，庶上不负设科之意，下不负建堂之志（或“意”）云。

---

①《诗经·小雅·南有嘉鱼之什》之一中之一句。

湖广岳州府志卷之六

华容县

沿革志

县在府治西一百八十里。

唐虞至汉，详府。三国孙吴，分孱陵县地置南安县。晋因之。南北朝梁，置南安郡，寻罢。隋开皇中，改华容县，属岳州。唐垂拱初，避武氏讳改曰容城。神龙初，复曰华容。东徙安南港，常阨湖水①。宋至和初迁今治，于故城西筑堤为防，水患始息。元仍宋。国朝仍元。洪武初编户七十六里，续因军夫繁重，户口虚耗，永乐二十年（1422）并作二十二坊里。景泰三年（1452）（此处疑有脱文），成化八年（1472），编户一十九坊里，在县一坊，在乡八乡，分一十八里。

邑名志

华容，以古华容城为名。南安（应为“安南”，详“沿革志”注释），吴名。容城，唐名。

---

①《旧唐书·地理三》：“华容，汉孱陵县地，属武陵郡，刘表改为安南。隋改为华容。垂拱二年（686），去‘华’字，曰容城。神龙元年（705），复为华容。”《两唐书地理志汇释》引中华书局校注曰：“各本原作‘南安’，据《隋志》、古残本《环宇记》卷一一三改。”又“垂拱二年”，《唐会要》卷七一作“三年”。

疆域志

东接巴陵，至本府巴陵县界四十五里；西通安乡，至本府安乡县界六十里；南扼沅江，至常德府沅江县界九十里；北控石首，至荆州府石首县界四十里。东西广一百五里，南北袤一百三十里。

东北到荆州府监利县一百二十里；东南到长沙府湘阴县三百里；西南到常德府龙阳县二百里（此“里”字为衍文）十里；西北到荆州府公安县一百八十里。

（星野志，详府）

形胜志

壤地宽平，河水环绕；川江襟乎北，洞庭汇乎南；巴山东接，绣林西带；荆潭黔蜀汇乎洞庭一湖（宋白玉蟾《宝慈观记》，俱旧《志》）。[①] 文献之地（本朝学士李东阳《县学记》云：“华容文献地，多奇才伟器”）。

风俗志

士谨行而好文，民简朴而兴让。居山者力耕，濒湖者业罟（俱旧《志》）。

①仅后一句出自白玉蟾《宝慈观记》，前几句应出自“旧《志》”。

城池志

城　旧土城，相传宋至和初移治于此始筑。周围七百余丈，立东、西、南、北、石首凡五门，各甃砖石。岁久崩颓，遗址犹存。国朝成化十三年（1477），邑听选官孔万全因流贼寇境，奏行巡抚都御史刘敷委知府戴浚、知县鲍德等重筑垣墉。高一丈五尺，厚三之一，上架木覆瓦，仍甃甓为门，视旧规有加。成化二十年（1484），嗣巡抚都御史马驯以土城非经久计，乃命臬司副使萧祯、知府李镜、知县梁泽（本卷“宦迹志”中梁泽漏列）各措砖灰，募工包砌完固，供给、督责皆梁之力。所费虽多，民不知劳。

池　无，以周围傍水故也。成化初守臣因洞庭流贼出没，以其地相近，议委岳州卫千百户一员带旗军五十名哨守之，岁以为常。

隅厢志

东隅　县东长街激浊坊、扬清坊、承流坊、宣化坊、德政坊、文明坊、崇儒坊、兴贤坊、天官坊，为黎淳立。四牌楼坊，为历科进士、举人立。地官坊，为程万里立。进士坊，为黎民表立。恩荣坊，为郎中毛永震立。

南隅　县南街恩荣坊，二，为义官严勖、蔡山立。

西隅　县西街登俊坊，为举人罗焕等立。通政坊，为程万里立。登龙坊，为举人刘宪立。亚元坊，为举人谢让立。三坊俱在慕义下乡。

北隅　县北街三孝坊，为宋孝女林氏、杨氏、周氏立。登云坊，为举人严肃立。状元坊，在石嘴铺，为黎淳立。

乡都志

八乡，分一十九坊、里。

太平乡，在县东。辖一都，二都，三都，上、下四都，共五里。

感化乡，在县南。辖五都、六都，共二里。

景阳乡，在县西。辖七都，一里。

宁福乡，在县东。辖上、下十三都，上、中、西八都，共五里。

永乐北乡、永乐福乡，俱在县南。辖九都，一里。

慕义上乡，在县西北。辖上、下十一都，共二里。

慕义下乡，在县西。辖十都、十二都，共二里。

一坊在县，隶景阳乡。

职官志

本县　知县一员，主簿一员（旧革，今复），典史一员。

属官：儒学教谕一员，训导二员，北河巡检司巡检一员，黄家穴巡司巡检一员，明山鼓楼巡司巡检一员，明山水驿驿丞一员，黄家穴水驿驿丞一员，华容马驿驿丞一员，延湖河泊所官一员，褚塘河泊所官一员，金山河泊所官一员，杜家潭河泊所官一员，苏池湖河泊所官一员，阴阳学训术一员，医学训科一员，僧会司僧会一员，道会司道会一员。

公署志

布政分司，在县东五十步许。成化间，知县许杰以旧织染基建。厅堂、门前（“前门”倒文，见下条）、厢房、厨房，各宽敞齐备。

荆南道，在县东百步许。洪武间，县丞董思铭建。厅堂、前门、厢房、厨房，各宽敞齐备。

府分治，在县东，邻（下有夺文）。正统初，知县杨镃以县前铺基建。厅堂、前门、厢房、厨房，各宽敞齐备。

县治，在城西隅。宋至和初迁于北（或为“此”之讹）。国朝初知县张宗哲建；正统初知县杨镃重建；天顺间知县许杰重修；成化间知县梁泽辟地建六房，甃甬道，葺廨宇，规制一新。正厅五间，后堂、典史厅、仪门各三间，东西吏房一十五间，县官公廨各一所，榜房十间，狱房七间，吏舍一十八间，谯楼一座。戒石亭，一座。架阁库，三间。申明亭，在县南。旌善亭，在县西。俱洪武初建，一十九里各一所。

惠民药局，在县南。阴阳学、医学，俱在县东一里。

僧会司，在宝积寺。道会司，在崇真观。

北河巡检司、黄家穴巡检司、明山鼓楼巡检司，俱详“关隘志”。

华容马驿、明山鼓楼水驿、黄家穴水驿，俱详“驿铺志”。

褚塘河泊所，在县西南二十五里。

金山台池河泊所，在县东北八十里。

延湖河泊所，在县东南三十里。

苏池湖河泊所，在县西六十里。

杜家潭河泊所，在县西南三十里。俱国初建。

阴阳学、医学，俱在县东南四十步。洪武间建。

僧会司，在县北圆通寺。

道会司，在县南真庆观。

学校志 附社学

县学，在县东，旧在南。国朝洪武四年（1371），教谕杨贯道等因旧址卑下谋迁于此。七年（1374），教谕宋元（或“原”）达创建庙庑、学斋，后毁于火。正统初，知县杨鐩鼎建。成化间，知县许杰更新门号、堂宇及范铜祭器。十五年（1479），湖臬佥事李冕重建。翰林院侍讲李东阳记。

文庙，殿庭五间。圣贤塑像、爵、里、名氏俱详府。东庑、西庑各六间，从祀贤人俱（应为“及”）木主、爵、里、名氏俱详府。戟门五间，棂星门三座，瘞坎一所，神厨、宰牲房、祭器库各三间。

学，明伦堂五间。二斋：东曰进德，西曰修业，各三间；学门一间；号房一十四间；馔堂三间；文卷库一间；泮池、教官公廨三所；射圃一所，在明伦堂后；观德亭三间，旧在学南，知县梁泽迁于此。书籍，数目及颁降年月俱同府。卧碑，一通。榜详府“制命志”。

社学，在县西。成化十八年（1482），知县陈钺创建；二十一年（1485），知县梁泽重修。

坛壝志 附城隍庙

社稷坛，在县西。神位砖台一座，壝门四座，外门一座，神厨、库房、宰牲房各三间，帛坎一所，斋宿正房前后六间，东、西房各三间。

风云雷雨山川坛，在县南。燎台一座，余同前。

邑厉坛，在县北。砖台一座，壝门一间。以上俱洪武三年（1370）县丞刘濬（另两处作“刘睿”）建；八年（1375）重修；成化二十三年（1487），知县梁泽重建。

乡厉坛，一十八里各一所。祝文，俱详府"制命志"。

城隍庙，在县东百步许。洪武间，知县张宗哲建。神附祭山川坛，主祭邑厉坛。

山川志

山 附岩、洞类。

马鞍山，在县西五里。以形似名之。

李家山，在县东五里。旧有李家冢葬于下，故名。

石佛山，在县东七里。其山有石甚巨，昔人因镌为佛，故名。

东山，在县东一十五里。峰峦秀丽，连亘百余里。古松夹道，驿路居其中。

鼎山，在县北一十五里。上有蜀汉昭烈庙。国朝每岁六月初六日遣县官致祭。昭烈秭归之败尝过此山北，故又有逐备陵。

南山，在县南三十里。隔湖对峙，苍翠如屏。

石门山，在县东三十里，一名仙庐山。有七峰，甚高，将雨则云起峰，霁则云复归。中有宝慈观，晋仙人张惊喜炼丹飞升之地。

墨山，在县东四十里。上有龙池及陈墨子庙，旱祷多应。国朝每岁六月初六日遣县官致祭。唐张说诗序云："石门、墨山，二山相连，有禅堂、道观，天下绝境。"①

玄石山，在墨山北。《楚辞》"驰余车兮于玄石"即此。此山西北有石龙山，崖石上有龙鳞痕。涧中流泉四时不竭。

---

①张说此诗是以序代题，全句为"岳阳石门墨山二山相连有禅堂观天下绝境"，无"道"字，或可断为"岳阳石门、墨山，二山相连，有禅堂，观天下绝境"。《全唐诗》第2册第926页。

禹山，在县南四十里。夏禹浚川尝登其巅，山上今有禹庙，国朝每岁六月初六日遣县官致祭。

七孔山，在县东四十五里。山下有洞，洞内有仙迹。

倪家山，在县东四十里。

桃花山，在县东四十五里。山多桃花，故名。

鼓楼山，在县东南五十里。上有石室，下瞰洞庭，中可容数千人。

团山，在县东南七十里。多赭石，可研以书字。上有马援庙。

方台山，在县东。山出云母石，土人候云所出掘之，往往有长数尺可为屏风者。

明山，在县南一百里。上有洞庭神祠。

七女峰、仙庐峰，俱在县东北三十五里。

石龙洞，在县东五十里。相传昔有龙化洞中，石之上至今有龙形。

水帘洞，在县东三十里。泉泻悬崖，飞流如帘，故名。

川　附洲、矶类

华容河，在县北。晋杜预所开，以通零桂（讹作“林桂”）之漕，北源江水，南达洞庭。①

杨子洲，在县境。相传荆佽飞刺蛟之所，今有庙存。

云梦泽，荆江南北之泽皆名云梦，洞庭八百里则云梦最大者。而华容境内实当众流所汇之处。孔颖达疏，郑康成注《周礼》“薮曰云梦”，《地志》以为华容之泽得之。孟浩然《洞庭湖》诗云“气蒸云梦泽”正谓此。

城西湖，在县西一里。

张家湖，在县北二里。

---

①“零桂”乃汉晋时零陵郡和桂阳郡之并称。《晋书·杜预传》：“预乃开杨口，起夏水达巴陵千余里，内泻长江之险，外通零桂之漕。”

青湖，在县东南一十里。

斗子湖，在县北。柳阴夹岸，荷香满湖，骚人墨客，多游于此，号为小西湖。

杜家潭湖、澌城湖，俱在县东南三十里。

褚塘湖，在县南二十五里。

黄湖，在县北五里。

苏池湖，在县西六十里。

芦圻湖，在县南四十五里。

狼跋湖，在县西六十里。

延湖、紫港，俱在县东北二里章华台侧。上通青湖，下接县港。

云母泉，在县东四十里墨山松岭之下。味甘而流长，地产云母石。

白龙泉，在县东四十里。遇旱祈祷有应。

金山台池，在县北九十里。

放生池，在县东北一里。其水与斗子湖通流。

县港口，在县南三十里。与县河通舟行，出口即见洞庭渺茫之景。

村市志

村　计七十四村。

石龙村、白杨村、白木村、北凹山村、青竹村、灌源村、朱峪村，俱太平乡所辖。

杏花村、鼎山村、五田村、田家村、紫港村、红柿村、清湖村、石佛村、皇观村、黄湖村、沙港村、新店村、南凹村、墨山村、驱源村、七刘村、邓坊村、下破湖村、夏家村、邓家村、张师村，俱宁福乡所辖。

禹山村、官桥村、明山村、罗帐村、太潦村、南圻村、延湖村、德木村、石门村、城圻村，俱感化乡所辖。

三里村、马鞍村、十里村、陈由村、上官村、董步村、李田村，俱景阳乡所辖。

鼎台村、白竹村、渊德村、塌东村、涛湖村、蔡田村、郝家村、万庾村、严家村，俱慕义下乡所辖。

崔公村、水塞村、仁义村、查巷村、李家村、藤缠村、狼跋村、普贤中村、安津村，俱慕义下乡所辖。

赤亭村、栎树村、栎树东村、家封村、宋田东村、宋田中村、宋田西村、白竹村、大广村、大湖村，俱永乐南北乡所辖。

市　计六。

墨山市、皇观市、新店市、塔子市，俱在县东。

监镇市、宋穴市，俱在县北。

陂堰志

三郎堰，在太平乡一都。长六百五十丈，阔四百丈，溉田五百余亩。

荷堰，二：一在太平乡一都。长九丈，阔七丈，溉田二十亩；一在宁福乡十三都。

津渊堰，在景阳乡七都。长一十五丈，阔八丈，溉田二十亩。

黎家堰，在宁福乡八都。长十丈，阔七丈，溉田十七亩。

长堤堰，在永乐北乡九都。长十丈，阔七丈，溉田二十亩。

青草堰，在永乐南乡九都。长十二丈，阔十丈，溉田二十七亩。

熊家堰，在慕义下乡十都。长二十五丈，阔二十丈，溉田二十五亩。

山堰，在慕义下乡上十一都。长十二丈，阔八丈，溉田二十五亩。

江木堰，在慕义下乡十二都。长九十丈，阔四十丈，溉田四百亩。

新子堰，在宁福乡上十三都。长十九丈，阔六丈，溉田二十亩。

陶家塘，在太平乡三都。长一十九丈，阔五丈，溉田二十亩。

草塘，在太平乡上四都。长一十七丈，阔五丈，溉田二十亩。

玉莲塘，在太平乡下四都。长一十丈，阔七丈，溉田二十余亩。

大塘，在感化乡五都。长一十三丈，阔七丈，溉田二十五亩。

官桥堤院，在感化乡六都。长二百二十丈，阔一百五十丈，溉田二百六十亩。

安津塌、蔡田湖、田家湖。

户口志

户 洪武间八千五百二十七；永乐、宣德、正统、景泰、天顺间俱册籍腐朽，未详；成化间三千六百八十一。民五百六十三，军一千二百五十九，贴军九百八十一，杂役八百五十三，僧、道各九十，匠二百七十九。

口 洪武间四万三千九十九；永乐间二万六百八十七；宣德、正统、景泰、天顺间未详；成化间一万三千五百一十六。男子成丁六千二十一，未成丁一千七百五十二。妇女大四千八百八十一，小八百六十二。

徭役志

里役 里老：每坊、里设置同巴陵。本县共里长一十八名，坊长一名，老人一十九名。甲首各登耗不等。

雇役 弓兵：楚府教授、华阳王府教授二名，巴陵县一十一名。

斋夫：本县学六名。

膳夫：本县学二名。

库子：黄家穴水驿一十二名；明山鼓楼水驿七名；华容马驿一十一名。以上各出银同巴陵。

力役 皂隶：本府四名。

弓兵：本县直厅五十名。

铺兵：县前板桥、黄洋各一名，石嘴、新店、墨山、伍田、石桥、上鼎、新堰各二名，共一十七名（所列只有16名）。

马夫：本县二十名。

馆夫：黄家穴水驿、明山鼓楼水驿、华容马驿各二名。

渡夫：伍田渡、黄洋渡、游桥渡、北河渡各二名。

库子：本县学一名。

门子：布政分司、荆南道、府分治各三名。

禁子：湖广断事司二名，本县七名。

巡拦：本县四名。

斗级：充积仓四名，本县学仓、岁支仓各二名。

物产志

食类 稻、黍、稷、粟、麦、豆、芝麻、瓜、芋、葱、蒜、姜、笋、蒌、荞、果，俱同巴陵。

药类 薄荷，出张师圻。

竹木类、花草类、货类 以上俱同巴陵。

鸟兽类 畜，同巴陵。羽，鹌鹑、雁、天鹅。毛，獐。鳞、介、昆虫，俱同巴陵。

贡赋志

贡　野味：岁贡活天鹅二只，活雁九十四只，折钞一千八百八十贯。活獐二只，折钞一百八十六贯。

赋　田地山塘：洪武间官民共计四千九百七十一顷一亩三厘二毫五丝，夏税大小麦共三百八十五石六斗五升四合，税桑丝七百六十七斤三两七钱三分，织京库绢六百八匹八尺三寸九分，南京库绢四百五匹六尺二寸一分，秋粮米四万六百五十石二斗九升六合八勺，草未详。永乐间官民共计二千九百五十四顷七十九亩五分九厘四毫二忽，夏税大小麦共二百六十五石一斗九升一勺，税桑丝四百五十一斤二十二两四钱六分，织京库绢三百五十八匹一尺四寸八寸四分，南京库绢三匹二丈五尺八寸，秋粮二万三千八百三石六斗二升九合五勺，草未详。宣德间俱未详。正统间官民共计一千五百六十一顷一十九亩四厘八毫二丝六忽，夏税大小麦共二百六十四石一斗九升二合一勺，税桑丝四百四十四斤一十三两八分，织京库绢三百五十五匹二丈三尺一寸，南京库绢三匹二丈五尺八寸五分，秋粮米二万三千五二百八十六石九斗五升三合三勺，草未详。景泰、天顺间俱未详。成化间官民共计一千三百三十七顷八十四亩九分二厘四毫二丝六忽，夏税大小麦共二百六十四石七斗酒升三合一勺，税桑丝四百四十七斤一十三两九钱二分五厘，织京库绢三百五十八匹七尺四寸四分，南京库绢三匹二丈五尺八寸五分，秋粮米二万四千一百五十七石五斗三升七合六勺，草一万七千二百六十八斤九两六钱。

段：岁造青、绿、红三色共五十六匹。

户口食盐：官吏民人一千九十员名，户男妇大一千四百六十九口。共钞一万四十九贯，该盐一万四十九斤。

课程：本县并河泊所岁办带办鱼课宝钞一万七千三百一贯六

百文；干鱼二千斤，折钞一千贯；酒醋课钞八十六贯四百文；茶课钞九百二十五贯七百三十文；茶引由工墨钞一百五十贯四百文；没官房地赁租钞四百一十六贯二百文；带办税课局契本工墨钞一十贯四百四十文；商税课钞三千四十六贯三百五十文；比附课钞二千二百一十一贯二百六十文；增加课钞一千三百四十三贯六百文。

鱼油：额办一万一千一百八斤五十九两九钱三分，折黄麻五千四百六十一斤三十二两二钱五分，折熟铁六千五百四十八斤四十一两六钱四分。

鱼鳔：额办一百九十九斤二十六两五钱六分，抵斤折办鱼线胶一百九十九斤二十六两五钱六分。

翎毛：额办八万五千三百零一根，折钞一千四十一贯六百五十文，折熟铁二千八百一十斤三十二两六钱三分。

皮张：岁办獐皮八十张，杂皮一百六十六张。

屯田志

田　岳州卫官军共领种二百四十一顷。

子粒　数附本卫。

仓库志 附养济院

仓　便民仓，二所：一在县北七十步，三连共一十二间；一在县北一百一十里黄家穴，计三连共一十八间。

充积仓，在县南。成化二十三年（1487），知县梁泽建。计二连共六间。

预备仓，三所：一在县东，计四连共十六间；一在县南，计四连共二十七间；俱成化二十三年（1487）知县梁泽建。一在县东三都，计三连共九间，成化五年（1469），知县许杰建。

库 架阁库，详“公署志”。

养济院，一所，在县西五十步。洪武五年（1372），县丞刘睿建。正统五年（1440），知县杨镃重建。

驿铺志

驿 华容马驿，在县东北二十五里。

明山鼓楼水驿，在县南六十里。

黄家穴水驿，在县东北一百一十里。

俱洪武间建。各正厅五间，后堂三间，左右库、厨各三间，鼓楼三间，驿丞公廨一所。至南京［水路］二千四百里，陆路二千一百九十五里。至京师［水路］五千八百一十里，陆路四千五百一十里。

铺 十二。

县前铺、石嘴铺、板桥铺、新店铺、墨山铺，东北往巴陵路。

蔡田铺、黄洋铺、新堰铺、五田铺、上鼎台铺、下鼎台铺、石桥铺，西往荆州府石首县路。

以上俱国初建。各正厅三间，邮亭一间，正门一间，左右房六间，路亭一所，牌坊一座，榜房二间。铺司一十二名，驿司一十二名，铺兵共六名。什［物］同巴陵。

关隘志

北河渡巡检司，在县北一里。成化十二年（1476）添设，［十］

四年（1478），知县鲍德创建。①

黄家穴巡检司，在县东北一百一十二里。

明山鼓楼巡检司，在县南六十里。成化初守臣因洞庭流贼出没，以其地相近，议委岳州卫指挥一员带旗军五十名哨守之，岁以为常。

鼓楼寨，在县境。

津梁志

县堤，即官院（通“垸”），在县河之滨。周闼一十五里，阖邑居民赖此无垫溺之患。

院堤，在县境，濒洞庭，临大江。夏秋水涨，民遭垫溺。有司虽筑堤以障，随圮。正统间，工部员外郎王士华奏敕重修。内有黄公等堤四十五院，至今民赖以安。

永昌桥，在县东三里，一名陈石桥。

青紫桥，在县东五里。旧有亭，水通青湖、紫港，故名。

磨镜桥，在县东五里。昔有七神女磨镜于上，因名。

骊源桥，在县东二十五里。相传有牡马产龙驹于此，故名。

板桥，在县东一十里。昔有僧以板造，非经久，募缘用石砌之。

德政桥，在县北街，旧名惠政。宋知县赵希哲重修，改龙津，元更名通津，今名德政。

马监桥，在县东二十里。相传邓姓有马产龙驹，事闻，命有

①此处时序颠倒，“四”字前应夺一“十”字，为十四年，前“城池志”有“成化十三年（1477），知县鲍德等重筑垣墉”语。“纪述志”中李东阳撰《华容县学记》中也有：“成化己亥（十五年，1479），湖广按察佥事行部至县，询于知县鲍德暨教谕颜信、训导习善。”因而鲍德应是成化中期任华容知县。成化前期知县为李潏，详隆庆《岳州府志·秩官年表》。

司置马监院于此，以昭其祥，因以名桥。

游桥，在县南五十里。宋咸淳初严十五建。一名牛桥。

浮桴桥，在县北河渡。旧名济川桥。

环秀桥，在县东宝慈观前。

升仙桥，在仙鹅寺前。

黄洋渡，在县西二十里。路通安乡。

南河渡，在县南一里。路通洞庭。

北河渡，在县北一里。路通巴陵。

五田渡，在县北十五里。路通石首。

蔡田渡，在县西十五里。路通安乡。

田家渡，在县西一里。

碾溪渡，在县西十五里。路通安乡。

（礼乐志，详府）

武备志

教场，一所，在县东。巡捕官常率民快习武于此。

宦迹志

前代，宋　知县：谢炎、胡绾、刘嘉、刘无欲、赵希哲、赵恭惠、董贤、续良甫、陈岩、莫岩。

元　［知县］：李有。

国朝　［知县］：张宗哲、秦文质、危孟璞（或“朴”）、郑瓛、陈献①、郭子祥、居忠、丁明、周应规、白整、杨镃、叶长、许

①隆庆《府志·秩官年表》只见“陈忠宪”，铜梁人。

杰、何春、李潏、鲍德、陈钺。

县丞：刘睿、冯吉、周杰、董思铭、杨廉、施惠。

主簿：李整、李素、鲁恭、余胜。

教谕：杨贯道、鲁鼎、王九思、董埙、赵珂、宋原（或“元”）达①、夏朝甫（或“辅”）、熊大观、江溥、颜信。

训导：沈钦、尹清、张贯、曹良、邓弼、苏茂、欧阳器、彭灿、习善。

名宦志

晋 杜预，京兆人，博学，朝野号曰“杜武库”，言无所不有也。羊祜举预自代荆州都督，开华容河，以通漕运，有功于民，至今德之。

宋 谢炎，知县事，有善政，善文章，与卢祯齐名，时称卢谢。

元 李有，山西平阳人，宰华容。时尝书“廉、勤、公、慎、恕”五字于壁以自励，历宰金溪，如之。去任，仕民挽留塞道，有立生祠于学。太定（即“泰定”）间（1324—1328）临川吴澄与撰碑记。

国朝 周应规，四川铜梁人，永乐中知县事。廉介守己，仁惠恤民，振起士风，尽除吏弊。时营造方殷，区画科条，民不告劳。后董役武当山，疾卒，民哭之如失父母。

杨镃，云南昆明人，正统初知县事。忠信慈惠，兴学劝农，政务修举，吏民悦服。

---

①本卷“学校志”和隆庆《府志·秩官年表》均作“宋元达”。

流寓志

宋　刘宝，岳飞将，尝从破杨幺有功。及飞遇害，宝遂散其部曲，隐居华容东山。卒葬焉，有墓存。

科甲志　附岁贡

进士

国朝　李琳，永乐丙戌（四年，1406）林环榜，终知县。

毛珍，正统乙丑（十年，1445）商辂榜，未仕卒。

董廷圭，景泰辛未（二年，1451）柯潜榜，详人物。

黎淳，天顺丁丑（元年，1457）状元及第。授翰林修撰，历升吏部左侍郎，南京工、礼二部尚书。

程万里，历任给事中、通政、户部侍郎，改南京工部。休致，卒。

陈伯良，终郎中。俱天顺丁丑（元年，1457）黎淳榜。

刘大夏，天顺甲申（八年，1464）彭教榜，历任兵部主事、员外郎、郎中，升福建参政。

邓冕，成化丙戌（二年，1466）罗伦榜，历官南京户部主事。

王俨，成化己丑（五年，1469）张升榜，授工部主事，进刑部员外郎、郎中，升成都府知府。

白忠，成化乙未（十一年，1475）谢迁榜，终知县。

陈良佐，终知县。

严永浚，授工部主事。俱成化戊戌（十四年，1478）曾彦榜。

黎民表，成化甲辰（二十年，1484）李旻榜。

举人

国朝　汪渊，洪武庚午（二十三年，1390），终学正。

张文郁，洪武癸酉（二十六年，1393），终府同知。

黄凯，洪武己卯（即建文元年，1399），终判官。

袁（或“元”）吉，终教谕。严添祥，终经历。俱永乐乙酉（三年，1405）。

陈仕宁，永乐戊子（六年，1408），终训导。

尹轸、罗泰，俱卒。严肃，终主事。俱永乐丁酉（十五年，1417）。

陈复，终教谕。刘仁宅，终按察副使。雷鉴，终主簿。俱永乐庚子（十八年，1420）。

黄庆，终通判。严辚，终主事。俱永乐癸卯（二十一年，1423）。

李儁，宣德壬子（七年，1432），终参政。

董绍、陈伯英，俱正统甲子（九年，1444），俱终训导。

谯赞，终府同知。雷时中，终知县。刘大鹏，终知州。俱景泰庚午（元年，1450）。

雷浩，终府同知。刘希昂，任府同知。俱景泰癸酉（四年，1453）。

黎民政，卒。毛瑄，任府同知。俱景泰丙子（七年，1456）。

萧韶，天顺己卯（三年，1459），卒。

谢万贯，天顺壬午（六年，1462），终知县。

刘宪，任知州。刘大韶，卒。俱成化乙酉（元年，1465）。

罗用楷，成化戊子（四年，1468），任通判。

谢让、萧仲禄，任知州。谢文献，任知县。俱成化辛卯（七年，1471）。

黎民牧、黄节，俱成化丁酉（十三年，1477）。

魏廷相、严永灌、程鹍、敖宪，任教谕。陈良弼、朱明，卒。俱成化庚子（十六年，1480）。

罗焕、唐伯义，任学正。黎民献、鲁儒、孙荣、严永江，俱成化癸卯（十九年，1483）。

徐济、谭让、严承范、陈鹗，俱成化丙午（二十二年，1486）。

岁贡

国朝 宋允恭，终监察御史。夏添禄、陈克恭，俱终县丞。邓廷琇，终提举。周琦（或“锜”），终典史。傅琳，终主事。萧仕华，终吏目。田义，终知县。俱洪武间。

彭恭、杨文，俱终知县。蔡让，终推官。何润、秦子弘，俱终主簿。谢谦、吴渊铭，俱终吏目。易子文，终检校。唐真，终县丞。严惟恭、周庆宗（或“周宗庆”）、杨茂春、王友礼、张琳、谢远，卒。俱永乐间。

陈智、李义、刘深、宋鉴，卒。章裕，终县丞。魏璟，终知县。俱宣德间。

刘行政、周政（或“周民政”），俱终推官。易思弘、周宣、鲁桂芳，俱终经历。谢芳，终仓副使。陈麟，终知县。李如玉，卒。俱正统间。

何清、蔡峻，俱终教谕。陈清，冠带。邓训，终学正。杨英，终照历。李让，卒。俱景泰间。

尹烨（或“华”），终教谕。敖翔，冠带。严泰，终照磨。夏钟、魏克皞，俱终教授。元瑁、徐钦，俱终知县。于志通（或“道”）、李崇美、曹正、张伯伦，俱天顺间。

邓志昂，任通判。严惟高，终知县。蔡文锵，终县丞。高峻、李正纲、李文渊、严勋、涂本心、唐伯仁、陈伯爵，俱任训导。程鸾、刘大受、雷鸣岳（隆庆《府志》系为“应例”）、易俊（或“易均俊”），俱成化间。

人物志 附隐逸

汉 胡刚，南郡华容人。清高有志节，平帝时，大司徒马宫辟之，值王莽居摄，刚解其衣冠悬府门而去，遂亡命入交阯，隐于屠肆之间。后莽败，乃归乡里。

胡广，字伯始，刚六世孙，父贡，仕为交阯都尉。广少孤贫，安帝时举孝廉，为天下第一，拜尚书郎。屡迁司徒，定（讹作“宋”）策功封侯①，进司空，致仕。复拜太尉，迁太傅。广练达事体，明解朝章，虽无謇直之风，屡有补阙之益。故京师谚曰：“万事不理问伯始，天下中庸有胡公。”在公台三十余年，历事六帝，礼任甚优。卒，谥“文［恭］”②。

国朝　武毅，累官都督佥事，为参将，守广西。智勇过人，驭下严明，多树战功，蛮夷畏服。

张添祺，举孝廉，为石埭（讹作“棣”，石埭县即今安徽石台县）县丞，终于任。

董廷圭，性鲠介，富学问，登进士第。历官监察御史、按察副使。克振风纪，所至者冰檗声。年未艾，以疾卒于京邸，士大夫咸惜其弗大用也。有《中州吊古录》、《恒轩集》行于世。

孝行志

宋　三孝：林氏女，性至孝，母病，药弗能愈，祷于天，刲股为粥以进，母病遂愈（讹作“瘗”）。杨氏、周氏女皆然。有司以为难，立“三孝坊”以表之。

贞烈志

国朝　黎氏，毛瑢妻。二年而寡，誓不再适。辛勤机杼，以

---

①《后汉书·胡广传》：“以定策立桓帝，封育阳安乐乡侯。”

②《后汉书·胡广传》谓“谥文恭侯”，下“祠庙志”也谓“卒谥文恭”，此处至少夺一“恭”字。胡刚传附于胡广。

为养姑费。教子安详恭敬，矩度斩然。

祠庙志

先贤祠，在学宫傍。时传东汉时邑人胡广以孝廉举，历任六朝，官至太傅，卒谥“文恭”。正统间知县杨镃立祠，肖像祀之。

南岳祠，在县东中八都墨山下特里冈。宋淳熙辛未（南宋淳熙无“辛未”）建；元元祐（元代无“元祐”年号）甲寅重修[①]。见存古金字牌。遇祈祷多应。

五岳祠，在县十三都五田渡，元皇庆癸卯（皇庆无“癸卯”，只有“癸丑”）刘之美所建。

五显祠，在县东南，洪武间知县郭子祥重建。

城隍庙，详“坛壝志”。

鼎山庙，在县东十五里。相传曹操逐昭烈处，及赤壁之败，孙、刘共追操，过此。后人为之立庙。

荆佽飞庙，在县南三十里杨洲。洲下常有蛟为患，佽飞渡江，蛟夹舟，佽飞斩之，自是患绝。因立庙祀之。

禹山庙，在县南三十里。昔大禹治水尝登此山，后人立庙祀之。今有司每岁致祭。

墨山庙，在县东四十里，古为陈墨子庙。上有龙池，旱祷雨多应。有司庙祀以六月六日。

吴王庙，详“古迹志”。

三神堂，在县东石门山。昔人祀清源惠济真君、五通、晏公三神于上。备载国朝编修梁储记。

---

①南宋淳熙只有乙未、丁未和辛丑，或咸淳辛未；“元祐”为北宋哲宗所建号，但宋元祐无甲寅，时序亦倒。此或为“延祐”之讹，延祐甲寅为元年（1314）。

陵墓志

衣冠冢，在宝慈观。相传张真人于此飞升，徒葬其衣冠，故名。

楚灵王墓，在杏花村陈石桥西北，有申亥土地为证。今乡人祀之。

胡广墓，在县儒学戟门外正道上，有大石版见存。详“人物”。

梁竦墓，在鼎山昭烈庙后。

刘宝墓，在东山。详“流寓”。

古迹志

章华台，在县东北。相传春秋时楚灵王所筑，县故址在其右。又江陵、监利俱有此台，监利乃古华容地。①

岳城，在县西南三十里。宋岳飞征杨幺驻此屯兵。

倒插柏，在县八都宝慈观。传谓西晋张惊喜植，又云吕洞宾插。下出香泉，液流如乳。

赤亭城，在县南五十里。三面临水，极为阻隘。《寰宇记》(即《太平寰宇记》)云：梁元帝使胡僧祐、陆云门等据赤亭城击破侯

---

①2016年下半年，湖南省文物考古研究所配合蒙（内蒙古）华（华中）铁路建设，在华容县发掘了楚王台（即传说中的章华台）遗址，没有发现建筑基址，有少量陶片，陶片的时代大约为两周之际，与春秋晚期楚灵王的年代不符。沈括《梦溪笔谈·辨证二》谓：“据《左传》：楚灵王七年（前534），成章华之台，与诸侯落之。杜预注：章华台在华容城中。华容即今之监利县，非岳州之华容也。”上世纪八十、九十年代至本世纪初，湖北潜江县博物馆和湖北荆州博物馆在潜江龙湾发掘出楚国大型宫殿建筑遗址，判断即为楚章华台遗址，颇有据。今华容县为隋代所置。潜江亦属古华容地，宋乾德三年（965）置县。

景将任约即此[①]。

楚观亭，在县东北一百步。宋乾道间县令胡绾立，赋诗云：“绕岩春水绿，入座晓风清。”又云：“楚王台榭荆榛里，屈指江山俎豆中。”

伯始书堂，在宝慈观畔。胡伯始读书之所。

倒马崖，在县东北六十里。昔曹操与孙、刘赤壁战败，从华容奔荆州，关羽追逐，道经山下马倒，崖上行迹见存。上有吴王庙。

赤松亭，在县南五十里。汉赤松子游处。

景致志

容城十景

梦泽晴云，华容在江之南，实为梦泽。泽之上常有云气浮空，氤氲缥缈。

章台古迹，在县境。按《史记》：楚灵王七年（前534），章华台城高四仞，方广三百余步，傍有细腰宫。高登远览，良足游宴，而不知荒亡无度。后兵败乾溪，孤身野死。古城荒草，麋鹿来游，实足以垂无穷之戒焉[②]。

沱溪晓渡，水自江出为沱，华容县河旧亦名沱水。北有官渡，行人多济于此。每天晓水气空蒙，茅店鸡声，沙汀雁泊，疏星淡月，曙景苍然，亦一奇也。

---

①事见宋乐史《太平寰宇记》卷一一三第189页。但该处未直接说到胡僧祐，陆云门则作“陆法和”。事详《梁书》卷四六《胡僧祐传》和卷五六《侯景传》。

②《史记》中没有这么具体的数字，也没有“细腰宫”之说。《史记·楚世家》只道：灵王“七年，就章华台，下令内亡人实之”。而楚王好细腰之说则见于《墨子》、《荀子》、《韩非子》、《管子》、《淮南子》等诸子典籍。章华台是否在今华容县境内尚存疑，见前“古迹志”注。

东山霁雪，即前东山也。上干云霄，回环抱揖，垂之无穷。值雪初霁时，凝华积素，若层琼雕玉，宛在图画。

板桥春涨，即前“津梁志”所载板桥也。今以石甃，路通吴（讹作“芜”）楚江淮诸处。每春当湖水泛溢，一望无穷。

杏村夕照，在县北沱水之上。昔楚灵王筑台于此，多植杏花以供游览。至今人往往极目于斜阳古木之中，徘徊游恋，以寄遐思云。

青湖夜月，青湖即青草湖也，见巴陵“山川志”。盖华容与巴陵接境，东为洞庭，西为青草，其实一湖。适天晴水静，一月湛然，如冰壶然。

赤亭遗址，即前赤松亭也。按《列仙传》：赤松子三皇时为雨师，随风雨上下①。汉张良从赤松子游，曾栖于此，筑台结亭以炼药。今石炉石鼎尚存。

驿路松风，县自通化驿抵临江驿，凡百二十里。道傍俱有长松，每风动，其声琅然。旧《志》谓宋绍兴间岳飞破杨幺于洞庭湖滨，筑三城，遗址尚在。贼平，乃图北伐，故植此松引路耳。

南山远翠，即前南山也。其色苍翠秀丽，远隔重湖，望之如屏几然。

寺观志

寺　圆通寺，在县北十里。宋名圆通阁，国朝洪武初改为寺。僧二名，僧行二名。

四禅寺，在县东一里。唐建。僧三名，僧行二名。

仙鹅寺，在县东北七十里。宋建。僧二名，僧行一名。

观音寺，在县东二［十］里。唐建。僧二名，僧行二名。

①刘向《列仙传》，见《道藏》第5册第64页。

崇庆寺，在县六都。宋建。僧二名，僧行一名。

普莲寺，在县二都。宋建。僧二名，僧行一名。

观　真庆观，在县东。宋建。道士三名，道童二名。

奉真观，在县北四十五里。相传邓真人昔与吕洞宾游君山、洞庭，栖息于此，故名。道士三名，道童二名。

宝慈观，在县八都石门山后。晋建。道士四名，道童二名。

崇真观，在县四都。宋建。道士二名，道童一名。

文昌宫，在县东。元建。道士二名，道童一名。

方外志

西晋　张惊喜，字彦悦，冀州张华之族（讹作“放”）。永康中随父仕当阳，弃俗修道。谚谓南游宝慈观，顷之忽飞升去焉。

纪述志

［华容县］学记

国朝　侍讲李东阳撰（《李东阳集》卷十一第514页，原题《华容县学重修记》）

岳州华容县学，在县治南，旧地苦水，国朝洪武初，始迁于其北。基构宏丽，久乃浸圮。天顺间，知县许杰尝修庙庭、备祭器，有意于学，未逮也。

成化己亥（十五年，1479），湖广按察佥事李公行部至县，询于知县鲍德暨教谕颜信、训导习善。知学久不治，慨然曰：“吾事也，吾不以烦民。”乃取赢于官，得白金数百两，命府知事吴正董其役。凡门庑堂室以楹计者数十，瓦甓木石，髹采（通“彩”）丹垩，剔朽除秽，易为坚完，焕然大新。观者改视，闻者易听，以为盛举。于是县官师儒合而言曰：“李公之功，吾徒曷敢忘。惟刻石纪事，昭于后世，俾引而无穷者，吾徒事也。”兵部郎中刘君时雍上京师，则以诸君意属予，请为记。

予惟士之学，将以为世用也，然必养而后成。故其平居，穷理明义，使中有定见，而力足以守之。于是出而应世酬物，庶几不失其正。盖必断于取舍得失之际，然后不为利害生死所移。自易及难，由恒达变，涵养成就，岂一朝一夕之故哉！国家之养士，知其不可易而成也，故学校以居之，师傅以教之，饩廪以养之。课之以书史文艺之业，肄之以祭祀饮射之礼，申之以孝弟忠信廉耻之义。日涵月泳，使学成而德立，然后禄而官之，而其勤且厚。固如此，则夫为士者，曷图所以报称哉？居而有业习也，必思畜德积学以称为士。曰：无负此教我养我者之厚也。出而有职守也，必思致志瘁力，建功立业以称为臣。曰：无负此爵我禄我者之重也。苟群趋旅逐，以学宫为传舍，则他日之出视科目，将必若蹊径，然一得志，则弃不复顾。求其以名检易贵富，断为此而不为彼也亦难矣。然则士之养于国者，恶可不思所以自养哉？

华容文献地，多奇才伟器，登巍科、名列卿者踵相属。方圣天子渴贤图治，贤有司又振而承之，兴学明教，亦进德修业之基也。他日有以名行功业，不为物夺，卓然在天下。使而乡之士不为虚名，今日之举不为美观，而吾之文不为虚言者，非国家建学养士之意哉！亦非吾李公及予之心哉！

公，蜀人，名冕，字文中。暨予同举进士，以刑部员外郎出佐湖臬。尝预立边功，救荒除盗，锄强植懦，有功吾民。盖不独于学政为然，故并书之。

章华台记

宋　知县胡绾撰（《全宋文》第210册第305页）

案《史记》，楚灵王七年，章华台成。杜预注云：“南郡华容县［有］台，在城内。”盖古建县水北，自隋徙于水南。以此观之，所谓章华台，于斯焉是。杜公之言，岂欺我哉，而荆州监利县亦有是名，无所依据（或“拟”）。当以史为证也。予到官之明年，因与二三士考古访迹，得故基于篁竹丛棘之间，而垣堑犹在。缘际天胜地，可为一邑之望，盍不筑而为壮观，以慰父老之意焉？予辞县帑空虚，丁力不可役也。士则又曰：“愿无烦于公家，我辈各以耘耨余力而治之。”于是有张左林者以石柱献，张雄飞者以榱栋来，李造、严萃、张逢吉、陈諟、李承祖、蔡世南，各施其庄宾甿夫，鸟集雁到。芟除荒秽，洗理松竹，越月而成。远目增明，灵襟虚豁，如时雨生嘉禾，云烟消旭旦。亭势并于木杪，湖光远漾天涯。樵蓑渔艇，邑屋林居，宛入图画。风云百变，景象幽妍，真区中之伟观，楚地之雄瞻者也。是以属予为记，予不获辞。乾道六年（1170）三月吉旦。

三神堂记

国朝　编修梁储撰

岳州华容之石门山，其地灵境胜称自古昔。昔邑人尝刻隋时赵嘉州之像纳于石门宝慈观之前，厥后值兵火，又饰其像轮祀之于家，后又设五显、晏公二像配焉。盖五百年于此矣，皆邑之东山里故老为之也。今里之望族若罗仕钊、蔡钟、刘大中、黎沧、周天甫等重谋之，亚卿程道远与其乡大夫士作亭于石门故址，用严祀事。里人蔡伯濂来京，请记其颠末。其言曰：赵嘉州者，名昱，初隐青城山，隋炀帝起为嘉州太守。能身为州民除患害，后弃官终隐，民思其德，庙而祀之。宋时张忠定公诗（当为“咏”之讹），益州寇，祷庙下诚，平（即寇乱平息），封清源妙道惠济真君①。

①“张忠定公诗”，“诗”或为“咏”（异体“詠”）之误。《宋史·列传第五十二》：张咏“出知益州，时李顺构乱，王继恩、上官正总兵攻讨，缓师不进。咏以言激正，勉其亲行，仍盛为供帐饯之。”又：“咏卒，年七十。赠左仆射，谥忠定。”

五显者，载《灵应集》者，云：唐光启时神。有灵迹见民家。后以为有功于国，庙号“五通”。宋大观以后赐庙额“灵顺”，屡封侯王，今楚越人家多信奉其像。晏公者，近代人，有功江河间。今江东西，湖南北，凡舟行者皆祭于俱庙而后行。封为都督大元帅，岂胜国时尝封之欤？然朝廷迎亦命有司春秋祭之临江，则亦载在祀典矣。惟此三神在吾土，吾土之人敬信之如父母，焄蒿凄怆，如或见之。遇水旱疾疫，若吉凶军宾嘉风火，讼狱行旅，尺（凡？）有求必祷焉，诚信感孚，罔不类应。惟不福淫人，人亦无敢以非义祷者，神可谓聪明正直有遗灵者矣。以是远迩之人，居者行者，时有所割舍，置神前而去。月积岁累至于今加多也，诸父老以为神无所用之，要之神悉易稻以济民用，散敛有所且不责厚偿，民赖以全活者甚众。盖隐然有社仓余忠（疑有错简），神之泽被土人者如此，父老以为吾无以答神赐精（情？），即神石门故址而作亭焉，庶几吾侪所以揭（或“竭”之讹）虔安灵之意。如又得朝之大人君子文而记之，抑亦可以传之不朽，而行之不废矣乎？神人之事状云尔。

余读而叹异之。因念自田不井授以来，豪右之兼并者日众，而园囿污池日益多。细民之于耜举趾者，大抵皆受人之田而代之耕尔，终岁勤动曾不能获什四五以供妻孥。富商大贾乃乘时干没倍取其利，而有司者人从而朘利之，虽乐岁犹有不免死亡者矣。而谁肯恻然执其咎者乎？有如三神者能庇其民以食其土，而其土之父老又能推三神不费之思（当为“恩”之讹）施于其邹邦人，使无转徙沟壑之忧，其用心仁而弃法善可书也。已然非神其何以主之？则今日之高大其堂以奉神者亦宜矣。余□□□能以劳定国，以死勤事与能御大灾、捍大患者则祀之，此特所以报往者而亦所以为来者之劝。而三神者岂非所谓能御灾捍患者乎！父老倘能以是闻之上或由此得载之祀典，则所以答神赐者不尤大且远哉！将所谓传之无穷而行之不废者端有在矣，尚奚用予言之赘为？

亭作于成化癸卯（十九年，1483）之冬，落成于甲辰（二十年，1484）之秋。是举也，材取之他山，瓦陶之近土。正（或为“工”之讹）善而器利，人各乐趋其事，以是不劳而成。三神旧有封号，此但云“三神堂”者。国朝之制未尝加封号于诸神者然也。是为记。

孝女记

宋　知县刘无欲撰（《全宋文》阙载）

华容县市北街，昔居民林氏女家贫，侍父朝夕拳拳，不怠其志。忽母感异疾，势在膏肓，医卜祈祷无所施其力。一日□有所祝，引刀刲股馈食以献其亲。天地临之，神明相之，而其母沉疴退体，饮啖如故，怡愉欢悦，忧疾不行。平日侍母下气婉容，柔言逊语，虽无三牲之养，五鼎之奉，啜茶饮水，靡不如意。又有同里巷杨氏、周氏之女，母疾相继刲股，而母亦皆就愈。几月而三女行孝如此，真所罕闻。前尹刘侯嘉叹，酬以厚赏，旌以坊，额曰“孝感”。噫！盛矣哉！父母子之天地，昏定晨省，顺意承志，子之当然。风俗乖薄，世道寖衰，父子之间稍有利害或不相顾，则借锄德色取帚谇语，未闻刲股以奉其亲者。夫戴天履地，服衣簪冠尚且以是为难，况在妇人其尤为难。曾闵之孝，孟庄之勇，遐辽（应为“途”之讹）千古，圣人独称之。昔吴姬之归郑伯，伯姬之终于宋，圣人变文特书之意仅一再见。若乎河津之渡醉而将彼杀，其女撑楫以告，赵简子中流举河激之歌；肉刑之施者当系而缇萦上书，文帝肉刑遂除。救母之死，雪父之冤，世固有之。刲股奉亲绝无而仅有者也。或者谓乡里之奉昌黎韩公者有所不安。

（以下原刻多模糊不清，亦无参考文献，故不予断句）□□□□□□□伤残于血气残躯于非命而折□□□□□□负令归之□苟愿贷身以救其□□□□□□子后何议焉唐李兴一男子父□□□□就□刲股以救之刺史犹请于朝以表异□□□宋元□笔以□其事今日孝女

□□□□如宋元以叙其实然□□所自是时□□□化之□□□□□□□□之游女汝坟之□人□曰之耶□邑士民相与谋而有请余曰今之人凡□一亭树之建一草木之异莫不大书□□□□□□子之行实人伦之系也岂可不表而出之以为奉亲者劝。

题咏志

容城十咏（其中黎淳所咏《黎文僖公集》阙载）

梦泽晴云（此景列诗三首，原刻模糊不清，只一首查到相同题咏，余两首未查到，故暂缺。其作者为黎淳和董廷圭）

黎浚（《图经》卷七）

薮霁云容暖自移，氤氲五色画图垂。未为霖雨从龙起，且向朝阳翼凤仪。青草湖边常冉冉，赤松亭上每迟迟。文章布在层霄辰，占尽江南万古奇。

章台古迹

黎浚

搜苗几度起元戎，辇道崇台霸气雄。骑火夜归云梦泽，风萧春宴细腰宫。长原兵合孤身走，故国家残块土空。千古饥魂无泊处，寒林疏雨泣秋风。

黎淳

楚霸重兴气壮哉，远依南斗筑层台。宫腰舞燕通宵醉，云阵飞鸷竞日回。强召鲁公来落祭，力征吴子构兵灾。梦魂不返乾溪路，败壁颓垣尽草莱。

董廷圭

子围倾国筑章台，惆怅功成霸业摧。珠翠已随鸾辂去，管弦都变鸟声哀。野花连陌来麋鹿，秋露垂园泣草莱。对景不须伤往事，柏梁铜雀总尘埃。

刘希昂

一从游幸向乾溪，人去台空碧草萋。舞榭香成兰麝上，断碑字没野田泥。松楸郁郁秋风冷，禾黍离离晓露萋。暇日登临重慨古，不胜清怨鹧鸪啼。

谯瓒

歌舞杯残弃羽旄，瑷宫颓败旧台高。云连古木城凝锁，雨洒新苗土自膏。周道有人询石鼓，乾溪无路踏金鳌。楚□纵欲难追悔，史笔何曾一字褒。

夏钟

闲来徐步上章台，满目荒凉堪叹哉。凤辇金舆惟碧草，阁楼舞榭总苍苔。云依大禹峰头过，水绕细腰宫畔回。云水年年来复往，骄奢空使后人哀。

沱溪晓渡

黎淳

沱水东流引蜀江，晓过犹载月余光。数声画角收残漏，一簇行人立早霜。北望齐梁天浩浩，南瞻黔广路茫茫。济川自古资舟楫，莫遣孤横野水傍。

程万里

水气空蒙草色萋，客行侵晓渡长溪。云开岸际征鸿起，霜落舟中倦马嘶。杳杳疏灯分市远，溶溶淡月向人低。胜游尽有新诗句，行尽当年杜预堤。

东山霁雪

黎浚

雪霁东山旭景新，半空积素净无尘。龙峰敛翠都成玉，鼎岫凝花尽占春。晴晃层林迷去鸟，暖分流水到通津。书窗晓起看松竹，不见山阴棹里人。

黎淳

积雪初晴玉宇新，东山一夜顿回春。千崖洒雨飞林杪，万壑流水出涧滨。竹起渐开银凤翥，松乔时见玉龙伸。乾坤清淑无如此，诗到梅花竟有神。

董廷圭

群山突起县河东，朔雪开晴画戟同。洞挂水帘珠滉瀁，峰栖石佛玉玲珑。半空积素兼天净，万壑凝华入望融。欲和郢歌才思短，且因先兆庆年丰。

南山远翠

黎浚

群峰矗矗白云收，天际岧峣翠欲流。画彩叠屏封禹庙，螺青堆髻醮巴丘。千岩玉露芙蓉晓，万壑全风薜荔秋。记过西湖登绝顶，恍如弱水步瀛洲。

黎淳

隔湖岩壑郁岧峣，全柱芙蓉耸翠翘。绿染碧空寒秋滴，蓝熏红日暖还消。关阑七泽诸山住，襟带三湘众水朝。忆在禹祠供祀事，灵光焕发满烟霄。

董廷圭

叠嶂南回泽水滨，倚天苍翠隔红尘。轻岚护壁苔纹润，层黛描林树色新。一径松云晴避暑，半村花雨昼生春。凭高欲借王维笔，写入丹青献紫宸。

雷浩

重湖阻叠阜，晴天翠可餐。何如彭蠡上，倚棹看庐山。

板桥春涨

黎浚

洞庭秋水涨湖村，汇入长桥昼夜翻。骇浪雪飞垂练渚，怒涛雷震化龙门。晴涵衡岳分毫见，暖浸云梦八九吞。已有朝宗归海势，远随江汉日趋奔。

黎淳

三湘春涨际东溟，千尺虹桥水势平。江满欲沉荆渚树，云开微露岳阳城。帆樯直抵天边泊，日月都从浪里生。曾记吕翁来此醉，独飞一剑上蓬瀛。

董廷圭

群山雪浪泻天瓢，横林长途欲断桥。水势襄陵回组练，浪花拍岸碎琼瑶。满川槎木蛟龙出，一道雷风山岳摇。不独朝宗有江汉，也归东海作洪潮。

杏村夕照

黎浚

一抹斜阳照杏花，凄凉不复古繁华。歌台有土空归鹭，酒肆无人但落霞。下坂牛羊闻牧唱，隔桥烟火见渔家。豪奢谁继灵王后，冷淡园林集暮鸦。

黎淳

杏花不见只名留，村落斜阳客倚楼。几处牛羊纷送晚，数行鸿雁迥添秋。雨过青草湖边歇，云入苍梧岭上收。欲上章台更游览，淡烟衰柳映沧洲。

董廷圭

萧萧寒日渐西流，返照荒村景象幽，残影不随红杏没，余光常逐溟烟浮。云分野色归层岭，雁带秋声落远洲。暮倚西风重吊古，桑田变海使人愁。

陈伯良

村坞章台下，当年种杏花。一春人载酒，十里日蒸霞。天晚云阴合，山回树阴斜。繁华无复见，樵牧两三家。

毛瑢

红杏台边炫彩云，君王台上耀三军。霸图忽与花同尽，千百桑榆照夕曛。

青湖夜月

黎浚

水满平湖月满天，更须何处问坤乾。金波冷浸秋毫末，壁匣光涵大□先。青草丛中迷鹭起，白沙堆里护龙眠。姮娥不作霓裳舞，怨托湘灵五十弦。

黎淳

夜霁巴丘静九渊，月光同水泛长天。冰壶露下龙堆湿，银汉波澄兔魄圆。客载酒停湘浦瑟，人吹箫坐洞庭船。若为举棹君山去，玉宇琼楼或遇仙。

董廷圭

重湖天霁夜漫漫，一镜清光色界宽。玉魄迥涵丹桂秀，金波倒浸碧涛寒。客舟灯闪群鸥动，渔笛声来鹤梦残。想见水亭吟赏客，几多清兴入毫端。

赤亭遗址

黎浚

随风上下驾雷霆，飞舄何年此练影。去汉蚤知云梦狩，入荆还结洞庭亭。不参角里为诸友，却引留侯作独醒。今日登临重慨古，夕阳苹蓼潇湘汀。

黎淳

仙子遗亭在故基，湖山如旧世人非。远随阆花秋风去，不听潇湘夜雨归。职佐羲轩名耿耿，年过周汉寿巍巍。从游愿弃人间事，独羡留侯蚤见几。

董廷圭

辅佐三皇旧有功，古亭形胜一时空。荒城鸟雀鸣秋雨，败屋荆榛起暮风。辟谷不为秦主用，见几犹保汉臣忠。列仙有传伊谁作，浪说神仙是此公。

刘希皋

仙客乘云上帝乡，空遗亭址枕清湘。从游不见汉人杰，感遇谁如陈子昂。寂寂荒阶新草绿，漫漫断碣古苔苍。旧时惟有湖山在，鸟自啼春花自芳。

驿路松风

黎浚

北定中原路已通，种松仍与记行踪。威声振响潇湘雨，正色连迤艮岳峰。金粉落黄香逐马，碧涛翻翠怒惊龙。古人□□勤□□，况乃孤忠□九重。

黎淳

大节伤残手泽□，风声长撼碧云蚪。中原有路神兵勇，南渡无谋壮士忧。急雨半空威振夜，寒涛万壑气横秋。苍天不远民彝在，图写灵襟入唱酬。

董廷圭

木复中原已坏城，空余手泽振英声。百程翠盖波涛响，一曲丝□鹳鹤鸣。驿使挥鞭行处好，山翁植杖坐来清。有时风雨添遗恨，犹似衔冤诉不平。

毛珍

汴水走东浙，阴霾掩三灵。忠死冤抑抑，庙社遗膻腥。迢迢北伐路，留此千岁青。天风犹振撼，音响无时停。

李嶲

妖犯中原摘将星，忍令君父陷膻腥。人亡不托天垂鉴，松在谁教地炳灵。驿路波涛千古恨，岁寒霜雪四时青。钱塘更有朝南树，一气潜通贯紫冥。

杂志

咏道中古松

国朝　参议东吴王鼎

何人手种长松树，千古参天势更存。铁干经霜多磥砢，虬枝得雨欲腾骞。仙舫斫去人难老，野鹤飞来月未昏。守护更须烦地主，孤高应许徇乾坤。

古松三十里，怪状忽惊神。老干宁论代，垂枝欲趁人。山童犹斫疠，野火漫烧身。手泽怀前哲，相看泪满巾。

章华台碑文（据隆庆《府志》卷七，作者为宋庆元年间华容知县刘无欲，《全宋文》阙载）

春秋昭公七年，左氏传：楚子为章华之宫，以纳美人细腰以实之。杜预注云：南郡章华之台，愿为诸侯乐之。台今在城内。其事两出，而释无异。近世提刑宋公德之证诗云："昔人豪侈徒为尔，得似章华田舍翁。"如是分异之间，指荒基而视之。所幸一年举之上熟，二年中熟，三年之中，民物熙熙，风雨调顺。乃收二年举之余力，斩荆棘之害佳木者，而创台焉。乃相地高夷，可以阔眼界，可以纳万象而经营之。平林际空，远峰擎石。苍松老节，阳（或"杨"）楼危楼。蜀江湘江，南北汇流。挠［之］不变，环绕山趾（或"丘"）。商贾舟楫，视水盈缩，而为去留。帆影橹声，鸟窥鱼悦。则是亭之设置哉！

《容城十咏图》序

国朝 吏部右侍郎邑人黎淳撰（《黎文僖公集》阙载）

正统间，先大夫以宁县丞致政归华容，予偕伯兄资深家居奉养，以余力学文师友。当时贤者若董国器、程道远、谯文美、刘孟鹤、陈俊之暨弟易之、毛廷彰暨弟廷贵、李邦杰、夏时秀、雷士弘辈，予兄弟皆承丽泽焉。间邀三二人出游县境，寻奇览胜，旁搜古迹，以寄情于千载之上，而兴怀于千载之下，未尝不乐之、感之而发浩叹也！

县故有八景，前辈所为，人既作诗矣。予暨诸君子取观之，亦欲作诗，然惜其事出不经，鄙俚怪诞，有不可对人言者，难于举笔。予兄弟因谋于众曰："人虽因地以杰，地亦以人而灵，圣人不凝滞于物，而能与世推移。旧作既陋，盍图新之？"佥曰："可。"乃偕国器、道远、文美、孟鹤诸贤，按据经传、史志，删恶存美，因旧为新。取其事关名教，言法旧章，而经常典雅可赋咏者，得十题焉。曰：梦泽晴云、章台古迹、沱溪晓渡、东山霁雪、南山远翠、板桥春涨、杏村夕照、青湖夜月、赤亭遗址、驿路松风。予次第十题，历叙其事，诸君子乃各为一诗纪之，总名曰《华容十咏》，而阖县形胜大概在此矣。

夫惟事关名教，则作于人而不背于天，理之正也；言法旧章，则通于今而不戾于古，词之达也。词理俱备，诗道乃昌，后有作者，亦安肯弃之？初作诗时，诸君子犹未仕，惟廷贵举进士甲科，邦杰司务都察院。距今三十余年，显晦殊途，伯兄暨国器辈物故大半，而旧编尚藏予箧中，乡邦好事者虽已誊写传诵，而流行未广。予老且衰，惧其久而湮没，将使诸君子之善弗闻于世，曷免厥愆，爰属画史绘十咏为十图，并录小序，与各诗汇为一帙，继之梓，俾达于四方。诗虚其左，以竢来者。

昔《春秋·昭四年》（即《左传·昭公四年》），楚子以郑伯田于江南之梦，即县北筑章华台，召鲁公来落之，留七阅月。《定四年》（即《左传·定公四年》），许迁于容城。张子厚据任公辅以为即今华容县。当时二子所以筑台、迁国，殆有取于山川之美而来也。何由汉抵宋二千年间杰者罕闻，岂有之而史失其传欤？亦山川精粹之气啬于前而丰于后，将有待欤？抑亦高蹈者多士深藏岩壑而不求闻欤？皆未可知也。

今诸君子钟山川之秀，幸生太平无事时，得以穷养达施，游艺适情而有此作，于山川倍有光焉。初非眩名役志，流连光景而已。至于乡邦及四方好古博雅之士，或诸君子子孙续而广之，增其山使益高，导其水使益远，岂非斯邑之大幸邪！夫如是，则山川之灵，亘古常在，而君子之诗，亦亘古常在。后之览者，将有感于斯文，殆亦寄情于今日千载之上，而兴怀于他时千载之下矣。是故序而引之。

《中州吊古录》序

黎淳撰（《黎文僖公集》卷十一第36页，明嘉靖三十五年刊本）

昔吾同门乡友董君廷圭，字国器，举进士甲科，拜监察御史，巡按河南。时有《中州吊古录》一卷，其子训导伯兴藏于家。后国器以荐升山东按察司副使，旬宣辽东事毕，还京卒。今工部营缮郎中睢阳尚美中，笃念国器知己情不可忘，乃就伯兴取其《录》刻梓以传四方，示后世，盖义举也。河南在中国之中，古称中州，由三代［以］来，圣贤产于兹、仕于兹暨留寓于兹者甚众。及其殁也，功业归史书，祠墓依郡县，忠烈炳焕，英灵发扬，与天地同为悠久，人谁不敬慕哉！然而士大夫拜祠扫墓虽作诗歌，鲜闻有考据事实纪录无遗者。国器此卷独详载诸贤生平履历（或“历履”），而声振金玉，备写始终，使人诵（或“视”）之俨然如亲目其人，殉国卓立是有由然矣。盖国器为人志刚毅而性明达，博学多能，自其幼时读经考史，已慨然以古人自期待。及发解乡闱为宪官，屡锄元奸，挫之益劲，历献忠悃，执而不回。故其忠烈之气发泄于此卷诸篇，真欲与中州诸贤并驾齐驱于千载之上，非徒言而已也。不幸功业未竟，赍志以殁，是可伤哉。虽然国器已殁，孟子曰：“以友天下之善士为未足，又尚论古之人。颂其诗，读其书，不知其人，可乎？是以论其世也，是尚友也。”即孟子之所言观国器之所志，千古同心，群贤一道，不为虚殁而无益矣。初国器在河南虽总（或“专”）戎政，尤勤文治，凡士流被其甄拔而造就者今多官显于朝。无惭哲见（或“德而”），美中又克表扬其诗文图为不朽[①]，盖国器此卷能发古人潜德之幽光，而美中此举亦祈发国器潜德之幽光，事皆有关名教，不易得也。诗序所以言作者之意，卷中诸贤已（或“又”）各有小序，吾故总而序之。候（或“使”）览者皆明此意。国器有知，将必曰信然。

---

① “哲见”或为“德而”之讹，如此则宜断为“无惭德，而美中又克表扬……”。

董廷圭

中州古豫州之域，华夏文明之地，衣冠礼乐为八州所取正。故自古节义之士生于斯，仕于斯，死节于斯者，视他邦独盛焉。予自奉使于兹，首求古迹，所过郡邑遇有忠臣烈士祠墓辄造而谒之，为长民者无已。而遍历七郡，旁搜博采，得忠义之最著者凡十有二人，其间有面折廷争若龙逄、比干者矣，有守经行权若伊尹、孔明者矣，而又有伏节死义者若张、许、南、雷及颜氏兄弟者矣①。与夫代君任患之纪信，以忠获罪之岳飞，皆所谓烈火□风中之真金劲草，而可为万世人臣忠义□□者也。舍此弗重，顾岂知本者哉。遂不揆谫□□为一帙，且各述其行实之概而断以己意考□，吊之以诗，题曰《中州吊古录》，姑以私便检阅□识，区区景行先哲之意云耳。然其人自伊、岳□非尽出中州，但宦寓伏节于此，使人睹祠墓而起敬者即在所录，其余含和平世泽被一时者未暇悉数也。至若叙述之下，或举其言，或撮其行，而略于履历始末者，盖出于时，概莫古人之意，非为之立传也。矧诸君子忠肝义胆，照耀乎百家之编，又奚待后生小子之喋喋者哉。呜呼！节义大闲非古之人所得而专者也。凡我有官君子果能于诸先正是式焉？平时则尧舜君民期作求于伊葛，遇事则犯颜触忌用济美于逢千万一变，故之来则亦仗义执节，配张许诸公于不朽。俾乾道以正，坤道以宁，人道以定，则丈夫之能事毕矣。是《录》之作虽浅陋无足取，然所关涉者世教也，夫君子倘不我嘲，拾其遗而正其谬，盖亦成人之美云。

①张、许、南、雷及颜氏兄弟：即张巡、许远、南霁云、雷万春、颜真卿和颜杲卿。颜真卿和颜杲卿为堂兄弟。六人在唐天宝年间安史之乱中或舍身取义，或建功立业。见韩愈《〈张中丞传〉后叙》，清董诰等编《钦定全唐文》卷五五六，清嘉庆刊本。《旧唐书》卷一二八第3589页；卷一八七下第4896、4899、4902页。

湖广岳州府志卷之七

澧州　附澧州守御千户所

沿革志

州在府治西五百七十里。

春秋至战国，详府。秦属黔中郡。汉属武陵郡。①

三国孙吴，属天门郡。晋置南平郡，又析置义阳郡②。南北朝南齐，为天门郡、南平、义阳三郡地。

隋初，罢郡，置松州，寻改为澧州，治澧阳县。大业中，改

---

①澧州所在地战国、秦汉时称“醴（后作“澧”）阳县（包括今澧县、津市全境及石门、临澧的部分地域）”，战国时是否属黔中郡所辖尚不明确，但秦至汉前期均属南郡（今荆州市）所辖，里耶出土秦简表明，秦时并无黔中郡，而只有洞庭郡。洞庭郡为秦统一中国以后才设，但考古实践表明：澧水中下游地区在战国晚期秦将白起拔郢以后便纳入秦国版图，属秦南郡所辖。里耶秦简中即有醴阳县。《湖北荆州纪南松柏汉墓发掘简报》（《文物》2008 年第 4 期）中披露了 M1 出土的有关簿册的简牍，其中南郡下辖县中即有位于澧水下游的“醴阳”和“孱陵（含今湖北公安县和湖南安乡县）”。如“南郡免老薄……醴阳免老六十一人，孱陵免老九十七人”；“南郡新傅薄……醴阳新傅廿五人，孱陵新傅廿六人”；“南郡罢降薄……醴阳罢降廿六人，其十五人可事；孱陵罢降七十六人，其六十二人可事”等。据墓中纪年简显示，最晚为武帝元光二年（前 133），因而澧水下游在汉武帝前期尚属南郡，改隶于武陵郡可能到了西汉中期。

②《晋书·地理下》：“天门郡，吴置。统县五，户三千一百。零阳、溇中、充、临澧、澧阳。”

为澧阳郡，领澧阳、石门、孱陵、安乡、崇义、慈利六县[①]。

唐初复为澧州，属江南道。贞观初并孱陵入安乡。麟德间合崇义入慈利。天宝初又改澧阳郡。乾元初复为澧州[②]。

宋属荆湖北路。元升州为路，属湖广行省。

国朝初改路为府，洪武中改府（“改府”为衍文）又并澧阳县为州，隶常德府[③]。二十九年（1396），改隶岳州府。编户三十七坊里，在城五坊，在乡二十村。分统三十二里。领石门、慈利、安乡三县。先于二十五年（1392）于州治西置澧州守御千户所。

州名志

澧州，以州在澧水之北，故名。涔阳，《离骚》名。义阳，晋名。松州、澧阳，俱隋名。

疆域志

东接安乡，至本州安乡县界八十里；西通石门，至本州石门县界六十里；南扼武陵，至常德府武陵县界一百二十五里；北控公安，至荆州府公安县界八十五里。东西广一百四十里，南北袤

①《旧唐书·地理三》：“吴分武陵西界置天门郡。晋末，以义阳流人集此，侨置南义阳郡。隋平陈，改南义阳为澧州。皆治此县。”又：“石门，吴分零阳县于此置天门郡。隋平陈，废天门郡，以废州为石门县。”《两唐书地理志汇释》引《寰宇记补缺》：“陈改郡、县俱曰石门，隋废郡，县属澧阳郡。按：《隋志》亦云旧有石门郡，平陈，郡废。此志隋平陈上当有脱文，天门当作石门，盖吴所置者天门，隋所废者陈之石门也。”

②《旧唐书·地理三》：“澧州，下。隋澧阳郡。武德四年（621），平萧铣，置澧州，贞观元年，省孱陵县。天宝元年（742），改为澧阳郡。乾元元年（758），复为澧州。”

③《明太祖实录》卷一〇五：“洪武九年（1376）四月甲午（十一日），改澧州府为澧州，隶常德府，革所属澧阳县。”

二百一十里。

东北到本府华容县三百八十六里；东南到常德府沅江县三百一十里；西南到常德府桃源县三百六十里；西北到荆州府松滋县二百三十里。

（星野志，详府）

形胜志

倚连冈，面长江（唐戎昱《澧州新城颂》：“倚连冈以起伏，面长江以演漾”）。左界洞庭，右接巫峡，沅湘衡岳接其前，汉沔荆岘带其后（宋陈相之《澧州郡守题名记》）。兰江前陈，仙洲外蔽（《澧州图经》：“州宅有彭阜耸其西，药山列其东，兰江前陈，仙洲外蔽，所谓神仙窟宅也。”俱《一统志》）。东接洞庭，西连施黔，武陵在其南，江陵在其北（宋楼钥《澧阳楼记》）。荆之近庸，国之南屏（唐戎昱《新城颂》，俱旧《志》）。

风俗志

人性淳朴，士尚礼义；刀耕火种，网罟为业（旧《志》）。有楚遗俗（《澧阳志》，旧属楚，为黔中地，至今有楚遗俗）。有屈原遗风（唐刺史王堪制词，俱《一统志》）。南州美，莫如澧（唐柳宗元《送南涪州［量］移澧州序》）。[1]

①原文为：“自汉而南，州之美者十七八，莫若澧。”《全唐文》卷五七八。

城池志

城 隋筑土城，即松州城也。元末徙治于新城。国朝洪武初复迁于此，总制萧杰修筑土城。永乐二年（1404）用砖甃之。周围一千丈，计九里三十四步，高一丈七尺。雉堞一千二百五十，高二尺。窝铺■■■座。东、西、南、北、游川，凡五门，各有楼。成化五年（1469），城为暴水所颓，都指挥柴政、千户任谦重修。

池 周围一千丈，深一丈五尺，阔一丈。

隅厢志

东隅 州东街：迎恩坊、朝京坊、登第坊、掇科坊、翀霄坊、云梯坊、登云坊；桂林一枝坊，为举人梁铎立；鹏程万里坊，为举人周文立。

南隅 州南街：独步坊、进士坊，为周文立。

西隅 州西街：澄清坊、肃政坊、兴贤坊、儒林坊、绣衣坊、世科坊；解元坊，为樊经立；文英坊、状元坊、崇德坊、逍遥坊、里仁坊、永宁坊、靖远坊、贞节坊、状元街、遇仙街、十字街。

北隅 州北街：丛桂坊、定远坊、连桂坊。

乡都志

二都十八村 分三十二里。

升进村，在澧南，辖三里；澧阳北村，在州西，辖一里；安仁南村，在州西北，辖一里；安仁北村，辖一里；楚江村，辖二里，俱在州北；枫林村，辖四里；三洲村，辖三里；阳由村，辖二里；军牧村，辖一里；嘉山村，辖二里，俱在州东；桃林东村，在州南，辖一里；桃林西村，在州北，辖一里；小斗村，辖一里；长乐西村，辖二里；道水十都，辖一里；道水十一都，辖一里，俱在州南；涔阳村，辖一里；同山村，辖一里；恺悌村，辖二里，俱在州西北；仁和村，在州东，辖一里。

东厢、东隅坊、南隅坊、西隅坊、北隅坊，共五坊，俱在州。

藩封志

华阳王府，在州治西。永乐二十一年（1423），自四川成都府分封于兹。职掌：藩屏王室。

镇国将军府、辅国将军府、仪宾府，俱在州治西。永乐二十一年（1423），自四川成都府分封于兹。①

职官志

本州 知州一员，州同一员，州判一员，吏目一员。

属官：儒学学正一员，训导三员。嘉山巡检司巡检一员。税课司大使一员。万盈仓大使一员，副使一员。水东递运所大使一员，兰江驿驿丞一员，清化驿驿丞一员，顺林驿驿丞一员，安乡河泊所官一员。阴阳学训术一员，医学训科一员。僧正司僧正一员，道正司道正一员。

①据《大明华阳悼隐王圹志》："王讳悦耀，蜀献王之第二子，庶出也，母金氏。王以洪武二十五年（1392）八月初九日生，永乐二年（1404）四月初四日册封为华阳王。迁于洪熙元年（1525）四月二十七日，命居澧州。"（谭远辉：《明华阳王家族圹志考述》）。又据《明仁宗实录》卷九上："洪熙元年（1425）夏四月戊申（初九），命华阳王悦耀居武冈州。"《明仁宗实录》卷九下："洪熙元年（1425）四月丙寅（二十七日），以岷王楩居武冈州，改命华阳王悦耀居澧（讹作"豊"）州。"因此，华阳王谪迁澧州是在洪熙元年（1425），非永乐二十一年（1423）。

守御千户所　正千户四员，副千户五员，百户十员，吏目一员，所镇抚一员。

公署志

布政分司，在州治西南十字街，旧府分治地。原在州西，成化丁未（二十三年，1487），参政唐珣命改创于此，规制胜旧。正厅三间，穿堂一间，后堂、仪门、前门、厨房各三间，厨（或为“厢”之讹）房六间。

荆南道，在州西。洪武五年（1372），通判鲁旻创。① 成化七年（1471），知州李愚重修。正厅、后堂各三间，穿堂一间，厢房六间，仪门、前门、厨房各三间。

府分治，在州西，旧布政分司地。正统六年（1441），知州蒋肇创建。成化十一年（1475），知州鲍恺重修。

州治，在澧水之北，即澧阳县故址。元至正间，因旧治毁于兵，徙于州东之新城。国朝洪武初，复迁于今治之西门内。永乐二十一年（1423），以州署为华阳王第，迁治于此，即子粒仓故址。正统四年（1439），知州蒋肇鼎建，规制完备。成化十一年（1475），知州鲍恺增建狱禁、吏廨、厩房通三十余间。正厅、后堂、仪门各五间，穿堂、正门、吏目厅各三间，东、西吏房一十二间，州官公廨六所，吏舍共一十八间。戒石亭一座，架阁库三间，申明亭、旌善亭各三间，俱在州西。洪武初，通判鲁旻建；成化间，知州李愚重建。在乡三十七里各一所。

①隆庆《府志》卷四“秩官年表下”洪武间岳州府通判有：“鲁旻，洪武五年，署澧州印。”而本志和《澧州志》等均系鲁旻为澧州府通判。《澧纪》卷六：“通判，鲁旻，辛亥（洪武四年，1371）任，原任岳州府。”此时澧州为府，当时应缺知府，暂由鲁旻署理府事，至胡郁就任澧州知府止。胡郁任知府也在洪武五年，因而鲁旻“署澧州印”的时间很短。

惠民药局，在州西。嘉山镇巡检司，见“关隘志”。

税课局，在州东。洪武初建，成化五年（1469）重修。

水东递运所、兰江水马驿、清化马驿、顺林马驿，以上俱见“驿铺志”。

安乡河泊所，在州东南一百五十里，旧隶安乡县，正统间改隶本州。成化间重修。

阴阳学，在州西南，洪武初建。

医学，在州西，洪武初建。

僧正司，在报恩寺。

道正司，在玄妙观。

澧州守御千户所，在州西。旧无，洪武二十五年（1392）设，成化六年（1470）千户任谦重修。

学校志　附社学、书院

州学，在州南一里许，元建，后毁于兵。国朝洪武初，知府史希贤复建。景泰初（元年，1450，因蒋肇本年离任），知州蒋肇重建。后知州柳胜华、冯安、郑谦相继修葺。成化十七年（1481），知州鲍恺增筑基址，更新堂宇，规制视旧有加。学四至：东至千户所前小街直出；南（“南”为衍文）西至仓前小街直出；南至城垣大街；北至仓前东西街。

文庙，殿庭五间，圣贤塑像、爵、里、名氏俱详府。东庑、西庑各六间，从祀贤人木主、爵、里、名氏俱详府。戟门五间。棂星门三座。瘗坎一所。神厨、宰牲房、祭器库各三间。

学，明伦堂五间。三斋：东二，曰存诚、曰进德；西一，曰育材，各三间。学门一座。射圃一所。教官公廨各一所。学仓一所。书籍数目及颁降年月均同府。卧碑一通。榜详府“制命志”。

社学，三所，一在州城内，一在嘉山村，一在同山村，俱成化间知州鲍恺建。

车渚书院，在州东三十里。一名萤渚，即晋车胤囊萤读书之处。其傍有墓。宋王齐舆诗云："儒生骨朽名犹在，高冢相望已乱真。只认夜深萤聚处，便应泉下读书人。"①

文山书院，在州南一里，即李群玉读书之所。文山，群玉字也。

溪东书院，在州南一里，宋范仲淹尝游此，后人因作书院祠之。元燹废。

道溪书院，在州西南七十里。元刘世英建，今废。

坛壝志　附城隍、旗纛庙

社稷坛，在州西一里。神位砖台一座，壝门四座，外门一座，神厨、库房、宰牲房各三间，斋宿正房前后各三间，东西房各六间。

风云雷雨山川坛，在州东一里。燎台一座，余同前。俱洪武初通判鲁旻建。正统初知州蒋肇重修。

郡厉坛，在州北一里。砖台一座，壝门一座，洪武八年

①"王齐舆"或又作"王齐愈"，二者并非音同字异的同一人，而是两个人。王齐舆，字之孟，浙江宁海人。南宋绍兴三十年（1160）进士，淳熙元年（1174）知崇安县。历将作、司农丞，知鄂州，提点东川刑狱，枢密院检详文字。文宗开禧元年（1205）为宗正少卿（《宋会要辑稿·职官》七三之三六；嘉定《赤城志》卷三三）。王齐愈，字文甫，四川犍为人。与苏轼交往颇密切。此诗见录于《舆地纪胜》卷七〇《荆湖北路·澧州》，题《武子宅》，署"王齐舆"。《全宋诗》卷二三九六录此诗，题《儒生墓》。同时《全宋诗》又于卷八三九录此诗，改署"王齐愈"，题《车武子宅》。诗后有按语曰："《舆地纪胜》署作王齐舆，孔凡礼《宋诗纪事续补》附录二疑为王齐愈之误刊，因《舆地纪胜》卷八一《荆湖北路·寿昌军》亦载王齐愈，今从之。"《舆地纪胜·寿昌军》原文为："车湖，在武昌东三十里。苏轼在黄州，王文甫居湖上，往来殆百数。车武子故居及墓在其上。"也就是说，武昌也有车武子墓和武子宅之传说，而在武昌者为王齐愈。其实，无论王齐舆或王齐愈好像都与澧州关系不大，因此，此诗所述并不一定是澧州的武子宅或武子墓。注记于此以备征考。

(1375)，澧阳县知县王士安建。以上俱成化间知州鲍恺重修。

乡厉坛，三十二里各一所。

城隍庙，在州西百步许。洪武初通判鲁旻建，成化间知州鲍恺重建。神附祭山川坛，主祭郡厉坛。

旗纛庙，在澧州守御千户所。祝文，俱详府“制命志”。

山川志

山 附岩、洞类。

斗笠山，在州北一里。相传昔有仙人挂笠于此，故名。

彭山，在州西十里。接连钦山，上有李彭思王庙。

彰观山，在州东一十五里。乃四十四福地，即宋乾道中黄道冲、范灵二仙飞升之处。上有宁极观，溪流九曲，萦绕前后。

关山，在州东十五里。以其关锁水口，故名。

钦山，在州西二十里。

大同山，在州东二十五里。

嘉山，在州东三十里。上有望夫台，即姜女望范郎处。

铜山，在州西南四十里。相传其山产铜，永乐间置治采矿，煽炼不成，遂止。

将军山，在［州］东南六十里。相传汉纪信所居，后信死于难，人义之，立祠其上，因名。

刻木山，在州北七十五里。相传丁兰刻木奉亲于此。按《孝顺事实》：丁兰，河内人。距此甚远，恐传者之误。

天供山，在州西北八十里。相传唐有僧创寺于此，工役乏食，忽石穴中产粟，僧取以供食。寺成，粟遂止，故名。

石墨山，在州南一百里。其山石黑如墨。

药山，在州南九十里。上多芍药，一名长啸峰。

横山，在州西北一百二十里。冈岭平直，远无峰峦，因名。

山南有潺水洞，岁旱祷之有应。

大浮山[①]，在州西南一百三十里。亦名独浮山，跨石门、武陵、桃源三县界。谷中有石室，户牖自然虚明，上有玉清坛，又有丹灶、白鹿池、十八洞，及有涌泉成溪。相传浮丘子学道、浴丹之所。

太清山，在州北一百六十里。上有五老峰、老君岩，中有琼瑶、紫极宫，相传李凝阳得道之所。

川　附洲、矶类。

绣水，在州东一里。水流旋折如绣纹，故名。

澧水，在州南三里。源出慈利县西历山，流至石门县会溇水，又流至澧州城下会涔、澹、［道］三水，入于洞庭。

澹水，在州东二十五里。魏（讹作“唐”）王粲诗“悠悠澹澧”水是也[②]。

涔水，在州北一百里。唐杜牧诗：“一话涔阳旧使君，郡人回首望青云”；卢肇诗：“君梦涔阳月，中秋忆棹歌”。即此。

兰江，在州东二里。地多兰蕙。《楚辞》：“捐予佩兮澧浦。”因称佩浦。又云“澧有兰”，故云兰江也。

黄溪，在州西四里。溯流凿石数丈，有石神，颇有灵异。

洳溪，在州东北六里。源出龙洳山。昔楚庄辛说楚庄王，饮洳溪之流，即此。

---

①本卷“陵墓志”中亦作大浮山，“纪述志”中元谢端《道溪书院记》及揭曼硕《道源桥记》中均作“浮山”。另又见于卷九（石门县）“山川志”，作“浮山”。天顺《大明一统志》卷六二作“太浮山”。《澧州志》中亦作“浮山”，系于石门县。《澧纪》中作“泰浮山”；乾隆《直隶澧州志林》卷三作“太浮山”，系于安福县（今临澧县）。“太”、“泰”相通，因而本志中“大浮山”应为“太浮山”之讹，此名延续至今。由此可知，此山元代称“浮山”，明代并称“浮山”、“太浮山”或“独浮山”，清以后至今只称“太浮山”。今在临澧县境。

②王粲，字仲宣，山阳高平人。先事汉，后归魏，为建安七子之一。《三国志·魏书》有传。

明月池，在州东十里。李群玉游息之所。

仙眠洲，在州东一里江中。唐李群玉读书之所。相传吕洞宾曾宿于此。元建文山书院，后毁于兵。

白马洲，在州东二十里。唐林静乘白马飞升处。

双泉，在州西九十里。二泉相近，其水常涌，或闻人声则怒涛异常。

廉泉，在州东二十里。唐人有铭，今废。

萤渚，在州东三十里。又名车渚，晋车武子囊萤读书处。

盐井，在州北八十里。其水咸苦，国初立场煎盐不成，乃止。

八角井，在州西。其水甘美可食。

村市志

村 计一十八，俱见前“乡都志”。

市 计七。

涔河市，在州北五十五里。道源市，在州西南七十里。津市，在州东二十里。五马市，在州西二十里。合口市，在州西四十里。新城（当为“安”之讹）市，在州西六十里①。佘市，在州西南七十里。

陂堰志

油麻堰，在州东六十里枫林村。

官堰，在州南六十里小斗村。丈、尺、溉田俱未详。

---

①此“新城市”非今津市新洲镇，因方位相反，距离也不对。应为“新安市”之讹。《澧州志·建置纪》有：“新安镇，在州西六十里。”《澧纪》卷十同。

户口志

户　洪武间七千九百八十三；永乐间五千七百零三；宣德间五千三十；正统间五千四十一；景泰间四千八百九十三；天顺间四千九百八十三；成化间五千七十九。各色户俱未详。

口　洪武间三万三千一百一十三；永乐间二万六千二百三十二；宣德间二万三千二百四十七；正统间二万六千九百六十；景泰间二万七千八百三；天顺间二万七千八百六十六；成化间三万二千一百一十八。男、妇口俱未详。

徭役志

里役　里老：每坊、里设置同巴陵。本州里长，三十二名，坊长，五名，老人，三十七名。甲首各登耗不等。

雇役　弓兵：布政司四名，华阳王府教授四名，澧州守御千户所一名，平江县一十一名。每月出银一两。

斋夫：本州学八名，每名出银同弓兵。

膳夫：本府学二名，每名银二十二两五钱；本州学四名，每名银一十七两五钱。

库子：兰江水马驿六名，清化马驿四名，顺林马驿四名。各出柴薪之类，以应公差，往来无常数。

力役　皂隶：布政司一名，本府一十名，本州四十名。

弓兵，本州直厅三十名，嘉山镇巡检司巡捕二十五名。

铺司、驿司、铺兵：本州计三十铺，各司兵不等兵（此“兵”应为衍文）。铺司、驿司各三十二名，铺兵一百一十五名。

马夫：本州共四十名。

馆夫：兰江水马驿五名，清化马驿、顺林马驿各四名。

防夫：水东递运所四名。

渡夫：前河渡四名，后河渡三名，辛家渡、涔河渡、津市渡、会口渡、窑坡渡、停贤渡（今作“停弦渡”）各二名。

库子：本府学二名，兰江水马驿、清化马驿、顺林马驿各一名。

门子：布政分司、荆南道、府分治、本州学各四名，税课局、山川坛、社稷坛、郡厉坛各一名。

禁子：本府二名，本州二十名。

厨子：荆南道一名。

巡栏：本州税课局十六名。

斗级：万盈仓、预备仓各八名，便民仓、义仓、南镇仓、北仓、西仓各六名，本州学仓三名。

物产志

食类　稻、黍、稷、粟、麦、豆、芝麻、菜、瓜、茄、芋、葱、蒜、姜、笋、果，俱同巴陵。

药类　天南星、百合、五倍子、乌药。

竹木类、花草类　俱同巴陵。

货类　棉布、苎麻。

鸟兽类　畜，同巴陵。羽，白鹗，余同巴陵。毛，同巴陵。鳞，石鲫鱼，余同巴陵。介、昆虫，俱同巴陵。

贡赋志

贡　野味：岁办活雁三十只，折钞六百贯。

赋　田地山塘：洪武间官民共计二千七百四十九顷三十九亩二分七厘，夏税大小麦共一百四十二石三斗六升九合六勺，税桑丝二百五十三斤，秋粮米二万六千一百五十七石一斗三升二合四勺。永乐间官民共计一千九百八十七顷一十七亩九分一厘九毫，夏税大小麦共一百一十九石八斗五升九合八勺，税桑丝一百四十三斤四两五钱六分九厘四毫，秋粮米一万八千八百六十五石五斗八升四合。宣德间官民共计一千九百九十六顷三十八亩九分二厘四毫，夏税大小麦共一百一十九石八斗五升九合八勺，税桑丝三千六百四十四两七钱九分九厘四毫，以上织绢俱未详。秋粮米一万八千八百四十八石九升七合八勺八抄。正统间官民共计一千九百九十九顷九十四亩六分七厘九毫，夏税大小麦一百一十九石八斗五升九合九勺，税桑丝二千六百五十五斤四两六钱五分七厘四毫，织京库绢一百一十二匹二丈四尺九寸五分九厘一毫，南京库绢一十八匹一丈二尺三寸，秋粮米一万八千八百八十四石九斗四升一合八抄。景泰间官民共计二千八顷一十四亩五分七厘四毫，夏税大小麦共一百一十九石八斗五升九合九勺，税桑丝二千六百五十五两六钱五分七厘，秋粮米一万八千九百五十石六斗八升五合五勺。天顺间官民共计二千五十七顷七十八亩六分五厘五毫，夏税大小麦共一百一十九石八斗五升九合九勺，税桑丝二千六百八十八两一钱三分二厘四毫，以上织绢俱未详。秋粮米一万九千二百二十一石五斗四升。成化间官民共计二千二百六十二顷八十九亩一厘一毫，夏税大小麦共一百二十一石二斗八升三合，税桑丝二千七百六十二两四钱一分六厘一毫，织京库绢一百一十九匹一丈七尺三寸五分四厘四毫五丝，织南京库绢一十八匹二丈二尺三寸，秋粮米一万九千九百八十三石五斗九升一合二勺一抄。

段：岁造深青、墨绿、丹矾红三色共一十八匹。

户口食盐：官吏、民四千五十二员名，户男、妇大二万四千四十六口，共钞一十五万六千七百四十一贯，该盐一十五万六千七百四十一斤。

课程：税课司、河泊所岁办纸课钞二十贯一百二十文，油榨课钞五贯二百文，铸泻课钞一十四贯一百文，茶引由工墨钞六十五贯，椒株课钞三贯四百文没官；桑丝租税钞三百一十文，商课钞八千二百七十七贯二百八十文，门摊课钞六千六百五十一贯，酒课钞八十六贯四百文，鱼课宝钞二万五千二百四十贯八百文，干鱼三千五百斤，折钞八百七十五贯，比附课钞四千三十二贯三百四十五文，莲藕课钞一千三十二贯六百文，菱角课钞一十五贯，增添课钞二千一十二贯。

鱼油：额办一万五千六百四十七斤九两，折钞一千五百六十贯五百三十九文。

鱼鳔：额办六百八十三斤一十五两七钱，折钞一百六十三贯九百五十八文。

翎毛：河泊所共额办一十一万五千六百一十七根，折钞五百六十贯，折熟铁八百三十四斤八两五钱。

皮张：岁办麂皮一百五十五张，杂皮九十五张。

弓箭弦条：额造弓二十五张，弦一百二十五条，箭一万枝。

屯田志

田　澧州守御千户所官军领种二百二十八顷七亩。

子粒　共二千七百三十六石八斗四升。

仓库志　附养济院

仓　万盈仓，在州西，间数未详。洪武五年（1372），通判鲁旻建。

便民仓，在州东一里，即兰江水马驿旧基，成化初，都御史吴琛设置。计一十五间。十三年（1477），知州鲍恺增建八间。二十一年（1485），判官孙武复增三间。

预备仓，四所。一在州南七十步，一在州东四十里嘉山村，一在州北七十里涔阳村，一在州西南七十里长乐西村。间数、创建俱未详。

义仓，在兰江水马驿后，成化十年（1474），判官俞荩理军民互争田，因其彼此占据不平，愿入官者得二十余顷，岁入租千计，建此仓储之，以备赈济，共二十二间，会计堂三间，垣墙门坊各完固。惜其堂今遂以储谷矣。华阳王镇国将军廓然子有记。

库 架阁库，详“公署志”。

养济院，在州西。洪武五年（1372），通判鲁旻建。成化七年（1471），知州李愚重修。成化十年（1474），判官俞荩徙建学后。

驿铺志

驿 兰江水马驿，在州东二里。旧水、马各置驿，成化七年（1471），都御史吴琛因水驿为水冲决，奏并入马驿，修盖堂宇，颇为宏敞（讹作“厰”）。十一年（1475），知州鲍恺砌筑岸址，以防水患。二十年（1484），知府李镜命驿丞谢表重加增修，规制壮丽，为所属驿递之冠。

清化马驿，在州南六十里。

顺林马驿，在州北六十里。俱洪武中建，成化初重修。以上各正厅五间，后堂、正门、鼓楼各三间，左右库、厨房各五间，驿丞公廨各□所。

水东递运所，在州东。洪武初建，成化初重修。至南京水路二千六百五里，陆路二千四百五十五里。至京师水路五千五百五十五里，陆路四千五百五十九里。

铺 计三十所。

州前铺、津市铺、仁和铺、嘉山铺、张师窖铺、会口铺，东往安乡路。

高路铺、五马铺、停贤铺、新兴铺、合口铺，西北往石门路。

上观铺、新渡铺、东山铺、五泉铺、新店铺、清化铺、吴家岗铺、畬溪铺、八里铺、虎塔铺、石敖山铺，南往常德府武陵路。

锁石铺、新店铺、湘堰铺、合同铺、涔河铺、顺林铺、杉木铺、官山铺，北往荆州府公安县路。

以上俱洪武初建，各正厅三间，邮亭一座，正门一间，左右房各三间，路亭一所，牌坊二座，榜房二间。铺司、驿司各三十名，铺兵共一百六十名，什物俱详“府志”。

关隘志

嘉山镇巡检司，在州东三十里。正统间建，余详“职官志”。

羌口，在州东九十里。成化初，守臣因洞庭流贼出没，以其地相近，议委本州守御千户所，千、百户一员，带领旗军三十名哨守之，岁以为常。

津梁志

通济桥，二：一在州西北四里，国朝正统间，知州蒋肇建。成化间，知州鲍恺重建。一在州北五十里涔河镇，宋澧人谢琰建。欧阳玄、虞伯生有诗，俱见“题咏志”。

道源桥，在州南七十里，元揭傒斯有记。见“纪述志”。

遇仙桥，在州南一百八十步。相传太守为□（“为□”应为“乔逊”）遇仙于此，赠以诗。见“题咏志”①。

五马桥，在州西十五里。

绳渡桥，在州东十五里。

①繁体“爲”与“喬”形近，可能致误。乔逊遇仙的传说见《遇仙桥诗》注。

将军渡，在州南二里。相传白善将军过此，因名。傍有尼院，一名师姑渡。

车渚渡，在州东三十里新城镇，因车武子所寓，故名。

津市渡，在州东二十里。

窑坡渡，在州东三十里，路通安乡、桃源。①

辛家渡，在州南二十里。路通常德。

前河渡、后河渡、涔河渡，在州北五十里，即通济桥也。路通荆州府公安。

会口渡，在州东六十里，路通本州安乡。

停贤渡，在州西北（“北”为衍文）四十里，路通石门。②

（礼乐志，详府）

武备志

军器局，在州守御千户所。正厅、前门各三间。营缮房五间。岁造军器：甲四十副，铁盔四十顶，枪四十条，腰刀四十把，弓四十张，团牌二十面，箭一千二百枝，铳箭四十枝，撒袋四十副，弓弦八十条，共一千九百四十件。营造千户一员，局匠三十一名。

教场，一所，在州北门外，演武厅三间，旗台一座，千户官军教阅于此。

宦迹志 附守御千户所

前任，唐 刺史：李泌、崔瓘、杜悰、李建、李绚、李彭思

①窑坡渡通安乡、沅江等澧州东南边诸县，不通桃源，且桃源还要越过武陵县。

②今“停弦渡”在澧州西，《澧州志》谓“在州西三十里”。《澧纪》卷十同。

王（即李元则）。

别驾：柳晟。判官：皇甫镇（“皇”讹作“黄”，诸志均作“皇甫镇”）。

宋　知州：郭逵、罗荐可、史方、黄琮、张忠恕、杨大昇。

通判：陈恕。教授：王元明、朱承孙。

元　总管：刘好礼、别都鲁丁、张源、史燮。

别驾：焦鹏翼。同知：卢琮（讹作“宗”）①。

推官：薛友谅。校官：张公受（或“授”、“绶”）、李寓。学正：张子仁。

国朝　知府：史希贤、胡郁。知州：孙蔼、蒋肇、谌济、柳胜华、冯安、郑谦、许谅、李愚、鲍恺、杭良、孙瑀、陈恭、孙逵、蔡敏、牛志谷、郑钦②。

同知：胡廉。州同：余亨、段勉、李秉中、韦昭、李斌、冯时、刘诚、李英、聂理、刘迪、周琳、王弁、何本清、陶源、杜弘、杨钦③。

通判：鲁旻。判官：张性（讹作“惟”，诸志均作“张性”）、张晟、胡秉文、李耀、杨景、梁嵩、吉宁、孙武、曾纲、王秉彝、俞荩（讹作“尽”）、张宗、刘逊、潘津、曾诚。

学正：王应、何进、朱绫、杨珇、刘袭、孙瓒、王镛、许凤、曾敏。

---

①《澧州志》、隆庆《府志》多作卢琮，《澧纪》讹作“庐琮”。

②杭良、孙瑀、陈恭、蔡敏、牛志谷五人在《澧州志》、《澧纪》和隆庆《府志》中都系于州同知。不可理喻的是蔡敏、牛志谷后紧承郑钦，而郑钦为本志成书时在任的知州，难道郑钦的前两任都有错置？如非错置，则在鲍恺与郑钦之间即有六任知州，而这之间只有四年的空当，这期间知州更替如此频繁？尚存疑。

③刘迪、周琳、王弁、陶源、杜弘、杨钦六人在《澧州志》、《澧纪》和隆庆《府志》中都系于训导。本卷“纪述志”成始终《文庙记》中亦有“训导周琳亦勤协赞用”。此处应误。

训导：张公亮（讹作“张公、亮一”二人名）[①]、杨卿。

华阳王府教授：李吉安，四川内江县人，由监生，成化十一年（1475）授任。

王宣，四川大足县人，由监生，成化十六年（1480）授任。

黄咏，直隶安庆卫人，由监生，成化二十一年（1485）授任。

典膳：卢洪，山西荥阳县人，由监生，成化九年（1473）授任。

名宦志

唐 李泌，永泰间，为州刺史[②]，治有风绩，更筑新城，澧州人德而歌之。戎昱为颂曰：“上有清史君，下有清江流。”

崔瓘，大历中，为州刺史，政不烦苛，人便安之，流亡还归；居二年，增户数万。歌颂之声，闻于朝廷。

杜悰，元和中为州刺史[③]，治行为天下第一。

柳晟，贞元中为翰林舍人，三疏雪吴通玄之谪死，德宗谓其执义不回，改澧州别驾。

李建，为州刺史，在郡不鞭人，不名吏。居职岁余，人人自化。

李绚，为州刺史，黄巢陷州，绚死之。判官皇（讹作“黄”）甫

①《澧州志》、《澧纪》和隆庆《府志》只有张公亮，本志在排版时并列“张公、亮一”，因误作两人，而“一”应为衍文。

②《旧唐书·代宗本纪》：大历十四年（779）正月“壬戌（二十一日），以楚州刺史李泌为澧州刺史”。《澧纪》卷二亦谓：“李泌……大历十四年，授澧州刺史，兼澧、朗、峡团练使。”据郁贤皓《唐刺史考全编》李泌任澧州刺史在大历十四年（779）至建中二年（781），而永泰年间为765—766年，在此前十余年，本志实误。本卷“古迹志”中则谓：“唐大历间，李泌为州刺史。”

③《新唐书·列传第九十一》：“大和初，由澧州刺史召为京兆尹，迁凤翔、忠武节度使。”《旧唐书·列传第九十七》：“大和六年（832），转京兆尹。”本志“元和中”误。

镇诣贼，与之俱死。

皇（讹作“黄”）甫镇，见上。

李彭思王，讳元则，唐高祖之子，封彭王，为州刺史，有德政，民怀其惠。卒，谥曰“思”。至今庙祀之。

宋 郭逵，知州事，时湖北溪蛮彭仕义（或作“羲”，“羲”与繁体“義”形近）叛，逵得蛮亲信为向导，尽平诸隘，破其所居桃花洞。仕义弃城走，众悉降。

陈恕，通判，澧州自唐季为节镇，吏多缘簿书干没为奸。恕尽擿发其弊，郡中称其强明。

史方，潭鼎澧缘边巡检，澧州民诉下溪蛮侵其地，方驰驿往视，复地四百余里，得所掠五百余人。又置澧口等四寨，以扼贼冲，就知邵州，徙澧州。

黄琮，建炎间，钟相陷澧州，琮为州守，与澧阳县丞叶畲及其属十余人皆战死，事闻，朝廷皆褒赠之。

张忠恕，知州事，植立名节，有拨繁剸剧之才。

杨大异，理宗时知州，兼庾事。时常平司逋负山积，械系追索，大异与之约，悉从遣之，负者如期毕输，吏□□□其奸。

元 刘好礼，为路总管，有政绩，寻入为刑部尚书。

别都鲁丁，西域人，为路总管，官至广东宣慰使。

张源，由经略检讨历风纪为总管，官至湖广行省参政。

史燮，真定人，由世勋为路总管，卓有政声。

卢宗，真定人，为路同知。兴学，有治声。

国朝 史希贤，无为州人，居官多善政，士民颂之。

蒋肇，淮安盐城人，为知州，练达有为，建州治、新学校，凡坛壝驿铺，修葺一新，民不告劳，至今颂之。

段勉，江西庐陵人，为州同知，剔蠹夷奸，抚民安静。

鲍恺，浙江宁波人，知州事，以勤慎自励，人多德之。

俞荩，浙江桐庐人，由御史改判官，有治才，尝立义仓储粟，以备荒歉，民多赖之。

流寓志

宋 赵彦若，宋宗室，为翰林学士。绍圣初，章惇当国，恶元祐人，以彦若预修《神宗实录》，谪居澧州。①

元 曩秉彝，蒙古人，一名加台，寓居澧州，受学于瞿炳，中湖广乡试第一，举进士，授蓟州录事官，至河南参政。

科甲志

进士

宋 聂棠，历官提刑。②

毛玉，宣和间，官大理寺评事。③

①《宋史·哲宗本纪》："绍圣元年（1094）十二月甲午（二十七日），范祖禹、赵彦若、黄庭坚坐史事责授散官，永、澧、黔州安置。"《续通鉴》卷八四亦谓："甲午，三省同进呈台谏官前后章疏，言：'实录院所修先帝《实录》，类多附会奸言，诋斥熙宁以来政事，乞重行罢黜。'诏：'范祖禹安置永州，赵彦若澧州，黄庭坚黔州。'"又："绍圣二年（1095）九月，今赵彦若已死贬所，将不止一蔡确矣。"赵彦若贬澧州不到一年便死去。赵彦若《宋史》无传，只传其父赵师民。曰"青州临淄人。举进士第。除齐州推官、青州教授，更天平军节度推官。年五十来京师，为国子监直讲，兼润、冀二王宫教授。改著作佐郎、宗正寺主簿，加崇文院检讨、崇政殿说书，迁宗正丞。"赵彦若只是与宗室同姓而已，并非宗亲。

②隆庆《府志·选举》系聂棠于元丰乙丑（八年，1085）进士下，又谓"登李釜榜"，查《宋登科记考》，本科进士只有李釜，为哲宗元符三年庚辰（1100）榜状元。然而《宋登科记考》所引诸典籍原书都作"李釜"，因而"李釜"乃误。

③隆庆《府志·选举》系毛玉于至和戊戌，至和乃为政和之误，前文已有辨正。政和戊戌为政和八年，亦即重和元年（1118）。《宋登科记考》本科进士有载。

元　忽都达儿，延祐戊午（五年，1318）状元，官至荆湖宣慰使。①

瞿文昌，泰定甲子（元年，1324），历官忠州知州。

曩秉彝，详“流寓志”。

兀剌赤，官四川行省都事。俱至正乙酉（五年，1345）。②

国朝　张庭兰，洪武乙丑（十八年，1385）丁显榜。详“人物志”。③

谭存礼，永乐丙戌（四年，1406）林环榜。

荣顼（讹作“项”），永乐辛丑（十九年，1421）邢宽榜。④

张浩，景泰甲戌（五年，1454）孙贤榜，工科给事中。

樊经，成化己丑（五年，1469）张升榜，见“人物志”。

周文，成化戊戌（十四年，1478）曾彦榜，终推官。

周伟，弘治庚戌（三年，1490）钱福榜。

---

①《澧州志》卷四“街巷”中有“状元（街），为延祐霍希贤名，今无考”。又“人物表”元延祐戊午（五年，1318）科第有“忽都答儿，状元，任荆南宣慰使，汉名霍希贤”。这里视忽都答（达）儿与霍希贤为一人。隆庆《府志》袭此，作“荆湖宣慰使”。本志未言霍希贤。本志以前的史志中澧州元代进士均不见载澧州状元霍希贤或忽都答（达）儿。如景泰《寰宇通志》、天顺《大明一统志》及成化始修的《湖广图经志书》等。《元史·本纪第二十六·仁宗三》：“（延祐五年）三月戊辰（初七），御试进士，赐忽（或“护”）都达儿、霍希贤以下五十人及第、出身有差。”这里明确忽都达儿与霍希贤为二人。据《中国历代状元录》：元朝规定考试分两榜进行，蒙古、色目人为一榜，汉人、南人为一榜。前者为右榜，后者为左榜。“护都达儿，又译呼图达勒。蒙古或色目人。生卒年不详。元延祐五年戊午（1318）科右榜状元。”“霍希贤，生卒年、字号、籍贯皆不详。元延祐五年戊午（1318）科左榜状元。”霍希贤后又讹作“虞希贤”（万历《湖广总志》）或“郝希贤”（《志林》）。据此，忽（护）都答（达）儿决非澧州人，霍希贤是否澧州人尚存疑。

②据萧启庆《元代进士辑考》，曩秉彝、兀剌赤均为本科左榜进士，曩秉彝为蒙古人，兀剌赤为色目人，两人均占籍澧州。

③《明清历科进士题名碑录》作张廷兰。

④《澧州志》、《澧纪》、隆庆《府志》及《明清历科进士题名碑录》等均作“荣顼”。据《明清历科进士题名碑录》，邢宽为永乐二十二年甲辰（1424）科状元，荣顼为本科同进士出身第三甲进士。而永乐辛丑（十九年，1421）科状元为曾鹤龄，进士中无荣顼。此处荣顼登进士系年乃误。

举人

国朝　徐玉成，洪武甲子（十七年，1384），终长史。

王祐，终典史。蔡彦魁，终教授。俱洪武丁卯（二十年，1387）。

毛颖，洪武丙子（二十九年，1396），终训导。

李宣，终吏目。石坚，终参议。俱洪武己卯（即建文元年，1399）。

汪添麟，终训导。黄钟，终知府。俱永乐乙酉（三年，1405）。

吴以恭，永乐戊子（六年，1408），终主事。

刘堂，永乐辛卯（九年，1411），终知县。

何从礼，终经历。王懋，卒。俱永乐甲午（十二年，1414）。

邓以明，终通判。郑暹，终知州。陈材，卒。俱永乐丁酉（十五年，1417）。

李俊，终御史。李通，终教谕。贾鳞、刘坚，俱卒。俱永乐庚子（十八年，1420）。

吕镛，永乐癸卯（二十一年，1423），卒。

毛济，终通判。周禧，终知县。高安，终知县。俱景泰庚午（元年，1450）。

刘礼，景泰丙子（七年，1456），终知县。

李升，天顺己卯（三年，1459），终知州。

梁铎，天顺壬午（六年，1462），任中军都督府都事。

宋伟，成化戊子（四年，1468）。

毛玠，成化庚子（十六年，1480）。

岁贡

国朝　戴本、刘震，俱终参议。龚敬，终员外郎。吴颢（或作“灏”），终御史。文敏，卒。贾敏，终经历。赵克忠，终州同知。钟思贤、廖必先、田致文、江思齐，俱终知县。谢居安，终通判。彭荣得（或“德”），终经历。徐义，终教授。杨仕雄，终兵马。刘麟、陈质文，俱终知县。石恕、覃明通，俱终经历。曾敏，终检校。高鼎，卒。程洪，终主簿。韩添麟，终兵马。陈安仁、蔡庭(或“廷”)礼，俱终主簿。汤忠，终训导。李富(或“福”)，终知州。刘钊，终县丞。廖璧，终经历。吴顺，终同知。王鉴、周钟，俱终知县。彭志清、孟汶(或“纹”)，俱终县丞。汪淮，终知事。毕贯，终光禄典簿。彭惠，终经历。李聪、易谦、柳荣，俱终知事。文奎，终照磨。李华、吕源，俱终知事。萧敏，终县丞。蒋升，终主簿。陈泰，卒。以上俱自洪武至景泰间。

刘澄，终吏目。徐秉，终经历。周鉴，终主簿。陈政，卒。邓政，授县丞。刘忠，卒。彭俊，终主簿。黄颢(或“灏”)，终主簿。唐清，终检校。吴锦，终吏目。何芳，卒。陈玄武(讹作“玉”)①，终主簿。以上俱天顺间。

张绣，卒。孙诚，终知县。吴珂，授推官。刘江，授主簿。毕睿、赵昶，俱授县丞。沈清、田纲、严济、宋寰、高琏、王焕(或“涣”)、石涧、李纯，授训导。沙冕、张纲，授训导。陈琏、程淮，以上俱成化间。

人物志　附隐逸

周　白善，春秋时，楚白公胜之族，为楚将，家澧阳。白公欲乱国，召之。善曰：从子而乱其国则不义于君，背子而发其私则不仁于族。遂弃其禄，筑圃灌园以终其身。楚人因名其圃曰“白善将军药圃”。其地在今城东药园寺。

申鸣，春秋楚人，家澧阳。以孝闻，王欲相之，辞不受。父曰：使汝有禄于国，吾无忧矣。鸣遂入相。居三年，白公胜为乱，将往死之。父止之不可，白公劫其父。鸣曰：始吾父之孝子也，

---

①《澧州志》作“陈玄武”，隆庆《府志》作“陈玄伍”，本志“陈玄玉”应误。可能因手稿草书“武”与“玉”形近致误。

今吾君之忠臣也，何以得全身？援桴鼓之，遂杀白公，其父亦死。王欲赏之，鸣曰：食禄避难非忠臣也，定国杀父非孝子也，名不可两立。遂自杀。

晋　车胤，南平人，父育为本郡功曹，胤少时笃学不倦，家贫不常得油，夏月囊萤照书。及长甚有乡誉，桓温在荆州引为主簿。太元中，领国子博士，迁吏部尚书。王国宝谄会稽王道子，讽八坐奏以道子为丞相，加殊礼。胤言不可，忤道子意，乃称疾不出。

唐　李群玉，澧阳人，能诗。大中间，裴休入相，荐之云："群玉放怀丘壑，吟咏性情，吐（讹作"叱"）妍词于丽则，动清律于风骚，冥鸿不归羽翰自逸，雾豹远迹文采愈奇。"诏授弘文馆校书郎①，有诗集行世。

宋　苏庠，澧州人②。以诗鸣，苏轼一见，比之唐李白，自是清名藉甚。时当国者诱以美官，庠笑而谢之。绍兴初，徐俯在枢院，力荐于朝，不起。后徙居丹阳，秦桧欲召见，庠曰：吾老矣，不忍贩卖云壑。卒年八十余。号后湖居士，有文集行世。

国朝　张庭兰，由进士授审刑司评议，升大理少卿，进左都御史。

戴本，洪武间，任兵科给事中，后升广西右参议，致仕。

易英，历官礼部左侍郎，致仕。所作诗文古雅可法，有集曰

---

①这段文字《全唐文》录为郑处约《李群玉守弘文馆校书郎敕》。《唐才子传》谓为裴休所荐，敕授弘文馆校书郎。

②南宋刘子澄所撰《澧州群贤堂记》中将澧州群贤分为两类：一类为"澧产"，一类为"寓澧"。其中"澧产"者五人，为楚申鸣，晋车胤、周该、周级，唐李群玉；"寓澧"者三人，为楚屈原，宋范仲淹、苏庠。（《永乐大典》卷七二三七第5页）刘子澄与苏庠同为南宋时人。刘子澄于南宋嘉定五年（1212）任澧阳县尉，为是文时距苏庠离世也才六十多年时间。澧州群贤为澧人所祀，对于苏庠的籍贯，纵然刘子澄不甚了然，澧州官府和当地老百姓不会不知。显然，苏庠只是在澧州住过，而并非生长于澧州。据宋咸淳《重修毗陵志》和元至顺《镇江志》，苏庠原籍福建泉州，后徙居润州丹阳（今江苏镇江丹徒）。

《袖稿》，为时所重。

樊经，由进士授刑部主事，改台州府通判，绰有治声，屡旌异，卒于台。

贞烈志

元 贾氏，读书通大义，年二十而嫁，九载而寡。一子尚幼，家贫，贾设教女馆读书自给，闺门肃然，没齿无玷。事闻，旌表。

国朝 程氏，王谷树妻，夫病笃，刲股和粥以啖之。夫卒不起，遗嘱曰："子幼家贫，汝其再适，冀子母两全。"程氏剪发，号泣吁天，誓无他志，终身足不至阈。洪武中旌表。

宫室志

谯门，在州治。宋熙宁州守罗荐可创建。有胡寅明仲记，详"纪述志"。

镇澧楼，在州东，成化间知州鲍恺建。

祠庙志

城隍庙、旗纛庙，俱详"坛壝志"。

彭思王庙，在州西十里，旧名昭应庙。所祀即唐高祖子元则也。宋加封昭应普济王（讹作"正"）。国朝仍旧封、谥，祀以冬至日。

纪信庙，即将军山上之庙。

李仙人庙，在石墨山。相传仙人名仁，宋末居是山尸解。遇旱有祷即应，故祀之。

五通庙，在州西。洪武五年（1372），通判鲁旻建。正统七年

(1442)，知州蒋肇重修。

关王庙，在州东一里。成化初，镇国将军重修。

晏公庙，在仙眠洲。

东岳庙，在州北五里，旧废。天顺初，镇国将军重建。

文昌祠，在儒学左。成化间，华阳王重建。

陵墓志

晋 车胤墓，在车渚书院傍。

国朝 华阳悼隐王墓，在关山。

悼隐王母张夫人墓①，在州东道溪河。

华阳康简王墓，在州东二十里石家冲。

镇国将军墓，在州东三十里窑坡渡（讹作“头”）。

华阳王二镇国将军墓，在州东南二十五里狮子岩。

华阳王墓，在大浮山。

①据《明英宗实录》卷二八：正统二年（1437）三月“壬寅（十二日），遣官持节，册封华阳悼隐王庶长子友堚为华阳王，庶次子友壁为镇国将军”。又《明宪宗实录》卷一二二：“成化九年（1473）十一月戊子（初一），华阳王友堚薨。王，悼隐王之长子也，母妃张氏。”友堚和友壁都是张氏所生，又据《大明华阳悼隐王圹志》：“王讳悦耀，蜀献王之第二子，庶出也，母金氏。……妃徐氏，潞州卫指挥使徐亨之女。”由此，张夫人为悼隐王之夫人，并非其母，其母为金氏。悼隐王正妃为徐氏。本志谓“悼隐王母张夫人”误，乃为“康简王（朱友堚）母”。

古迹志

申鸣城，在州南六十里，楚大夫申鸣所筑①。

宋玉城，在州南六十里长乐乡，有宋玉庙，又有铜昏堰，以铜冶为之。亩收三十锺。

马援城，在州东五十里，汉伏波将军马援征南时所筑。

松州城，在州东大和南村，隋置，后改为澧州。

竹城，宋建炎、绍兴之扰，州尝寄治仙眠洲之东岸，以竹为城。至今犹以为名。

新城，在州东三十里，晋车胤所寓。唐大历间，李泌为州刺史修筑。戎昱有颂。元立新城镇，至正间，徙澧州路于此。大德间，杨国祯就其地建学置书院。

八桂堂，在州西，宋时此地二桂尝生八干，故作此堂。见胡寅记。

望夫台，在嘉山。相传范郎应役未归，其妻筑台以望。

澧阳楼，在州东。宋楼钥为记。

读书台，在州西北二十八里。有土台，旧传李群玉读书之地。五代周朴诗："群玉才（或"诗"）名冠李唐，投诗换得校书郎。吟

①本志、隆庆《府志》、《澧州志》及《澧纪》均作"申鸣城，州南六十里"，与宋玉城方位及距离相同。然而申鸣城在今临澧县合口镇北，应位于当时州城以西，不知为何会出现如此一致的错误。《澧州志》中有李如圭撰《忠孝祠记》，所祀即申鸣，谓"忠孝祠，在澧城西三十里许，澧水之滨，名停贤渡。为春秋时楚相申公而立也。……葬于地名合口江边，后人即墓所立'申鸣观'以祀之"。清于州西南部析置安福县（今临澧县），合口镇属焉。乾隆《直隶澧州志林》和同治《直隶澧州志》中申鸣城系于安福县，谓"在县治北"，未标里程和所在，但大方向没错。同治《安福县志》卷七："申鸣城，在县治北六十里。"始彻底纠正谬误。

魂醉魄知何处？空有幽兰隔岸香。”①

聚萤台，在车渚市。

景致志

澧阳八景

兰江绣水，详“山川志”。

彭巅翠峰，即彭山也，峰巅苍松翠桧，郁然可观。

关山烟树，关山见前。苍藤古木丛生，其山宿雨初收，烟岚缥缈，藻翳莫见。

月池晴波，即明月池也。每天气晴明，波光如跃金然。

洲上仙眠，详“山川志”。

溪东书院、车渚夜读，并详“学校志”。

龙潭晓钟，即龙潭寺也，每晨寺僧扣钟有声。

寺观志

寺　永兴寺，在州西，宋建。僧二名，僧行四名。

报恩寺，在州西一里，梁建。僧三名，僧行二名。

龙潭寺，在州北一里，唐建。僧二名，僧行三名。

①《全唐诗》卷六七三第7766页，题《吊李群玉》。此周朴无疑为唐以后人，有“群玉才名冠李唐”一句可证。卷十“山川志”、“人物志”又有“晋周朴”。《全唐诗》传谓：“周朴，字太朴，吴兴人。避地福州，寄食乌石山僧寺。黄巢寇闽，欲降之，朴不从，遂见害。诗一卷。”《续修永定县志·辨讹》载皇甫如森《周朴辨》谓：“晚唐周朴，慈人也。隐居天门山，著有《灵泉集》。朴盖生于晚唐终于石晋者也。”因而所谓“晋”乃五代石氏后晋（936—946）。但谓“慈人”可能有误，《全唐诗续拾》卷三二有辨。然而本志“人物志”中周朴与周该同系于“晋”下，而周该为东晋时人则是毫无疑义的，《晋书》有传，因而本志实误。不特本志，《澧州志》、万历《慈利县志》等志“人物”也都将周朴误系为晋人。

药园寺，在州东，即白将军筑药园处。僧二名，僧行一名。

众中寺，在州东南一百里。唐建，永乐间重修。僧三名，僧行二名。

观　玄妙观，在州南。唐名天庆，元改今名。道士二名，道童三名。

紫极观，在州西四十步，唐建。道士三名，道童一名。

紫微观，在州东。道士二名，道童一名。

谷神观，在州南。道士三名，道童一名。

（制命志，详府）

纪述志

［澧州］学记

元　学士姚燧撰（《全元文》第9册第425页，题《澧州庙学记》）

至元十有四年（1277），肇置诸道提刑按察司，而澧在山南湖北道所纠郡。二十年（1283），燧副使是道，明年（1284），按部至焉。拜瞻庙庭，未尝不病其为制之隘陋也。殿南阁曰“六经”，因与（或“语”）校官张公授（或“绶”）曰：“《易》、《诗》、《书》、《春秋》，其系定删作，实出夫子之手。《周官》虽云周公之书，《冬官》篇亡，当以《考工记》与《小戴记》。《礼》载（或无“载”）者皆汉儒附意（或无“附意”），岂可以（或“与”）是四经班而为六？且今四海礼殿，皆名‘大成’。”为改书曰“金声玉振”之阁。后廷（或“时”）议不欲诸道纠郡者，错壤江之北、南，改为肃政廉访司（或无“司”），澧遂割入江南湖北。元贞乙未（元年，1295），居民不戒于火，庙为延燎（或“烧”）。总管是道者，故奥屯希鲁（或“鄂屯实鲁”）将复之，俾计吏撮（或“最”）其学租，直才五千余缗，曰：“是所谓时诎而举赢者也。”乃下命（或“令”）郡士在籍多田者，劝之佐为，凡又得［万］缗。委材集工，责校官李寓、学正张子仁身敦其役。而纠郡诸公，如副使贾仁，佥事蒋某、姚某、李庭咏、郭贯，凡至者必促其成功，五年而落之。其抚措（或“橅构”，当是）则稽《梓人》之书，为四柱屋，古者王居之制也。惟太行一山似之，故曰“王屋”。重门周序，讲肄之堂，合食之舍，庖廪之室，燕游之亭，秩秩冯冯，靡一或遗，凡百有三楹。周以缭垣百三十余丈，虽未尝身见，然闻之谈者，举以为可甲湖之南北（或“北南”）诸州。岂天［者］厌昔隘陋，火之使改为邪（或“耶”）？亦偶然也。又范金为祭器二百七十有二，竹木髹漆之具三百有四。呜呼！备乎哉！然［尝］思夫子之道［之］在两间，［无间］治乱古今，如饥食［而］渴饮。夫妇之愚，莫不由之，不可一日而离焉。故不以庙之存毁而加污隆，国家必聚耆英俊髦教育乎是，盖须其成德达材，举而庸之，以立化民成俗之本也。则学庙（或“庙学”）岂不甚有所关哉！地以求之，衡之为［州］，南澧千有余里，南岳在焉，舜五载一巡狩所也。及诛四凶，放驩兜于崇山，实今［澧］之属县慈利，则放流之人，顾居巡狩之境［之］内。战国时，楚都南郢，在汉则南郡江陵。澧去西南，鸟径不二百里。屈原之逐，常行吟者，故其歌（或“《九歌》”）曰“澧浦”、“澧兰”。则放流之所，近薄修门，是皆不可晓［知］者。澧于其时为黔中，秦欲以武关之外易之，楚方怒张仪，谓曰：“愿得张仪为（或“而”）献黔中。”夫以甘心一人宁弃地而不恤，固以要荒鄙之也。而今也科派（或“料次”）户口之繁庶，贡赋之征人，澧则亚于长沙，而近湖广省治，岳、鄂诸州不能尚（或“半”）之，岂天时风土有古今之变，而人事亦随以迁而异邪（或“耶”）？士四民一也，民庶而士必众，洙泗夫子之居也，士为洙泗之言者也。澧去洙泗西南将三千里，非密迩也。赖朝廷（或“皇上”）仁，不忘远守土之臣，视要荒与洙泗均（或“钧”）然。洙泗也，燧尝至其地焉，户不能当澧四之一，户损则士不多，亦理势然。不知自今，澧民沐士之化，要荒而洙泗乎？士不能拔民之溺，洙泗而要荒乎？要荒而洙泗，正国家所赖以化民成俗者。洙泗而要荒，其身之不能成于（或无“成于”）成德达才，何有乎推之义（或“人”）？士是当（或无“当”）思之（或“之思”），［则］居县官所筑之室，食县官所树之粟，必知俯（或“黾”）勉其躬，图报称矣。

庭咏俾子仁求记所由兴作于翰林学士、朝请大夫、知制诰、同修国史姚燧。［大德己亥（三年，1299）冬十有一月日短至，］书于鄂之南阳书院楚梓堂。

国朝　佥事成始终撰（嘉靖《澧州志·学校纪》，题《文庙记》）

贤才为为政之本，而学校为育贤之基。［夫］学校兴，则教化可以行，教化行，则斯民务德，风俗可厚，人材可兴，治效可得矣。是以三代建国君民，教学为先。澧之学自元贞以来，一二百年间，荐罹兵燹，屡废屡新。甲申年（至正四年，1344），徙于郡之新城。国朝复于旧址，即今学也，岁久而敝。正统戊午（三年，1438），蒋公孟初来守是邦。公，淮之盐城人，以儒术起家，练达有为，政治民安。每朔望，谒庙顾瞻，嗟咨曰：庙不饬，何以妥明灵，致诚敬？学不饬，何以兴教化，成贤才？为政之本，宁有重于此乎！欲撤而新之，乃与学正姑苏朱廷贵谋议以克合。遂鸠工市材，作大成殿若干楹、东西两庑、明伦堂、左右两斋、庖廪、门垣，修葺咸备。先圣贤哲，雕绘一新。经始于景泰庚午（元年，1450）十二月，肇斯举者惟孟初、廷贵二人之勤。后来相斯举者，州同知刘诚、冯时，判官杨景，吏目黎宝，训导周琳，[①] 亦勤协赞，用克讫事。释菜且有日，余适按临，廷贵以余有乡曲之好，而来请记。噫！今之为郡者，比弊案牍期会以为贤，而不知养民为何事。为师者，趋走守令之庭以为能，而不知学校之为重。孟

①学正朱廷贵、训导周琳本卷“宦迹志”阙载。

初、廷贵之举，可谓急所先务，得为政之本。知所为教，崇圣人之道矣。盖圣人之道，天之道也。伏羲、神农、黄帝阐是道之原，尧、舜、禹、汤、文、武、周公行是道于上，孔子明是道于下，颜、曾、思、孟传是道于后。苟有异于孔子者，非吾之所谓道也。诸生进而拜瞻，严恭寅畏，以尽夫祀事之诚。退而讲习《诗》、《书》、《礼》、《乐》，以明夫修、齐、治、平之本。思效前贤往哲，而光乎邦邑，厚乎风俗。为臣尽忠，为子尽孝。使人有所法，庶不负朝廷作养之意！若其操词弄翰，激昂青云，以媒（通“谋”）利禄而已，李观云：“不惟诸生之羞，抑亦为国者之忧。”①

车渚书院记

元　教授李寓记②（《全元文》第36册第255页）

故晋吏部尚书车公胤，澧产也。囊萤照书，用博雅位通显。晋渡江诸贤，得与清流之日（或“目”），考《图志》，可见其美姓犹有存者。故渚以车得名，又曰“萤渚”，云者贵之也。异时澧移治此地，阡陌、署舍略具。亡（通“无”）何，复旧所。庙学在车渚者固无恙，犹自别曰“新洲文庙”。有年数矣，芜废弗治。大德丁酉（元年，1297），肃政恒庄李公廉治鼎、澧，因省亲过之，乃谋于长官杨君曰：“吾亲倦宦，辄敞梅轩，复脱驾渚之（或无“之”）上。君亦此土之长人者，畴非《甘棠》，而不一亦（或无“亦”）封殖之，况庙学邪（或“耶”）?”杨君即奉命，梅轩公率士人咸相其

①李观，宋元丰间假守岳州。参见本志卷八“纪述志”中《孝烈灵妃孝感侯庙记》注释。

②《全元文》录自《图经》，所据版本为《日本藏中国罕见地方志丛刊》，许多地方模糊不清，因而有的地方有缺字，有的地方有误识。本篇则主要以本志为准，对《全元文》中明显的谬误径予改正，如“车胤”误作“车彻”，但两宜之异文则以括号标出，如“邪”与“耶”。并参校广陵古籍刻印社版本《图经》（又名《湖广通志》）和《澧州志》。“教授李寓”本卷“宦迹志”作“校官李寓”。

役，然能（或无“能”）仑（或“轮”）奂仅美。越明（或“四”）年①，李公为御史，一再至，则殿堂、门庑，甓甃邃坚，绘素炳明，弁冕俨穆，虽支郡下州，曾莫敢雁行齿列。自庚子（大德四年，1300）冬，迄明年（大德五年，1301）夏五月即工。耆老为御史言：相是役者，盖无几人。绩因新美，则皆梅轩公之劝饮，杨君孤立一意之所就也。郡别驾焦公鹏翼、推官薛公友谅，议以澧既徙旧治，更立学在新洲，渚仍以郡称，于义无不（或无“无不”）当用安乡范文正公读书堂故事，［扁］以“车渚书院”。而奉武子祠于讲堂之西，匾（讹作“偏”）“崇德象贤”。一时媚学好修之士，得以感慨而兴起，此易（或“院”）名之所以始也。御史公嘉曰：“吾有以寿吾亲矣！”乃举酒以庆，并落杨公之成而谢之曰：“为圣贤植名教，为宇宙培人才，子之功甚茂。而子非食其职者，所为乃磊落［强］人意，事可缓而勇于为，与当为而怠焉者亦少愧矣。”于是郡文学李寓，记御史所以谢杨公及耆老所告作兴之由，以俟方来。庶几怠者进于勇，而当为者不敢缓，其不朽庸可冀也。杨君，青社人，名国祯。梅轩李（或无“李”）公，晋山人，名惠，其长子则御史恒庄公庭咏也。［大德五年辛丑（1301）立石。］

道溪书院记

元　修撰谢端撰（《全元文》第33册第8页）

凡井里有数百家之聚，必有巡徼有（或无“有”）征税之官，亦民所资以为教（“教”或作“商贾”）者也。而教之者，合五十家以上则谓之社，社而有师。至若［一］邑之师，则谓之谕。邑乃有夫子庙，群其俊秀，而谕为之解惑、授业。社之师，长所自择，其

①这里“明年”应为“四年”之误，因李庭咏第一次省亲是在大德元年（1297），而车渚书院落成是在大德五年（1301）五月，李庭咏“一再至”时书院已竣工，正是四年之后。

（或“具”）文而已。谕或不能皆贤，学者又在百里之外，考德问业，不近即于社，则远征于谕，将何以兴之哉？于是士即其聚［者］自为学。［学］必有夫子庙，春秋以祭祀，朝夕以讲肄，而曰“书院”。澧阳为壮县，其有（或无“有”）征徽之官所治者四，而二皆有书院，道溪一也，名隶于官与设官以教者无（或无“无”）不在焉。浮山距县七十里，澧之诸山自崇义、石门而来，磅礴数百里，至是若奔马就系于圹埌之野，帖然以服（或“伏”）。浮山屹然拔出众山中，溪贯其阴（或无“其阴”）其源，几百里东入于澧。父老相传：昔浮丘伯得道，居山中，而浴丹是溪。山之字“浮”，而名溪曰“道”，由是故也。民之居在山之阴，几千余家。澧之士刘君世英以为：他徽官所治，皆有书院，吾浮山可愧矣乎。于是同志之士相与相其成。田君公孙，愿以其闲田为之（或无“之”）基。刘君独以其力为礼殿、为门、为庑、为讲堂，凡二十七间。贾德昭、黄岩、蒲天麟、刘世坚皆与有劳焉。始于至治之秋，至泰定甲子（元年，1324）岁二月仲丁庙成[①]，乃释菜。昔余备员国子博士，郡邑有以立书院文移之国子，乃上之集贤，以至仪曹。或资之以入仕，或利之以复役，以故或从或否。独是书院之设，悉无所觊，则亦庶乎知远于宠利矣。刘君之子南美尝从予同年丘公堂游，来京师乞文，立石以纪其实。呜呼！是溪始之得名，则遂以学幻言庞者概谓之道。今书院既成，士之讲习于是者将有所得于孔氏之学，而于是道也，一（或“亦”）庶乎知所向方也哉。

义仓记

华阳王府镇国将军廓然子撰（《图经》卷七）

①《全元文》录同治《安福县志》同文中作：“始于至治辛酉（元年，1321）之秋，至于癸亥（三年，1323）春，庙成。”

桐庐俞公荩判澧之明年，乃成化九（讹作“元”）年（1473）也①。公性明慧，为御史以胆气闻。适巡按侍郎（或“御”）淳安王公宾以荆南经界未正，委公理焉。境与九溪、永定、添平、麻寮之卫所土军、苗僚犬牙间处，故讼牒之繁，饰词之诈，豪右或并于军屯，悍卒或据于民业。历永乐中来，五六十载，巧侵善夺，缠绵弗解。公爰询父老向背之情，力辨凶良曲直之状，由昕抵晡，曾无厌怠。仅数旬间，狱成四百余，识能破其奸，言能服其暴，人所不敢欺，亦不能欺之。多以互争为闲田，或愿入官者，公悉听之，得田二十余顷。公曰：“可以惠民矣。”爰稽往古义仓之制，绘图成册，请于巡抚、都宪繁昌吴公琛、永新刘公敷，巡按御史华亭张公诰，分巡佥宪龙溪陈公宏，岳守眉阳吴公节，咸加叹赏，亟令置仓，岁以租贮。陈公复以久讼不决之田一二顷亩断入之，同义举也。遂傍州东水陆之交，买地一区，周围几百丈，伐木采石，前竖坊牌、门屋五间，中构会计堂三间，后连左右，作仓二十余间。东奠神祠，西宿守舍，他如阶级、沟道，遍甃以石，其规模也布列整饬，绰然可观。今秋输租者骈肩累迹，储以千计。出之靡病于久，入之转盛于初，信经国之远图也。太学生澧人张绣等，欲文碣以载。窃惟管仲相齐，通轻重之权，相因化举，驯致霸业；李悝佐魏，准三丰三俭之制，国赖富强。汉宣晋武，常平祖焉，姑措勿论。试以隋唐义、社二仓言之，类皆验亩之征，外税之敛也。若彼赵宋之宽醇，乾德之隆，首行是议。斗粟仍科于正石之十一，尚谓无损于农。中季之衰，结寄俵均，博兑括籴，曷足言已。今公之义田乃侠之弃田也，不烦劝募，不苛校量，岁获周饥，贫安可业。救农商之偏弊，窒诉讼之端源，可

①本卷“仓库志”：“义仓，在兰江水马驿后，成化十年（1474），判官俞荩理军民互争田，因其彼此占据不平，愿入官者得二十余顷，岁入租千计，建此仓储之，以备赈济。华阳王镇国将军廓然子有记。”《图经》中《义仓记》作“九年”，有一年之差，尚属可理解之误差，而“元年”显为“九年”之误。

谓治郡之仪刑也。夫以有是心，有是才，有是政，较尔著乎朝野，无假于文明矣。然则事功者难成而易坏，难成者已成之贤乎，今易坏者莫坏焉。贤乎后兹又得贤守四明鲍公恺毅然以保终为己任，胜事之兴，良足征矣。予惭失学言奚足为世之轻重，猥以乐善君子之同道，故忘僭陋，妄从实记之，以庶谂乎来者。

道源桥记

元　学士揭曼硕撰（《全元文》卷九二六第454页，作者作揭傒斯，“曼硕”为其字。《全元文》录自隆庆《岳州府志》，有节文，参校《图经》卷七第46页）

澧州西南七十五里有镇曰畲市，市之南有津曰道溪，溪之南有峰曰浮山。按郡乘：仙（或“昔”）浮丘子得道是山，浴丹是溪，故山以浮名，溪以道名也。溪之源发于石门、慈利二县东、西泉，曲折漫衍，而东（或“经”）流百里，与诸山洞、岩谷之水合于道溪，又东入于澧。溪为常、澧二州（或无“二州”）往来之津。春夏淫雨，则溪水洚洞无涯，过者病涉。旧以桴渡，又曰畲渡，盖市以畲姓而渡亦因焉。宋宝庆乙酉（元年，1225），僧广海垒石为址，斫木为梁，以利涉者。实出一时草创，而后隳且坏。咸淳戊辰（四年，1268），里人屯田总（或“统”）辖李元佐、进义副尉梅兴祖复（或无“复”）输力于众，垒三趾（或“址”），上为石杠，南不及堤。积水续（或无“续”）之岁久，三趾（或“址”）啮于湍而残缺，大水至且漂桥木。巡徼官责居户游水取木，夜则举爝火，噭呼达旦。水杀复布木以济人。一或失木，则号召居户，责其立成，民甚苦之。刘君慨然曰：“吾居此数世，见溪水病斯桥，而桥（或无“桥”）又病斯民，卒无瘳岁。苟一日二日无桥，则往来者咨嗟，两岸有千百人弗济焉。鬻薪者不至乎市，有数十家弗食焉。里居者受责于官，有百余家弗宁焉。其病若是，吾倾吾赀，以图永久，庶病有瘳焉。”乃发帑，命工取石于浮山，葺旧增新，而为八趾（或“址”）。甃两堤，酾水为九道，趾（或“址”）崇二丈六尺，广二丈七尺，中为行，半于广，皆石其面，延袤二十五丈有奇。上为屋二十六楹，中建阁四楹，以奉镇水之神。阁之下为左、右轩，右署曰“江山有待”，左署曰“风月无边”。南北为门，以司阖辟。建浮图二，范金犀三，硺石犀四，以压水怪，居道人以备洒扫。听民以贾其上，晨合暮散，各得其所。是役也，为石计一万二千丈，木计五千，瓦计十（或无“十”）万，工计倍石之数，钱计一十万二千缗。始于至顺辛未（二年，1331）十一月，成于至元丙子（二年，1336）八月。题其桥曰“道源”，以示不忘是溪之名，与夫子在川上之意也。凡六年之间，君冒寒暑、忘饥渴，而身亲临之。心筹目视，口吟手画，而不知罢（或“疲”）。至一旦之（或“告”）成，俾二（或“合”）州之人与四方宾旅过者，顾望徘徊，笑（或“啸”）歌徜徉而不忍去。倦者有以休，担者有以弛，钓者有以冯（通“凭”），出游者有以观眺。若浮沉鱼鸟之乐，远近山川之胜，风樯水楫之上下，烟林云壑之变态，可一目而尽得。以荡人情性，释人愁思，聚精纳粹，神恬气清。而不自知其然者，然后知桥之功，其大者以济于人，其小者以快于人。如此，呜呼！岂易哉？百［有］余年以来，桥凡三建，而乃克成，其克成者，在君独任之力耳。使君非独任，则筑室道傍，吾知其不成矣。虽成之，其苟且如［前］人不能久远也，必矣。而今而后，可以绵久远垂无穷者。者（“者”应为衍文）君以家视桥，则百倍其固，以遗子孙，以遗其民人。此君独任之力、之心，为难能也。君慷慨好义，又敦尚儒道，尝建（讹作“见”）道溪书院，今翰林直学士谢君记之矣。郡人欧阳所立，又请余记其桥。余职在太史，且不辞而成其命。君名世英，字茂卿，尝仕柿溪州蒙古（或“家”）学正。子南美，西门巡检，世一（或无“一”）为澧人云。

建澧州郡治记

国朝　教授张礼撰（《图经》卷七，题《建州治记》，有节文）

大明正统纪元（1436），圣天子嗣大历服之初年也，思民休戚，系乎守令。守令贤则政教兴而礼仪立，斯民得以遂其所。故敕三品以上近臣，举其才行兼备、律身廉谨者任用之。时蒋侯获与斯选，正统戊午（三年，1438）冬，奉命来知州事。莅政之初，察民隐，祛弊政，澧民咸知有所赖矣。及观廨宇倾侧，基址狭隘，慨然曰："昔我太祖高皇帝御制有云：'公廨朝廷所设，禄君子，贵贤人，分理庶务。'堂宇实民人瞻仰之所，予虽菲才，若斯州治其如气运何？矧兹密迩边方，军民杂处，狱讼纷扰，固非瞻仰之所。"以故侯力欲更新建造，而费巨役大，乃以其实闻之于上，特允其谋。于是鸠材聚石，谋度经营，征良工揆日作事。复于澧阳旧址增基地，创立厅宇、后堂，左右翼以架库、幕司，东西列其六曹吏舍。前构外门，中建仪门凡若干楹，以次而成。兴自己未（成化四年，1439）冬十二月，成于庚申（成化五年，1440）夏四月。所谓昔之堂宇倾侧者，今皆宏深高敞，不逾不侈；基之狭隘者，今皆垣牖周绕，且坚且固。不惟以耸列邑之观瞻，实且以表专城之冠盖，高下得宜，经营合式。睹兹盛事，非有才有为者莫能也。郡庠学正王应偕本州守御正千户任谦并所属耆老等咸谓：古人有善则书，有功必纪，《礼》所谓"程算其功，积累其事"，不轻差荐也①。昔旧治弗堪，一旦撤而新之，苟不书以纪其事，则后之名氏、岁月将何以考？俾予记以张大其事。予惟州治政化之所自出，稽之郡《志》，历代迁改兴废，吏之贤否得失已不复详考而备述。圣朝开创至今七十余年，官于斯者不知其几何人矣。以蒋侯今日之事观之，非特衙门雄伟之可瞻，学校坛场之俱新，驿传铺舍之重整，与夫仓廒街道靡不一新。自常情而论，非殚民财力则何以

①语出《礼记正义》卷五十九《儒行》："程功积事，推贤而进达之。"正义云："言儒者欲举人之时，必程效其功，积累其事，知其事堪可，乃推而进达之，不妄举人也。"

成今也？帑不知废，民不知劳，是皆措置有方，设施有法。不劳其所劳，而劳其所佚（通“逸”），惜爱存仁，禁革毋犯，将见富庶之政为可卜矣。学正曰“然”。予不辞庸故（通“固”），敢谨识诸石。

蒋侯名肇，字孟初，淮安盐城人。由胄监历定兴、咸阳令，今拜守是郡。文章政事，闻于遐迩。协赞成功：同知横州聂理，判官进贤胡秉文，吏目苍梧何清，皆集劳可书。

［澧州］谯门记

宋　胡寅明仲撰（《全宋文》第190册第75页，题《澧州谯门记》）

经世安民之道，除其忧而后同其乐，记（或“既”）其实而后修其文。盖心志不怡，则锵洋窈眇，莫娱于听闻，气血惫瘁，则甘毳芳珍，莫适于口体。饥寒毒痛交切并至，而有彼乐之思，则封疆之界不足以域，山溪之险不足以固。而况于墉乎，况于闬闳而扃关乎？仁人君子推己及物，必有本末先后之序［矣］。古之为城也，非曰必可恃也，其为门也，非曰必可键（或“楗”）也，盖亦立制度焉耳。苟得民心，虽画地而守，植表而限，效死者莫肯去，冒死者不（或“莫”）能入。不然，崇城到天，严扉重闭，金锁而铜镮，铁扇而石枢，无以固结民心。至于内携而外叛，曾不若折柳之樊吾圃也。故曰国之有城，城之有门，盖亦立制度焉耳。澧阳旧苦众溪羡溢，岁筑堤防，然后郊与市咸得奠厥居。岁在己酉（建炎三年，1129）①，北盗南骛，有守者决堤召水以自保，贼既引去，城亦随陷。他日立郡于荆榛瓦砾中，遗黎百一喘焉，苟活，蓬户且未安，而何暇议堤之复？大水时至，沈（通“沉”）灶产蛙，稚耋病

①胡寅（1098—1156），在胡寅的有生之年中只经历一个己酉年，即南宋初的建炎三年（1129），“一纪”当指十二年，那么“逾一纪”即超过十二年，建炎三年以后十二年便是绍兴十一年（1141）。罗荐可是在这之后任的澧州知州。据隆庆《府志·宦迹传》：罗荐可“绍兴二十一年（1151），改瑞州”。

之，逾一纪矣。太守罗侯下车访民疾苦，莫先斯事。即帅百姓修坏补缺，乡（通“向”）者呻吟，今者讴歌。予尝过其境，呼田夫逆旅而问焉，往往他邦负耒耜，愿受一廛而至者也。侯之得此，盖有道矣。乃作谯门，徇民之欲，阈内外，谨阖开，置壶箭以授时，栖鼓角（或“角鼓”）以警军。匠则庸工，役则鸠兵，材则斩浮屠氏之山泛沿以来，未几告成，而民不与焉。侯尝为高邮曹掾，不拜僭臣伪赦，节义上闻，即被褒擢。及守是邦，惠养凋瘵，去其害，惜其力，不惑异端，斫其间（或“闲”）材，归夷物于公家，举坠典于蕃宣。盖忠君者必爱其民，根诸良心，必形诸仁术也。《春秋》一门之废兴，谨书于策，谓夫不当为而为之。今侯作门，而予乃记焉，则见其识本末，［知］先后，遵制［奉］度，非时绌而举嬴，异乎屈宜臼之讥者，是可传已。侯名荐可，字养蒙，南剑州沙县人云。

李彭思王庙记

宋　任续撰（《全宋文》第209册第380页。《全宋文》录自隆庆《府志》，有节文，参校《图经》第20册第41页）

崇山连天，外界越隽，冈阜靡（或“逶”）迤，如舞如驰。遏千里之势于洞庭之野，屹瞰郡治。兹为彭山，盖澧邦所瞻也。庙冠其巅，神曰“彭山（或‘王’）”，世传为唐神尧子。以史考之，王名元则，字彝［真］。贞观中都督遂州，尝以冠服奢僭免。久之，为澧州刺史，更执节厉行。永徽三年（652）薨，陪葬献陵，谥曰“思王”。续尝闻名山大川，主之有神，皆命为（或“于”）帝。若方伯、诸侯，血食其地，握雨旸丰歉之柄，以示祸福，在理非诬。澧在湖西，古为望郡，此山之胜，雄压远迩，气象蔼然，固神灵所舍。惟神昔以分茅，抚临藩国，洽浃惠爱。虽前史疏略，用失其详，而斯民怀慕，世祠俨存。谨按谥法：“追悔前过曰思，道德纯一曰思。”太常订之，必有太过人者。况英灵烜赫，祷应如响，千古庇赖，奉祀匪懈。褒典荐至异代，为公侈“广泽显烈”之号，神之威显体用，可谓有光山川，而克胜帝之所命也。续薄宦于此，祗款庙貌，惜纪述之阙，然惧世祀之益远，因本而书之。且作诗遗人，使歌以祀焉。其词曰：

背仙眠兮芳洲，荡两桨兮碧流。陟崔嵬兮拜神宫，跨汗漫兮俯文虹。浩唱兮击鼓，纷阳（或“丝杨”）阿兮屡舞。降神焚兮百和，奠瑶觞兮绿醑。九关辟兮杳云旗，回风下兮帝子来。周览兮故国，我与民兮相思。灵容兮有穆，笑灿然兮扇（或“扁”）祥风。雨旸时兮岁事丰，厉鬼囚（或“回”）兮毕方还（或“逐”）。包洞庭兮三（或“二”）江，扞崇山兮为防（或无“为防”）五岳。扬灵兮报祀，与山川兮久长（或“长久”）。

题咏志

澧阳郡诗

宋　楼钥（《全宋诗》第47册第29377页，原题《送张子宓分教澧阳》，此为截句）

忠以申鸣著，学称车公优。外挹兰溪水，下俯仙眠洲。读书继群玉，采药思浮丘。况得子厚语，谓冠汉南州。

附全诗：

澧阳渺何许，远在天尽头。顷为郡楼记，图志不可求。王侯录故实，颇亦费冥搜。忠以申鸣著，学称车公优。外挹兰溪水，下俯仙眠洲。读书继群玉，采药思浮丘。况得子厚语，谓冠汉南州。见谓颇详尽，丰碑照城陬。可怜城与楼，百姓不知修。乃知尚有遗，家传载邺侯。张君将客授，盖尝叙其由。为我谢澧人，聊以遮前羞。君家世为儒，青箱袭箕裘。太玄洎潜虚，探颐深可钩。君才兼数器，博洽谁与俦。南庙推第一，雕鹗快九秋。得官愈嗜学，手抄不能休。馆殿要人物，众宝登琳璆。演纶及视草，如君真胜流。兰芷生颜色，暂烦为远游。君方俟瓜时，相依意绸缪。樽酒接从容，诗篇更唱酬。论文究今昔，析理到孔周。老我澹无伴，掺怯不容留。别乘澹庵子，倾盖当相投。公余文字饮，能思古人不?

澧阳八景诗

俱镇国将军廓然子作（《图经》第19册第78—81页）

兰江绣水

百折朝宗东去忙，吞流合派势洋洋。晓溪送绿鸭头嫩，秋波曳素龙鳞光。练影静时梅月冷，罗纹蹙处兰风香。宾兴嘉兆从兹卜，范老芳名岂易忘。

彭巅翠峰

两山雄（讹作“离”，繁体“離”与“雄”形近）峙郁迢遥，拥翠屏开面面朝。影蘸春江联碧涨，色流晴野映青霄。半衔斜日浮佳气，万古刚（或“江”）风吹不凋。遗庙有灵垂泽远，至今黎庶仰高标。

关山烟树

秀耸东维玉立峨，烟迷苍树锁青螺。满林似拥朝岚起，横涧如笼暮霭多。云冷鹤归松外壑，春阴鸠唤竹边坡。先园奠此今成古，举目令予意若何。

月池晴波

甓落苔荒世已非，寒光何似旧时辉。蛙声空闹书声静，燕客犹来过客稀。玉鉴尚留清夜影，碧波不受俗尘飞。遥想当年文物美，诗章传颂耀珠玑。

洲上仙眠

三醉来时景已阑，青蛇相伴此停鸾。巽风橐钥雌雄火，午夜循环子母丹。清梦不迷蝴蝶化，黄婆善伏虎龙蟠。一自归欤遗旧迹，平沙犹带月团圆（或“团”）。

溪东书院

范相曾游绣水傍，当时书院已荒凉。断碑苍藓无心绿，残径黄花独自芳。席上弦歌犹溢耳，朝中事业总扶扬。金赋在镕为世重，遗风尚想对天章。

车渚夜读

车公机悟昔年闻，美邵风姿志不群。茅屋寂寥空四壁，练囊熠耀对三坟。谢庭樽俎崇勤学，晋室铨衡著茂勋。事往迹存名不泯，人（讹作“入”）思晷继（或“继晷”）及膏焚。

龙潭晓钟

潭古龙归岁月深，鲸音报晓出禅林。性天了了三千界，尘世匆匆万种心。铿鍧能感人思武，浏量偏随气用阴。听罢苾芻犹入定，只缘名利总销沉。

通济桥诗

元　虞伯生（虞集，“伯生”为其字。《全元诗》第 26 册第 250 页，原题《澧州谢家通济桥》）

澧有兰兮沅有芷，相望涓涓隔秋水。蛟龙回夜隐波深，虹霓乘晨驾空起。千年石尉河西东，天下有道津梁通。朝祠东皇苍云中，行人无忘怀谢公。

欧阳玄（《全元诗》第 31 册第 229 页，原题《澧州谢家建通济桥》）

庆云笼日护云根，玉树熏香（或“芗”）接澧沅。太（或“大”）傅功留邵（或“召”）伯棣（或“埭”），相君心兢谢公墩。己夸蝃蝀绵今古，犹羡封胡伟弟昆。珍重卢沟沟上月，时随（或“随时”）车驷傍（或“劳”）于门。

遇仙桥诗

仙人作[①]（《全宋诗》阙录）

暂别蓬莱到澧州，偶逢太守问踪由。家居北斗星杓下，剑挂南山月角头。道我醉时真个醉，知他愁是怎生愁。世间俗事难分别，身跨白云归去休。

杂志

贾氏贞节诗

元　进士易汉懋[②]（《全元诗》第68册第4页）

吕梁东来石龄龄（或“齿齿”），遥遥柏舟河之涘。天公元首谨护持，一片微波吹不起。孤眠瀏鶒何曾怨，不许黄鹂鹦鹉见。象床昼掩春日闲，一缕猩红托鳏燕。我心匪石不可移，我心匪鉴不可讥。蓝田日暖生寒辉，过庭诗礼良弓箕。

祭万人坑毕喜得雨诗

国朝　知府李镜（《图经》第19册第78页）

祭却幽魂雨便来，欢声想（响?）动澧阳雷。却（或“都”）缘造化怜穷困，岂是愚诚感上台。大麦有田从布种，黑荞无处不成财。若教天意常如此，行见逃民接踵回。

①《澧州志》余珊《遇仙桥记》：“澧州有遇仙桥，太守（乔）逊遇吕仙之所也，在州治西南隅。相传宋乾道初年三月二日，有一道士，衲衣环髻，箬笠草履，行乞于市。暮憩于玄妙宫，或卧河洲上，人莫能识。一日，乘醉过此桥，值乔公出，犯前行。乔公怒而执之，将逮以罪。……诘朝引问道士，亦无言，乃援笔赋诗曰（即上诗，略）。书已，遂乘云升空，冉冉而去。乔公怃然，始知其为吕仙也。乔公不知其何许人，亦不详生出本末。……澧在宋改为州，乔当为州守也。……事之有无不可晓，然已传奇三百余年矣。……桥以‘遇仙’名，而以名楼。盖志其旧，以备传奇者之一说云。”

②《澧州志》作易懋汉，本志和《全元诗》均作易汉懋。

训导舒洪

召伯巡行去复来，几多潜蛰启春雷。情怜枯骨沉幽壤，诚格甘霖应上台。惠泽遍敷原野麦，征输宁负国家财。康衢昨听舆人颂，始信天心亦不回。

彭山祷雨歌

宋　太守苏森（《全宋诗》阙录，参校《图经》第19册第71页）

彭山崒嵂踞如虎，上有幽灵开栋宇。萦纡澧水从西来，下作碧潭通水府。岩岩衮服当殿坐，侍卫罗列分两庑。丹青动色旆（或“施”）飞扬，见者辟（讹作“碎”）易谁敢侮。生为帝子没为神，想象雄姿亦英武。料公济物心通天，皇天就遣司旸雨。水旱疾疠无不祷，祷之立应信如取。庙食此邦五百载，有功于民莫枚数。今来高田未出秧，低田有秧未插土。农家告病太守忧，亟致牺牲走神所。金炉香火（或“水”）未曾收，已觉天边云气吐。雷奔电绕辰巳间，可惜滂沱不过午。叩头虽已感天赐，但觉神功未周普。我今重诣山之巅，再焚旃檀通肺腑。愿公无罪再三渎，念昔亦曾为地主。便须饬驭入龙宫，亟取天瓢惠湖楚。

祭万人坑告城隍文

李镜撰

维万人坑，作于何时？桎梏死者，从而弃尸。自前及今，几何人斯？猪餐犬噬，牛马践之。白骨暴露，如石如泥。精爽飞魂，魄扬何依？星月呻吟，风雨号悲。见者掩鼻，闻者惨凄。为民父母，何独忍为？自取罪者，弃亦匪宜。误罹法者，冤必有归。致作旱灾，屡岁于兹。千里之地，无间东西。谷粟不登，民庶散离。一妇含冤，旱且三期。况此坑兮，冤可计欤？某等素餐，罪将焉辞。天下降殃，反及黔黎。某等每念及此，辄自涕洏。涓吉具仪，谨告神知。冀悯民艰，大彰厥威。主盟此祭，聚集魅魑。醉之饱之，以慰其思。更期尔神，斡旋化机。潜消旱魃，雨旸应期。阴诱逃徙，生还所居。得耕得获，足食足衣。尔神有灵，报必无私。尚飨。

湖广岳州府志卷之八

安乡县

沿革志

县在府治西二百七十里。

唐虞至秦，详府。汉为孱陵县地，属武陵郡（见卷七“沿革志”注释），建武间，析孱陵置作唐县。① 晋太康初，割作唐置南平郡。② 北陈（应为南朝陈，“北”为讹字或衍文）又析置安乡县，属义阳郡。隋罢南平郡，改作唐曰孱陵，与安乡俱属澧州。③ 唐省孱陵入安乡。宋、元俱仍唐旧。国朝因元旧，编户一十一里，在县一里，在乡十里。

①《汉书·地理八上》：“孱陵，莽曰孱陆。”属武陵郡。孱陵县武帝前期尚属南郡，属武陵郡应是西汉中期以后了。参见卷七“沿革志”注释。

②《晋书·地理下》：“南平郡，吴置，以为南郡，太康元年（280）改曰南平。统县四，户七千。作唐、孱陵、南安、江安。”

③《隋书·地理下》：“孱陵，旧曰作唐，置南平郡。平陈，郡废，县改名焉。安乡，旧置义阳郡。平陈，郡废。有黄（讹作“皇”，见下）山。”孱陵与安乡均隶于澧州。又“公安，陈置荆州。开皇九年（589）省孱陵、永安二县入。有黄山”。公安隶于南郡。据此，隋是省北孱陵而新置南孱陵，此时孱陵在安乡以南。公安与安乡接壤，因都有“黄山”，公安在山北，安乡在山南，与今天的区划格局相当。而此时的孱陵可能含今安乡南部和南县北部、津市保河堤地区。

邑名志

安乡，以洞庭、兰澧诸水环绕潴蓄而各安其流，故名。孱陵、作唐，俱汉名，南平，晋名。

疆域志

东接华容，至本府华容县界三十五里。西通澧州，至本府澧州界四十五里。南扼武陵，至常德府武陵县界九十里。北控公安，至荆州府公安县界六十里。东西广八十里，南北袤一百五十里。

东北到荆州府石首县一百二十五里，东南到常德府沅江县三百里，西南到常德府三百五十里，西北到本府澧州一百五十里。

（星野志，详府）

形胜志

左挹洞庭，右接兰澧，梁山、药山陈其前，大鲸、西湖拥其侧（宋教授王仁记范仲淹读书台。俱旧《志》）。

风俗志

人性淳厚，士知好学；务本者耕锄，逐末者渔猎（俱旧《志》）。

城池志

城池　无。成化初，守臣因洞庭流贼出没，以其地相近，议委岳州卫千百户一员，带旗军三十名哨守之，岁以为常。

隅厢志

东隅　县东街：宣化坊、安东坊、安流坊。登第坊，为举人孟廉立。云路坊，为举人金悦立。文魁坊，为举人周曾立。攀龙坊，为举人文献立。桥梓坊，为举人刘颐立。

安东门内街、外街：解元坊，为罗镃立。进士坊，为李仕华立。鹏路坊，为举人简讼立。

南隅　县城隍庙前：迎恩坊；登科坊，为举人杜安立。

学前街：泮宫坊、文林坊、造贤坊、育贤坊；登云坊，为举人刘瓒立。

县南街：云梯坊，为举人张礼立。步蟾坊，为举人张忠立。冠英坊，为举人宋绶立。云衢坊，为举人曾概立。贵贤坊，为举人周秩立。

十字街：步武坊，为举人张敦立。进士坊，二，为金润、张政立。折桂坊，为举人杨春立。天池鲲化坊，为举人廖兰立。飞腾坊，二，为举人刘汉、宋钧立。

西隅　县西街：登瀛坊，为举人许魁立。

北隅　县北街：经魁坊，为举人张显立。

乡都志

旧无名，惟分十一厢村，一厢在县。

长寿村，在县治东，辖一里。南平村，在县治南，辖一里。文田村，辖一里。永丰村，在县治东北，辖一里。松渚村，在县西北，辖一里。永宁村，辖一里。军牧村、高田村，辖三里。在县治。

职官志

本县 知县一员，典史一员，儒学教谕一员，训导二员，南平驿丞一员，阴阳学训术一员，医学训科一员，道会司道会一员，僧会司僧会一员。

公署志

布政分司，在县东，正统己巳（十四年，1449），知县王育建。成化二十三年（1487），知县季恒重修穿堂，正厅五间，后堂、穿堂、仪门、厨房各三间，左右司房六间。

荆南道，在县东，洪武三年（1370），知县朱弼建。成化二十三年（1487），知县季恒重修。正厅五间，后堂、仪门、厨房各三间，左、右司房六间。

府分治，在县南，成化二十三年（1487），知县季恒建。

县治，在澧江东五十步，宋建。元毁于兵，国朝洪武初，知县朱弼建。正统初，知县周政、钱进相继修葺。成化二十三年（1487），知县季恒重修。正厅五间，后堂、穿堂、典史厅、仪门各三间，东西吏房一十三间，屏门一间，县官、公廨各一所，狱房一间。戒石亭一座，架阁库一间，申明亭三间，在县东。成化二十三年（1487），知县季恒重修。旌善亭在县东，洪武十六年（1383），县丞李执建。在乡十里各一所。

课税局，在县北，洪武间建，正统间裁革。

南平水驿，见“驿铺志”。

阴阳学，在县南一里，洪武间建，今废。

医学，在县南十字街，洪武间建，成化二十二年（1486），知县季恒重建。

僧会司，在普光寺。

学校志 附社学、读书堂

县学，在县南一里，旧在县东，唐大观间建①，宋建炎三年（1129），知县刘愚改建于此，澧州教授朱承孙作记。四年（1130），知县胡仁荣勒石，悉毁于兵。国朝洪武初，知县吴申重建，正统五年（1440），知县钱进市学前民居之地以广学门规制。成化十二年（1476），知府吴节撤旧新之。二十二年（1486），知县季恒易民地数丈重修馔堂。

文庙，殿庭五间，圣贤塑像、爵、里、名氏俱详府。东庑、西庑各六间。从祀贤人木主、爵、里、名氏俱详府。戟门五间，棂星门二座，瘗坎一所，神厨、宰牲房、祭器库各三间。

学，明伦堂五间，有题名碑、学记碑在西。二斋：东曰“博文”，西曰“约礼”，各三间。号房一十三间，贮书楼二间，会馔堂三间，学门一间，教官公廨三所，学仓一所，射圃一所，观德亭三间。成化十四年（1478），知县柯熏建。书籍数目及颁降年月俱同府。卧碑一通。榜详府“制命志”。

社学，三间，在射圃东，成化十四年（1478），知县柯熏建。

读书堂，在县北一里。宋范仲淹幼孤，从其母归朱轵，朱宰

---

①诸志均作“唐大观”，如此明显的谬误不知为何竟相沿袭而无人质疑，实在匪夷所思。或为“唐贞观”之舛，或为“宋大观”之讹。

安乡，范与俱来，读书于此地。[1] 绍兴间，知县刘愚建，后毁于兵。庆元丙辰（二年，1196），御史兰溪范处义重建，澧州教授王仁（讹作"任"）记之。元邑令塔不觧（作"碍"）闻于朝[2]。国朝兴废不一。景泰三年（1452），通判丘昂建。[3] 成化六年（1470），知府吴节撤旧新之其地。相传云：春无蛙声夏无蚊。旧有圭田三十丘，约税二十余亩，为民所没。成化二十三年（1487），知县季恒按得之，足供祀事。思贤亭、门楼各一座，碑一通。

坛壝志　附城隍庙

社稷坛，在县东二里。神位砖台一座，壝门四座，外门一座，神厨、库房、宰牲房各三间。帛坎一所，斋宿正房前后三间，东西房各一间。洪武三年（1370）建，成化二十三年（1487），知县季恒重建。

风云雷雨山川坛，在县西南。砖台一座，余同前。旧在县南，成化十一年（1475）知府吴节改创于此。

邑厉坛，在县东一里。砖台一座，壝门一间。洪武八年（1375），知县吴申建，成化二十二年（1486），知县季恒重建。

乡厉坛，十里各一所。

城隍庙，在县南一里。洪武三年（1370），知县朱弼建，天顺七年（1463），知县戴通重建。成化十三年（1477）典史詹相增建前后厅六间，门三间。神附祭山川坛，主祭邑厉坛。祝文，俱详府

---

①《澧纪》卷五："宋咸平，朱轼（讹作"辄"）癸卯（六年，1003）任安乡县令。"范仲淹（989—1052），朱轼宰安乡时仲淹虚岁十五，尚能认可。

②隆庆《府志·秩官年表》、《澧纪》卷五作"塔不觧"，并有传。《新元史》卷一百第2007页有"左卫哈剌赤塔不觧"。

③隆庆《府志·秩官年表》，丘昂为正统间通判，丘昂后胡挺也在正统间，而景泰间为赵成和易觐。不知孰是。

“制命志”。

山川志

山　附岩、洞类。

黄山，在县北六十里。土石皆黄，一名金峰，上有刘宋谢晦庙，又名谢山。

古田山，在县北六十里。上有石田，古人耕之，故名。中有古田观。

马鞍山，在县北六十里。与黄山相峙，以状类名。

瓦子冈，在县北三里。

井子冈，在县北十九里。

包家冈，在军牧村公安县界。

川　附洲、矶类。

澧江，在县西五十步。南流曲折东入洞庭，一名长河。

后江，在县北八十里军牧村。

后小江，在县南南平村。

安南湖，在县南二里。

黄驿湖，在县东南五里南平村。

东田湖，在长寿村。

大鲸湖，在县西北二十里。昔有老翁渔此，见大鲸飞天而去，故名。

大溶湖、风岚湖、庸田三郎湖、鸭踏（讹作“踏鸭”）湖[①]、江西湖、鱼流湖、大桑湖、冯占魏池湖，俱在南平村。

荆台湖，在县北四十里松渚村。

灵柩湖，在黄山下。一名丧定港，谢晦庙。

---

①《永乐大典方志辑佚·澧阳志》及《澧州志》均作“鸭踏湖”。

大滋湖、麻溢湖、黄客湖、断肠湖、伯伯湖，俱在文田村。

铜盆湖，在县西六十里，其圆如盆。

晃湖、猪戟湖、马田湖、栎子湖、株机湖，俱在永宁村。

大通湖，在县南二百二十里沅江县界。

温司溪，在高田村。

铁炉溪、乌龙溪，俱在松渚村。

浮洲，在县东二十五里。水涨诸洲皆没，惟此洲若浮，故名。

庙子洲，在县西南。旧有龙王庙。

鱼似洲，在县西南澧江之岸，以其形名。

大金洲，在县南十五里东皂潭。

白鹭洲，在永宁村南头港。

松潴，在县九接港界。

大鲸小港、南头港，俱在永宁村。

澌港，在县南三十里。

景源港，俗呼景源北港，上通荆水，下入洞庭，最为便流。

大溶港，在县南二十五里。

小溶港，在县西南七里，与江西湖相连。

夹港，在石首县界。

九接港、渭港，俱在松渚村。

利港、山港、弼港、豆港，俱在县西长河。

安溪窖，在县南三里。

蕈占窖，在永丰村。

张师窖、张二窖，俱在县西长河。

王判窖、邓家窖，俱在松渚村。

会口，在县西五十里。

蚌口，在县北八十里。

龙渎口，在县北八十里。

澮口，在县北一里，流接澧州。汉王粲诗“悠悠澮澧水”

是也。

毛长官井，在县治内。宋毛令（应即毛晁）凿之，因名。一名曹义井。

菩萨井，在儒学内。

云井，在县北六十里谢晦庙前，每云气上升即雨。

白龙泉，在黄龙山西。永乐初，岁旱，知县李瑾祷之，有白龙升天，雷雨大作，因名。后遇旱祷辄应。

裴家池，在南平村。

大觉瀨，在长寿村。

南湖瀨，在南平村。

唐畔瀨，在县北三十里。

墓林瀨，在县北十五里。

村市志

村　八，即里也。

长寿村，在县东十五里。南平村，在县东南二十里。文田村，在县东北四十里。永丰村，在县东北五十里。永宁村，在县北三十里。军牧村，在县北七十里。高田村，在县北六十里。松渚村，在县西北六十里。

市　一。

焦泗圻市，在县北七十里军牧村。

陂堰志

左陂，在县东北四十里。阔三百五十丈，长五百丈。溉田四顷四十亩。

大吴陂，在县北三十里。阔一百丈，长一百二十丈。溉田二百亩。

大桥陂，在县东十五里。阔四十八丈，长九十丈。溉田八十亩。

李公堰，在县东五十里。阔四百五十丈，长五百丈。溉田五顷。

李堤堰，在县东北五十里。阔九十丈，长一百丈。溉田一顷二十亩。

鹁鸽堰，在县东北四十里。阔一百五十丈，长三百丈。溉田一顷。

城堤堰，在县东四十里。阔四百丈，长五百六十丈。溉田二顷五十亩。

荒坡堰，在县东北四十里。阔一百四十五丈，长二百丈。溉田一顷二十亩。

下灌堰，在县北三十里。阔九十七丈，长一百丈。溉田八十五亩。

兰陂堰，在县西北六十里。阔一百五十丈，长一百六十丈。溉田二顷。

唐陂堰，在县西六十里。阔一百七十丈，长一百五十丈。溉田二顷。

张陂堰，在县北六十里。阔三百二十丈，长六百四十丈。溉田六顷。

邓堤堰，在县东十五里。阔九十丈，长一百丈。溉田一顷七十亩。

蒲堤堰，在县东十里。阔九十三丈，长一百二十丈。溉田一顷四十亩。

长寿堰，在坊廓。阔六十四丈，长八十丈。溉田五十亩。

金家垱，在县东十五里。阔四十五丈，长七十丈。溉田四十五亩。

熊家垱，在县东十里。阔四十五丈，长七十丈。溉田四十亩。

户口志

户　洪武间一千七百六十三。永乐间二千二百二十二。宣德间一千六百一十二。正统间一千八百。景泰间一千八百一。天顺间二千一十五。成化间二千一十五。民户一千二百七十六，军户二百四，贴军户三百六十四，医户四，匠户三十七，僧户九，道户一，杂役一百二十。

口　洪武间八千六百九十七。永乐间一万三百一十四。宣德间一万四百九。正统间一万四百九。景泰间一万四百九。天顺间一万一百九。成化间一万一千二百四十九。成丁男子三千三百九十一，不成丁男子一千五百七。妇女大三千六百六十九，小二千七百二十二。

徭役志

里役　里老：每坊、里设置俱同巴陵，本县共里长、老人各一十一名，甲首各登耗不等。

雇役　弓兵：楚府教授二名，华阳王府教授一名，临湘县五名，每名月出雇银一两。

斋夫：本县学六名，每名出银同弓兵。

膳夫：本县学二名，每名出银同巴陵。

库子：南平驿四名，俱各出柴薪之类，以应公差往来，无常数也。

力役　皂隶：本府四名，本州二名，本县八名。

弓兵：本县直厅三十名。

铺司、铺兵：县前、羌口、石桥、景港、石龟、白堤各铺□

金司兵不等，共铺司六名，铺兵二十七名。

马夫：本县共二十名。

馆夫：南平驿三名。

防夫：水东递运所一名。

渡夫：县河渡、景港渡、羌口渡各二名。

接递夫：共十七名。

库子：本县学一名。

门子：布政分司、荆南道各一名，府馆、本县学、射圃、阴阳学、医学、僧会司各一名。

禁子：本府四名，本县七名。

斗级：际留仓、便民仓、本县学仓各二名。

物产志

食类 稻、黍、稷、粟、麦、豆、芝麻、果、瓜、茄、芋、葱、蒜、姜、笋、蒌蒿，俱同巴陵。

药类 天南星、百合。

竹木类、花草类 俱同巴陵。

货类 绵布、苎布。

鸟兽类 畜，同巴陵。羽，雁、天鹅、鹁鸠。毛，獐、獭、兔。鳞、介、昆虫，俱同巴陵。

贡赋志

贡 野味：岁进活雁二十只，折钞四百贯。

赋 田地山塘：洪武间官民共一千三百一十顷四分六厘八毫，夏税大小麦共一百二石五斗九升五合七勺，税桑丝一百三十斤七两四钱二分，织京库绢九十七匹六尺五寸六分五厘，京库绢七匹五尺三寸二分，秋粮米一万三千六百五十三石七升五合五勺。永乐年间官民共一千六百四十九顷九十七亩三分九毫，夏税大小麦共八十八石五斗三升三合五勺，税桑丝一百七斤六两七钱五分一厘，织京库绢七十八匹二丈三尺五寸六分六厘五毫，南京库绢七匹五尺三寸二分，秋粮米一万一千七十八石三斗三升一合。宣德间官民共一千一十三顷八十三亩五分二厘，夏税大小麦共七十五石四升二合，税桑丝一百七斤六两七钱五分一厘，织京库绢七十八匹二丈三尺五寸六分六厘五毫，南京库绢七匹五尺三寸二分，秋粮米一万一千八百七十八石三斗三升一合。正统间官民共一千一十三顷八十三亩五分二厘，夏税大小麦共七十五石四升二合，税桑丝一千四百九十六两八钱三分六厘，织京库绢七十匹二丈六尺三寸二分二厘，南京库绢七匹五尺三寸二分，秋粮米一万二千七十二石五斗六升五合五勺。景泰间官民共一千一十三顷八十三亩五分二厘，夏税大小麦共七十五石四升二合，税桑丝一千四百九十六两八钱三分六厘，织京库绢七十匹二丈六尺三寸二分，南京库绢七匹五尺三寸二分，秋粮米一万三百一十一石五斗七升三合五勺。天顺间官民共一千二百一十顷五十六亩三分一厘，夏税大小麦共七十五石四升二合，税桑丝九十斤十二两九分五厘，织京库绢六十五匹一丈三尺五寸九分二厘二毫五丝，南京库绢七匹五尺三寸二分，秋粮米一万三百二十九石五斗九合八勺。成化间官民共一千五十三顷六十四亩三分一厘六毫，夏税大小麦共七十九石六斗九升八合六勺，税桑丝九十七斤一十一两七钱二分，织京库绢七十匹二丈六尺二寸二厘五毫，南京库绢七匹五尺三寸二分，秋粮米一万八百一十九石四斗八升六合六勺。

段：岁造青红绿三色共一十匹。

户口食盐：官吏民人一千九百七十五员名，户男妇大三千三百一十八口，共钞三万四千一百六十八贯。该盐三万四千一百六十八斤。

课程：岁办带办商课钞二千八百九十七贯四百七十文，茶课钞六十九贯六百文，酒课钞一十四贯四百文没官，地租钞一贯四百文，契本工墨钞二百文。

翎毛：岁办一万三千三百根，折钞五百六十五贯。

皮张：岁办带毛杂皮六十张，带毛硝熟麂皮八十张，带毛硝熟虎皮一十二张。

弓箭弦条：岁造黑漆角弓二十五张，弦一百二十五条，箭二千五百根。

仓库志 附养济院

仓 便民仓，在县南五十步。成化八年（1472），知县张瑄建。十六年（1480），知县柯熏重建，计一十二间。

际留仓，在县正街西。天顺二年（1458），知县阎通建。成化二十二年（1486），知县季恒重建，计二间。

预备仓，五所：一在县治东门南，正统五年（1440），知县钱进建。成化二十二年（1486），知县季恒重建，计九间。一在县东长寿村，一在县西永宁村，一在县南南平村，一在县北高田村。各计三间，俱成化二十二年（1486）知县季恒建。

库 架阁库，详“公署［志］”。

养济院，在县东南一里。成化二十二年（1486），知县季恒重建，计三间，门楼一座。

驿铺志

驿 南平水驿，在县南。国朝洪武初建，宣德间重修，成化辛卯（七年，1471），知县张瑄撤旧新之。正厅五间，后堂、中门各三间，鼓楼一座，左右库周房六间，驿丞公廨一所。至南京水路二千五百一十里，陆路二千二百九十里。至京师水路五千九百六十里，陆路四千五百五十九里。

铺 七。

县前铺、白堤铺、石桥铺、景港铺，东路。江西铺、羌口铺、石龟铺（今属津市毛里湖镇），西往澧州、公安路。

以上俱洪武初知县朱弼建。各正厅三间，邮亭□间，正门一间，左右房各三间，路亭一所，坊牌二座，榜房二间。各铺司六名，驿司六名，铺兵二十八名。

津梁志

和丰桥，在县东普光寺前，古名二郎桥，元卢琮为令，屡岁丰稔，用更今名。成化间，知县戴通重修。

新堤桥，在县北，即后河堤，天顺间，知县阎通所筑。邑人以板为桥。

石桥，在县东二十五里。

车公桥，在县北五十里，相传车胤子孙所创。

毛晃桥，在县北三十里，宋绍兴间，县令毛晃建。

郑官桥，在高田村。

福昌桥，在永丰村。

安流渡，一名县前渡，通澧州、常德路。

马波渡，在县西七十里，相传马伏波征五溪蛮于此渡兵，故名。通澧州路。

西家渡，在县北七十里。

羌口渡，在县西三十里，通澧州、常德路。

铜盆渡，在县西二十里，通武陵路。

中澌渡，在县东南十里。

顾市渡，在县南三十里，通华容路。

紫金渡，在文田村，通石首。

丁田渡，在高田村，黄山官路。

景港渡，在县东北四十里，通华容、武陵路。

（礼乐志，详府）

武备志

教场，一所，在县北，巡捕官常率民快操练演武于此。本县哨守官军三十名，千户……

（下有阙文，且又重复“武备志”部分内容，重复部分已删去。）

宦迹志

前任，晋 太守：应詹。时置南平郡，故有是官。

宋 知县：张若愚、郦因、刘愚、胡仁荣、毛晃、胡衿（讹作“裕”，诸志均作“胡衿”）、赵弦、丁和卿（讹作“乡”，繁体“鄉”与“卿”形近）①、王朴、方安雅、曹昆、梁铨、王适、刘让、赵纶②。

元 ［知县］：卢琮（讹作“琛”）、凌茂翁、塔不解（作“碍”，各书多作“解”）。

国朝 ［知县］：朱弼、吴申、李瑾、周冕、周政、胡真、钱进、王育、阎通、戴通、王纶、徐仕哲、张瑄、柯熏、季恒。

县丞：陈谷（讹作“保”）瑛（或作“英”）③、李扮、郭真、黄斌

①《澧州志》及隆庆《府志》“职官表”均作“丁和卿”。

②本卷“学校志”记宋范仲淹养父朱轵曾任安乡令，仲淹随来并在此读书，但宋知县中却无“朱轵”。

③《澧州志》及《澧纪》“职官表”均作“陈谷瑛”。隆庆《府志》作“陈谷英”。

可（“斌”讹作“赞”，诸志均作“黄斌可”）、王敬、秦良广①、刘超（讹作“起”，诸志均作“刘超”）、刘伟［卓］②、黄志宏、胥尚贤、陶钺③。

教谕：夏时可、王庸、陈以政（诸志不见）、孙本、陈宣、陈宪、沈藻、乐瑀。

训导：何懋、陈学、王泽、邹廉、陈泰、张松（讹作“弘”，诸志均作“张松”）、简旻、陈佩、李卞（讹作“下”）中④。

名宦志

晋 应詹，南平太守，时天下大乱，詹境独完，百姓歌之曰：“乱离既普（或作“著”），殆（或作“始”）为灰朽。侥幸之运，赖兹应后。岁寒不雕，孤境独守。拯（或作“荫”）我涂炭，惠隆丘阜。润犹（或作“同”）江海，恩犹父母。”⑤

宋 刘愚，绍兴间知安乡。邑逋赋万计，愚核实数，宽限期，民不见吏而赋自足。会岁歉，出常平米赈贷，邑佐持不可。愚曰：“有罪不以相累。”又于范仲淹读书地立祠兴学，士竞知劝。

元 凌茂翁，吉安人，知安乡。注《五经》，官至集贤院学士。

国朝 朱弼，河南内乡人，洪武初知县。平定之初，辑宁境

---

①《澧州志》和《澧纪》明安乡县丞均至王敬止，《澧纪》谓“后裁革”。但本志王敬后还有六人，应为误系。《澧州志》及隆庆《府志》“职官表”均分别有教谕“秦良”和训导“秦良广”；《澧纪》亦然，但“秦良广”作“秦日广”。分别为永乐训导和正统教谕。

②《澧州志》及隆庆《府志》“职官表”均作“刘伟卓”，《澧纪》作“刘韦卓”。

③刘超、刘伟卓、黄志宏、胥尚贤、陶钺五人在《澧州志》、《澧纪》及隆庆《府志》中均为训导。后柯熏《重修儒学记》中亦有“儒学训导西蜀黄志宏、胥尚贤董其事”。因而本志误系。

④《澧州志》及隆庆《府志》“职官表”均作“李卞中”。

⑤参校《先秦汉魏晋南北朝诗》卷九《晋诗》，题《三郡民为应詹歌》。

内，公廨、坛壝皆其创立，民多德之。

吴申，浙江归安人，洪武初知县。多善政，深得民心；秩满，民争攀留之。

李瑾，大名魏县人，洪武间知县。抚民有方，任内复业者五百余户，吏民怀慕。

李执，陕西泾阳人，洪武间县丞。抑强扶弱，有守有为，遇时旱，赈济饥民，尤多方略。后调保宁县丞，至今民思慕之。

流寓志

宋　范仲淹[①]，苏州人。幼孤，从其母归朱轨，轨宰安乡，范与俱来。有读书堂，在县北半里。

国朝　月文宪，四川巴县人。洪武初侨居本县，后以明经举，授武昌训导，有诗集遗世。

王茂，字子著。先仕石门，后寓本县，号竹梅轩。志意坚静，不从流俗，所著有《友竹诗稿》。

科甲志

进士

国朝　金润，洪武乙丑（十八年，1385），终郎中。

张政，终教授。李仕华，终知县。俱永乐甲申（二年，1404）。

①《宋史·列传第七十三》：“范仲淹，字希文，唐宰相履冰之后。其先邠州人也，后徙家江南，遂为苏州吴县人。仲淹二岁而孤，母更适长山朱氏，从其姓，名说。少有志操，既长，知其世家，乃感泣辞母，去之应天府，依戚同文学。昼夜不息，冬月惫甚，以水沃面；食不给，至以糜粥继之，人不能堪，仲淹不苦也。举进士第，为广德军司理参军，迎其母归养。改集庆军节度推官，始还姓，更其名。”

举人

元 罗长卿，至正辛未（至正无辛未）[①]，终总管。

张鉴，至正丁亥（七年，1347），终通判。

国朝 张礼，洪武丙子（二十九年，1396），终训导。

杜安，洪武己卯（即建文元年，1399），终训导。

张忠，永乐辛卯（九年，1411），卒。

金悦，永乐丁酉（十五年，1417），终知县。

孟廉，永乐庚子（十八年，1420）。

许魁，永乐癸卯（二十一年，1423），卒。

周秩，宣德乙卯（十年，1435）。

罗镃，正统辛酉（六年，1441），俱终教授。

张敩，终训导。刘瓒，终教授。俱景泰庚午（元年，1450）。

刘汉，景泰癸酉（四年，1453），卒。

宋绶，天顺壬午（六年，1462），终知县。

杨春，任知县。周曾。俱成化乙酉（元年，1465）。

简讼，任教谕。文献，任知县。俱成化辛卯（七年，1471）。

廖兰，成化甲午（十年，1474），任训导。

刘颐，任教谕。张显，卒。曾概，任训导。俱成化丁酉（十三年，1477）。

宋钧，成化庚子（十六年，1480），卒。

岁贡

国朝 林德明，终检校。刘缙，终知州。雍言，终知县。张文凯，终县丞。王振，终教谕。俱洪武间。

张文明，终御史。石震、胡谦，俱终知县。李铭，终判官。刘珉，终县丞。王溥，终知州。吴克恭，终卫经历。李恭，卒。俱永乐间。

---

①《澧州志》及《澧纪》均作“至正丁未”（二十七年，1367）。本志误。

龙云，终推官。莫谦，终训导。毛添佑（或“祐”），终奉祠。胡珉，卒。郑玺，卒。俱宣德间。

陈泾，终训导。张观，终同知。林清，终县丞。胡进，终教谕。罗鉴、刘俊、张赟，俱未试卒。俱正统间。

周冕，终县丞。刘谊，终照磨。彭懋，终知县。李进，终经历。张颐，卒。俱景泰间。

刘宣，终知县。熊广，卒。金玺，终教谕。王焕（或“炳”），终教授。李源，终州同知。罗本，任兵马。罗澍，终伴读。俱天顺间。

杨昱，任主簿。宋浚、张鼎、郑颛，俱冠带。张超，任知事。龚迪，任知县。石润、郑銮、曾启，俱任县丞。李琦、林茂，俱任训导。丁厚、金珂、潘镃、毛鸿。俱成化间①。

人物志　附隐逸

唐　段弘（或“洪”）古，刚峭寡合，不事产业，人或交之，度非义辄去。以故五十不禄，后卒于桂林之逆旅，归葬黄山；柳宗元为志其墓，并祭之以文。

宋　王凝，昔从范仲淹学于洪州官所，擢科第授岳州司理，迁屯田郎，出为蜀州江源令。

王鹏，宋南渡擢国学上舍第，详庆元《学记》（本卷内未录此文）②。

---

①《澧纪》系张文明、李铭于洪武；系王溥于宣德；系刘宣于永乐；系金玺、李源、罗本于成化；系王炳于景泰；系杨昱、宋浚、郑（讹作“邓”）颛、龚迪、石润、金珂于天顺。

②所谓“庆元《学记》”，即南宋庆元三年（1197）澧州教授朱承孙为安乡县县学所撰《重修儒学记》碑。明代此碑尚存，《澧纪》录此碑时泐蚀较甚，缺字较多，所录内容中不见王鹏。《全宋文》阙录。

元 熊义山，累官至万户。至正间，倪文俊兵至，执县尹张继和（本卷“宦迹志”中张继和漏列），义山保障黄山，一县获安。越二年，文俊袭，执之，逼使速降，义山骂不绝口，文俊怒剖其腹而死。

张镇，至正间兵变即仗义保障。倪文俊兵至，镇戮力死战，被擒获脱，仍前保障。甲辰年（至正二十四年，1364）率众归附，授成都卫所镇抚，后调云南。

罗长卿，至正辛未（至正无“辛未”，“科甲志”系于丁未，1367）请举，授襄阳路总管。

张鉴，至正丁亥（七年，1347）乡举，授潭州路莱山书院长①，升云南通判。

国朝 罗琰，以孝廉举，授福建盐运使，改广东左参政。

张德昭，以贤良方正举，授巩昌府同知。

张思诚，以明经举，授福建邵武府知府。

宋恒，洪武间以明经举，授本县教谕，历官山东按察司经历。

周伯升，通《春秋》，博治子书。永乐初，以经明行修荐，辞以母老。所著有《井蛙遗响》。

严耕道，读书博古，以诗赋名世，尤长于草书，不乐仕进，自号林泉散人。

金自安，弟自敬，俱闲居乐志，不求闻达，一觞一咏，更相迭和。自安号半村老人，自敬号西溪渔隐。

周秩，由举人历官教授，尝捐俸置祭器，饬学宫。尤善诲人，士林称重。

贞烈志

石氏，江夏人，至正间从父均禄仕于公安，适安乡周宪章。

①莱山书院，明改东莱书院，位于今醴陵市，元属潭州路。

三十二而夫丧，织纴抚孤四十年，饥寒不易，寿七十二而终。

赵氏，李惟真妻。年二十八，生子三月而夫亡，纺绩织纴，抚孤成立。年六十三而终，士夫重之，题其堂曰“硕节”。

宫室志

博望亭，在县西江滨。宋令刘愚建，以供游览。元张明善有诗，见“题咏志”①。

思贤亭，在读书台。

祠庙志

城隍庙，详“坛壝志”。

谢晦庙，在黄山，刘宋谢晦刺荆州，尝过黄山，顾瞻久之。后卒，柩归经其处，舟不行，因葬焉。民为立祠，宋封显应公。国朝洪武初，革去爵封，名“荆州刺史谢晦庙”，祭以八月二十九日。

五通庙，在县治东。

南岳庙，在县市和丰桥。

陵墓志

段洪古墓，在黄山，洪古，唐之处士也。详“人物志”。

谢晦墓，在黄山。详“祠庙志”。

---

①本卷“题咏志”并未录此诗，《全元诗》录作《博望亭》：“湖水荡漾洲渚漫，微露空翠之远山。孱陵大尹正如砥，鸥鸟傍人相对闲。”

古迹志

石龟市，在县西四十里，有巨石枕澧水，其形如龟。居人岁首刲羊以祭。石润则丰，焦则歉。

杨城，在县南二十五里，宋杨幺所筑。

县故城，宋建炎间，知县胡衿筑土为城。今废，壕堑犹存。

三里店，在县东三里。元市聚也，今废。

梳成冈，在长寿村，杨幺一梳沭（当为“沐”之讹）而成，故名。

朱墨池，在读书台。相传范文正公于此池洗朱墨，因名。

马伏波将军庙，在军牧村。汉马援渡兵于此，后人立庙祀之，今废。

黄山总管亭，在南平村。

系马台，在长寿村。相传马伏波征五溪蛮过此系马，故名。

高家台，在南平村。相传杨幺筑以会兵。台畔有高家，故名。

卷旗花，相传宋杨幺为岳飞讨破，兵散，皆卷旗插于野，后遍地生花如卷旗然，故名。

景致志

安乡八景

洞庭春涨，景在县治西，控洞庭。每春，正当蜀江雪消时，湖水泛溢，茫无涯畔。真一县大观也。

鲸湖秋月，即前大鲸湖也。每秋湖光澄澈，月色扬辉。

梁药晴峰，梁山接武陵境，药山在澧州境，二山陈于前，天晴时峰峦叠翠，如屏□□，盖山之最秀者。

黄山暮霭，黄山见前，天将暮时，烟云缥缈，如在画图中。

书台夜雨，即前范文正公读书台也。夜雨萧瑟，每令人发遐思。

博望清风，即前博望亭也。亭下清风徐来，足以养性情而供游览云。

安流晓渡，详“津梁志”。

兰浦渔舟，疑即澧州兰江也。地产兰蕙，故云。浦中多聚鱼，渔舟钓艇时互歌于中。

寺观志

寺 普光寺，在县东，宋建。僧人二名，僧行二名。

观 太平兴国观，在县北，宣德初建。道士四名，道童三名。

（制命志，详府）

纪述志

[安乡县] 学记

国朝 知县柯熏撰（康熙《安乡县志》卷十一第302页，题《重修儒学记》，为节文）

孔子生周末，无君师之位。前溯殷夏虞唐，后历汉唐宋元至我国朝，世更代变，万亿斯年矣。然称事功者贤之，嗣混一者宗之，其以植綱（《康熙字典》谓“锦文也”）常淑人心，故天下郡县咸立学以祀之。其制已远。安乡县学圮久。成化九年癸巳（1473），郡守眉山吴侯节下询民隐，过谒安乡学，礼殿以弗称崇祀，意欲更新之。乃请于都宪吴公琛，议以克合，遂命发余储若干石为工石费。时邑尹睢阳张瑄，儒学训导西蜀黄志宏、胥尚贤敦（或“董”）其事。鸠工于甲午（成化十年，1474）秋，告成于丙申（成化十二年，

1476）夏。礼殿、围廊、两庑、戟门、棂星门，黝垩丹漆，举以法。迁泮池［于］棂星门外，增筑正道后。新明伦堂，［堂］东西为两斋，并南向，斋之东有［贮］书阁、生号，次于两斋两傍东西峙列。规模宏远，焕然一新，岳属学莫此之过。然非郡侯请命于都宪，未易成也。后之新者，未必无其人，其不劳民动众，而落成于两载，不易也。侯为郡守（或"岳州"）新郡学，过安邑新邑学，皆欲覃礼乐以陶吾民，使［之］忠君孝亲，而不忘所自。天理之淑诸人心，古今一致。侯今虽迁屏翰，其位殆不止此。熏来尹是邑，谒庙顾瞻久之，及（或"乃"）启钥祭祀，祭器咸精致，乃邑人周教授秩官南昌府学时捐己资所造，其处心迥出人。教谕沈藻皆为余诵之，复指楹下磨石未刻，一日，偕同寅，率诸生，请余记其事。孟子谓："游于圣人之门者难为言。"顾予何人，安敢当笔？况欲勒坚珉以示方来，辞之。至再，佥谓："吴侯之［兴］作不可泯。"遂记之。［成化戊戌（十四年，1478）知县柯熏撰。］

范文正公读书堂记

宋　教授王仁撰（《全宋文》阙录，参校《图经》第20册第101页；康熙《安乡县志》卷十一第304页，题《重修范文正公书堂记》，为节文）

上即位之明年（庆元二年，1196）①，诏起殿中侍御史［范公］处义持节荆湖北道②。环湖之十有五州，闻风凛然，靡废不举。秋九月，行县次安乡，吏奉官牒，逆诸境，披而视之，则范文正公（或"文正范公"）读书堂在焉。相传长山朱氏宰斯邑，以之而来。邑人

---

①《澧州志》"职官年表"载王仁于宁宗庆元二年（1196）任澧州教授，这正是"上"（宁宗赵扩）即位之"明年"。

②范处义，字子由，号逸斋，婺州兰溪人，绍兴二十四年（1154）进士。历官太府寺丞、殿中侍御史，此间持节荆湖北道。庆元三年除秘书监，进秘阁修撰，出为江东提刑。精《诗》学。（《全宋文》第224册第42页）

即其读书之堂而祠之，今二百年矣！堂据兴国观之北（或“东”）隅，俯瞰澧水，梁山、药山陈其前，大鲸、西湖拥（或“汇”）其侧。举目数百里，如列图画（或“画图”），轩豁闳爽，面势旷杰。一涉其地，使人心目澄澈，飘飘然有吞云梦、封狼居胥想，况游焉息焉！谛古今，阅成亏，朝夕于是，其得于书之外者，直（或“真”）与圣贤相伯仲。于异世之表，岂区区纸上糟粕所可概？见后之日坐庙朝，别邪正，安边疆，植勋名，表表卓卓，昭映简册。谓非权［舆］于此，可［乎］？御史公褰帷伊［始］，以僚吏访遗迹，睇瞻徘徊，顾谓邑令刘愚曰：“自有天地，便有此境。大抵地必有（或无“有”）待（或“恃”）贤哲而后重，人亦寄山川而不朽。斯堂之设，毋（或“无”）乃两极其胜，而偭美于无穷者乎！”顾毁于兵，甲子一周，尺椽莫复。其麾从吏，捐俸六万，已属之令，逾冬堂成。庭堂（或“宇”）显敞，丹雘明丽。又得耆老所藏遗像，模而绘之。暨其香（或“芗”）火之奉，则轩冕（“轩冕”或为“择”）黄冠之悫愿者，割田十有六（或“余”）亩以（或无“以”）赡焉。于是风教所系，缝掖羡慕，由家之塾至于郡邑之学，洋洋乎盈耳矣！汉制，率遣御史博士，循行郡国，其为本务，故非俗吏所与知者。今部使者，往往以金布刑辟名宦，然上之人，所以责之仰之者，不颛在是。倘或习闻其号，而蔽于大体。至谓移风俗，正人心为非职之任，则亦漏于是矣。仁随牒是邦，始立文正祠于学宫，以风励后进，且于是而有感焉。一日，召诸生而诲之曰：读书为学者，当以文正公为师。奉使典部者，当以御史公为法。高山仰止，景行行止，文正公有焉。载驰载驱，周爰咨诹，御史公有焉。小子识之。会安乡请记于郡，［郡］守霍公箎目仁，仁获不辞，乃即群居相与言者而书之。［庆元丙辰（二年，1196）四月既望记。］

题咏志

安乡八景诗

洞庭春涨（《图经》卷七第105页；康熙《安乡县志》卷十二第334页）

洞庭春涨（或"渍"）浩无边，渺侵君山小似拳。二（或"三"）月鱼龙翻巨浪，一番风飓（或"雨"）破层烟。天开雄水连三峡，地涌洪涛漾百川。若欲穷源窥此理，乘槎应是问张骞。

鲸湖秋月（《图经》卷七第105页；康熙《安乡县志》卷十二第334页）

此地无闻太白过，骑鲸谁复到天河。风清自古人间少，月色今宵湖上多。浪激蒲牢声振迅，柳（或"树"）停乌鹊影婆娑。何时载酒吹长笛，唤起鱼龙（或"渔翁"）听我歌。

梁药晴峰（《图经》卷七第105页；康熙《安乡县志》卷十二第334页）

瞻被梁药峰，列峙洞庭曲。春晨展新霁，双尖削寒玉。皎皎无纤云，芼芼见繁木。隔湖送青来，洒然静（或"净"）吟目。

黄山暮霭（康熙《安乡县志》卷十二第335页）

孱陵此地（或"南北"）奠（或"莫"）山峰，看到斜阳兴转浓。岩壑真疑尘世外，烟云如在画图中。青林隐见排晴嶂，白鸟归飞趁（或"趣"）晚风。更欲登临穿蜡屐（或"传腊履"），一声长（或"清"）啸倚风松。

书台夜雨（康熙《安乡县志》卷十二第335页）

范氏读书堂，畴昔构于斯。鞠为茂草场，非指那能知。吾伊（或"唔咿"）久无闻，遗风弗磷缁（或"淄"）。客窗卧听雨，令人发遐思。

博望清风（康熙《安乡县志》卷十二第335页）

秋风欲见故（或"古"）人情，暇日登临博望亭。一水拶（或"拖"）蓝归浦溆（或"淑"），两峰将翠入檐楹。天光云影凉侵坐，白苎乌纱酒满觥。河上乘槎如有客，问予何意扁斯名。

安流晓渡（《全元诗》第32册第194页；康熙《安乡县志》卷十二第335页）

依依云覆楚天低，千里行人渡此溪。浮舫（或“舸”）才离芳草岸，征鞍复上（或“次”）绿杨堤。川连湘水迷兰浦，路接桃源（或“园”）入故蹊。可叹同舟共济（或“共舟同济”）客，明朝几处候晨鸡。

兰浦渔舟（《全元诗》第32册第193页；康熙《安乡县志》卷十二第335页）

兰浦香涛接澧湘，渔舟数叶泛沧浪。绿蓑箬笠生涯足（或“淡”），明月芦花兴味长。江雨（或“草”）无情侵梦寐，烟波有分定行藏。令人还忆陶朱子，独钓西风几夕阳。

以上俱系元知县塔彦辉，国朝知县吴申、教谕夏时可诗。①

杂志

黄山

元　的斤苍崖诗（《全元诗》阙录）

崒嵂名山倚碧天，登临不觉入云烟。蜀江东去练光净，衡岳南来黛色鲜。幽涧千寻苍柳合，平田万顷翠云连。凭虚立久忽长啸，回顾神京一慨然。

赵纯翁赋（《全元文》卷一八〇三第263页，题《黄山赋》）

混沌判极，品物流形，安邑有山，以黄得名。伟矣哉！黄山之为山也，雄据一方，壮观千古。黄壤载于《书》，为地道之博厚。黄钟见诸《易》，为坤道之利贞。磅礴兮不知其几里，崔嵬兮不知其几（《全元文》无以上八字）寻。地出甘泉兮有脉，天降时雨兮有云。三十二峰兮图画，百千万态兮丹青。上有虎啸［兮］，下有龙吟。东西南北兮且瞻且仰，春夏秋冬兮无古无今。望之者

①据《澧州志》：洞庭春涨、安流晓渡、兰浦渔舟三首为塔彦辉作，鲸湖秋月、黄山暮霭、博望清风三首为夏时可作，梁药晴峰和书台夜雨为吴申作。塔彦辉即塔不解。

如崧（或“嵩”）如岱，如华如衡，登之者载（讹作“再”，下同）行载憩，载喜载惊。方其春且夏也，黄鹄巢树，黄莺哢林。黄荼蘼兮似蜡，黄踯躅兮如金。梅黄兮调宰相之鼎，槐黄兮惊举子之心。斯盖一年富贵，王孙公子，孰不欣欣。及其秋且冬也，黄桂其馨，黄菊其清。黄云兮有时霭霭，黄雾兮有时冥冥。风起兮黄沙晦明，霜殒兮黄叶飘零。是亦四时之代谢，达人之大观，亦何有于伤情。是故上有灵神，祈雨而雨，祈晴而晴，祈安而灾眚不作，祈稼而百谷皆成。下有隐君子，非比干之子孙，则留侯之来（或“末”）裔，非潘岳（或无“岳”）河阳之宗派，则车武子之云仍。金刹兮山之阳，琳宫兮山之阴。晨香夕灯兮，济济缁黄之辈；夙兴夜寐兮，锵锵钟盘之声。有客谓余曰：“有山如许，是固一美。青山绿水，富贵二屏（或“并”）。”余应之曰：“是山也，东瞰长江，南接洞庭。二水渺茫［兮］烟波万顷，一峰突兀兮风月双清。余将依山兮筑醉翁之亭，汲水兮濯孺子之缨。朝于斯，夕于斯，饥则食，渴则饮，枕石漱流，以终吾身。”客曰：“是志也，子先得我心之同然［耳］。”遂喜而为之同盟。

读书堂

宋　刘子澄诗（《全宋诗》第59册第37048页，题《读书台》）

安乡楚（或“占”）下邑，公偶混迹居。编茅阅古今，清沉（或“澄”）涔澧潴。波涛入胸中，万甲时卷舒。坐吞八九泽，去作宋真儒。西师出绪余，胆已寒毡庐。军中但歌范，谁识旧陶朱。大贤方穷时，隐忧在江湖。功成等糟粕，况复堂上书。我来拜遗像，悲风咽（或“生”）黄芦（或“垆”）。公今倘无死，此地正堪娱。

文乡书舍

国朝　修撰罗伦诗（罗伦《一峰文集》卷十一第12页；《澧纪》卷十九第774页，题《题安乡罗镃文乡书舍》）

吾道真（或“贞”）元日，文乡气又春。乾坤三万里，江汉一完人。山气通云谷，泉声是泗滨。太（或“大”）虚皆我屋，明月可芳邻。

忠济庙

元　的斤苍崖诗（《全元诗》阙录）

雨过平畴草色青，金峰耸翠倚苍冥。高摽四县分疆域，倒影三湖浸画屏。十里花香供远幕，千年庙貌显威灵。登临聊适寻贞兴，扫壁题诗记此经。

南禅寺

国朝　颜耕道诗（乾隆《直隶澧州志林》卷二五第26页，题《游南禅寺》）

南禅（或“山”）林壑似匡庐，台阁荒凉倚碧虚。石上松花香可茹，窗前蕉叶净堪书。黄昏鸟雀（或“鹊”）从来往，白昼云烟自卷舒。我亦久谙泉石趣，何当卜筑傍僧居。

栽秧歌

国朝　知县吴申（康熙《安乡县志》卷十二第338页）

咳也呵，咳也呵，楚人竞唱栽秧歌。栽秧歌，时已及，闻得村村鼓声急。田夫使牛扶犁耙，田妇栽秧戴凉笠。今日东家栽，明日西家植，轮功皆得相资力。主翁满劝醑子醪，主媪就座分鲊包。一年生计在今朝，叮咛儿女休辞劳。我因劝农历村堡（或“保”），卷旗花开春已老。春禽布谷知我心，啼过一春（或“村”）犹未了。天心自古人心同，诚心祷天天必容。但愿十日一雨五日风，边陲宁谧百谷丰。边陲宁谧百谷丰，连村比屋歌时雍。

书台释菜文

国朝　进士杜庠撰

惟公有仁人君子之德，有出将入相之才。方其读书长白也，掩窖金而不贪；及其助丧丹阳也，虽连舟而不惜。畀狄青以《左传》，而后为名将；授横渠以《中庸》，而卒为真儒。林和靖一逸民也，而枉顾之于西湖；孙明复一贫儒也，而厚遗之还东鲁。仁者丧无归也，赙以在筵之器；术者死无后也，还以所寄之金。藏墨帐于家，示后以勤；火罗幔于庭，治家以俭。此其德量之大节也。论文章则《岳阳楼》有先忧后乐之大志，《子陵祠》有天地日月之伟观。论章疏则赐天章阁也，有切世政之十事；居大夫之丧也，有上执政之一书。论功名满天下，扣环大呼非枉也，为正名也；上殿失色非戾也，为议事也。献乌床于六宫，民有救荒之利；筑海堤于秦州，民无垫溺之虞。论事业满边陲，经略泾阳愿与韩琦，为国而非误国；修筑大顺以拒元昊，安民而非劳民。甲兵十万，西人相戒不窥延；宰相第一，朱子品评当冠宋。是以君子满朝，名闻后世；士夫相庆，望重当时。宜乎文王若称，信矣仁者有后。西子典衡，寿三百年之国脉；一忠名义，传千万载之家声。庠兹过安乡上流，实忝吴中同里。闻我公读书之台久为蓁莽，喜吴使建栖神之所得荐苹蘩。公其有知，格此无外。尚飨。

祭隐逸段洪（或“宏”、“弘”）古文

唐　柳子厚撰（《全唐文》卷五九三第6001页，原题《祭段宏古文》）

世病乎直，人悦其和。行而不容，虽圣奈何。提其信义，谁与同波。硁硁以终，坚不可磨。游得其人（或“仁”），友择其益。始如可进，终会于扈（或“厄”）。精诚介然，将贯金石。追恩怀旧，兴词愤激。君昔来辱，备闻嘉言。宵会北堂，昼宴南轩。去适于越，不日其旋。载除我居，望尔北辕。今者之来，丹旐有翩。閟

兹莫（或“英”）志，限此中年。呜呼哀哉！居实斯贫，有子而幼。孰云履信，惟天所佑（或“祐”）。道途之资，敢废于旧。志君之行，铭石斯授。有洁其觞，有楚其豆。庶鉴于诚，临兹飨侑。

湖广岳州府志卷之九

石门县

沿革志

县在府治西六百六十里。

唐虞至战国，详府。秦属黔中郡。汉为武陵郡零阳县地（参见卷七“沿革志”注释）①。三国孙吴，以武陵分置天门郡，治零阳。晋因之。陈改为石门郡。隋罢郡为石门县，属澧州。② 唐、宋、元皆仍隋旧。国朝仍元旧。编户二十四里。在县二里，在乡二乡，分二十二里。

①据《里耶秦简》（壹）秦代在澧水流域设县四，从上至下依次为：充、零阳、醴（后作“澧”）阳、孱陵。“充”约辖今张家界市及桑植、永顺部分地区；零阳主要辖今慈利，醴阳主要辖今澧县、临澧、津市，而今石门应分属零阳和醴阳所辖；孱陵则辖今湖北公安、石首及湖南安乡的部分地区。醴阳和孱陵秦至汉早期都属南郡所辖，秦也无黔中郡，只有洞庭郡。因而至少今石门的东部在秦至汉早期属南郡而非所谓“黔中郡”和“武陵郡”，汉中期以后醴阳才划归武陵郡所辖。石门属零阳所辖地区秦属洞庭郡，汉属武陵郡。

②《隋书·地理下》原记“石门旧置石门郡。平陈，郡废”。中华书局1973年点校本依据《宋书·州郡志三》和《水经注·澧水》擅改“石门郡”为“天门郡”，谬矣！南朝宋和郦道元所在的北魏为“天门郡”没错，但“石门郡”为南朝陈所改，这也没错。隋所废为陈时的“石门郡”。《两唐书地理志汇释》引《寰宇记补缺》：“陈改郡、县俱曰石门，隋废郡，县属澧阳郡（后改澧州）。”本志此条记述是对的。

邑名志

石门，以县西十五里有石如门，故名。零阳，汉名。[①]

疆域志

东接澧州，至本府澧州界三十里。西通慈利，至本府慈利县界二十里。南扼桃源，至常德府桃源县界七十里。北控长阳，至荆州府长阳县界四百里。东西广五十里，南北袤四百七十里。

东北到荆州府松滋县三百九十里，东南到常德府武陵县一百七十里，西南到辰州府三百五十里，西北到九溪卫二百五十里。

（星野志，详府）

形胜志

前挹清流，后依山阜。药山左耸，赤松右峙。南控桃源，北连獠洞，群流注江。（元张厚《天门桥记》：“泄群山之流而注之江。”俱旧《志》。）

风俗志

人性悍直，俗尚俭朴，邻澧阳者力耕桑，近渫阳者杂夷獠（旧《志》）。

---

①零阳的县治在今慈利县，即所谓“白公城”，管辖区域也以慈利为主，并非石门县的“汉名”。

城池志

旧无，成化二十一年（1485），知县胡廉周围筑土墙五百余丈，于前后左右要害之处建烟楼六座，曰“瞻明”、“视远”、“望西”、“倚北”、“迎阳”、“弦歌”，用戒不虞。先因山贼出没，议委九溪卫官领军三十名哨守之。

厢隅志

县市厢

东隅　县东街迎恩坊；承宣坊、澄清坊，二坊俱知县胡廉立。肃政坊、文教坊、平理坊，以上三坊俱废。步云坊，为举人陈迪立。

西隅　县西街宣化坊；旌孝坊、万灵坊、冲霄坊，为举人李善立，以上三坊俱废。

南隅　大溪。

北隅　黄石山。

乡都志

二乡，分二十四都里（下只列有二十三都里）。

临澧乡，在县南，辖一都、二都、三都、四都、上五都、下五都、六都、七都、上八都、下八都、九都、南十都，共计十二里。

澧阳乡，在县北，辖北十都、上十一都、下十一都、十二都、十三都、十四都、十五都、十六都、十七都、十八都、十九都，共计十一里。

职官志

本县　知县一员、主簿一员、典史一员、儒学教谕一员、训导二员、阴阳学训术一员、医学训科一员、僧会司僧会一员、道会司道会一员。

公署志

布政分司，在县东五十步，成化九年（1473），知府吴节命知县陈瀚（讹作“翰”，诸志均作“陈瀚”）迁建。二十三年（1487），知县胡廉重建后堂廊房、正厅、后堂、仪门、厨房各三间。

荆南道，在县东五十步许，洪武五年（1372），知县田里建。成化二年（1466），知县汪昱修。二十年（1484），知县胡廉重修。正厅、后堂、仪门、厨房各三间。

府分治，在县西一里，成化二十二年（1486），知县胡廉重修。

县治，创始未详。国朝洪武初，知县王钦建。二十二年（1389）毁于蛮寇。二十四年（1391），知县沈玉田重建。天顺二年（1458），知县张观重修。成化十五年（1479），知县胡廉重建。六房、承发科、架阁库、谯楼、正厅五间，后堂、典史厅、仪门各三间，谯楼一座，东西吏房一十二间，县官公廨各一所，榜房六间，狱房三间，吏舍一十二间。戒石亭一座。架阁库一间。申明亭，在县东。旌善亭，在县西。二亭俱洪武间建。成化间，知县胡廉重建。二十四里各一所。

惠民药局、税课局，裁革。

阴阳学，在县西五十步。

医学，在县东五十步。俱洪武间建。

僧会司，在县东清泉寺。

道会司，在县西朝真观。

学校志 附社学

县学，在县东，元建，毁于兵。洪武四年（1371），县丞刘澄创建。正统间，知县王茂重建。成化初，知县汪昱重修。成化十四年（1478），知府戴浚命知县胡廉拆旧更新。

文庙，殿庭五间，圣贤塑像、爵、里、名氏俱详府；东庑、西庑各六间。从祀贤人木主、爵、里、名氏俱详府。戟门五间。棂星门三座。瘗坎一所。神厨、宰牲房、祭器库各三间。

学，明伦堂五间。二斋：东曰“育贤”，西曰“成贤”，各三间。学门一间，号房一十二间，馔堂三间，文卷库一间，教官公廨三所，射圃一所。泮池，观德亭三间。书籍数目及颁降年月俱同府。卧碑一通，榜详府“制命志”。

社学，在县西，即税课局旧址。成化十九年（1483），知县胡廉重建。

坛壝志 附城隍庙

社稷坛，在县西北一里。神位砖台一座，壝门四座，外门一座，神厨、库房、宰牲房各三间，帛坎一所，斋宿正房前后各三间，东西房各一间。

风云雷雨山川坛，在县东。燎台一座，余同前。以上俱国朝洪武三年（1370）知县王钦建。成化十六年（1480），知县胡廉重修。

邑厉坛，在县北。砖台一座，壝门一间。国朝洪武八年（1375）知县田里建，正统间知县汪昱重修。

乡厉坛，二十四里各一所。

城隍庙，在县东。国朝洪武初建，正统间，知县王茂、汪昱重修。成化十九年（1483），知县胡廉重建。神附祭山川坛，主祭邑厉坛。祝文，俱详府“制命志”。

山川志

山 附岩、洞类。

方顶山，在县西一里。山巅方平如箱匮（通“柜”）然。

层山，在县东北三里。一名层步山。外望如一山，入内乃有二重。山侧有石屹立如人形，号层山神。

紫和山，在县东南一十里。上有存志观、皮子、药炉，山之阳又有仙女洞。俗传丁令威炼丹之所。又云：唐氏女得道，服紫服飞升于此。①

石匮山，在县南十里。上有大方石，其形如匮，故名。

石门山，在县西十五里。有崖壁立如门，高二丈余，县名取此。何有成诗载“古迹”下。

花山，在县西十五里。高五十余丈，春至，红花遍山，故名。

仙客山，在县西南十五里。高山陡峻，一径萦纡。

佛哑山，在县南十五里。山顶有形如佛像，下有佛哑泉。

马鞍山，在县东三十里。以形似名。

夹山，在县东南三十里。周围三十里，约高二百余丈，两峰并峙，故名。

浮山，在县东南七十里。山巅有石屋，书“浮邱（多作“丘”）子炼丹之所”。浮邱子有诗见“题咏”②。

---

①《澧州志·地理纪》及《澧纪·览胜纪》均谓：“唐咸通中，有周芳女得道，披紫服飞升。”因而所谓“唐氏女”应是“唐周芳女”。

②“浮山”即太浮山，此山并见于“澧州”卷，因处澧州与石门交界地带然，今其地属临澧县。本卷“题咏志”缺失。浮丘子诗见《澧州志》：“独上高山望八都，白云散尽月轮孤。纵横宇宙人何限？那个男儿是丈夫。”

黄石山，在县西北二百一十里。有溪，出雄黄。

仙女洞，在县南十里紫和山下。有泉流出，四季不竭，赖之以灌田，下合道水。

落马洞，在县东七里。旧传汉昭烈帝尝落马于此，故名。

悬钟洞，在县西北四十里。洞门有石如悬钟。

龙泉洞，在县西北二百五十里竹园坪。有水下流，灌溉田禾。

安民洞，在县西北三百五十里寒水坪。洞出泉，溉田甚广，民获其利。

九折坡，在县西北八十里。山高崖峻，屈折者九，人升之若登梯然。

川　附洲、矶类。

道水，在县西北四十里。相传浮丘子曾洗药于此。

渫水，在县西一百七十里。出巴东界，合雄黄溪下流经县南入于澧水。

长乐潭，在县东南二里。

东阳潭，在县东三十里东阳山下。出石鲫、重唇、双鳞鱼，皆珍品也。

卓锡泉，在县东北三里层山寺。圆通祖师初建道场，以卓锡得泉，故名。

龙王泉，在县南十五里。下合仙女洞水，溉田甚广，东流入道水。

东泉，在县南二十里。有石洞曰东泉，遇旱祷雨辄应。

独石泉，在县西北三十五里。四季长流，溉田不竭。

虾溪泉，在县东北六十里。岁旱祷辄应。

汤泉，在县西北二百里。四时水热如汤，故名。

村市志

村　无。

市　计三。

骆家市，在县南六十里临澧乡上八都。

徐家市，在县南六十五里临澧乡下八都。

后溇市，在县北六十里溇阳乡十三都。

陂堰志

永昌堰，在县南十都。方圆五十余亩，溉田十余顷。

千工堰，在县南二都。方圆三十余亩，溉田五十余顷。

三汊堰，在县南九都。溉田四十亩。

西泉堰，在县南九都。溉田六十余亩。

白洋港垱，在县南下五都。溉田二十余亩，国朝洪武间修筑以备旱焉。

牛角溪垱，在县南下八都。溉田七十余亩。

花山溪垱，在县南下八都。溉田六十余亩。

花紫溪官垱，在县东北一都。溉田七十余亩。

黄家溪垱，在县西北十九都。溉田三十余亩。

户口志

户　洪武间六千三百一十一。永乐间五千八百零九。宣德间四千四百一十二。正统间四千四百六十三。景泰间四千四百三十八。天顺间四千四百五十四。成化间四千四十三。民户一千二百四十四，军户七百六十三，贴军户二百八十六，隘丁户八百九十三，杂役户八百四十一，医户一十四，僧户四，道户一。

口 洪武间二万七千六百七十。永乐间二万四千一百六十七。宣德间二万五千九百八十五。正统间二万八千八百六十八。景泰间二万八千二百二十八。天顺间二万八千五百八十四。成化间二万九千一百二十五。男子成丁一万六百九十六，不成丁四千四百二十二。妇女大一万一千六百七十七，小二千三百零二十。

徭役志

里役 里老：每坊里设置同巴陵，本县里长、老人各二十四名。

雇役 弓兵：本府六名，华阳王府教授一名，慈利县九名。

斋夫：本府学二名，九溪卫学二名，本县学六名。

膳夫：本县学二名，共出会膳银四十五两，各役所出俱同巴陵。

力役 皂隶：本府十名，本县二十名。

弓兵：本县直厅三十名，典史厅二名，本州嘉山巡检司巡检五十名。

马夫：本州三名，本县二十名。

防夫：本州水东递运所五名。

渡夫：本府大江渡四名，县前渡三名，旱渡各二名。

库子：本府永储库二名。

门子：布政分司、荆南道、府分治各二名，本县学三名，社稷坛、山川坛、邑厉坛各一名。

禁子：本县七名。

斗级：本府广丰仓四名，本州万盈仓二名，本县存留仓、预备仓、永定仓各四名，本州学仓、本县学仓各二名，大庸仓五名。

物产志

食类　附药产。稻、粟、豆、芝麻、菜、瓜、茄、芋、葱、蒜、姜、笋、果，俱同巴陵。

药、竹木类　同巴陵。

花草类　同巴陵。

货类　椒、漆。

鸟兽类　畜，同巴陵。羽，雉，余同巴陵。毛，麂。鳞、介、昆虫，俱同巴陵。

贡赋志

贡　野味：本县额采活野鸡二十只，折钞一百六十贯。

赋　田地山塘：洪武间共计二千一百五十顷三十六亩六分三厘，夏税大小麦共一百六十石三斗九升廿合九勺，税桑丝共一百三十斤三两五钱六分，织京库绢八十五匹，［南］京库绢九匹一丈二尺三寸五分，秋粮一万七千四百九十石一斗四升三合六勺。永乐间共计二千一百五十顷九十六亩六分五厘，夏税大小麦共一百六十四石一斗五升九合八勺，税桑丝共一百二十九斤九两三钱九分，织京库绢八十五匹，南京库绢九匹一丈二尺三寸五分，秋粮一万七千五百六十石一斗五升一合三勺。宣德间共计二千一百四十五顷九十七亩三分五厘五毫，夏税大小麦共一百六十四石一斗五升九合八勺，税桑丝共一百一十七斤二十二两五钱三分二厘，织京库绢八十五匹，南京库绢九匹一丈二尺三寸五分，秋粮一万七千五百一十六石三斗四合二勺。正统间共计二千二百二十顷四十六亩六分四厘五毫，夏税大小麦共一百六十四石一斗五升九合八勺，税桑丝共一百一十七斤二十七两五钱三分九厘，织京库绢八十五匹，南京库绢九匹一丈二尺三寸五分，秋粮一万七千五百三十一石六斗八升五合三勺。景泰间共计二千二百四十四顷五十七亩八分，夏税大小麦共一百六十四石一斗五升九合八勺，税桑丝共一百一十八斤一十二两五钱三分九厘，织京库绢八十五匹一丈八尺四寸六分三厘，南京库绢九匹一丈二尺三寸五分，秋粮一万七千五百三十七石八斗六合八勺。天顺间共计二千二百五十八顷四十一亩二分七厘八毫，夏税大小麦共一百六十四石一斗五升九合八勺，税桑丝共一百一十八斤一十八两八钱八分八厘，织京库绢八十五匹二丈七尺九寸八分七厘，南京库绢九匹一丈二尺三寸五分，秋粮一万一千五百七十三石七斗六升一合二勺。成化间共计一千八百五顷六十六亩七分一厘九毫，夏税大小麦共一百六十四石□斗五升九合八勺，税桑丝共一百一十六斤一十八两七钱一分，织京库绢八十四匹九尺六寸八分二厘，南京库绢九匹一丈二尺三寸五分，秋粮一万五千二百九石七升七合三勺。

段：本县岁造各色一十六匹。

户口食盐：本县官吏民人共一千一百三十九员名，户男妇大一万七百五十八口，共钞七万五十七贯。该盐七万五十七斤。

课程：本县岁办酒课钞一十五贯六百文，纸课钞七贯四十文，椒株课钞二十九贯三百文，漆株课钞九贯二百文，茶株课钞一百六十一贯七百八十文，茶引由工墨钞二十一贯八百文，棕株课钞八百一十文，桐株课钞一十二贯八百文没官，桑私租钞二百六十文没官，桃梅李树钞六百文，商课钞四千二十八贯一十文，契本工墨钞二贯。

翎毛：本县额办一万一千二百根，折钞五百六十贯。

皮张：本县岁办麂皮一百七十张，杂皮七十张。

弓箭弦条：本县额造弓二十五张，弦一百二十五条，箭一万支。

仓库志　附养济院

仓　存留仓，在县东五十步，用储粮以备支给。正统间建，成化间知县胡廉重修，计十三间。

库　架阁库，详“公署志”。

养济院，在县北一里，成化六年（1470），知县汪昱建。

驿铺志

驿

铺　计一十六。

县前铺、华林铺、川店铺、马鞍铺，东往澧州路。

花山铺、新店铺，西往慈利路。

所门铺、野鹅铺、铜盘铺、沿公铺、渡首铺、黄虎铺、鱼潭铺、门扇铺、潘家铺、野韮铺，西北往麻寮添平路。

以上俱国初所建。正厅三间，邮亭一座，正门一间，左右房各三间，路亭一所，牌坊二座，榜房三间。铺司共一十六名，驿司共一十六名，铺兵共六十五名。

关隘志

宜台寨（《澧州志》卷五作“台宜寨”），在县境。

津梁志

天门桥，在县东一里。元知县宣差越烈建，教谕张厚记。国朝成化十六年（1480），知县胡廉重修，记见“纪述志”。

鹿负桥，在县北二里。相传唐圆通道人游层山至此溪，鹿负以渡，因名。

麒麟桥，在县东二里。昔有黄牛产犊于此，其状如麒麟，故名。

何公桥，在县西南五里。

上官桥，在县南二十里。

双溪桥，在县东北一十五里。成化辛卯（七年，1471），知县汪昱重建。

下官桥，在县南二十里。俱元建。

自生桥，在县南二十里。石崖生成如桥。

官渡桥，在县南三十里。元至治间邑人田方叔建，县丞丘堂有记，见“纪述”。

没虎桥，在县西三十里。

新安桥，在县东三十五里。

畲市桥，在县东（应在县南）五十里。

梅公桥，在县南四十五里。唐咸通间里人梅景春甃石为之，故名。

黄莲桥，在县西北六十里。

花薮桥，在县南六十里。

洄洑桥，在县西。水东流洄洑于西，故名。路通慈利、桃源、武陵。

三江口将军渡，在县西一十五里。洪武间，九溪卫设军把守，路通九溪、添平、麻寮。

白沙渡，在县西北三十里。路通九溪、添平。

易家渡，在县东二十里。路通常德。

水南渡，在县西北一百五十里。路通添平。

沿家渡，在县西北八十里。路通添平。

（礼乐志，详府）

武备志

教场，一所。在县□□里，巡捕官常率民快演武于此。

宦迹志

前任，三国　太守：陈顗、王裕之。

南北朝　胡僧祐、许懋。

唐　范泰。以上因县置天门郡，故有是官。①

元　县令：宣差越烈。县丞：丘堂。教谕：何有成、张厚。

国朝　王钦、田里、沈玉田、王宪、王茂、侯恭、张观、汪昱、陈瀚、胡廉。

县丞：刘澄、唐昉、张禄、吴诚、孙风（讹作“凰”）②、章慈。

主簿：何清、梁思明、张敖、王诚、谢显、李彬、邓举。

教谕：邓诚、洪范、周颙、任简、文贯、张纯、董训。

训导：李廉、周善、王曰敏、王纪、刘寿。

见（通“现”）**任**　知县：李通，江西贵溪县人，由举人，弘治二年（1489）授任。

主簿、教谕：沈孟瑢，浙江秀水县人，由监生，成化十八年（1482）授任。

---

①系范泰于唐天门郡太守，大谬也。《澧州志》亦沿袭谬误。石门隋代即已为县，隶于澧州，唐以后直至清代均为澧州属县，唐何来“天门郡”？而范泰也非唐代人，而为东晋至南朝宋时人。《先秦汉魏晋南北朝诗》宋诗卷一：“范泰，字伯伦。南阳顺阳人。晋豫章太守宁子。晋太元初为太学博士。出为天门太守。”《澧纪》卷五系范泰于晋太元己丑（十四年，389）任天门太守，甚确。三国吴置天门郡，至南朝陈，此期间有太守，隋罢郡设县，便只有县令。

②本卷“纪述志”《县治记》及嘉靖《澧州志·职官年表》中均作“孙风”。

训导：刘济，江西庐陵县人，由监生，弘治元年（1488）授任。

名宦志

元　何有成，□□□□□人，任教谕。学行优，善吟咏，天门台有诗存焉。

国朝　王钦，辽阳人，洪武初任知县。有善政，夷獠畏服，寻升荆州知府。

唐昉，广西桂林人，洪武间任县丞。抚字有方，吏民怀服，相率请于朝，升本县知县。

王茂，上元人，正统间知县。政务修举，时人多贤之。

邓诚，江西广昌人，永乐初教谕。训诲有方，士赖造就，屡科得人。秩满，生徒不忍其去，章屡上，诏再九年。

科甲志　附岁贡

进士

举人

国朝　李思聪，永乐戊子（六年，1408）。

张绍先，永乐辛卯（九年，1411）。

陈迪，终断事；郭敏，终知县；李善，俱永乐甲午（十二年，1414）。

罗政，永乐丁酉（十五年，1417），终检校。

岁贡

国朝　辛以义，终知县。谢景，终典史。罗文彬，终卫经历。李原受（诸志均作“李元受”，另有“李原”），终知县。俱洪武间。

侯守忠，终通判。匡文真，初任知县，勤慎有为，升礼部精膳郎中终。汤存礼、褚克俊、骆希敬、陶胜宗、陈仪，俱终知县。萧文忠，终县丞。陈与敬，终训导。王宾，终主簿。俱永乐间。

田升，终通判。覃瑺，终知县。田鉴，终主簿。俱正统间。

黎洪、陈荣敬，俱终检校。毛铭，终县丞。邓玉铭，终通判。谢伯华，终知事。俱景泰间。

孙清、丘清，俱终县丞。天顺间。

邓瑛，终县丞。毛贵，终主簿。覃忠，终照磨。易文礼、向以德，俱终知事。张琥（讹作“虎”，诸志均作“张琥”），终吏目。易泰，终经历。周显，终知事。李珪，任州同知。王进、曾贵、毛纲、梅仲蕚、丁谦、周昂、黄源、马纯、邓伯显、马瑛、雷进、杨大魁、郭浩。俱成化间。①

人物志

元　邓均忠，至正间，峒民向思永攻劫乡邑，均忠率众捕平之。既而红巾寇至，均忠又极力捍御，境土赖宁。以功封宣慰司官，子义袭职，有功，历升金齿卫指挥。

孝行志

元　马安，父丧，负土成坟，庐墓侧号泣三年。有司以闻，旌其门曰“孝义”。

①《澧纪》系罗文彬于永乐；系汤存礼、褚（讹作“诸”）克俊、陶胜宗、萧文忠于宣德；陈仪、陈与敬、王宾、孙清、丘清于正统；系田升、邓瑛、毛贵、覃忠于景泰；系覃瑺、田鉴、黎洪、毛铭、邓玉铭、易文礼、张琥于天顺；系谢伯华于成化。

祠庙志

七里行祠、城隍庙，详“坛壝志”。

汉高祖庙，在县北一里。

晏公庙，在县西。洪武间建，景泰四年修。

彭山庙，在［县］东。

南岳庙，在打石崖山凹。宣德六年（1431）建。

古迹志

石门，吴永安中，山石自开如门，高二丈余。孙休以为祥，因置天门郡。元何有成诗，见“题咏志”①。

炼丹池，在县西一里真应观，即世传许真人炼丹于此。

流杯池，在层山卓锡泉下，元县令宣差越烈创。

景致志

石门八景

方顶铺毡，即方顶山也。山顶方平，岚光拥覆，如铺毡然。

洄流展帐，县前之水，波流萦回，势吞平野，有若展帐。

鸾凤夹山，在县东三十里。双峰相峙，插云如鸾凤飞舞然。

麒麟秀水，按邑志昔有黄牛产犊于溪傍，形类麒麟，时人遂以为灵瑞云。

---

①本卷“题咏志”已缺失。何有成《石门山》诗见《澧州志》：“县治十余里，天然石作门。不烦人用力，能使路通村。日月长留影，乾坤自守阍。万年成古迹，谁复属云根。”

层山古寺，相传隋人曾于层山上创寺，至今松柏交翠。

石濑流觞，见“古迹志”。

将军渡口，见“津梁志”。

仙客山头，见“山川志”。

寺观志

寺　清泉寺，在县东四十步。宋建，僧人八名。

普慈寺，在夹山。唐建，僧人五名。

福田寺，在县东三十里。唐建，僧人一名。

洛浦寺，在县东北三十五里。唐建，僧人二名。

花山寺，在县南四十里。宋建，僧人二名。

厚田报恩寺，在县南四十五里。宋建，僧人三名。

花薮寺，在县南五十里。唐建，僧人一名。

圆通庵，在县东南二十里。唐建，僧行一名。

观　朝真观，在县西。唐建，号崇真观，元改今名。道士五名。

存志观，在县南二十里。宋建，道士三名。

白鹤观，在县西北三十里。宋建，道士五名。元何有成诗，详“题咏”①。

（制命志，详府）

①本卷无“题咏志”。何有成《白鹤观》诗见《澧州志》：“层楼迭阁占深幽，袖拂烟霞上上头。曾有仙人双白鹤，可无老子一青牛。金炉香暖洞天晓，铁笛声寒山月秋。扑扑马蹄尘土倦，此身欲与白云游。”

纪述志

［石门县］学记

国朝　教谕周颙撰（《图经》卷七，有节文；同治《石门县志》卷十三第1066页）

国朝学校遍天下，边卫僻邑咸服儒绅，汉唐以来所未有也。石门之学，自洪武四年（1371）县丞刘澄经始于邑东，正统甲子（九年，1444），知县王茂复增修之，故未有记，无以传信于后。天顺戊寅（二年，1458），予奉天子命来掌教事，大惧不任以隳教基，于是进经生而告之曰："古人所以从事于学者，果何为而然哉？天［地］之生人也有常性，人之立于天地间者有常事。小而一身，大而家国，靡不有事。事也者，非人所能为也，性之所有也。弗胜其事，弗有其性，弗有其性，弗克若天矣。保其性，事其事，所以顺天也，舍讲学其何以哉？且天下之事皆人所当为也，君臣、父子、夫妇、长幼、朋友，人事之大者也。视听、言动、周旋、食息，何莫而非事乎？一事不贯天性陷溺也。讲学其可不汲汲乎？学所以事，事而奉天也。事有其理而著于心也，心也者万事之宗也，放其心事失统纪也，学者所以收其放心也。夏葛冬裘，饥食渴饮，理之所存（或"有"），而事所当然者。凡吾于万事皆见其若是也，而后为当其可学者求乎此而已。诸生于斯抑亦思所谓学者果何事乎？圣人之立教果何在乎？朝廷建学立师而教育者又果何为乎？果能此道矣，则凡游于兹者纷纭华耀，擢科取士于以黼黻乎？皇猷于以笙簧乎？治道靡不自此而出［矣］。"诸生曰："诺，敬闻命矣。"且此意也不可使是邑人无传焉，请并刻其始末于石，俾后之人有所观效（或"考"）而作兴云。

[石门]县治记

国朝　教谕周颙撰（《图经》卷七，有节文；乾隆《直隶澧州志林》卷二十一，题《石门重修县治记》，署“阙名”）

石门昔属荆州域，汉属武陵，陈始置县，以其地西十里有石如门，故名。石门隶于澧州，国朝仍之。群峰环耸，清流映带，药山居其左，赤松峙其右。前控桃源，北逮獠洞，实荆南名县也。县治岁久倾圮，至天顺丁丑（元年，1457），武清张钧观来尹，明年姑苏孙君凤复丞佐之，[同寅协恭]化行，期月政通人和，[百废俱兴]，乃重修县治。增旧制，作舍两旁，以栖[旧]典案牍也。作仪门、鼓楼，以肃出入，严更漏，示民有警也。至学坛廨宇（或“坛廨舍宇”），凡县之宜有者靡不整备。判簿张[君敖]、掌史秦[君福]与有力焉。工始[于]其年（天顺二年，1458）之十月，讫[于]次年（天顺三年，1459）之三月。高明宏深，气象轩豁，人文宣朗（或“丕宣”）。[即]山若增高，水若增深，草木鱼鸟，若有喜色而同囿（或“育”）于泰（或“太”）和也。僚属耆耋，咸赞厥美。请予书其实，以示将来。予惟国家承平，百年海宇丰富，犹恐生民不获其所。郡邑择人以理，二君之为石门有法度纲纪，能与民休戚，一洗故陋，如雷动风行，百里间可谓得人矣。然岂多得哉？若前有其人，则县治之作奚今[日]之待？惟其无（或“无其”）人，故江山（或“河”）有待二君也。以数十年之废而作兴于数月，非贤能之乎？继今居石门之水土，服二君之德（或“治”）化者，各亲亲长长，谨士习，勤耕织，小大相成，[毋犯常宪]，则远近举安于寿域，淳古之复不难矣。予（或“余”）喜君之贤于人也远，功之著于石门也大，用述其概，俾刻诸石，庶来者有所观感云。

天门桥记

元　张厚撰（《全元文》阙录，《图经》卷七有节文）

戊戌（大德二年，1298）冬经始天门桥[①]，庚子（大德四年，1300）秋桥成。县令宣差谓予曰："吾营斯桥也，历时久而用心劳，幸而有成[②]。国家之福，同僚之赐，邑人之力也，吾何功之有？虽然，不可以不志也，子盍与（或"为"）我记诸。"予惟子产以乘舆济人，孟子讥其不知为政；杜预建河梁于富平津，议者疑其不可，然终能有成者。事在有志而已，难易不论也。且天门岩邑也，一水经其前，沟浍环其后。惟邑之东，沟浍之所从出，泄群山之流而注之江。霖雨时至则浸淫涣漫，为羁旅所患。迨至挥鞭雀跃以涉其冲而幸免于溺者几希。宣差慨然曰："事有急于此者乎？大府所以通教令于下邑，下邑所以奉承于大府，骑相属，踵相接，而市井、村墟，贩夫贩妇之络绎于是焉。在予所当深念者也。间熟视焉而惮于有为，岂居官任职者忧公爱民之心哉？"乃与同寅协谋，鸠工度材，取石于山，市木于林。富者出财，能者出力，欢然赴役，大小毕至，旬月之间垂成。而复坏者再焉，众私相与评曰："是不可桥矣。"公曰："是警我而已。我为民上者，事当先以逸于人（讹作"久"）耳，吾当劳以逸于后，不亦可乎？"于是为之益力，雨旸之时若经营之。既久，人力既倍，基址益固。跨东西而绵亘，夷涧谷而坦途。横度而东，周道往还，莫不忻欢。为役逾四年[③]，而人靡咨怨，为费几四千，而用不告匮。甓其上而屋之，所以为游者憩息之所也。外而槛之，所以防游者之坠也。刻其栋丹其楹而青黄之，所以娱来者之游玩［也］。亦绰乎而有余

①嘉靖《澧州志·宦迹纪》："张厚，眉州人。大德庚子（四年，1300）教谕。"所以此戊戌应为大德二年（1298），后庚子为大德四年。张厚在桥将成时任石门教谕。

②《澧纪》卷五系宣差越烈于元贞庚子，然而元贞并无庚子，庚子年已到大德四年（1300），但天门桥为宣差倡修，经始于大德二年（1298），因此宣差任县令最晚也始于此年。《澧州志·宦迹纪》谓："宣差越烈，大德戊戌（二年，1298）为本县令。尽心民义，靡不周悉，修建天门桥，疏卓锡泉，仿晋贤山阴故事，创曲水流觞，遂成胜迹，至今犹存。"可据以为信。

③大德二年至四年应为二年，下文亦说"成功于二载"，因而此处可能为转录舛误。

裕也。士民耸观，前所未有。皆曰："石门为县，自隋迄今七百一十年之间[①]，倾圮数矣。其间贤者不过攒数柱，构数椽，板而梁之以苟且而已。至于风雨漂摇，腐败沦没，则兴废（或"修"）无常，民实病之。今邑有贤宰，不辞其难，任其劳。举七百年之旷典，而建不朽之宏基。巨鳌赑屃，山骨插立。成功于二载，期效于百年（或"世"）。意欲与石邑相为无穷，此其用心不亦远矣。"呜呼！盛衰时也，废兴人也。昔也千古在前，岂无盛时，而废不克举。今也山川有灵，民物殷阜，兰汀芷岸，风景蔚然。王道平平，永永无穷。而今而后，有兴无废，则存乎其人焉。宜差名越烈，与吾先宰湘阴，亦有惠政云。

官渡桥记

元　县丞丘（或"邱"）堂撰（《全元文》阙录；《图经》卷七）

石门南乡群山，溪之水合流而下为官渡。官渡之路南通武陵、辰、沅，北至澧阳、公安。自前无舆梁，无舟楫，往来者厉焉揭焉。遇春涨夏潦，则经日而病涉焉。里中士田芳叔尝乘骑过之，半渡而水瀑至，凛乎几冲溺之不免。既免，揽辔而誓曰："田应贵不能建一桥者有如此河。"于是割资征匠，岁累月积，石其下以为墩，板其上以为梁。前邑侯延振文见而嘉之[②]，且劝之曰："板非经久计也。"芳叔感其言，遂拆其板，而通石之。为墩四，为水门三，为长一百尺，为工匠费二万余缗，一出于已，而乡里薄有助者。不与。（此处疑有错简）起自大德（讹作"唐"）庚戌（大德无庚戌）[③]，

---

①隋于公元581年立国，但最后平陈则在589年，石门县为隋平陈以后罢郡置县，至大德四年（1300）适710年。

②延振文在本卷"宦迹志"中阙载。《澧纪·勒名纪》系为至元间知县，《澧州志·秩官年表》亦有载。

③大德庚戌应为至大庚戌之误，为至大三年（1310），桥十三年修成，从至大三年（1310）至至治二年（1322）适十三年。

迄至治壬戌（二年，1322），凡十有三年而后成，尝记之，延侯屡称芳叔建桥之功，嘱予为之记大概，谓（或“为”）芳叔之富不逾中户，能捐己而济人则有上户之所不及。延侯云：予尝以王事过是桥，见其功绩而叹，自有此水不知其几千百年无桥，几千百年人不能为，芳叔能为之，使后千百年人安然从几席上过，芳叔阴功盛德岂比编竹渡蚁而已哉。不在其身，必在子孙焉。因书以为记。

（“题咏志”因缺页而不存，或本遗漏不载）

湖广岳州府志卷之十

慈利县 附永定、九溪二卫指挥使司，大庸、安福、麻寮、添平四守御千户所，桑植安抚司

沿革志

县在府治西七百五十里。

唐虞三代，详府。秦为慈姑县①。汉为零阳县、充县，地属武陵郡②。三国孙吴，析置溇中县。晋又析置临澧县，并属天门郡。后周建德中，并溇中等县为北衡州，治零阳县。

隋改衡州为崇州，又置崇义县，改零阳为慈利县。俱属崇州。

---

①《汉书·地理志》所见武陵郡所辖县中有零阳，零阳即今慈利，这是正史中所见慈利最早的县名，零阳县城即慈利白公城。传世文献中从先秦典籍至明天顺间所编《大明一统志》都无秦名“慈姑”的说法。本志便是“慈姑”说的始作俑者。此后的方志中都袭此说。不知从什么地方将一个毫不相干的物名移花接木作为行政区域名。2002年，湘西龙山里耶出土近40000枚秦简，这批秦简中列出了大量的秦代郡县名，而明确属于澧水流域的县名便有：充、零阳、醴（澧）阳和孱陵，何来“慈姑”？在《里耶秦简》（壹）中“零阳”简即有5枚，如简5－1“元年（秦二世元年，前209）七月庚子朔（初一）丁未（初八）仓守阳敢言之……传零阳田能自食当腾期卅日敢言之七月戊申（初九）零阳袭移过所县乡”；简8－375“司空曹书一封丞印诣零阳”等。

②充、零阳目前所知最早为秦设县，而且很有可能秦沿袭战国楚县。“充”约辖今张家界市及桑植、永顺部分地区；零阳主要辖今慈利及石门部分地区。两县秦属洞庭郡，汉属武陵郡。

大业中罢州以县属澧州[①]。唐并崇义入慈利县[②]。宋仍唐旧。

元元贞初，升县为州，属澧州路。[③] 于州西北四百九十里置桑植安抚司。

国朝初，复改州为县，仍隶澧州。编户五十八里，在县三里，在乡二十二都，分五十五里。

于县西一百八十里置大庸卫，于县西北二百九十里置安福守御千户所，又于其北三百里置麻寮守御千户所，领十隘百户。一百五十里置添平守御千户所，领十隘百户。洪武二十三年（1390），于县北九十里置九溪卫，统左右中后四千户所，以安福、麻寮、添平三千户所隶焉。前桑植安抚司所统土夷内附。三十一年（1398），以大庸卫地设永定卫，统左右中前后五千户所，改大庸为守御千户所，隶永定卫，移置于县西二百一十五里。永乐四年（1406），因前土夷内附，仍置桑植安抚司，领美坪等一十八洞，亦隶九溪卫。

邑名志

慈利，以土俗淳慈而得物产之利，故名。慈姑（系杜撰，详前注），秦名。零阳、充县，汉名（秦代即有，或许更早。）。溇中，吴名。临澧，晋名。北衡州，后周名。崇州、崇义，隋名。

---

①《隋书·地理下》：“崇义后周置衡州。开皇中置县，名焉。十八年（598）改州曰崇州，大业初州废。有澧水。慈利开皇中置，曰零陵，十八年（598）改名焉。有始零山。”“零陵”应为“零阳”之讹，见下注。

②《旧唐书·地理志三》：“慈利，本汉零阳县，隋改零阳为慈利县。麟德元年（664），省崇义并入。”

③《元史·地理志六》：“慈利州，中。唐、宋皆为县，元元贞元年（1295）升州。”《明史·地理志五》：“元慈利州，洪武二年（1369）降为县。”

疆域志

东接石门，至本府石门县界六十里。西通永顺，至永顺宣慰司界二百四十里。南扼桃源，至常德府桃源县界七十里。北控容美，至容美宣抚司界二百八十里。东西广三百里，南北袤三百五十里。

东北到九溪卫添平千户所三百里，东南到常德府武陵县六十里，西南到辰州府沅陵县二百一十里，西北到九溪卫桑植安抚司四百九十里（方位、里程多与实际不符）。

（星野志，详府）

形胜志

秀峰峙其东，天门拱其西，阳适耸前，澧阳踞后，为南州雄（元张兑《康济王庙碑》："控蜀连黔，延袤千里，为南州雄。"俱旧《志》）。

风俗志

人性悍直，俗皆梗朴，力农务桑，信巫尚鬼（旧《志》）。刀耕火种（《永定卫志》）。

城池志

县治东南面山，西北枕河，无城池，惟四隅置箭楼，以备不虞。

永定卫城 国朝洪武初，名大庸卫，指挥张胜修筑。洪武三十一年（1398），改名永定卫。指挥黄常，环甃以砖，周围一千一十丈有奇，计九里一百二十步，高二丈四尺，雉堞一千六百五十，高四尺。窝铺六十有二。门五，曰东、南、西、北，四门各有楼，指挥周辅、吉世英、丁贵建；小东门，无楼。

池 周围六百三十二丈六尺，深一丈五尺，阔二丈八尺。

大庸守御千户所城 洪武初名大庸卫，在今永定卫地，洪武三十一年（1398），改为所，始迁于此。正千户武才筑砌之。周围五百丈，计二里二百八十步。高一丈，雉堞九百二十四，窝铺二十。东、西、南、北四门，各有楼，敌台二座。

池 周围临溪。

九溪卫城 旧无城，国朝洪武二十三年（1390），指挥吕成、韩忠始筑甃之。周围一千丈，计九里一十二步，高一丈八尺，雉堞千二百五十四，高四尺。指挥乐罂创窝铺四十六座，串楼七百六十四间。门四：东曰“朝天”，南曰“宁远”，西曰“西门”，北曰“北门”，各有楼。

池 东、西、南滨河，北凿池，深阔各一丈。

安福守御千户所城 旧无城，洪武二十三年（1390），正千户李懋始筑砌之。周围五里三十步，高一丈二尺。雉堞七百五十三，高四尺。东、西、北三门，各有楼。

池

麻寮守御千户所，城池，无。

添平守御千户所，城池，无。

隅厢志

东隅 县东寿安街：迎恩坊、承流坊，恩荣坊，为进士杨舟立。进士坊，为张兑立。里仁坊、仁孝坊、归厚坊，亚魁坊，为举人史秉直立。丹桂坊，为举人朱仲宾立。迎恩街、修仁街。

南隅　县南街：澄清坊、肃政坊、平政坊，县丞张本厚立。中正坊、翀霄坊，为举人夏震立。冠英坊，为举人赵廉立。登瀛坊，为举人周孟璋（讹作“彰”，诸志均作“璋”）立。攀龙坊，为举人刘秉立。屏翰坊、分司坊，俱知县戴廷用立。永泰街、天门街、八角井街。

西隅　县西贤街：宣化坊、文林坊，县丞张本厚立。蓄材坊、养贤坊、文会坊、裕民坊、永顺坊，青云坊，为举人杨鼎立。凌云坊，为举人王彦才立。云梯坊，为举人何思齐立。独步坊，为举人姚仲彰立。和丰街、钟庆街。

北隅　县北街：折桂坊，为举人王宏立。连科坊，为举人刘甸、刘畤兄弟立。步蟾坊，为举人裴让立。鸣凤坊，为举人陈原达立。鹏程坊，为举人曾思中立。修仁巷、遵义巷、宣徽巷、永淳巷、绥德巷、时雍巷、莲花巷。

文武连荣坊，在永定卫，为本卫指挥使周宣、举人周□叔侄立。登荣天府坊，在永定卫，为举人胡永贵立。

安边坊、镇远坊，俱在九溪卫前街，指挥薛洪立。朝天坊、掇科坊，为举人李荣立，俱在九溪卫东门街。安远坊，在九溪卫南门街。定边坊，在九溪卫西门街。安定坊，在九溪卫北门，俱指挥乐罄立。

坊都志

一坊、二坊、三坊，以上三坊俱在县，各一图。

一都，在县南，辖二图，一里。二都，在县南，辖二图，共二里。三都，在县南，辖三图，共三里。四都、五都，在县南，辖二图，共二里。六都，在县西，辖四图，共四里。七都，在县西，辖一图，一里。八都，在县西，辖六图，共六里。九都，在县南，辖三图，共三里。十都，在县西，辖三图，共三里。十一都，在县西，辖三图，共三里。十二都，在县西，辖二图，共二里。十三都，在县西，辖二图，共二里。十四都，在县西北，辖一图，一里。十七都，在县北，辖三图，共三里。十九都，在县北，辖三图，共三里。二十都，在县西北，辖三图，共三里。二十一都，在县北，辖二图，共三里。二十二都，在县北，辖二图，共二里。二十三都，在县北，辖二图，共二里。二十四都，在县北，辖三图，共三里。二十五都，在县北，辖三图，共三里。

职官志

本县

知县一员，县丞一员，主簿一员，近革，首领官、典史一员。

属官：儒学教谕一员，训导一员，阴阳学训术一员，医学训科一员，僧会司僧会一员，道会司道会一员。

永定卫

指挥使六员：周龙、朱良臣、邓良翰、彭程、周良臣、刘高。

指挥同知四员：吉德、许应时、刘吉、张良辅。

指挥佥事一十三员：秦凤、张埙、赵尚贤、樊忠、李钦、林志霄、朱世臣、杜名儒、琴大声、刘承恩、郧佐明、吕时和、赵翰。

经历一员。镇抚一员，萧大韶。

儒学教授一员。五所正千户二十四员，百户二十员。

大庸守御千户所

千户六员，百户六员，吏目一员。

九溪卫

指挥使六员：吴绶、苏实、乐佾、翟时、常钦、张节。

指挥同知一十二员：李玉、蒋仕棋、乔世勋、王韶、孙堂、董建中、王韶、翟庸、申振、王代言、陈清、段坚。

指挥佥事四员：陈表、蔡臣畿、周田、李霆。

经历一员。镇抚一员，张相。儒学教授。

四所正千户七员，副千户一十八员，百户二十八员。

安福守御千户所

正千户四员，副千户三员，百户七员，吏目一员。

添平守御千户所

土官正千户二员，百户八员，所镇抚一员，十隘。汉官指挥一员，王仕麒。正千户一员，副千户一员，百户一员。

麻寮守御千户所

土官正千户一员，副千户一员，百户六员。十隘。汉官正千户一员，副千户一员，百户二员。

桑植安抚司

土官安抚一员，同知一员，把事一员。

公署志

布政分司，在县东北四十步，国朝洪武初建。二十二年(1389)罹兵燹，景泰初，知县戚安建。成化二十一年(1485)，知府李镜命知县戴廷用鬻地增基重建，规制逾旧。正厅、后堂、仪门各三间，耳房、厨房各三间。

荆南道，在县东南五十步，洪武四年(1371)，主簿万溥建。二十五年(1392)，知县吴伯达重建。宣德初，知县黄孟舟撤旧更新。正厅、后堂、仪门各三间，耳房、厨房各三间。

府分治，在县东南，成化初，县丞章慈建。

县治，即隋崇州旧址，创始莫详，洪武初建。二十二年(1389)罹兵燹，知县吴伯达重建。宣德初，知县黄孟舟撤旧更新，规制宏敞。正厅五间，后堂、典史厅、仪门各三间，东西吏房一十八间，县官公廨五间，谯楼一座，狱房五间，榜房一十二间。

戒石亭、架阁库，俱在县治内。申明亭，在县东。旌善亭，在县西。

惠民药局，在医学东。

阴阳学、医学，俱在县东。

僧会司，在铁佛寺内。

道会司，在紫霄观内。

永定卫治，在县西一百八十里。洪武初，名大庸卫，三十一年（1398），改今名，指挥黄常建。后指挥周辅、吉世英、丁贵、周宣相继修葺。正厅五间，后堂、仪门各三间，东西吏房一十六间，榜房九十间，狱房三间，谯楼、钟楼各一座，公馆一所，军器库五间。经历司、卫镇抚、架阁库各三间。左右中前后千户所，正厅、仪门各三间。

大庸守御千户所，在县西二百一十五里。洪武初，名大庸卫，在今永定卫地。三十一年（1398）改为所，隶永定卫，千户武才建。正厅、后堂、仪门各三间，东西吏房六间，狱房三间，榜房二十间，军器库三间。吏目所，厅三间。

九溪卫治，在县北九十里。洪武二十三年（1390），指挥吕成建。正统八年（1443），指挥乐翫重建。正厅、后堂、穿堂、仪门各三间，东西吏房一十六间，榜房、狱房各三间，谯楼一座，公馆一所，军器库、銮驾库各三间。经历司、卫镇抚、架阁库各三间。左右中后四千户所，正厅、仪门各三间。

安福守御千户所，在县西北二百九十里。洪武二十三年（1390），千户李懋建。正厅、后堂、仪门各三间，东西吏房六间，榜房一十二间，狱房三间，谯楼一座，军器库三间。吏目所，厅三间。

麻寮守御千户所，在县北三百里。洪武初建，正厅、后堂、仪门各三间。

添平守御千户所，在县北［一］百五十里，即元天平台。洪武二年（1369）重建，改今名。正厅、后堂、仪门各三间。

桑植安抚司，在九溪卫西北四百里。洪武二十三年（1390）重建。正厅、仪门各三间。

学校志　附社学、书院，并永定、九溪二卫学

县学，在县西，即元州学址。国朝洪武初建，二十三年（1390）毁于兵。知县吴伯达创立，后林钟、黄孟舟、杨威相继修建，规制咸备。成化二十年（1484），县丞张本厚撤旧更新而易其向，又复学前地为通衢，名曰“贤街”，环筑垣墉，规制倍昔。

文庙，殿庭五间，圣贤塑像、爵、里、名氏俱详府。东庑、西庑各六间，从祀贤人木主、爵、里、名氏俱详府。戟门三间，棂星门三座，瘗坎一所，神厨、宰牲房各三间，祭器库一间，洗牲池一方。

学，明伦堂五间。二斋，东曰“日新”，西曰“时习”，各三间。后堂一间，号一十二间。知县戴廷用建。名教堂、会馔堂各三间，学门一间，泮池、教官公廨三所，学仓、射圃各一所，观德亭三间。书籍数目及颁降年月俱同府。卧碑一通，榜详府“制命志”。

社学，一所，三间，在县南。

永定卫学，旧在卫东，国朝正统八年（1443）间设。天顺五年（1461）指挥周辅、丁贵改建卫西。

九溪卫学，旧在卫南，正统九年（1444）建，成化八年（1472）迁于卫右。

天门书院，在天门山下，元郡人田希吕所建。

清溪书院，在紫霄观，宋刘甸兄弟读书于此。

坛壝志 附城隍庙、旗纛庙

社稷坛，在县西五十步，神位砖台一座，壝门四座，外门一座，神厨、库房、宰牲房各三间，帛坎一所，斋宿、正房前后六间，东西房各一间。

风云雷雨山川坛，在县南，燎台一座，余同前，俱洪武二年(1369)主簿万溥建，二十三年(1390)，知县吴伯达重修。

邑厉坛，在县西北，砖台一座，壝门一座。

乡厉坛，五十五里各一所。

城隍庙，在县西。以上俱宣德间知县黄孟舟重修。神附祭山川坛，主祭邑厉坛。永定、九溪二卫各一所。

旗纛庙，永定、九溪二卫，大庸、安福二守御千户所各一所。祝文，俱详府“制命志”。

山川志

山 附岩、洞类。

金莲山，在县南三里。其形如荷花。

阳适山，在县南三里。一名羊角，以形似名。云起山谷即雨。

紫霞山，在县南七里。

星子山，在县东一十里。山形高圆，色白，望之如星然。

道人山，在县北一十里。山下有一石类道人，拱立面南，高五丈余，因名。

兔坐山，在县东二十里。形如坐兔。

宝珠山，在县西一十里。下有三真洞。

三涪山，在县西北六十里。下有三涪泉。

兰山，在县东三十里。下有雷洞泉。

崇山，在县西二百里。舜放驩兜于崇山即此。

范丹山，在县东三十里。范丹栖隐于此。

七姑山，在县西三十里。其山高出众峰，上有仙女祠，下有蟠桃洞。

九度山，在县西三十里。以水有九度故名。上有石如楼，名仙人石楼。

月山，在县东四十里。山顶弯如半月。

铜盘山，在县东四十里。连钱、铜盘、石马，此澧阳之滩险者也。

天门山，在县西南一百八十里。即古松梁山。状如香炉，有十六峰相次环列，最高者为天门，空明透彻，上贯山顶。门角各有一竹倒垂下拂，俗名天帚。元邑人翰林待制杨舟各因其形似而名之曰玉壶、玉堂、漆园、猿点、将军、弩牙、仙人、簳凹、金匮、弥勒、仙源、高远、道士、鸡笼、簸箕、笔架，各赋以诗。后之好事者，间异其名曰丹灶、老僧、箭竿、背儿、掇笔、婆婆，要之亦不出十六峰之列也。

赤松山，在县西一百六十五里，与天门对峙。相传赤松子尝隐此，丹灶犹存。今上下数十里，俱号为赤松村。

观音山，在县西北一百八十里周家坪。

会龙冈，在县北二十里。盘旋若龙之会。

茅冈，在县西一百九十里。一名峒冈，盘踞安福、白崖、美坪等冈。楚地多荆，惟此不生。俗云：峒中之氓，可以德抚，而不可以刑治，故耳。

燕子岩，在县东南二里。宋端平二年（1235），刻“燕岩”二字于上。

洒珠岩，在县东北二十里。有泉自悬崖飞流下，圆莹如珠。

飞练崖，在县东一十五里。有泉飞下如垂练。

赵判崖，在县东一十五里。上有洞，深邃如屋，中有石龙吐水，石田成丘，异草奇花，四时妍丽，一邑之胜概也。

千里崖，在县南二十里。山高千仞，人登其巅，一目千里。

金鼓崖，在县南三十里。崖巅有石如鼓，世传域中有警（讹作“境”）或边陲不靖则自鸣。

肝心崖，在县西六都。俗传昔有边将征夷战殁，时人取其肝心悬于崖，以示赤心，俱化为石。

中峰崖，近和尚崖，众崖环峙，惟此崖独高，因名。

天榜崖，在茅冈方山，山势排连若悬榜然。

三女崖，与天门山相对，上有三崖石，状如三女，俗呼为三姊妹。

将军崖，在县西八都，状若将军披甲倚崖。

百丈崖，一名百丈峡，在县西一百六十里，九溪卫西南七十里。石崖两面对峙，高逾百丈，中有小峡长三十里，流泉峻急，古木槎牙，峡畔有路通永定，最险。

秀峰，在县东七里。四时青翠，因名。下有秀峰祠。

立雪峰，近安福峰，其崖色白壁立。

挂瀑峰，在县西一百八十里。峰顶有泻瀑，望如飞练。

茅花岭，在县南三十里。岭甚峻绝。

燕子洞，在县东南二里。岩洞深广，可藏数千人，岩后有穴，秉炬而入，其中亦有明处。四围石乳融结，时有石燕往来其中，故名。

雷公洞，在县南二十里。时值隐晦，中隐隐有声，两壁峻立如神像。

风洞，在县北三十里。洞常有风。

宾郎（或作“槟榔”）洞，在县西北二百里，茅冈寨南。群蛮往来之径，一窦而入，后有大门，过此即为徭界。昔徭人侵扰，邀击而后屈伏。与之盟，画此为界，镌石像人，立于道左。

桃花洞，在县西北三百里。洞多桃花，即知州郭逵（讹作

“逵”）破彭仕义之所。

鬼谷洞，在天门山下。有洞虚敞，深邃如屋，相传鬼谷子遁居于此。

三真洞，在宝珠山下。昔传唐、郭、周三人修真于此，上有三元堂。

水沉洞，在县西北十四都。其洞深广，源出酉水经流鲁阳山，俗谓鲁阳迷。

花石，在县一百九十里武口寨。石上有花如重台牡丹，枝叶缭绕，虽良工莫能画。若以物击之，应手而碎，拭之其花复见。

灵石，在县东七里。宋乾德中，有巨石溯澧而西飞止秀峰之巅，凭人言曰：庙枕于山，福流于民。时人因祠祀之。黄直方记云：朱梁大将军武平征蛮而卒，是石飞而祠立焉。

水　附洲、矶类。

溇水，在县西二里。源出归州，东流至索谷，合四十八涧为一水，南至观嘉嘴会澧水，谓之后江。

双溪，在县西二里。有芙蓉洲，前后两江流至菱花渡合，实邑之胜状也。

九溪，在县北九十里九溪卫境，因以名卫。其溪之目曰索口、喝堡、龙馆、书院、斗溪、大富、王富、下闸、大河。

武溪、大庸溪、无事溪、仙人溪、雷公溪、社溪，以上六溪俱在永定卫境。

龙潭，在县西一十里，即桑木溪也。

大龙潭，在县北十九都。中有龙，岁旱祷之辄应。

鸳鸯浦，在县北一里。昔人诗云：“桃花浪暖鸳鸯浦，柳絮风轻燕子岩。”

观嘉浦，在县西三里。与鸳鸯洲相对，溇、澧合流之所。

鱼泉，在县西二十一里。其泉石屋覆盖，中有阒石盘，名龙台。下临清潭，蛟龙居之。

三涪泉，在县西北六十里三涪山下。泉列三眼，中有龙洞，一日二三次潮，水涌出高二三尺。流至通济铺前溪，溪亦陡然泛涨，所灌田甚多。系隘丁户者，皆为麻寮千户唐冠所夺。弘治戊申（元年，1488），知府李镜巡治过其地，询知，因口号曰："三涪泉洞实奇哉，一日三潮涌水来。灌溉田畴三十里，可怜都富恶人财。"

天门灵泉，在天门山顶。泉中鱼生绿毛，载《天门赋》。晋周朴有诗①。

滩

鬼见愁、宜眉、大辛、小辛（二辛滩在县西九十里永定河中，巨石南北参差对峙，险过吕梁洪）、牛鼻濑、三里濑、红鱼、出口大濑、小濑、扰濑、火烧溶、上石门濑、大黑石、藏船、寒水、掷拽濑、笼当濑、摸壁、施拥濑、茸匣口濑、大石炮濑、小石炮濑、大辛濑、野濑、暴濑、野猪、尸肠、岩梁、方滩、三百篙、粗石、乱石、菖蒲、柘箣、下铁、血流。

陂堰志

王家堰，在一都。长阔五丈，深五尺，溉田十亩。

长湖堰，在五都。长阔七丈，深六尺，溉田一十八亩。

大冈堰，在六都。阔六十丈，深五尺，溉田一百二十亩。

陈家堰，在六都。阔一丈，深四尺，溉田二亩。

谭家堰，在十二都。长阔五丈，深五尺，溉田一十亩。

庹家堰，在二十一都。长阔二丈，深四尺，溉田四亩。

鱼儿堰，在二十二都。长阔三丈，深二尺，溉田四亩。

槎溪堰，在二十五都。长阔四丈，深三尺，溉田七亩。

①周朴为五代后晋（936—946）时人，非"晋"人。参见卷七"古迹志"注释。

黄泥垱，在二都。阔一丈二尺，深四尺，溉田三亩。

顾家垱，在二都。长阔三丈，深五尺，溉田五亩。

骆家垱，在三都。长阔二丈，深五尺，溉田五亩。

团岩垱，在六都。长阔一十丈，深七尺，溉田二十二亩。

龙溪垱，在八都。长阔五丈，深五尺，溉田十亩。

大湖垱，在九都。长阔三丈，深三尺，溉田四亩。

龚家垱，在十都。长阔二丈，深五尺，溉田四亩。

母潭垱，在二十四都。长阔三丈，深五尺，溉田六亩。

流水洞垱，在五都。长阔五丈，深三尺，溉田一十亩。

户口志

户 洪武间八千一百一，永乐间九千二百九十七，宣德间九千一百七十二，正统间九千二百四，景泰间九千一百五，天顺间九千，成化间八千九百三十八。民五千八百二十，军一千八百七十八，匠二百七十一，杂役八十七，铺司兵四十四，力士、校尉一十九，厨役二，医五，僧一，道一，隘丁八百九。

口 洪武间三万七千七百九，永乐间二万九千九百一十七，宣德间三万六千三百九十五，正统间三万八千一百七十五，景泰间四万九百三，天顺间四万四千四百三，成化间四万六千一百一十一。男子成丁二万七千九百一十一，不成丁三千八百八十二。妇女大一万三千三百三十八，小八百。

徭役志

里役 里老：每坊里设置同巴陵，本县共里长、老人各五十八名，甲首各登耗不等。

雇役 弓兵：都司断事司一名，本府八名，石门县七名。九溪、永定二卫各二名。大庸、安福、麻寮、添平四千户所各一名。

斋夫：本府学五名，本县学六名。

膳夫：本府学二名，本县学二名，每名出银同巴陵。

力役 皂隶：布政司一名，本府二十七名，本县二十名。

弓兵：本县直厅二十名，典史厅一名。

马夫：本州七名，本县共四十名。

渡夫：鸳鸯渡、永安渡各二名。夏聚渡、东阳渡各一名。本府大江渡六名。

库子：本府永储库、本府学各二名，本县学一名。

门子：布政分司、荆南道府分治各三名，本县学二名，社学、射圃各一名，社稷、山川、邑厉坛各二名。

禁子：本府一十名，本县八名。

巡栏：本县三名。

斗级：本县存留仓四名，县学仓二名。预备仓、便民仓、永定仓、大庸仓、安福仓、九溪仓各五名。

物产志

食类 稻、黍、稷、粟、麦、豆、芝麻、荞、果，俱同巴陵。石耳、蜂蜜，本县出。

药类 厚朴、赤芍药、独活、半夏。

竹木类、花草类 俱同巴陵。

货类 绵布，土绸。

鸟兽类 畜、羽、毛，俱同巴陵。

昆虫 同巴陵。

鳞 石鲫鱼、重唇鱼、双鳞鱼。

贡赋志

贡 野味：岁办活麂四只，折钞二百贯。活野鸡二只，折钞一十六贯。活鹁鸠二十四只，折钞二十四贯。

赋 田地山塘：洪武间官民共计一千二百四十顷四亩三分四毫，夏税大小麦共二百二十石八斗七升八合七勺，税桑丝一千三百一两八钱□□□厘二毫，织京库绢未详，秋粮米一万七百九十三石八斗九升三合五勺。永乐间官民共计一千四百七十顷二十六亩九分二厘六毫，夏税大小麦共二百九十五石六斗九升七合五勺，税桑丝九十六斤一十五两七钱一分七厘二毫，织京库绢七十五匹一丈五尺九寸八分五厘一毫，［南］京库绢四匹五尺，秋粮米一万二千九百八十九石八斗四升七合三勺。宣德间官民共计一千四百七十五顷一十五亩八分七厘六毫，夏税大小麦共三百五十九石六斗九升七合五勺，税桑丝九十二斤四钱四分九毫，织京库绢七十五匹一丈五尺九寸八分五厘一毫，南京库绢四匹五尺，秋粮米一万二千九百七十八石一升三合一勺四抄。正统间官民共计一千四百八十八顷七亩二分四厘一毫，夏税大小麦共二百五十九石六斗九升七合五勺，税桑丝九十三斤四两三钱二分七厘五毫，织京库绢七十五匹一丈五尺九寸八分五厘一毫，南京库绢四匹五尺，秋粮米一万三千九十九石三斗一升三合九勺四抄。景泰间官民共计一千四百八十九顷九十八亩五分五厘九毫，夏税大小麦共二百五十九石六斗九升七合五勺，税桑丝九十八斤一十两七分六厘二毫，织京库绢七十五匹一丈五尺九寸八分五厘一毫，南京库绢四匹五尺，秋粮米一万三千一百一十八石一斗四升四合。天顺间官民共计一千五百一十六顷五十亩七分九厘四毫，夏税大小麦共二百五十九石六斗九升七合五勺，税桑丝九十九斤六两一钱四分五厘八毫，织京库绢七十五匹一丈五尺九寸八分五厘一毫，南京库绢四匹五尺，秋粮米一万三千二百三十一石一斗三升二合。成化间官民共计一千五百一十九顷四十一亩八分九厘四毫，夏税大小麦共二百五十九石六斗九升七合五勺，税桑丝九十四斤六两六钱五分六厘七毫，织京库绢七十五匹一丈五尺九寸八分五厘一毫，南京库绢四匹五尺三寸二分，秋粮米一万三千二百六十石一斗二升六合八勺。

段：岁造青丹矾、黑墨绿二色，各色七匹。

户口食盐：官吏民人五千四百九十员名，户男妇大一万八千九百八十九口，共钞一十二万三千八百五贯五百文。该盐一十二万三千八百五斤八两。

课程：岁办、带办酒课钞五十七贯六百文。纸课钞一十六贯。水磨钞一十四贯四百文。油榨课炒五十七贯六百文。窑课钞二十贯二百六十文。铸泻课钞七贯二百文。椒株课钞四十五贯六百文。桐株课钞一十六贯二百九十文。漆株课钞二十七贯五百五十文。棕株课钞九百四十文。茶株课钞四贯三百二十文。黄连课钞五百文。商课钞四千八百四十八贯七百文。门摊课钞□千四百七十六贯。契本工墨钞四贯。加增课钞二十八贯一百七十文。

翎毛：岁办二万五百根，折钞一千二十五贯。

皮张：岁办麂皮一百七十四张，杂皮一百五张。

弓箭弦条：额造弓二十五张，弦一百二十五条，箭一万枝。

军需：永定、九溪二卫，大庸、安福、麻寮、添平四千户所拨支无定处。

仓库志 附养济院

仓 便民仓，在县西。县丞张本厚重建，计二十间。

存留仓，在县西南。知县戴廷用重建，计一十间。

预备仓，二所，一在县东，一在九溪卫，各计五间。用积粮谷，以备荒歉。

军储仓，五所，一在永定卫东，计正厅、外门、箒屋各三间。一在九溪卫，计□间。一在大庸守御千户所，计五间。二在安福守御千户所东、西，共计三十四间。以上俱有官攒，隶本布政使司。

库 架阁库，详“公署志”。

养济院，在县东一里。宣德间，知县黄孟舟建。

驿铺志

铺 计四十三。

县前铺、英溪铺、水滂铺、茶林铺、高桥铺、善山铺、界首铺，东往石门路。

三叉铺、行溪铺、退田铺、畲刀铺、任市铺、宜冲铺、黄鱼铺、穿石铺、白杨铺、围布铺、施陶铺、唤狗铺、潭头铺、杨林铺、社溪铺、苟家铺、古城铺、大庸铺、黄土铺、桑溪铺，西往永定并大庸路。

亚门铺、长峪铺、通济铺，界慈利、九溪中道，官使往来，多宿于此。成化间，巡抚都御史马驯抚临，以旧铺卑隘，命本府措工价，慈利县、九溪卫出夫料建。正厅、报厅、东、西房各三间，中门、外门各一座。周围缭垣完固，与澧州仁和铺为一府铺舍之最。

赵家铺、仁和铺；九溪卫前铺、滑潭铺、三家铺、竹家铺、土坡铺、虾子铺、厚古铺、水踏铺、安福铺、羊楼铺；麻寮千户所前铺，此往九溪、安福、麻寮路。

以上洪武初建，各正厅三间，邮亭一间，正门一间，左右房各三间，路亭一所，坊牌二座，榜房二间。铺司、驿司各四十三名，铺兵共一百八十五名。东北至南京水路二千九百里，至京师六千六十七里。

关隘志

九渊关，在二十二都。野牛关，在十九都。属九溪卫。

龙伏关，在八都。金藏关，在［九］都。百丈关，在十都。大坪关，在十一都。新功关，在十二都。黑松关，在十三都。以上俱属永定卫。

那平关、后坪关、青鱼滩关、边岩下关，俱在十三都。属大庸千户所。

油罗关、大泉关、于制关、野鸡关、三江口关、闸口关，俱在十四都。属安福千户所。

鱼洋隘，土官百户邓伯□。走避隘，土官百户王廉。细沙隘，土官百户伍□。遥望隘，土官百户曾广。鹞儿隘，土官百户唐世元。中靖隘，土官百户陈观。磨岗隘，土官百户唐浩。石磊隘，土官百户宋武。长梯隘，土官百户覃□。龙溪隘，土官百户□绶。以上俱在添平千户所境，各率土兵戍守。

山羊隘，土官百户向辅。九女隘，土官百户向锳、向锐。樱花隘，土官百户刘乾、邓雄、黎甫。曲溪隘，汉官百户朱暹。梅梓隘，汉官百户朱昂，土官百户赵舟、刘江。栏刀隘，汉官百户刘万里，土官百户覃惠、吴端。黄家隘，土官百户唐汉、赵友、覃万英。青山隘，土官百户刘万里、刘广。靖安隘，土官百户向世英、唐玺。守所隘，土官百户李□、唐胜斌。以上俱在麻寮千户所境，各率土兵戍守。

桑植峒，即安抚司。美坪峒，峒老那木得。朝南峒，峒老惹不送。那步峒，峒老□□□。人士峒，峒老向隆。黄沙峒，峒老向□□。鱼龙峒，峒老那瓮送。夹石峒，峒老律已。苦南峒，峒老王得荣。杆坪峒，峒老麦谷送。蚕辽峒，峒老唐思胜。金藏峒，峒老王添隆。柘山峒，峒老向明酺。烂石峒，峒老墨答送。黄家峒，峒老郑志江。板山峒，峒老向南通。龙潭峒，峒老南木送。书络峒，峒老郑老。以上一十八峒俱桑植安抚司所辖。

安福寨、索口寨、西牛寨、武口寨、澧川寨，俱在县治境，宋置。

津梁志

观音桥，在县西四十步。

观桥，在山川坛前。

清溪桥，在山川坛后。

天门桥，一名道源桥，在儒学前。

黄莲桥，在社稷坛西。

鲤鱼桥，在县西南三里。

永安桥，在县西，邑人文圆方建。

官桥，在县东北三里。

燕公桥，在县西七十里。

古洞桥，在县西九十里。

通济桥，在县北二十三都。有溪通三涪泉，民建桥于上。

象儿桥，在县北二十二都。旧有石象在溪之侧，因名。

穿石桥，一名自然桥，在县西八都。石梁如桥，故名。

安远桥，在县西一百二十里。

石公桥，在九溪卫北。

永安渡，一名莲花渡，在县西一坊。

鸳鸯渡，在县北一里。

白马渡、唤狗渡，俱在县西八都。以上路通永定。

夏聚渡，未详。

大庸渡，在县西十三都。

周公渡，在县北二十三都。

东阳渡，在县东北二十五都。以上路通九溪并大庸。

（礼乐志，详府）

武备志

教场一所，在县东，成化丙午（二十二年，1486），主簿熊灿创。巡捕官常率民快习武于此。

永定卫

军器，同岳州卫。

教场一所，在卫城西。管操指挥统五所旗军教阅于此。

大庸守御千户所

军器，同澧州守御千户所。

教场一所，在所城北。千百户统旗军余教阅于此。

九溪卫

军器，同岳州卫。

教场一所，在卫城朝天门外。管操指挥统四所旗军教阅于此。

安福、麻寮、添平三守御千户所

军器，同澧州守御千户所。

教场各一所，各所千百户统旗军教阅于此。

宦迹志

前任，南北朝　知县：王镇恶①。

---

①《澧纪·勒名纪》：王镇恶于晋义熙己酉（五年，409）任临澧县（晋于零阳析置临澧县）令。或曰即充县，治今张家界市。

宋　云景龙。

元　知州：翁元臣、樊益。

同知：山马（万历《慈利县志》作“山马忠显”）。

监：贯子索、也先海牙①。元贞初，升县为州，属澧州路，故有是官。

国朝　知县：武原、叶守礼、李思让、龙春源、吴伯达、刘仕贤、夏廷鉴、顾得志、林钟、杜述、郝润、范永诚、李文、杨敏、翟瑀、王伯诚、余泂、黄孟舟、蔡新、张庆、谭志、戚安、张韶、吴增、潘清、戴廷用、祝赞、仲孝、卢盛、杨威、韩麟。

县丞：屠仲坚、苏文彬、李景、李华、吴俨、潘必然、刘璇、章慈、叶琮、郑祥、张本厚、杨皓（讹作“浩”，诸志均作“杨皓”）。

主簿：万溥②、孔廷贽③、陈复、张瑾、赵永安、孙忠、李常、钱镇、邓信、刘文、郭宗、王举、熊灿。

教谕：倪信、李荣、蒋明、胡海、曹斌、张景、熊显、李润、郭甫俊（讹作“廷甫”，诸志均作“郭甫俊”）、喻龄、鲍志、钱玘、王延、余（讹作“俞”）琳、刘蟾④。

训导：王伯善、黄鸾、王俊、顾仲贤、邓迪哲、胡永秀、喻淳⑤、唐嵩、张遵、蒋兰、杨格、王（讹作“黄”）昱⑥。

永定卫

指挥使：胡福，山西介休人。素负才勇，永乐初，从征交趾，

---

①贯子索和也先海牙两人本志及《澧州志》、隆庆《府志》均系为“监”或“监事”，《澧纪》和万历《慈利县志》则系为知州。不知孰是。

②万溥原系于“县丞”误，万溥为洪武初主簿。本卷“坛壝志”有“风云雷雨山川坛，洪武二年（1369），主簿万溥建”语。《澧州志》亦系于主簿。

③本志及万历《慈利县志》作“孔廷贽”，《澧州志》、隆庆《府志》及《澧纪》作“孔廷瓒”。不知孰是。

④诸志均系曹斌、张景、鲍志、钱玘、刘蟾为训导。

⑤本志及《澧州志》、隆庆《府志》系喻淳为训导，《澧纪》、万历《慈利县志》为教谕，不知孰是。

⑥“杨格”诸志均不见；“黄昱”诸志均作“王昱”。

亲擒贼首恭季黎有功，朝廷嘉升。

雍莹，滁州全椒人。正统初，克蒙古□有功升授。

指挥同知：吉昌，上元人。永乐初，从征交趾，有功升授。

邓兴，庐州人。洪武间，扈驾征讨有功升授。

指挥佥事：刘后，凤阳定远人。国初由兴武百户升聚宝门千户，寻升今职。

秦玉，合肥人。国初，由武士攻讨严州，以功累官至今职。

许兴，滁州人。洪武初由和州百户历功升今职。

周礼，合肥人。洪武三十三年（即建文二年，1400），奉天征讨，寻克水西寨，累有功升今职。

彭伦，吉安庐陵人。天性颖敏，能通书史。正统初，袭祖父指挥佥事职，征讨有功。成化间，历升参将，分守清浪等处。弘治元年（1488），升总兵官，镇守贵州。

指挥使：周宣、丁纲、朱寅、邓镛、刘纲、周皋、刘铠。

指挥同知：刘翔、琴辅、张悦、许庆、吉文。

指挥佥事：余辅、李英、林洪、杜伦、吕振、朱福。

九溪卫

指挥使：翟亨，德安随州人。正统初，征蒙古及麓川，累功迁今职。后复征麓川战死，朝廷遣官谕祭。

乐罄，■■定远人。正统间，掌卫事。凡公署、城池、街坊、桥梁、关舍，靡不整饬，各极壮观，威行边陲。如今麻寮等土官，奉寸纸尺帖，罔不奔命，至今人颂之。

指挥使：薛洪、翟銮、侯正、□镛、陈英、乐棋、陈逵、张敖、常明。

指挥同知：瞿胜、王宽、蒋埙、乔銮、申甫、王銮、吴真、董纶。

指挥佥事：李鉴、王英、李福、王祯、孙轩、段瑛。

名宦志

南北朝　王镇恶，临澧令。喜论军国大事，虽骑射非长，而纵横善断。武帝召与语，异之，谓诸佐曰：镇恶王猛孙，所谓将门有将。即以署前部。

宋　云景龙，汴许人。知县事，莅政严明，幽枉必达。不为权贵所屈，民望攸归。去任，送者流涕。

元　翁元臣，福建福州人。知州事，文学治行，为时推重。

樊益，河南汴梁人。知州事，廉明仁恕，既去，民怀其德，翰林张兑为作去思碑文。

山马，西夏人。同知州事，治行卓异，民怀之，立去思碑。

也先海牙，高昌人，号野云，楚武定公之曾孙。监州事，廉明有守，治行卓然。至正末，征为内辅，邦人怀之。

国朝　叶守礼，丽水人。洪武初，以监察御史改知县，奏迁县治，大便于民，善政足称。

杜述，广德州人。知县事，处己廉介，赋役均平，德化一方。尝入蛮溪采官木，夷獠争迎，奉如己亲。

黄孟舟，光泽人。宣德初知县事，廉能勤慎，爱民如子。及卒，邑民立祠塑像，春秋祀之。

林钟，华亭人。知县事，莅政廉明，且以礼让为教，历升山东参政。

流寓志

宋　王丙发，蜀之广都人。祖渊尝梦李白至其家，生子名庚，庚生丙发，登咸淳戊辰（四年，1268）进士第。为权势所屈，江陵司户参军、制阃费洁堂乃檄入幕下，文章政事为时推重，寻有归志。

平章廉公累强之仕，不就，遂迁慈利。廉公檄教其邑之生徒，故邑之士彬彬而起，时称为乡先生。

王元明，丙发子也。随父迁慈利，读书尚义。时学廪不赡，出金市田租以助之。祭器未具，出钱范铜以为之。后宪司荐为岳阳学录，寻升澧州教授，咸有誉绩。

元 王申（讹作"王申子"），本邛峡人，号秋（讹作"狄"）山。①元季隐居慈利，注《大易辑说》、《春秋类传》。

科甲志 附岁贡

进士

宋 莫俦［榜］，刘甸、刘畤，俱政和壬辰（二年，1112），兄弟同榜。甸终县丞，畤终太常博士。②

元 杨舟，至治辛酉（元年，1321），详"人物"。③

张兑，至顺癸酉（四年，1333），详"人物"。④

举人

---

①"王申子"，诸志均作"王申，号秋山"。

②影印原刻将莫俦与刘甸、刘畤兄弟并列，并说"兄弟同榜"。二刘为兄弟无疑，但莫俦亦为"兄弟"？据《宋登科记考》，莫俦为政和二年壬辰（1112）科状元，谓"苏州吴县（一作湖州）人"。宋咸淳《临安志》卷六十一《人物志》中"国朝进士表"有"政和二年榜首莫俦"名录。《全宋文》卷三四九四孙觌《宋故翰林学士莫公墓志铭》曰："公莫氏，讳俦，字寿朋。其先吴兴人，徙钱塘，又徙平江（按：即平江府，今江苏苏州），今为平江吴县人也。"又："当政和三年（按：应为二年之误），大比廷试中，徽宗皇帝擢为第一，授承事郎。"孙觌与莫俦为同时代人，且孙觌曾任平江府知府。因而莫俦绝不可能为慈利人。应是本志原刻脱一"榜"字，又误与二刘同列所致。然而后代方志都据本志系莫俦为宋慈利进士，谬矣。另《宋登科记考》录为刘甸、刘畴兄弟，又谓刘甸为"畴兄、畤弟"，待考。

③萧启庆《元代进士辑考》谓："杨舟，字梓人，澧阳（今湖南澧县）人。早年读书天门山中。"《澧纪》作"杨钠"应误。

④至顺癸酉即元统元年（1333）。萧启庆《元代进士辑考》元统元年科，张兑为汉人、南人第二甲。曰："贯先四川普州安岳县，今系澧州路慈利州。"

国朝 陈原达，洪武丁卯（二十年，1387），终大理寺副。

裴让，洪武癸酉（二十六年，1393），终主事。

姚仲彰，永乐癸未（元年，1403），终训导。

杨俭，永乐戊子（六年，1408），卒。

夏震，终训导。曾思中，终主事。史秉直，卒。俱永乐甲午（十二年，1414）。

朱仲宾，永乐丁酉（十五年，1417），终教谕。

王宏，终佥事。王彦才，终检校。何思齐，终序班。俱永乐庚子（十八年，1420）。

杨鼎，永乐癸卯（二十一年，1423），卒。

赵廉，正统辛酉（六年，1441），详“人物”。

刘秉，成化丁酉（十三年，1477）。

周孟璋（讹作“章”，诸志均作“璋”），成化庚子（十六年，1480）。

李荣，九溪卫学，成化庚子（十六年，1480）。

胡永贵，永定卫学，成化丙午（二十二年，1486）。

岁贡

国朝 杨雄、陈华，俱终御史。萧忠，终布政，详“人物”。宋迪，终知县。万福生，终训导。陆海，终知府。俱洪武间。

萧世（讹作“仕”，诸志均作“世”）忠，终教谕。刘聚，终通判。皇甫贤、柴文贵、宋文彬，俱终知县。褚文宪，终光禄监事。王聚、陆政，俱终县丞。陈志学、戴懋、谢敦、杜文焕、张思文、李文通、胡贵、李让、汪洪、田志行，俱未仕卒，永乐间。

徐纯，终知县。龚遂，终县丞。周思智、张永彬、田文聪，俱未仕卒，宣德间。

田畴，终经历。汪芹，终断事。宋宾（讹作“滨”，诸志均作“宾”）、刘宣，俱终推官。阎禄，终知县。彭纪、顾和、宋纲，俱终县丞，正统间。

周全，终经历。骆纪、萧玉，俱卒。伍泰，终吏目。许谨，终主簿。龚达，卒。俱景泰间。

丁纶，任知县。陈贵，终卫经历。萧恭，终提举。俱天顺间。

刘洪，授县丞。田昊，终县丞。马信，任主簿。赵昶、刘亨、于隆、卓宝、姚经、陈靖（或"清"）、莫澳（诸志不见）、张祥、郭纲、骆福，俱成化间。①

人物志 附隐逸

晋 周该，以义勇称，从父级为宜都内史。时王敦叛，级遣该使湘州，约谯王丞甘卓同卫正室，为敦所执。讯掠之，至死不言，级由是得免于难。

周朴②，居天门山，以耕读自乐，屡征不起，所著有《灵泉诗集》。

宋 刘寘，博学强记，讲释经传，开悟后学。富拟封君，积而能散，学者化之，贫人德之。大观中，以文（讹作"八"）行荐于朝，未试而卒。

元 田希吕，隐居天门山，好贤乐义。大德中，立天门书院以祀先圣先贤，教邑子弟。复割田为延师儒之费，后荐以为是院山长。

杨舟，居天门峰下，闭门读书，饱饫经史，登进士第。任茶陵同知，继升保宁总管。抚字有方，劝学兴礼，民甚戴之。后又待制翰林，尤多启导，为同类所器。著有《鸡肋集》。

张兑，号溪堂，饱学能文章，由进士初任茶陵县丞，升当涂县尹。至正末，总管辰州路。国初为编修致政，有诗文集传世。

---

①周思智、张永彬，诸志系于永乐；龚达、田昊，《澧州志》、《澧纪》、万历《慈利县志》系于天顺；张祥、骆福，系于弘治。

②周朴为五代后晋（936—946）时人，不当与周该同系为"晋"，因周该为东晋人，《晋书》有传。此"晋"非彼"晋"也。参见卷七"古迹志"注释。

国朝　萧忠，洪武间，由监生历官山东左布政使，左迁高密典史。永乐初，复升江西佥事，调广西。

杨雄，洪武间授监察御史，谳狱平允，刚介不屈，时号为直御史。

张毅，博学，有诗名。洪武中征入京，命作《春鸽搏风赋》，称旨，擢国子监学录，寻升监丞。

赵廉，由刑部司务历升广西柳州知府。成化初，巡抚两广都御史韩雍委统民兵。剿贼有功，奏当升，廉以老乞休，遂奉诏进阶一级，岁给米五石以优养之。

孝行志

元　杜世寿，母刘氏病笃，祝天刲股煮粥以进，母病遂愈。人以为孝感所致，有司以事闻，诏表其门曰“纯孝”。

国朝　李宽，年十八，母王（讹作“正”）氏病笃，药石罔效，宽竭诚告天，刲股煮粥以进，母病随瘥。人皆称羡，以为孝诚所感。

贞烈志

元　于氏，早寡，姑老子幼，誓不食二姓。奉姑终老，抚子成立，妇道无亏。大德间旌表。

国朝　孟氏二女，长曰真，年十八，适史锭，未几锭亡。次女曰胜，适王聚，亦早卒。父母怜其少，欲改嫁之，真涕泣谓其妹曰：女子适人，一与之醮，终身不可改。与其失节而生，孰若全节而死。胜诺。父母惧，不复迫。遂相与守节，贞洁一致，时人目为双节妇云。

伍氏，邓守忠妻，二坊人也。性孝谨，年十九而夫亡，且无子，以死自誓。或劝其再醮，伍曰：吾闻失节之事大于饥死，且妇人所重莫节若也。今欲求子再醮而失节，孰若无子而死以全节乎？劝者惭而退。伍氏僦屋而居，持节益砺，缝纫纺绩，养舅姑以终余年，乡里咸以孝节妇称之。

韩惠贞，刘瑄妻也。夫有恶疾，一子在襁褓，未几瑄病革，执惠贞手泣而诀曰："吾病不复作矣，吾死若保子以存吾后乎？"惠贞："诺。"言竟而没。时惠贞年二十余，以节操自励，躬纴织以抚幼孤。父母哀其少寡，使人诱之再醮。惠贞辄掩耳，且厉声曰："古之妇有被人牵其臂者。曰：'我不能守节，此手为人所执。'引斧自断。今汝诱我，是污我身甚于牵臂矣。"遂欲自杀。父母力劝之，乃获免。由是邑人咸称贤节。

祠庙志

城隍庙，详"坛壝志"。

阳适庙，在阳适山下，岁旱祷之有应。

秀峰祠，在县东七里。祀宋将武平，平征蛮战殁。乾道中，命血食兹土，屡著灵异，后封王爵。国朝革去前封，山称七里秀峰之神，今有司岁祀之。

陵墓志

周赧王冢，在县西十里，《容斋续笔》云其中藏古器物甚多①。

周朴墓，在天门山之阳。

---

①《容斋续笔》卷十一"古錞于"有曰："淳熙十四年，澧州慈利县周赧王墓旁五里山摧，盖古冢也，其中藏器物甚多。余甥余玠宰是邑，得一錞……"慈利、石门山中多有窖藏錞于出土。其说不妄，但所谓周赧王墓则难据信。

驩兜墓，在崇山下，舜放于此，殁遂葬焉。

周内史墓，在天门山之西，即晋内史周级。

赵广文墓，在阳适山之东，即司马赵用彬。

古迹志

白公城，在县东五里。四面有门，相传楚白公胜所筑①。

石柱城，在县□□。山崖有石，耸立如柱。

充城，在县西二百四十里。汉充县，属武陵郡，废。唐武德中复置。

白抵城，在县境。高千仞，四面绝壁，上广十余里。宋建炎间土寇廖彦据此为城。

旧慈利县，在县南二百里。国朝洪武九年（1376）废，复迁今治。

废宜冲驿，在县西南七十里。旧通辰州府并云、贵二省。国朝洪武间以其峻险废之，迁驿常德府境内。

覃家城，在观嘉渚。元寇覃垕筑，以负固雄据一方。国朝洪武初江夏侯周左丞帅师讨之。

蛮王城，在县东三十里茶林高山之绝顶。

景致志

慈阳八景

天门晓色、星子晴晖、羊适樵归、鸳洲渔唱、官家烟树、秀峰霞楼、兔坐松泉、燕岩萝月。

---

①“白公城”为传说，为战国至汉代城址，即古零阳县城址。

寺观志

寺 铁佛寺，在县东，宋建。僧二名，僧行二名。

兴国寺，在九溪卫东，宋建。僧三名。

观 紫霞观，在白云山，宋咸淳间建。道士二名，道童三名。

祥异志

祥 灵芝：宣德八年（1433）夏五月，产于阳适山数本。时长陵卫百户李庸入山得之，状如云滃，色若朱漆，是秋百谷所成，盖一邑之休征也。

异 兵燹：洪武二十二年（1389），土人夏得中叛，破慈利、石门二县，民居悉经燹，死亡以万数，溃散者数百家。时上命东川侯剿平之。

大水：宣德三年（1428）夏五月，淫雨大作，洪水崩山，江涨十余丈，舟行树梢，民居牛马多被漂没，时人避灾多于山谷中，居数日乃平。

大雨：宣德七年（1432）四月十一日，有龙出，疾窭山泽，荡析民居。覃得名家山本之作，江石巉列者尽平之。

大旱：宣德九年（1434）夏大旱，禾苗枯槁，秋无数收，谷价哮涌，民多授死。虽有司发仓行赈而犹不给，尽取葛根薇荻及野草可食者啖之。

大疫：宣德十年（1435）夏，大疫相继，亡者数百人。官为命医行疗，越数月始息。

（制命志，详府）

纪述志

[慈利县] 学记

国朝　副使沈庆撰（《图经》卷七有节文。嘉靖《澧州志·学校纪》）

以学校古称首善之地，风化之源。学校兴则贤才盛而治化隆，措之以治天下盖不难矣，况一邑乎！慈利为岳郡名邑，雄据上流，溪山萦带，峰峦矗矗。扶舆清淑之气，代钟贤（讹作“贺”）俊，于以翱翔仕路，扬芳振华。匪由学校教养之功，曷克以臻于此？且兹学建自（讹作“息”）宣德初，而县尹黄孟舟辈（讹作“连”）经营相度，规创合宜（讹作“冥”）。殿堂斋宇，鳞次星罗，饩廪廨舍，间连架接，[虽通都大郡亦不过此。]第历岁滋久，风雨凌沥，栋宇倾欹，垣壁剥落，观者怅然。今县令张诏（或“韶”）始至，爰（讹作“受”）自视篆谒庙之余，喟然叹曰：“六事克成，首先学校。今兹若此，何以克堪？”同（或“因”）谋诸僚佐、学职、耆（讹作“者”）儒、乡老，欲捐己俸赀为倡（讹作“得”），众（讹作“泉”，繁体“眾”与“泉”形近）皆闻而是之，咸（讹作“成”）愿乐助营修。于是涓吉市材鸠工，先营文庙庑（讹作“寮”，繁体“廡”与“寮”形近）门，次明伦堂、斋舍以及神库（或“厨”）、牲房、庖湢之所。梁栋板槛之朽腐者易之，垣墉砖瓦之颓破者补之，丹碧粉藻之剥落者饰之而已。材（讹作“对”）不妄费，工不告劳，不越月而次第新之，且释菜有日。予道（或“适”）观风至邑，教谕熊显率诸生进曰：“庙学甫新，名（或“明”）公幸至，文运之兴，此（或“盖”）其时矣。愿赐一言，以光卑学，不胜幸甚。”予感其诚（讹作“城”），因著（或“告”）之曰：

道之否泰，固系乎时，学之兴废，则存乎人。昔蜀郡得文翁而学校兴，苏湖得胡瑗而教道著。学修政举，教阐化行，为令者既知先务之当急，孜孜以新学校为己任，将不愧于文翁之化蜀。

扬教铎者又知循循善诱，启迪后进为能（或“已”）事，克绍夫安定，于苏湖政教之美无以逾此。殆见光增奎壁，芹藻生香，大贝明珠，珪璋瑚琏，举不外乎。邑之士子将来掇巍科，登显仕，为上为国，为下为民，光启前修，流芳后世，为未艾矣！若乃以修营文饬为美事，自暴自弃为高尚，不复实践躬行，期造圣贤阃奥，而于修齐治平、致君泽民之道又漫不加省而究心。夫若是，非惟有负圣朝建学育才之盛心，而予与营修诸君子亦不以此致期也。试相与勉之。[是为记。]

教谕余琳撰（《图经》卷七，为节文）

学校之设大有俾于明教也，夫道在天地间，无物不有，无时不然，必得贤才讲而明之，躬而行之。斯足以扶名教，淑人心，而善风俗，美治化也。然贤才非建学以居之，立师以教之，则道终于不明而已矣。问何敢望其行哉？此上古圣神继天立极必设司徒典乐之官，三代盛时，王宫国都以及闾巷莫不有学，良有以也。洪惟我太祖高皇帝龙飞淮甸，混一区宇，有昔所未有之天下，大昔所未大之风化，以育贤才在于学校，故在京设国子监，在府设府学，在州设州学，在县设县学，在卫设卫学。条陈教法，设立儒官，增广生员。虽职分名数有差，而欲其明斯道以淑人心，行斯道以善风俗，美治化之意则一而已矣。於乎盛哉！慈利为岳州巨邑，学之建也，胜国以前漫无所考。国初，虽尝创建而规制弗称。宣德间，县令光泽黄孟舟尝一新之。岁久颓敝，而其方向又非堪舆家所宜。成化壬寅（十八年，1482），县丞嘉定张本厚奉命来官，以兴学为有司首务，谋之邑令韩麟而新之。麟曰：“君之所举予之所存也，如岁歉何？”本厚曰：“当务为急此而不修，其何以尽六事之责？”越明年癸卯（十九年，1483）九月，时谷颇登，本厚适署县事，于是决意新之，准（应为“唯”之讹）恐或后。先捐己俸及因民之有事于官者，量劝助之，得若干缗。遂卜日之吉，鸠工抡材（讹作“村”），百役交作。因地所宜，易其方向，先文庙，次门庑，刻期就绪。虑讲堂之隘陋也，则广大之。以藏书之无所也，则创立之。神厨有所，祭具有库，栋宇翚飞，檐牙高啄。至于杇镘丹雘之饰，靡所不备。垂成，适主簿南昌熊灿继来，乐本厚之志，同心协力以相其事。又明年甲辰（二十年，1484）八月，始落成之。时寅交鲍志、钱玘率诸生请于予曰：“学校再新，县佐之力也。子曷记之。”予惟学校之修不修，实系有司用心之臧否，而斯道之明行与否则由人才所养之浅深。大哉慈学！自宣德迄今五十余稔，一新于孟舟，再新于本厚。非其知急先务而用心之臧畴克尔耶？夫学既新矣，吾与二三子出入于斯，游息于斯，睹殿庑之森严，兴私淑之良心，而所养必与之而俱新。师弟子间交相切磨，朝夕淬砺。如德未修也，思所修之；学未讲也，思所讲之。至于大而君臣父子之伦，小而事物细微之故，远而二帝三王之大经大法，近而祖宗之宏纲要领，无非道也。必日月新之，又日新之。务期斯道昭明于方寸，而无一毫物欲之蔽。将见效用于时，必能推行斯道。上以事君，致是君为尧舜之君；下以治民，致斯民为尧舜之民。风俗以善，治化以美，增光前修，振起后进，其为名教助岂浅浅哉？然斯为不负朝廷建学立师，增广生员，与本厚一新斯学之意矣。予辈其共勖之。是为记。

永定卫学记

国朝　副使沈庆撰（《图经》卷七；同治《续修永定县志》卷十第488页，题《永定卫重建学记》，为节文）

孔子之道，如日丽中天，无所不照，宜乎百王尊崇而弗替，万世仰之而莫加。所谓先孔子而圣者，非孔子无以明；后孔子而圣者，非孔子无以法。其功则集群圣大成，其贤则逾于尧舜。自生民以来，岂有圣如孔子之盛者欤！仰惟圣朝，崇重儒道，建学立师以化成天下。上自王（或“皇”）宫国都，下及州县闾巷，皆建学储才，以资任用。永定为湖湘（或“广”）近边之卫，环以慈利，居民蜂房联络，山明水秀。近以（或“因”）庙学未称，弗克以奉诏旨育才为缺典，守备、都阃吉公世英谋于教授徐君参曰：“学制贵乎高明亢爽，今兹偏于东南一隅，甚非养贤之所。”时予按部适至，卫之官属合辞请曰：“边方多故，庙学未完，罪不可逭。”指挥周辅有圃一区，延袤开广，愿入建学。乡之先达、太监吴公景道犹子有曰澄者，方遣子寘、孙显入学。因进之曰：“先公平昔雅重儒道，遗厅、翼屋愿舍以建庙学。”众咸啧啧叹赏。未已，既而官属士庶闻而忻然，咸愿捐俸赀，鸠工市材，撤而新之。不越月而巍巍宫庭，翼翼门庑，丹碧黝垩，举以法故。堂斋、廨宇次第完葺，以至泮池、垣墉、牲库、庖厨、溷湢之所，靡不鼎而新之。以间计者若干楹，以直（通“值”）计者若干缗。经始于天顺辛巳（五年，1461）七月中旬，而落成于是年之冬。师生有舍，弦诵有声，饩廪有所。人乐趋事，工不告劳，可谓文风振作，适其时矣。征［予］言以记始末。［洪］惟文运之兴关乎世泰，圣道之阐实厚彝伦，矧士知向学，俗尚弦歌。虽悍猾夷獠，闻风慕义，将革心向化之不暇，而何有于啸聚蜂屯之患乎？尚［冀］来游来歌之士，入斯庙也，翼乎严恭，致其诚之如在。登斯堂也，跄跄济济，恪乎授教而毋怠荒。道传洙泗，教阐伊洛，俾孔子圣道如日月之昭明，永定文风若邹鲁之振起。于以掇巍科，跻朊仕，出而以鸣国家之盛。夫若是，非惟无负圣朝建学育才之盛心，而经营诸君子亦与有荣矣。其勉之哉！是为记。

嘉惠庙碑

宋　从事郎判荆湖北道提点刑狱司官刘子澄撰（《全宋文》阙录。参校《图经》卷七；《澧纪》卷九第389页）

澧水经慈利县东行七里，秀峰、紫霞二山束之于卧龙之湾，湍洑渊涟，涵潇漾碧，明灵所喜宅（或“舍”）也。有庙号“嘉惠”，庙其神“惠烈显应灵顺公”者，发迹甚异。《图志》载：乾德中，尝有石浮澧，至是磨旋不去，忽凭人言曰：“我故朱梁将武平也，征蛮战没（通“殁”），帝命食兹土，其视我所止而祠焉。”有顷，石跃于秀峰之麓，观者震骇，始即石为位号而庙之。政和间事闻，初命“慈应侯”，三锡（通“赐”）而至今爵。民有疾痛辄祷辄应，敢慢者罚使狂，能自咎乃愈。县官以水旱扣，厥应加速。官吏之饕者、愎者，时出灾警戒之。每岁暮春，旁数郡稚耋咸集，谓尝卜神以禊日降故也。道迎至邑，必有怪风灵雨随至，已而天宇复（或“豁”）晴，歌管叫噪（或“嘈”）。效艺角力，更奠迭酹（或“酬”），各出方物，贸迁有无，然后归。是虽楚俗尚巫，然（或“神”）亦神矣。予尉澧日，尝捧台檄诣慈利，将返而郡止之，使摄县。县敝不可为，辞且弗获，循令例一款祠下察，左右或附耳曰：“神福令矣。”余不知也。然自是民徭相安，间虚廪实，亘千五百里无祸害。比得脱去，计假事四旬尔，士民依依，如久令然也。今过祠下且谢且［祝］，始诘左右前语，皆曰：“某时见炉熏都覆公体，如五色盖状，故意（或“异”）之。”予笑曰：“真偶言耳。”因留私钱数千，属邑士蔡龟鉴，龟鉴书来曰：“庙不加辟而香火日繁，已率众施钱三千缗，拓之殿庐、门庑、寝室，楼观甚伟。丐先生纪述。”龟鉴，信人也，不容却。乃碑之曰：

神能以精神动石，而为留言之异，非生而豪杰者耶。按《五代》（即《五代史》）梁将《传》无武姓，岂史失传耶？噫！（或“意”）临戎料敌所愿全胜，然事不如料者岂少哉？进退申禀，节度权分，同列忌功，偏裨违令，又有声援（讹作“缓”）不继，乡道偶差，馈饷（或“饷”）愆期，士卒道病，若是皆足自累，岂必［捐］生对敌哉？故圣人谨战，道加忌将政，以器凶事危动履不测耳。神始（或“如”）提军战斗，得算多寡已毋庸考。有如仕遭叔季，师行险阻，数者之患，能不乘（讹作“粟”）之？殆方成败论人，故其忠义谁录？赖英风烈气，虽死不死，得请于帝，乃为楚人之司命。帝之赏罚真与世异耶！神不幸无成，而帝赏之，然则［无］忠义之感，而赏者有不为帝僇耶？我朝拨正五闰蛮貊，且不异内甸，光显于神，遭合天道，神何憾哉？其福此人，以勿坠帝命焉。尔因并作《迎送［神］之歌》，俾求尝仕兹邑者而书之。歌［曰］：

阴风呜呜兮山鸣水号，公出游兮驾云舆于山椒，待公不来兮我心则劳。忽云收兮曰美，公下（或“不”）来兮颜有喜。吹参差兮奠而歌，我酒旨兮公颜酡，阴卒从兮归山阿。巨石兮润如玉，畬得雨兮占宜粟。五厉囚兮殄回禄，我民受兮公之福。蛮心化兮天门开，昔稽讨兮今不来。愿公抚之兮与我民，皆賨（或“偕实”）布通兮饱崖蜜（或“密”）。得丹漆兮新庙室，庙室新兮公忘归。公之邦兮尝混一，而复离不如楚民兮世世其依。紫霞山兮卧龙水，帝命公兮此焉止。水长流兮山长峙，民祀公兮千万岁。

三涪泉记

国朝　检校杨迪撰

岳阳郡治有州曰澧阳，属邑曰慈利，去邑治西北去（此“去”当为衍字）四十里许，山水环秀，其气郁葱而佳丽者三涪山也。山之曲有水，澄碧静深而源长者，三涪泉也。泉眼有三，故谓之三涪泉。泉之深寻丈，莫测宽广。不及百步，世传龙神居焉。水有时涨高三尺，或日一至，或三日一至，朝于龙湫。或泉眼堰塞，数日不通则水自后山至，人莫测其神妙。泉水流注田壤，居民德之。宣德甲寅（九年，1434），自夏秋旱不雨，叩祈诸祠不应，士民患之。七月三日，邑庠典教蒋先生实愍民情，虽闻泉之灵异尤未之领，乃躬率吏民，秉诚肃容径至泉所，载告展礼，俯仰之顷，水复来朝。吏民仆隶亦皆有孚颙。若至夜宿于古祠，梦水涌出地上，惊起则无有也，众谓龙神之异以表曝先生之诚。明旦谒神而还，有云气如线自后山起，俄而油然作阴。随车至县治，不一里，而雷雨已大作矣，沟浍田畴，流注盈溢。至夜又雨，于是一邑之士，鼓舞忻忭，以庆有秋之望。父老人等，俱道其事，于是愿为志之。予谓神之在天下，犹水之在地中，无往而不在，矧龙神之居必处钟奇毓秀之地，非衷诚恳切，未必雨泽随感而应也。今先生以文章政事，精一不二之心，至诚感神，使禾稼既稿而复苏，民庶既忧而复安，赋税既少而复足，伊谁之力欤？吁！神功由忠诚而显，忠诚由神功而著。三浯泉之名，岂特增重于一邑，而先生忠诚之感岂特著名于一时？将以知名于天下，知名于后世矣。先生讳明，字奎章，姑苏人。

题咏志

天门山诗

元（或“明”）　编修邑人张兑①（《全元诗》阙录；隆庆《府志·职方考》；同治《续修慈利县志》卷十三第1571页，题《天门山图为杨梓夫作》）

我家三世居山国，寝食嘻游见山色。去年前作京华行，万里平原载车辙。荆山嵯峨镇南纪，华岳金精照秋水。太行绵延坠（或“随”）马首，北望居庸雪中峙。归来泛舟淮与江，匡庐桐柏（或“相接”）高崆峣。南过潇湘望衡岳，九嶷苍翠（或“梧”）罗烟幢。此生倦游历艰险，故山屼嵂聊游衍。今年直上天门峰，始觉从前兴犹浅。天门洞开云气通，江东峨眉皆下风。低昂二八若昆季，意气相倾争长雄。清猿夜啼霜竹折，猛虎昼号（或“啸”）山石裂。

①张兑，《澧州志》、隆庆《府志》及万历《慈利县志》“人物”均谓：“号溪堂，富学问，善属文。元至正间进士，仕茶陵县丞，升当涂县尹。至正末，总管辰州路；后归国朝，官国史（或“翰林”）编修致仕。有诗集传于时。”后者应袭自前者。而《全元诗》第45册第178页则谓：“张兑（1304－?），字文说，祖籍蜀郡，慈利人。元统元年（1333）进士，授茶陵州同知，历当涂县尹，累迁辰州路总管。入明，曾任翰林编修。生平见《元统元年进士录》卷上、隆庆《岳州府志》卷五。”本志“科甲志”亦谓张兑于至顺四年（1333）第进士。而张兑任翰林编修在明代，《全元诗》不录此诗，此诗似作于明代。

风来往往神聪闻，日上时时天帚揭。烟萝敷纷薜荔（或“薜枝”）垂，细禽飞来如枣肥。六月仙人（或“源”）溪水涨，中有洞府藏蛟螭。可怜宜都周内史，古冢累累在山址。感时抚景一（或“亦”）怅然，周朴短篇焉足拟。兹山冠绝平生游，安得云梯登上（或“山”）头。左携赤松右浮丘，下视八级尘埃浮。杨侯此图谁为写，世上（或“天下”）名山无似者。他日功成期早归，相与为邻住山下。

国朝　提学副使沈钟

度越巫山十二峰，路元不假五丁通。仙凡平判烟霞畔，乌兔横飞莽苍中。兴在褰裳凌绝顶，梦曾染翰洒虚空。群公前倡真劲敌，后复谁甘拜下风。

都指挥柴皞

爱杀天门十六峰，丹崖翠壁路难通。奇形不改雪霜后，变态多生烟雾中。自入品题名重世，无劳培补势凌空。偶同岳守登城望，丘垤重重总下风。

知府李镜

小山历尽到高峰，万仞天门咫尺通。仰望蓬莱红日下，远瞻庐阜白云中。苍崖突兀松杉古，曲径迢遥马迹空。欲造最高峰上立，飞腾须是仗天风。

同知谭纶

螺髻参差十六峰，天门独耸路难通。玉壶高闶烟霞表，贝阙常间紫翠中。云影过时帘接日，竹梢垂处帚悬空。我来欲蹑层巅望，须藉扶摇万里风。

通判吴佐

乱山环拱一奇峰，咫尺天门路可通。万仞悬崖图画里，四时仙境鸟声中。云能变幻穿还出，雪不坚牢补又空。我欲题诗登绝顶，扶摇徙翮借天风。

推官章惟

马首看山到几峰，此峰上有一门通。神仙仿佛居方外，洞府分明在目中。昼夜不扃谁秉钥，古今无改独悬空。嗟子欲往成游赏，恨不身生两腋风。

举人周莹

次第森罗十六峰，一峰有窍属谁通。九重阊阖深严处，咫尺天阶怅望中。锁钥半开云出洞，广汉未闭月悬空。昔年曾奋青云志，从此扶摇八翼风。

总兵彭伦

天门高耸势崔嵬，二八奇峰翠若堆。月落参横霄汉近，日升云剑□□间。空崖飞瀑银河泻，飐树飚风彩凤来。老我巡行资胜览，吟囊应愧乏诗才。

李镜

其一：天门山耸碧嶙峋，今日登临见始真。背抵武陵南北限，面当永定主宾亲。阴晴变态堪归画，今古常形更可人。提品自经杨待制，美名传颂世犹新。

其二：天门宏辟五云根，环列群峰取次纶。道士将军连箭簳，仙人弥勒并仙源。玉堂笔架殊金匮，猿点鸡笼异漆园。更有玉壶爽高远，弩牙还共簸箕存。

天门十六峰诗

玉壶峰

元　待制杨舟（《全元诗》第36册第443页，题《天门峰》；又同治《续修慈利县志》）

凌（或"临"）空有仙子，白日醉云关。不贮金浆冷，曾倾玉露寒。摩崖看（或"犹"）倒影，陟巘已酡颜。夜见银河色，晴虹贯斗间。

国朝　提学副使沈钟

烂醉麻姑酒，仙扃敞不关。壶悬呈窈窕，玉立俨高寒。胜会浓熏席，长生籍铸颜。愿祈写余沥，膏馥到人间。

玉堂峰

杨舟（《全元诗》第36册第444页，题《玉壶峰》；隆庆《府志·职方考》；同治《续修慈利县志》）

仙署何人到，云楼百仞高。窥观临石陛（或“嘉名留此地”），登陟属吾曹。治世多鸣（或“仪”）凤，巍基跨巨鳌。天颜常在目（或“原自在”），挥翰不辞劳。

国朝　提学副使沈钟

堂形一何峭，玉价一何高。正坐勾陈位，宜收董贾曹。檐阿撑斗柄，柱础压神鳌。恨不容吾膝，空烦梦寐劳。

漆园峰

杨舟（《全元诗》第36册第444页）

南华未历此，何以得斯名。应有名（或“石”）髹出，可怜苍（或“疮”）树生。周官征（或“正”）有算，武库用（或“籍”）成兵。一上颠（通“巅”）崖望，如开（或“云”）荫石（或“室”）明。

国朝　副使沈庆

蝶梦翩翩杳，名高峰愈奇。书成传世远，史隐少人知。崒嵂山横案，盈虚月展眉。何当挥彩笔，峭壁为题诗。

国朝　提学副使沈钟

世率名浮实，兹峰实称名。底须怜怪状，刚道肖庄生。武库虽资用，朝家正寝兵。山灵应首肯，心事荷分明。

猿点峰

杨舟（《全元诗》阙录；隆庆《府志·职方考》）

似行巫峡道，况值早秋时。石堕如携手（或“连臂”），崖倾类攫枝。征人疑下泪，君子化难施。若听鸣虚谷，谁无去国思。

国朝　知县叶守礼

万仞岩头几树花，白猿指点是仙家。攀缘欲上浑无路，万顷寒云一望赊。

沈钟

臂通身巧捷，食饮但随时。霜打晨攀果，岩欹暮宿枝。啸声弥涧壑，云路换麾施。何事渠能似，将军系我思。

将军峰

杨舟（《全元诗》阙录；隆庆《府志·职方考》；又同治《续修慈利县志》）

草木蔽肤体（或“全亏蔽”），应如被铠身。云来疑晋阵（或“阵云扶弱晋”），鹤唳泣秦人（或“唳鹤走狂秦”）。毅色昭南国（或“钦千载”），英风历万春（或“惊风敌万人”）。掘（或“握”）机长独立，诃卫（或“呵护”）有山神。

沈钟

巑岏烟雾表，鳞甲挂渠身。羽镞穿珉石，兵威挫敌人。瑰奇侪燕虎，矍铄阅秋春。万壑喧灵籁，谋深令若神。

弩牙峰

杨舟（《全元诗》阙录；隆庆《府志·职方考》）

危石箭锋利，参差低我前。射潮神臂健，夹道谷音传。鳜过机难发，蛇惊矢不连。会看铲此阵，同乐太平年。

国朝　郑序

坤轴呈奇象，高张若弩牙。机藏崖掩映，矢拥石交加。浪说胜千石，无由发五靶。经行迷望眼，应被白云遮。

沈钟

机张锋甚锐，仿佛堕当前。跨海功收捷，穿杨巧秘传。兽惊仍鸟逝，刿注复参连。镇压南荒靖，从兹亿万年。

仙人峰

杨舟（《全元诗》第36册第444页；又同治《续修慈利县志》）

一自洪蒙（或“鸿蒙”）剖，寻幽水（或“木”）石间。琪花开满树，白鹤过他山。出洞（或“涧”）龙驹湿，循阿鹿子斑。逍遥太清里，冠佩倚岩关（或“云端”）。

沈钟

辟谷长无事，飚轮去住间。尘埃空甲子，蓬岛更何山。冰壑棋声响，云岩屐齿斑。愿从蜕凡骨，突出利名关。

簳凹峰

杨舟（《全元诗》阙录；隆庆《府志·职方考》）

万石攒空立，材官试蹶张。笴长期肃慎，箭美赋长杨。射雉须砮（通“弩”）镞，悬弧乏檿桑。山灵勤拥护，曾用贡岐昌。

沈钟

坎凹如簳栝，碑砚半天长。彀挽千钧力，锋穿百步杨。排云回过雁，逐日上扶桑。盘瓠潜遗孽，皇明气运昌。

金匮峰

杨舟（《全元诗》阙录；隆庆《府志·职方考》）

深厚连坤轴，何曾度圣谟。岩扃无用钥，泉溜足研朱。夜气和珉玉，春风展画图。何须柙兕虎，名实偬相孚。

叶守礼

采药仙人去不还，尚存金匮架岩端。个中必有长生诀，何日攀跻试一看。

沈钟

空洞一拳石，中堪贮训谟。红光射奎壁，笺注赖程朱。曾感风雷变，还陈稼穑图。周家年八百，天道本昭孚。

弥勒峰

杨舟（《全元诗》第36册第444页；又同治《续修慈利县志》）

鹤立山椒望，天低万里沙。过云遮豕腹，飞锡护晨霞。猿献岩前果，乌（或“鸟”）啼风外花。不须新梵宇，此景属山家。

沈钟

佛自西方到，胡天践白沙。若为空色相，亦复驻烟霞。逐鹤曾飞锡，谈经或雨花。谁疑吾好辟，业本是儒家。

仙源峰

杨舟（《全元诗》阙录；隆庆《府志·职方考》）

灵泉响幽谷，佳木荫长春。曾供胡麻饭，不生罗袜尘。龙归吟洞府，鱼出滕波神。手把芙蓉碧，逍遥揖上真。

郑序

仙子归何处，灵泉出洞天。曾流洗药水，长灌种芝田。避世秦人入，乘槎楚使旋。有源应不竭，风月自年年。

沈钟

玉乳源头活，桃花满洞春。涧回常煦沫，波净不扬尘。洗药仍无恙，腾龙自有神。清泠斛一斗，返本并还真。

高远峰

杨舟（《全元诗》第36册第444页）

太始奠鳌极，英标接彼苍。三辰森在下，万国远弥昌。南岳秋容小，中天月色凉。何须（或“当”）脱尘鞅，来近白云乡。

沈钟

矗矗空中起，迢迢野外苍。王公尊莫抗，培塿族弥昌。涧雨秋喧瀑，松风总荐凉。一尘无处着，毕竟是仙乡。

道士峰

杨舟（《全元诗》第36册第445页）

似厌人间世，清都汗漫游。岩（或“崖”）关栖白鹤，云气接丹丘。下睨三千界，中连十二楼。步虚声袅袅，风转不（或“轮转”）曾休。

沈钟

尘鞅那容缚，翱翔八极游。此生疑大梦，夙志眷浮丘。符咒便驱鬼，仙居雅好楼。吹箫明月夜，鹤舞不知休。

鸡笼峰

杨舟（《全元诗》阙录；隆庆《府志·职方考》）

隔巘闻咿呀，扶桑日色东。形完收雾紫，日夕罩霞红。舞剑嗤（或“强”）邻叟，忘机诧海翁。何须疑此景，天地一樊笼。

叶守礼

山中古有祝鸡翁，养得群鸡万木中。仙去不知鸡亦去，峰头犹罩旧时笼。

沈钟

驱鸡天上去，仙路眇西东。乱石苔花紫，黎明日影红。可怜凳在凳，何似祝于翁。我顾嫌无翼，尘区苦被笼。

簸箕峰

杨舟（《全元诗》阙录；隆庆《府志·职方考》）

惟南有列宿，舌翕性飘扬。此障难名状，成形类（或“颇”）翼张。秕糠期剥落，黍黎荐芬芳。恩洽如鲐叟，南熏乐世康。

叶守礼

南有箕星主播扬，斗边夜夜灿辉光。流精化作山头石，不与人间去秕糠。

沈钟

南箕形特似，鼓簸肆飞扬。有舌那吞吐，无心解弛张。神蒙羞馈祀，天遣播奇芳。寿域弘开日，人都老且康。

笔架峰

沈钟（同治《续修慈利县志》卷十三，作者署杨翀）

神物锁剜巧，浑无斧凿痕。独便毛颖卧，并拟戟枝屯。木假山难比，文房宝自尊。诗家评品到，奇绝冠天门。

丹灶峰（即仙人峰）

叶守礼

悬崖峭壁隔尘寰，上有仙人学炼丹。炼得丹成骑鹤去，独留丹灶在峦岏。

婆婆峰

叶守礼

枯瘦形容老阿婆，何年壁立向山阿。朔风几度吹寒雪，添得头颅白发多。

老僧峰（即弥勒峰）

叶守礼

孤峰峭拔顶光圆，趺坐端然若老禅。入定多年忘出定，不知海水变桑田。

杂志

《天门山集》序

国朝　提学副使沈钟撰

予前三数年，尝历湖北遵清浪而西，邂逅今贵州总戎彭公伦，坐定语及其平生，乃知始奋自永定卫之戎行。且曰：永定僻在澧之慈利西南隅，其山有天门者崒嵂，上倚霄汉，中一窍空洞如门，旁有十六峰，竞衒奇巧，各极其变态，不翅杜少陵"罗立似儿孙"云者①。因出其图示予，余谛观之，丹青满纸，宛若天门，十六峰历历在目。烟霏洒洒，沾湿襟袖。独惜欠插羽翮而生风，而不能凭凌绝顶，以一弹丸下视人世间也。

越今年南上衡湘，复西抵辰沅，周回三千里。余逮至澧，方忆往登天门与十六峰相唯诺，庶几乎痛快平生焉者。顾其时已九月，家远衣未即授，又况其境虽著甚，亦须挟纩乃始可登，用是卒未果。忽澧学训导杨卿手一帙请曰：兹《天门山诗集》，卿近时所汇次，首昌自元翰林待制杨公舟，其十六峰各与命名。赋诗其下，一时编修张公兑又总而歌之。二公悉慈利人。及入我朝，从而作者益多，卿恐漫灭，竟化为箧中尘，而天门莫克以表见于天下，不亦重贻山灵之诮邪？爰将锓梓以传，而执事无诗，固为阙典诗矣。抑又序诸天门，斯幸矣哉。

予亟许诺，遂仍待制韵，强而次之。十六峰待制诗旧亡其一，余即其命名自为韵而足成焉，殆难免夫不知量矣。抑予闻之，地

①杜甫《望岳》句："西岳崚嶒竦处尊，诸峰罗立如（或'似'）儿孙。"《全唐诗》卷二二五。

灵则人杰，天门十六峰崒嵂奇巧，地固灵矣。而其人以文言若杨公、张公，葩辞脍炙人口；言武若彭公，控制要害，茂树伟绩。盖皆将使天门十六峰，若益增而高焉者。斯其杰也乎哉！

矧今圣明，所在建学校以育人才。永定以卫而有学焉久矣，涵濡乎皇化中，讵知无文武之才之出于其间邪？予无似谬专学柄，庸以是告诸学徒，慎勿诿于才难而已也。

知府李镜撰

《天门山集》乃前元暨我朝士大夫题咏其山之胜而作也。夫天门之胜，考诸《图志》，在岳州府西北慈利县之境，永定卫之前，南裔崇山之东也。山有巨石，壁立万仞，中有一窍，洞开如门，环峙左右前后，凡一十六峰，皆峻拔奇特。每春和景明，风晨月夕，雪晴雨霁，变态万状，真穹壤间一胜概处也。元翰林待制慈利杨公舟尝因其形似而命之名曰玉壶、玉堂、漆园、猿点、将军、弩牙、仙人、簳凹、金匮、弥勒、仙源、高远、道士、鸡笼、簸箕、笔架，隶于天门之下。各赋诗以见其意，复绘为图，出入携之，以供观睹。非其形势之胜，曷克以起其爱慕之笃如此？故其里人翰林编修张公兑题其图，有“世上名山无似者”之句，信不诬矣。迨圣朝诸君子或巡行于斯，或守官于斯，若湖臬副使沈公庆辈，得于观览，感其性情，发为诗赋。以摹写其胜，间异其名曰丹灶、老僧、箭簳、背儿、掇笔、婆婆，要之不出乎十六峰之外。长篇短章，珠玉辉灿，读而咏之，诸峰之胜，宛然在目。永定指挥使周君恐其岁久散失，谋之澧学训导杨卿，论次成帙，得诗赋若干，总名之曰《天门山集》。将寿诸梓，用传四方，以予守兹土，当序之。属之再三，予以久不事文墨辞，弗获，强为之言曰：

胜不自胜，因人而胜。然会稽盘谷固胜也。又有兰亭之会、李笃之居，则羲之、昌黎之文不作，而二山之胜将与草木同腐，乌能见重于天下后世邪？今天门诸峰胜固胜矣，惜僻在边方，贤士大夫轩盖罕至。故唐宋以前，骚人墨客概未之及，非□之也。虽得元之杨、张［二］翰林与今日诸君子形之诗赋，以彰其胜，使无周君集而传之，其能保其久而不泯，然无闻也几希。周君，将家子，知重乎此，不亦可嘉矣。夫君名宣，字克明，衡阳世家。年力方富，重厚不群，将来茂建殊勋，未可涯涘。其侄莹早举于乡，闻其贤能不在人下，亦可以观世德云。

（采编生员：何镜、彭昊、杨岱、张鹏、方宾）

《岳州府志》后序

弋阳李君文明，由刑部尚书郎出守岳州，既有以举其郡之政矣，而乃修其所谓《图经》、《志》书者，夫修《志》书固郡政一事也。然涉于弥文焉。李君自计曰：政与文孰急？曰：政急。政与文其传孰远？曰：文远。然则二者固不可以偏废也。吾先其所急而后及其所托以为远者乎。于是通商贾、课农桑、均赋役、清狱讼、平盗贼、修学校、治仓库、缮廨署、筑湖堤、作桥梁，而凡有关于政务之大者皆以渐而举。既乃取郡《志》而阅之，以为郡之有《志》，非但图其形势、布其方位及志夫幽怪琐细，以侈夫视听而已也。盖其所托者政也。政与俗革，化与时移，有昔所废而今所举，比有今所举而后所宜。绍述者若嫌于近名而编摩置之，是政自我而行，自我而山（止?）矣，又何以流爱民之心于无穷也哉？于是别为义例，重加采录，阙略者补之，重复者去之，伪缪者正之，隐晦者阐之。以州与县为府属也，故志府后即及州县。以卫与所为州县设也，故志州县后始及卫所。其他若山川也、土田也、户口也、财赋也、人物也、宦迹也、序述也、题咏也，与夫建置沿革、风俗污隆、利害兴废悉皆登载无遗。及夫新政而有益于民者亦皆以类附见。盖君之意，若曰君子居官所以行道也，道在立政，政在养民，凡可以养民者皆官所宜理也。又何论己与人、今与后哉？此君用心之公也。嗟夫！世之为吏者，固有持重简默而镇服一方者矣，有通敏干济而分理庶务者矣。若夫审先后，知缓急，明取舍，使一郡之政本末兼该，巨细毕举，轻重同得而远近安之无怨言者，吾于李君见之焉。李君名镜，文明其字也。

与吾同登张升榜进士，其郡政已四见褒录于当道君子矣。

弘治改元岁在戊申（1488）五月庚午（初七）

赐进士出身中顺大夫贵州镇远府知府前南京礼部郎中莆田周瑛序①

①《图经》有节文，作者署“周英”，万历《黔记·守令表》镇远知府有：“周瑛，莆田人，进士，（弘治）元年（1488）任。”《明清历科进士题名碑录》成化五年张升榜亦作“周瑛”。故《图经》作“周英”误。

弘治《岳州府志》终稿时间考

弘治《岳州府志》原名《湖广岳州府志》，现习称弘治《岳州府志》，以区别于隆庆《岳州府志》。弘治《岳州府志》，顾名思义该志修成于弘治年间，《志》前原有翰林院国史编修张元祯之《序》，署弘治元年（1488）正月既望（十六日）。志末周瑛撰《后序》署为“弘治改元岁在戊申（1488）五月庚午（初七）”。都在同一年。张元祯《序》谓：“弋阳李侯文明，则手条事目，采之所属。而属教官刘玑辈论次之，厘为十卷，缮写成。凡统内疆域、城郭、山川、风物之详，贡赋、户口、廨宇、祠庙与诸制度之概，名贤、达士、孝子、节妇之始终，前修、来哲、骚人、墨客之纪述、题咏，一展阅焉。”因而可以认为本《志》弘治元年初稿已经完成，故称“弘治府志”可矣。天一阁影印本前有“据明弘治刻本影印”，似乎本志弘治间既已付梓。其实不然，其中岳州府两卷（第一、二卷）弘治后又陆续增补了若干内容。

在卷一中有多处弘治元年（1488）以后的记载。如：“隅厢志”中有“森桂坊，弘治庚戌（三年，1490）知府李镜等为举人何本贵、方宾、文贤立”；“科甲志”中“进士”有“方钝，登正德辛巳（十六年，1521）杨维聪榜，任御史。周宗镐，俱巴陵人，登嘉靖壬辰（十一年，1532）林大钦榜”；“举人”中则有弘治二年（1489）至嘉靖十年（1531）名录22人。“祥异志”中甚至称：“国朝，弘治以前无考。”所举事例都是正德和嘉靖年间所发生的。弘治初岳州府知府为李镜，“职官志”中李镜后知府还列有12任，最后一任知府为韩士英。然而韩士英还不是本志载述的最后一任知府，后还有萧晚和沈奎，韩士英约嘉靖二年（1523）至嘉靖六年（1527）任知府，如“宫室志”中：“岳阳楼，嘉靖二年（1523），知府韩士英重加修整。”“府治，后正厅圮毁，嘉靖四年（1525），知府韩士英、通判侯维藩重建。”萧晚约嘉靖七年（1528）至嘉靖十年（1531）任知府，如：“乡贤祠，嘉靖七年（1528），知府萧晚同同知林希范建立。”“嘉靖八年（1529）本府知府萧晚于申明亭后建立监房二间。”“城隍庙，嘉靖九年（1530），本府知府萧晚同通判钟千重修。”“圣公祠，嘉靖十年（1531），知府萧晚同通判许选建立。”沈奎应于嘉靖十一年（1532）任知府。“坛壝志”中有“年父坛，圮尽，知府沈奎易民田以正坛场鼎新修建”。这里无纪年，隆庆《岳州府志·职官年表下》中沈奎在萧晚之后，无疑为其继任者。卷二中颜颐寿撰《新建名宦祠记》及刘栋撰《且止轩记》均撰于嘉靖九年（1530）；孙继芳撰《贾烈妇韩氏祠记》撰于嘉靖十年（1531）。综此，在卷一、卷二中其纪事的年代下限已经到了嘉靖十一年（1532）。此时据张元祯作《序》的弘治元年（1488）后延了44年。如此，本志最后成书并付梓应为嘉靖十一年（1532）后。

但是，在其他八卷中纪事的年代却不出弘治三年（1490），如卷三“公署志”有“夫马厂，一所在县前。弘治二年（1489），通判吴佐重建”，“科甲志”有“颜颐寿，弘治庚戌（三年，1490）钱福榜”。卷四“驿铺志”有“城陵水驿，弘治二年（1489），毁于火，知府李镜等重建”。卷五“公署志”有“府分治，弘治三年（1490），知县黄华迁建于城隍庙前”。卷七“科甲志”有“周伟，弘治庚戌（三年，1490）钱福榜”。卷九“宦迹志”有“知县，李通，弘治二年（1489）授任”等。

综上所述，本志初稿完成于弘治元年（1488），并分别请张元祯和周瑛作序。因未及时付梓，继后又补充了部分内容，截至弘治三年（1490）。之后可能由于各种原因，本志迟迟未能付梓，直到嘉靖十一年（1532）才重新翻检出来决定付梓，并对岳州府两卷增补了弘治三年（1490）至嘉靖十一年（1532）的部分内容，终稿付梓，遂成是书。

谭远辉

2017 年 2 月 21 日识

主要参考书目

一　史籍

（汉）刘向集录：《战国策》，上海古籍出版社，1985 年。

（汉）司马迁撰：《史记》，中华书局，1963 年。

（汉）班固撰：《汉书》，中华书局，1964 年。

（南朝宋）范晔撰：《后汉书》，中华书局，1965 年。

（晋）陈寿撰：《三国志》，中华书局，1959 年。

（唐）房玄龄等撰：《晋书》，中华书局，1974 年。

（梁）沈约撰：《宋书》，中华书局，1974 年。

（梁）萧子显撰：《南齐书》，中华书局，1974 年。

（北齐）魏收撰：《魏书》，中华书局，1974 年。

（唐）姚思廉撰：《梁书》，中华书局，1973 年。

（唐）姚思廉撰：《陈书》，中华书局，1972 年。

（唐）李延寿撰：《南史》，中华书局，1975 年。

（唐）魏征等撰：《隋书》，中华书局，1982 年。

（后晋）刘昫等撰：《旧唐书》，中华书局，1975 年。

（宋）欧阳修、宋祁撰：《新唐书》，中华书局，1975 年。

（宋）薛居正等撰：《旧五代史》，中华书局，2003 年。

（宋）欧阳修撰：《新五代史》，中华书局，1974 年。

（宋）熊方等撰：刘祜仁点校：《后汉书三国志补表三十种》，中华书局，1984 年。

（宋）王钦若等编：《册府元龟》，中华书局，1960 年影印。

（宋）王溥撰：《唐会要》，影印文渊阁藏《四库全书》本。

（宋）司马光编著：《资治通鉴》，《摛藻堂四库全书荟要》第157—164册，世界书局，1988年影印。

（宋）李焘撰：《续资治通鉴长编》，中华书局，2004年。

（宋）李心传撰：《建炎以来系年要录》，中华书局，1985年。

（元）脱脱等撰：《宋史》，中华书局，1977年。

（明）宋濂等撰：《元史》，中华书局，1976年。

《明实录》，台湾“中央研究院历史语言研究所”，1962年影印。

（清）张廷玉等撰：《明史》，中华书局，1974年。

（清）毕沅编著：《续资治通鉴》，中华书局，1957年。

（民国）柯劭忞等撰：《新元史》，吉林人民出版社，2012年。

杨伯峻编著：《春秋左传注》，中华书局，1981年。

刘琳等校点：《宋会要辑稿》，上海古籍出版社，2014年。

二　地理志、总志、方志

（晋）郭璞注：《山海经》，《摛藻堂四库全书荟要》第180册，台湾世界书局，1988年影印。

（北魏）郦道元：《水经注》，商务印书馆，民国十八年。

（唐）李吉甫撰，贺次君点校：《元和郡县图志》，中华书局，1983年。

（宋）王象之著：《舆地纪胜》，《续修四库全书》第584、585册，上海古籍出版社，2013年影印。

（宋）王存撰：《元丰九域志》，中华书局，1984年。

（宋）乐史撰：《宋本太平寰宇记》，中华书局，1999年。

（宋）李昉等编：《太平广记》，中华书局，1986年。

（宋）王存等撰：《新定九域志》，《四库全书存目丛书·史部》第166册，齐鲁书社，1997年。

（宋）欧阳忞撰：《舆地广记》，四川大学出版社，2003年。

（元）孛兰肹等撰，赵万里校辑：《元一统志》，中华书局，1976年。

杨守敬著：《历代舆地沿革图》，清宣统三年刊本。

杨守敬撰：《隋书地理志考证》，《杨守敬集》第二册，湖北人民出版社、湖北教育出版社，1997年。

谭其骧主编，周振鹤编著：《汉书地理志汇释》，安徽教育出版社，2006年。

谭其骧主编，吴松弟编著：《两唐书地理志汇释》，安徽教育出版社，2002年。

谭其骧主编，郭黎安编著：《宋史地理志汇释》，安徽教育出版社，2003年。

徐少华著：《荆楚历史地理与考古探研》，商务印书馆，2010年。

（宋）范致明撰：《岳阳风土记》，台湾成文出版社，1976年影印。

（宋）赵不悔、罗愿修纂：淳熙《新安志》，《宋元方志丛刊》，中华书局，1990年。

（宋）陈耆卿撰：嘉定《赤城志》，中国文史出版社，2008年。

（宋）卢宪纂修：嘉定《镇江志》，《续修四库全书》，上海古籍出版社，2002年。

（宋）史能之纂修：咸淳《重修毗陵志》，《续修四库全书》，上海古籍出版社，2002年。

（宋）潜说友纂：咸淳《临安志》，《宋元方志丛刊》，中华书局，1990年。

（元）俞希鲁纂修：至顺《镇江志》，《续修四库全书》，上海古籍出版社，2002 年。

（明）陈循、彭时等纂修：景泰《寰宇通志》，郑振铎编《玄览堂丛书续集》第 38 册，国立中央图书馆，民国三十六年影印。

（明）李贤、彭时等纂修：天顺《大明一统志》，台湾台联国风出版社，1977 年。

（明）严维中纂：正德《袁州府志》，《天一阁藏明代方志选刊》，上海古籍书店，1963 年。

（明）陈洪谟、王俨等纂修：嘉靖《常德府志》，《天一阁藏明代方志选刊》，上海古籍书店，1964 年影印。

（明）薛纲、吴廷举等纂修：嘉靖《湖广通志》（又名《湖广图经志书》），江苏广陵古籍刻印社，1991 年影印。

（明）水之文、李盘等纂修：嘉靖《澧州志》，湖南人民出版社，2016 年。

（明）钟崇文等纂修：隆庆《岳州府志》，《天一阁藏明代方志选刊》，上海古籍书店，1963 年。

（明）管大勋、刘松等纂修：隆庆《临江府志》，《天一阁藏明代方志选刊》，上海古籍书店，1962 年。

（明）郭子章撰：万历《黔记》，贵州省图书馆，1966 年油印本。

（明）陈光前纂修：万历《慈利县志》，《天一阁藏明代方志选刊》，上海古籍书店，1964 年。

（明）徐学谟纂修：万历《湖广总志》，《四库全书存目丛书·史部》第 195 册，齐鲁书社，1996 年。

（明）高尚志、高坚等纂修，高守泉校注：《澧纪校注》，名家出版社，2010 年。

（清）王基巩等纂修：康熙《安乡县志》，《日本藏中国罕见地方志丛刊》，书目文献出版社，1992 年。

（清）赵良生、李基益等纂修：康熙《永定县志》，厦门大学出版社，2012 年。

（清）杨柱朝纂修：康熙《岳州府志》，岳阳市文物处复印康熙二十四年刻本。

（清）沈清崖等纂修：雍正《陕西通志》，文渊阁藏《四库全书》影印本。

（清）黄凝道、谢仲埙编修：乾隆《岳州府志》，岳麓书社，2008 年。

（清）何璘等纂修：乾隆《直隶澧州志林》，澧县档案馆藏乾隆十五年镌本。

（清）狄兰标等纂：乾隆《华容县志》，《中国地方志集成·湖南府县志辑》，江苏古籍出版社、上海书店、巴蜀书社，2002 年。

（清）谢仲坑、石文成等纂：乾隆《平江县志》，江苏古籍出版社、上海书店、巴蜀书社，1990 年。

（清）巴哈布、王煦等纂修：嘉庆《湖南通志》，清嘉庆二十五年刻本。

（清）陶澍、唐古特修纂：嘉庆《沅江县志》，岳麓书社，2012 年。

（清）何玉棻、魏式曾等纂修：同治《直隶澧州志》，澧县档案馆翻印，1982 年。

（清）尹袭澍等纂修：同治《安福县志》，《中国地方志集成·湖南府县志辑》，江苏古籍出版社、上海书店、巴蜀书社，2002 年。

（清）张培仁、李元度等纂修：同治《平江县志》，《中国地方志集成·湖南府县志辑》，江苏古籍出版社、上海书店、巴蜀书社，2002 年。

（清）林葆元、申正飏等纂修：同治《石门县志》，台湾成文出版社，1975 年。

（清）赵亨钤、熊国夏等纂修：同治《续修永定县志》，《中国地方志集成·湖南府县志辑》，江苏古籍出版社、上海书店、巴蜀书社，2002 年。

（清）稽有庆、魏湘等纂修：同治《续修慈利县志》，台湾成文出版社，1976 年。

（清）李和卿等纂修：光绪《巴陵县志》，《中国地方志集成·湖南府县志辑》，江苏古籍出版社、上海书店、巴蜀书社，2002 年。

（清）郭嵩焘纂：光绪《湘阴县图志》，《中国地方志集成·湖南府县志辑》，江苏古籍出版社、上海书店、巴蜀书社，2002 年。

（清）张钊、张暄等纂：光绪《华容县志》，《中国地方志集成·湖南府县志辑》，江苏古籍出版社、上海书店、巴蜀书社，2002 年。

（清）李翰章等纂：光绪《湖南通志》，岳麓书社，2009 年影印。

（清）陈运溶辑撰：《麓山精舍丛书》，岳麓书社，2008 年。

（民国）张岳灵、黎启勋纂修：《阳朔县志》，台湾成文出版社，1975 年。

马蓉等点校：《永乐大典方志辑佚》，中华书局，2004 年。

三　诗文总集

（宋）李昉等编：《文苑英华》，中华书局，1982 年。

（宋）阮阅编：《诗话总龟》，人民文学出版社，1987 年。

（宋）陈起辑：《江湖后集》，文渊阁藏《四库全书》影印本。

（清）严可均辑：《全上古三代秦汉三国六朝文》，《续修四库全书》第 1603—1608 册，上海古籍出版社，2013 年影印。

（清）钱谦益撰集:《列朝诗集》，中华书局，2007 年。

（清）董诰等编:《全唐文》，中华书局，1983 年影印。

（清）顾嗣立、席世臣编:《元诗选》，中华书局，2001 年。

（清）沈季友辑：《槜李诗系》，文渊阁藏《四库全书》影印本。

陈子展著:《〈诗经〉直解》，复旦大学出版社，1983 年。

逯钦立辑校:《先秦汉魏晋南北朝诗》，中华书局，2006 年。

中华书局编辑部点校:《全唐诗》，中华书局，1999 年。

曾枣庄、刘琳主编：《全宋文》，上海辞书出版社、安徽教育出版社，2006 年。

北京大学古文献研究所编：《全宋诗》，北京大学出版社，1991 年。

唐圭璋编:《全宋词》，中华书局，1965 年。

李修生主编:《全元文》，江苏古籍出版社，1999 年。

杨镰主编:《全元诗》，中华书局，2013 年。

四　别集

（战国）屈原著，蒋天枢校释:《〈楚辞〉校释》，上海古籍出版社，1989 年。

（唐）柳宗元著：《柳河东集》，《摛藻堂四库全书荟要》第418 册，台湾世界书局，1988 年影印。

（唐）张说著:《张燕公集》，文渊阁藏《四库全书》影印本。

（唐）韩愈撰；马其昶校注；马茂元整理：《韩昌黎文集校注》，上海古籍出版社，1986 年。

（宋）胡寅著:《斐然集》，中华书局，1993 年。

（宋）欧阳修著，洪本健校笺：《欧阳修诗文集校笺》，上海古籍出版社，2009 年。

（宋）李曾伯著：《可斋续稿前》，影印文渊阁藏《四库全书》本。

（宋）楼钥著：《攻媿集》，影印文渊阁藏《四库全书》本。

（明）何景明著：《大复集》，《摛藻堂四库全书荟要》第418册，台湾世界书局，1988年影印。

（明）李东阳著：《李东阳集》，岳麓书社，2008年。

（明）郑纪著：《东园文集》，文渊阁藏《四库全书》影印本。

（明）商辂著：《商辂集》，浙江古籍出版社，2012年。

（明）薛瑄著：《敬轩文集》，文渊阁藏《四库全书》影印本。

（明）杨基著：《眉庵集》，文渊阁藏《四库全书》影印本。

（明）黎淳著：《黎文僖公集》，上海古籍出版社，1995年。

（明）林鸿著：《鸣盛集》，文渊阁藏《四库全书》影印本。

（明）何乔新著：《椒邱文集》，文渊阁藏《四库全书》影印本。

（明）罗伦著：《一峰文集》，文渊阁藏《四库全书》影印本。

（明）张元祯著：《东白张先生文集》，《四库全书存目丛书补编》第75册，齐鲁书社，2001年。

（明）杨一清著：《石淙诗稿》，《四库全书存目丛书·集部》第40册，齐鲁书社，1997年。

五 类书、工具书及其他

（宋）沈括著：《梦溪笔谈》，文渊阁藏《四库全书》影印本。

（宋）洪迈著：《容斋续笔》，文渊阁藏《四库全书》影印本。

（元）陶宗仪撰：《南村辍耕录》，中华书局，1958年。

（元）辛文房著：《唐才子传》，古典文学出版社，1957年。

（明）解缙等纂辑：《永乐大典》，中华书局，1982年影印。

（明）廖道南撰：《楚纪》，《四库全书存目丛书·史部》第

47 册，齐鲁书社，1996 年影印。

（明）朱瞻基撰：《五伦书》，《续修四库全书》第 936 册，上海古籍出版社，2013 年影印。

（清）陈梦雷编：《古今图书集成》，中华书局，民国二十三年影印。

李学勤主编：《十三经注疏》，北京大学出版社，1999 年。

吴廷燮撰：《唐方镇年表》，中华书局，1980 年。

吴廷燮撰：《北宋经抚年表·南宋制抚年表》，中华书局，1984 年。

郁贤皓撰：《唐刺史考全编》，安徽大学出版社，2000 年。

李之亮撰：《宋两湖大郡守臣易替考》，巴蜀书社，2001 年。

周骏富辑：《明代传记丛刊》，台湾明文书局，1991 年。

周亚非著：《中国历代状元录》，上海文化出版社，1995 年。

龚延明、祖慧撰：《宋登科记考》，江苏教育出版社，2005 年。

萧启庆著：《元代进士辑考》，台湾“中央研究院历史语言研究所”，2012 年。

《明清历科进士题名碑录》，台湾华文书局股份有限公司，1969 年。

谭远辉著：《朗澧锥指录》，岳麓书社，2017 年。

陈垣著：《二十史朔闰表》，古籍出版社，1956 年。

文物出版社编：《中国历史年代简表》，文物出版社，2012 年。

汉语大字典编辑委员会：《汉语大字典》，四川辞书出版社、湖北辞书出版社，1986 年。

（清）陈廷敬等编：《康熙字典》，《影印摛藻堂四库全书荟要》第 81 册，台湾世界书局，1988 年。

商务印书馆编辑部等编：《辞源》，商务印书馆，1979 年。

《道藏》，文物出版社、上海书店、天津古籍出版社，1988 年影印。

《宋元笔记小说大观》，上海古籍出版社，2001 年。

陈松长：《湖南古代玺印》，上海辞书出版社，2004 年。

湖南省文物考古研究所编：《里耶秦简》（壹），文物出版社，2010 年。

荆州博物馆：《湖北荆州纪南松柏汉墓发掘简报》，《文物》2008 年第 4 期。

湖北省潜江博物馆、湖北省荆州博物馆：《潜江龙湾》，文物出版社，2005 年。

湖南省文物考古研究所、中国文物研究所：《湖南张家界古人堤遗址与出土简牍概述》，《中国历史文物》2003 年第 2 期。

张家山二四七号汉墓竹简整理小组：《张家山汉墓竹简》（二四七号墓），文物出版社，2001 年。

后　记

由本局局长彭佳倡导，津市市文物局拟对有关珍贵的地方志乘进行抢救整理，以求存典证史，弘扬地方传统文化，于是委托谭远辉选择与本土相关的、年代较早的地方志予以点校出版。谭远辉接受这一任务后，便选定明弘治《湖广岳州府志》予以点校。首先是文字录入，本《志》前六卷由谭远辉录入，后四卷由朱湘泉录入，然后由谭远辉统一核对原书断句标点，并对全书进行校注。由于校注所涉及文献较多，考证繁难，工作量较大，且校注者乃利用业余时间从事这项工作，致前后耗费近三年时间，校注者为此付出了艰辛的劳动。此项工作得到了津市市政协主席姜正才及津市市文体广新局局长钟柯等领导的充分肯定及大力支持，并给予了高度关注。津市市文物局全体工作人员也都为本书的出版给予了协助。

岳麓书社文博考古编辑部主任管巧灵先生、编辑邱建明先生为本书高质量地编辑出版付出了辛勤努力，特致谢忱！

津市市文物局

2017 年 3 月 12 日

图书在版编目(CIP)数据

弘治湖广岳州府志/津市市文物局编;刘玑等纂修.
—长沙:岳麓书社,2018.1
ISBN 978-7-5538-0880-2

Ⅰ.①弘... Ⅱ.①津...②刘... Ⅲ.①湖南—地方志—明代
Ⅳ.①K296.4

中国版本图书馆 CIP 数据核字(2018)第 021647 号

HONGZHI HUGUANG YUEZHOU FUZHI

弘治湖广岳州府志

编　　者:津市市文物局
纂　　修:〔明〕刘　玑　刘　袠　等
校　　注:谭远辉
责任编辑:管巧灵　王文西　邱建明
责任校对:舒　舍
封面设计:风格八号

岳麓书社出版发行
地址:湖南省长沙市爱民路 47 号
直销电话:0731-88804152　0731-88885616
邮编:410006
岳麓书社网址:www.yueluhistory.com

2018 年 1 月第 1 版第 1 次印刷
开本:640mm×960mm　1/16
印张:29.25
字数:366 千字
ISBN 978-7-5538-0880-2
定价:120.00 元

承印:长沙市宏发印刷有限公司

如有印装质量问题,请与本社印务部联系
电话:0731-88884129